IFRS und Ausschüttungsbemessung

Schriften zum Gesellschafts-, Bilanz- und Unternehmensteuerrecht

Herausgegeben von Joachim Hennrichs

Band 13

Zur Qualitätssicherung und Peer Review der vorliegenden Publikation

Die Qualität der in dieser Reihe erscheinenden Arbeiten wird vor der Publikation durch den Herausgeber der Reihe geprüft.

Notes on the quality assurance and peer review of this publication

Prior to publication, the quality of the work published in this series is reviewed by the editor of the series.

Daniel Krey

IFRS und Ausschüttungsbemessung

PL ACADEMIC RESEARCH

Bibliografische Information der Deutschen Nationalbibliothek
Die Deutsche Nationalbibliothek verzeichnet diese Publikation in der Deutschen Nationalbibliografie; detaillierte bibliografische Daten sind im Internet über http://dnb.d-nb.de abrufbar.

Zugl.: Köln, Univ., Diss., 2013

Gedruckt auf alterungsbeständigem,
säurefreiem Papier.

D 38
ISSN 1867-500X
ISBN 978-3-631-64863-6 (Print)
E-ISBN 978-3-653-03875-0 (E-Book)
DOI 10.3726/978-3-653-03875-0

PL Academic Research ist ein Imprint der Peter Lang GmbH.

Peter Lang – Frankfurt am Main · Bern · Bruxelles · New York · Oxford · Warszawa · Wien

Dieses Buch erscheint in einer Herausgeberreihe bei PL Academic Research und wurde vor Erscheinen peer reviewed.

www.peterlang.com

Meiner Familie

Vorwort

Das Manuskript der vorliegenden Arbeit wurde im Sommersemester 2013 von der Rechtswissenschaftlichen Fakultät der Universität zu Köln als Dissertation angenommen. Literatur und Rechtsprechung konnten bis zum Januar 2013 berücksichtigt werden. Auf eine erneute Aktualisierung wurde dabei bewusst verzichtet. Die derzeitige rasante Änderungsdynamik der IFRS lässt eine zeitnahe Veröffentlichung der Arbeit wichtiger erscheinen als eine rein formale Überarbeitung derselben.

An erster Stelle möchte ich mich aufrichtig bei meinem verehrten Doktorvater, Herrn Professor Dr. Joachim Hennrichs, bedanken, der nicht nur die Anregung zu dem interessanten Thema „Die IFRS als Ausschüttungsbemessungsgrundlage" gegeben hat, sondern mir auch stets dabei geholfen hat, die Ergebnisse meiner Untersuchung kritisch zu hinterfragen sowie weiterzuentwickeln und damit wesentlich zu verbessern.

Besonderer Dank gebührt des Weiteren Frau Professorin Dr. Barbara Grunewald – zum einen für die Übernahme und die zügige Erstellung des Zweitgutachtens und zum anderen für den angeregten Diskurs im Rahmen der Disputation.

Ausdrücklich bedanken möchte ich mich ferner bei den Herren Gabriel Litzenberger sowie Dr. Björn Karst, die trotz ihrer hohen Arbeitsbelastung immer gerne bereit waren, Fragen zu beantworten und die von mir aufgestellten Thesen in Diskussionen kritisch zu hinterfragen.

Zudem möchte ich mich recht herzlich bei Herrn Dr. Johannes Baumann für die mühe- und zugleich wertvolle Korrektur des Manuskriptes bedanken. Ebensolcher Dank gebührt meiner Freundin Janika Suck, der ich darüber hinaus vordergründig dafür danken möchte, dass sie mir fortwährend Beistand geleistet hat, mich stets liebevoll auf dem von mir eingeschlagenen Pfad unterstützt hat und mir die mit der Erstellung dieser Arbeit verbundenen Mühen insofern spürbar erleichtert hat.

Meinen größten Dank möchte ich schließlich meinen Eltern aussprechen, die mich seit jeher – und damit selbstredend auch respektive gerade während meines Studiums und der sich hieran anschließenden Ausbildung – unermüdlich unterstützt haben, mir jederzeit mit Rat und Tat zur Seite gestanden haben und damit letzten Endes diese Arbeit erst ermöglicht haben.

Köln, im August 2013 Daniel Krey

Inhaltsübersicht

Inhaltsverzeichnis

Abkürzungsverzeichnis

A	Appendix
a.A.	andere Ansicht
a.a.O.	am angegebenen Ort
a.F.	alte Fassung
Abb.	Abbildung
Abs.	Absatz
Abschn.	Abschnitt
AC	Advisory Council
ACA	Australian Corporations Act
ADS	Adler/Düring/Schmaltz
AG	Aktiengesellschaft, die Aktiengesellschaft (Zeitschrift)
AHK	Anschaffungs- und Herstellungskosten
AIFRS	Australian equivalents to International Financial Reporting Standards
AktG	Aktiengesetz
Alt.	Alternative
Anm.	Anmerkung
AO	Abgabenordnung
AR	Der Aufsichtsrat (Zeitschrift)
arg.	argumentum
ASC	Accounting Standards Codification
BaFin	Bundesanstalt für Finanzdienstleistungsaufsicht
BB	Betriebs-Berater (Zeitschrift)
BBK	Buchführung, Bilanzierung, Kostenrechnung (Zeitschrift)
BC	Zeitschrift für Bilanzierung, Rechnungswesen und Controlling (Zeitschrift)
BDI	Bundesverband der deutschen Industrie
BeckRS	Beck-Rechtsprechung
Beil.	Beilage
Beschl.	Beschluss
BFH	Bundesfinanzhof
BFuP	Betriebswirtschaftliche Forschung und Praxis (Zeitschrift)
BGBl.	Bundesgesetzblatt
BHR	Bonner Handbuch der Rechnungslegung

BilMoG	Bilanzrechtsmodernisierungsgesetz
BKR	Zeitschrift für Bank- und Kapitalmarktrecht (Zeitschrift)
BMF	Bundesministerium der Finanzen
BR	Bundesrat
bspw.	beispielsweise
BStBl.	Bundessteuerblatt
BT	Bundestag
BverfG	Bundesverfassungsgericht
bzgl.	bezüglich
bzw.	beziehungsweise
CCC	California Corporation Code
CEO	Chief Executive Officer
CF	Conceptual Framework
CFA	Chartered Financial Analyst
CFB	Corporate Finance biz (Zeitschrift)
CFL	Corporate Finance Law (Zeitschrift)
CFO	Zeitschrift für Finance & Controlling (Zeitschrift)
Co.	Compagnie
Corp.	Corporation
CDO	Collateralized debt obligations
CLO	Collateralized loan obligations
d.h.	das heißt
D. Lgs.	Decreto Legislativo
DB	Der Betrieb (Zeitschrift)
DBW	Die Betriebswirtschaft (Zeitschrift)
DC	District of Columbia
ders.	derselbe
DGCL	Delaware General Corporation Law
dies.	dieselbe, dieselben
DK	Der Konzern (Zeitschrift)
DM	Deutsche Mark
DPR	Deutsche Prüfstelle für Rechnungslegung
DRÄS	Deutscher Rechnungslegungs Änderungsstandard
DRSC	Deutsches Rechnungslegungs Standards Committee
DStJG	Deutsche steuerjuristische Gesellschaft (auch Zeitschrift)
DStR	Deutsches Steuerrecht (Zeitschrift)
DStZ	Deutsche Steuer-Zeitung (Zeitschrift)
DSW	Deutsche Schutzvereinigung für Wertpapierbesitz
EBLR	European Business Law Review (Zeitschrift)
EBOR	European Business Organization Law Review (Zeitschrift)

ECFR	European Company and Financial Law Review (Zeitschrift)
ED	Exposure Draft
EDV	Elektronische Datenverarbeitung
EEA	European Economic Area
EEC	European Economic Community
EFRAG	European Financial Reporting Advisory Group
Einf.	Einführung
EStG	Einkommensteuergesetz
EU	Europäische Union
EUV	Vertrag über die Europäische Union
EWG	Europäische Wirtschaftsgemeinschaft
EWR	Europäischer Wirtschaftsraum
f.	folgende (Seite, Paragraph)
F.	Framework for the Preparation and Presentation of Financial Statements
FAS	Frankfurter Allgemeine Sonntagszeitung (Zeitung)
FASB	Financial Accounting Standards Board
FAZ	Frankfurter Allgemeine Zeitung (Zeitung)
FER	Fachempfehlung der Rechnungslegung
ff.	folgende (Seiten, Paragraphen)
Fifo	First in first out
Fn.	Fußnote
FS	Festschrift
FSAJ	Financial Services Agency of Japan
FTE	Financial Times Europe (Zeitung)
G20	Gruppe der 20 wichtigsten Industrie- und Schwellenländer
GAAP	Generally Accepted Accounting Principles
GB	Großbritannien
GE	Geldeinheit
GG	Grundgesetz
ggf.	gegebenenfalls
GKKB	Gemeinsame konsolidierte Körperschaftsteuerbemessungsgrundlage
GmbH	Gesellschaft mit beschränkter Haftung
GmbHG	Gesetz betreffend die Gesellschaften mit beschränkter Haftung
GmbHR	Gesellschaft mit beschränkter Haftung Rundschau (Zeitschrift)

GoB	Grundsätze ordnungsmäßiger Buchführung
GuV	Gewinn- und Verlustrechnung
HdJ	Handbuch des Jahresabschlusses
HFA	Hauptfachausschuss (IDW)
HGB	Handelsgesetzbuch
h.M.	herrschende Meinung
Hs.	Halbsatz
HWB	Handwörterbuch der Betriebswirtschaft
HWR	Handwörterbuch des Rechnungswesens
HWRP	Handwörterbuch der Rechnungslegung und Prüfung
i.H.v.	in Höhe von
i.S.d.	im Sinne des, im Sinne der
i.S.v.	im Sinne von
i.ü.	im Übrigen
i.V.m.	in Verbindung mit
IAS	International Accounting Standards
IASB	International Accounting Standards Board
IASC	International Accounting Standards Committee
IC	Interpretations Committee
IDW	Institut der Wirtschaftsprüfer
IDW RS	IDW Stellungnahme zur Rechnungslegung
IFRIC	International Financial Reporting Interpretations Committee
IFRS	International Financial Reporting Standards
IMF	International Monetary Fund
Inc.	Incorporated
InsO	Insolvenzordnung
IntGesR	Internationales Gesellschaftsrecht
IOSCO	International Organisation of Securities Commissions
IPR	Internationales Privatrecht
IRZ	Zeitschrift für internationale Rechnungslegung (Zeitschrift)
IWF	Internationaler Währungsfonds
JAR	Journal of Accounting Research (Zeitschrift)
Jr.	Junior
K.	Kapitel
KoR	Internationale und kapitalmarktorientiert Rechnungslegung (Zeitschrift)
KStG	Körperschaftsteuergesetz
KStR	Körperschaftsteuerrichtlinien

KWG	Kreditwesengesetz (Gesetz über das Kreditwesen)
Lgs.	sh. D. Lgs.
Lifo	Last in first out
m.E.	meines Erachtens
m.w.N.	mit weiteren Nachweisen
Mrd.	Milliarden
MüKo	Münchener Kommentar
n.F.	neue Fassung
Nr.	Nummer
NJW	Neue Juristische Wochenschrift (Zeitschrift)
NYT	New York Times (Zeitung)
NZCA	New Zealand Companies Act 1993
NZG	Neue Zeitschrift für Gesellschaftsrecht (Zeitschrift)
NZI	Neue Zeitschrift für das Recht der Insolvenz und Sanierung (Zeitschrift)
NZ GAAP	New Zealand Generally Accepted Accounting Principles
NZ IFRS	New Zealand equivalent to International Financial Reporting Standards
PiR	Praxis der internationalen Rechnungslegung (Zeitschrift)
PLC	Public Limited Company
PUC	Projected Unit Credit
PWC	Price Waterhouse Coopers
RefE	Referentenentwurf
RIW	Recht der Internationalen Wirtschaft (Zeitschrift)
Rz.	Randziffer
S&P 500	Standard & Poor's 500
S.	Seite, Satz
S:R	Status Recht (Zeitschrift)
SAC	Standards Advisory Council
SEC	Securities and Exchange Commission
Sect.	Section
SIC	Standing Interpretations Committee
sh.	siehe
SFAS	Statement of Financial Accounting Standards
SIC	Standard Interpretations Committee
SME	Small and Medium-sized Entities
Sp.	Spalte
SPE	Special purpose entitiy
sog.	sogenannte
ST	Der Schweizer Treuhänder (Zeitschrift)

Stbg	Die Steuerberatung (Zeitschrift)
StuB	Steuer- und Bilanzpraxis (Zeitschrift)
StuW	Steuer und Wirtschaft (Zeitschrift)
u.a.	und andere, unter anderem, unter anderen
u.ä.	und ähnliche(s)
u.E.	unseres Erachtens, unseres Ermessens
u.U.	unter Umständen
UCLA	University of California at Los Angeles
UG	Unternehmergesellschaft
UK	United Kingdom
US	United States
USC	United States Code
v.	vom
verb.	verbessert(e)
vgl.	vergleiche
vs.	versus
VW	Versicherungswirtschaft (Zeitschrift)
WiRO	Wirtschaft und Recht in Osteuropa (Zeitschrift)
WiSt	Wirtschaftswissenschaftliches Studium (Zeitschrift)
WiSu	Das Wirtschaftsstudium (Zeitschrift)
WiWo	WirtschaftsWoche
WP	Wirtschaftsprüfer
WPg	Die Wirtschaftsprüfung (Zeitschrift)
WpHG	Wertpapierhandelsgesetz
WSJE	Wall Street Journal Europe (Zeitung)
z.B.	zum Beispiel
z.T.	zum Teil
ZEW	Zentrum für europäisches Wirtschaftsrecht
ZfB	Zeitschrift für Betriebswirtschaft (Zeitschrift)
zfbf	Zeitschrift für betriebswirtschaftliche Forschung (Zeitschrift)
ZfCM	Zeitschrift für Controlling & Management (Zeitschrift)
ZfgK	Zeitschrift für das gesamte Kreditwesen (Zeitschrift)
ZGR	Zeitschrift für Unternehmens- und Gesellschaftsrecht (Zeitschrift)
ZHR	Zeitschrift für das gesamte Handels- und Wirtschaftsrecht (Zeitschrift)
ZInsO	Zeitschrift für das gesamte Insolvenzrecht (Zeitschrift)
ZRP	Zeitschrift für Rechtspolitik (Zeitschrift)

Erster Abschnitt: Einleitung

„Mit Worten lässt sich trefflich streiten,
Mit Worten ein System bereiten".[1]

Im Jahre 2008 stand die „Weltwirtschaft am Rand des Abgrunds".[2] Die dramatischste Zuspitzung einer Finanz- und Wirtschaftskrise seit der Großen Depression im Jahre 1929[3] ließ traditionelle Banken und Institutionen zusammenbrechen[4] und brachte ganze Staaten ins Wanken.[5] Nur durch eine Reihe von international koordinierten Stützungsmaßnahmen[6] konnte ein Desaster – der Kollaps der globalen Finanzwelt – verhindert werden.[7] Dennoch belief sich der Verlust des weltweiten Anlagevermö-

---

1 GOETHE, Faust I, Studierzimmer, Vers 1996 und 1997.

2 FAZ v. 09.10.2008, Nr. 236, S. 12, IWF sieht Weltwirtschaft am Rand des Abgrunds; vgl. auch den Titel der Bibliographie des ehemaligen U.S.-Finanzministers PAULSON, HENRY: On the Brink: Inside the Race to Stop the Collapse of the Global Financial System; außerdem IMF, World Economic Outlook, October 2008, xii: „Intensifying solvency concerns about a number of the largest U.S.-based and European financial institutions have pushed the global financial system to the brink of systemic meltdown".

3 Zur Großen Depression vgl. die Standardwerke FRIEDMAN/SCHWARTZ, A Monetary History of the United States 1867 – 1960, S. 299 ff.; TEMIN, Lessons from the Great Depression; EICHENGREEN, Golden Fetters.

4 Unter ihnen die ehemalige US-Investmentbank Lehman Brothers Holdings Inc.; andere wie AIG, Inc., der einst weltweit größte Versicherer, Citigroup Inc., die einst weltweit größte Bank, Fannie Mae oder Freddie Mac konnten nur mit Staatsgeldern in Milliardenhöhe gerettet werden; in Deutschland musste die Hypo Real Estate Holding AG mit Staatshilfen in Höhe von 142 Milliarden Euro gestützt werden.

5 Griechenland, Ungarn und Irland sind nur durch ein Bail-Out der EU und des IWF zahlungsfähig geblieben.

6 So vereinbarten die G20 bei einem Treffen am 1. und 2. April 2009 in London ein Programm zur Belebung der Weltkonjunktur in Höhe von 1,1 Billionen US-Dollar, vgl. G20, Leaders Statement 2009, April, S. 1.

7 Vgl. bspw. MERKEL, Angela, Regierungserklärung vom 7. Oktober 2008: „Die Lage ist ernst."; ACKERMANN, Josef, Hypo Real Estate Untersuchungsausschuss: „Wir hätten am Montagmorgen einen Meltdown weit über die deutschen Finanzmärkte gehabt".

gens bis März 2009 auf 50 Billionen Dollar.[8] Das entspricht der internationalen Wirtschaftsleistung eines ganzen Jahres.[9]

Die von Wissenschaft und Wirtschaft genannten Ursachen der jüngsten globalen Weltwirtschaftskrise sind mannigfaltig. Die „Raffgier"[10] der Banker, die von Politikern medienwirksam in Szene gesetzt worden ist, stellt höchstens den Gipfel des Eisberges dar. Das enorme Ausmaß der Krise konnte vielmehr erst durch ein Zusammenwirken unterschiedlicher Faktoren und Entwicklungen[11] erreicht werden:

Internationale ökonomische Ungleichgewichte[12], die lasche Geldpolitik der amerikanischen Notenbank Fed[13] und fragwürdige gesetzliche Anreize zur Vergabe von Krediten in den USA[14] führten zu einer sich über Jahrzehnte aufbauenden Immobilienblase am US-Häusermarkt. Als die Blase Anfang 2007 platzte, hatte dies zunächst eine auf den amerikanischen Markt beschränkte Subprime-Krise[15] zur Folge. Risikodistributionen durch Verbriefungen[16], zweifelhafte Prämierungen dieser Risiken

---

8 Vgl. ASIAN DEVELOPMENT BANK, Major contagion and a shocking loss of wealth, S. 1, 7.

9 FAS v. 06.09.2009, Nr. 36, S. 45; ASIAN DEVELOPMENT BANK, Major contagion and a shocking loss of wealth.

10 Vgl. das Interview von SCHÄUBLE, Wolfgang, BamS v. 22.11.2009; STEINBRÜCK, Peer im Gespräch mit dem Magazin Stern v. 11.04.2009.

11 Für eine genauere Darstellung der Ursachen der Finanzkrise vgl. HEUN, JZ 2010, S. 53 ff.

12 Makroökonomische Ungleichgewichte in den internationalen Handels- und Leistungsbilanzen, die Asienkrise in den Jahren 1997/98 und der stetig steigende Ölpreis erforderten bzw. erlaubten die Anhäufung enormer Dollarreserven. Dies wiederum führte – angetrieben von der Suche nach günstigen Investitionsmöglichkeiten – zu einem massiven Kapitalimport zurück in die USA, die mit den Geldern ihre Konsumausgaben und vor allem den andauernden Immobilienboom finanzierten und ihre Verschuldung ausbauten.

13 Kritisiert wird vor allem die expansive Geldpolitik der Federal Reserve vor dem Jahre 2000 und die Absenkung des Leitzinses auf 1 % nach dem Terroranschlag vom 11.09.2001.

14 So wurde die Vergabe von Wohnungsbaukrediten in den USA durch die Novellierung des Community Reinvestment Act angetrieben, wenn nicht sogar erzwungen: Wohnungsbaukredite sollten gleichmäßig an alle sozialen Gruppen vergeben werden. So wurden Kredite auch an einkommens- und arbeitslose Bürger ausgegeben, sog. NINJA-Kredite (No Income, No Jobs or Assets).

15 Der Begriff „Subprime" bezeichnet Kredite, die eine Immobilie zu mehr als 90 % beleihen oder die an Personen ausgegeben werden, deren Schuldendienst mehr als 45 % des Bruttoeinkommens in Anspruch nimmt.

16 sog. CLO's und CDO's; für eine genaue Erklärung dieser Instrumente vgl. BENMELECH/DLUGOSZ, The Alchemy of CDO Ratings, S. 617.

seitens der Rating-Agenturen[17], nicht ausreichende Aufsichtsbefugnisse, politische Fehlentscheidungen[18] und die Internationalisierung der Finanzmärkte führten schließlich zu einem sich in der Finanzwirtschaft global ausbreitenden Flächenbrand – der Finanzkrise.

Als am 15.09.2008 diese Finanzkrise – die sich wenige Monate später sogar zu einer globalen Weltwirtschaftskrise entwickeln sollte – ihren Höhepunkt erreichte, rückten letztlich auch die geltenden Bilanzierungsregeln als Verursacher, Auslöser und Verstärker einer Krise in den Fokus der Betrachter:

Die Investmentbank Lehman Brothers Holdings Inc. mit Hauptsitz in New York[19] musste nach gescheiterten Rettungsverhandlungen mit der Barclays Bank PLC[20] und der Absage von Staatshilfen[21] Gläubigerschutz[22] nach Chapter 11 of Title 11 of the U.S.C.[23] beantragen. Die (nun) größte Unternehmensinsolvenz in der Geschichte der USA[24] bescherte allein den Gläubigern der Investmentbank einen Verlust von 200 Milliarden Dollar und führte quasi über Nacht zu einem Austrocknen des globalen Interbankenhandels[25] – einer nicht vorhergesehenen Verschärfung der Krise. Dabei stand das Institut schon lange vor dem Gläubigerschutzantrag „auf wackeligen Beinen". Mit bilanziellen Verschönerungstaktiken wurden Probleme kaschiert und Geschäftspartner, Investoren, Aufsichtsbehörden und Gläubiger in die Irre geführt. So wurde nur durch den Ein-

---

17 So wurden 70,7 % aller CDO's mit Triple A bewertet, vgl. BENMELECH/DLUGOSZ, The Alchemy of CDO Ratings, S. 617, 618; kritisch hierzu auch HELBLING, FS Seicht, Rechnungslegung, S. 33, 47.

18 Zu nennen ist vor allem die Versagung von Staatshilfen für die damalige Investmentbank Lehman Brothers. Vgl. LIEBSCHER/OTT, NZG 2010, S. 841, 843; BRAITHWAITE/KENNARD/BAER in FTE v. 28.01.2011, S. 16.

19 Im Folgenden werden unter „Lehman Brothers" vereinfachend alle Konzernunternehmen der Lehman Brothers Holdings Inc. zusammengefasst, es sei denn die Unterscheidung ist von Relevanz.

20 Vgl. SORKIN, The New York Times, Page A1 on September 15, 2008.

21 Treasury Secretary PAULSON, Henry J. verneinte im letzten Moment die Zusage von Staatshilfen.

22 Der Gläubigerschutzantrag ist einsehbar unter: http://amlawdaily.typepad.com/amlawdaily/files/lehman.pdf.

23 Der U.S.C. ist die Sammlung und Kodifikation des allgemeinen und permanenten Bundesrechts der Vereinigten Staaten von Amerika; Chapter 11 ist einsehbar bei: http://uscode.house.gov/download/pls/11C11.txt.

24 Die Konkursmasse von Lehman Brothers betrug 639 Milliarden Dollar, vgl. MADAUS, NZI 2008, S. 715.

25 Vgl. HEUN, JZ 2010, S. 53.

satz von sog. Repo 105/108-Geschäften[26] im zweiten Quartal 2008 die Bilanzsumme um 7% und die net leverage ratio um 15 % verringert;[27] mit dieser Vorgehensweise konnte insbesondere die kaum noch vorhandene Liquidität von Lehman Brothers verschleiert werden.

Die wahrhafte Skurrilität dieser Anekdote: die Bilanzierung dieser Repo 105/108-Geschäfte – zugleich Schwerpunkt der Untersuchungen[28] des im Insolvenzverfahren gerichtlich bestellten Gutachters *Anton R. Valukas* in Bezug auf eine Bilanzmanipulation bei Lehman Brothers[29] – wird von Bilanzierungsstandard SFAS 140 „Accounting for Transfers and Servicing of Financial Assets and Extinguishments of Liabilities" geregelt. Dieser SFAS 140 wiederum ist bereits im Jahre 2001 zum Zwecke der Bilanzmanipulation verwendet worden – von dem Energiekonzern Enron Corp. mit Hauptsitz in Houston, Texas;[30] gerade die Geschehnisse rund um Enron Corp. waren aber der bis dato (respektive bis Lehman Brothers) größte Bilanzskandal in der Geschichte der USA, dem fast schon folgegrichtig die bis dato größte Unternehmensinsolvenz in der Geschichte der USA folgte.[31]

Die Frage, wie diese merkwürdige Parallele zu erklären ist, drängt sich geradezu auf. Sollte es das Financial Accounting Standards Board[32] etwa unterlassen haben, nach dem weltweit für Aufsehen erregenden Vorfall

---

26 Repo 105/108-Geschäfte sind kombinierte Verkaufs- und Rückkaufsverträge: Der Kreditnehmer verpflichtet sich, dem Kreditgeber Wertpapiere als Sicherheit der Kreditsumme zu übertragen. Am Ende der Vertragslaufzeit muss der Kreditnehmer die Wertpapiere gegen Zahlung der Kreditsumme plus Zinsen zurücknehmen (Repo). Die Bezeichnung 105/108 rührt daher, dass der Wert der hinzugebenden Wertpapiere im Verhältnis zum ausgezahlten Betrag bei Schuldverschreibungen 5 % und bei Aktien 8 % höher sein musste (sog. haircut). Der Vorteil der Geschäfte lag darin, dass diese als normale Kaufverträge behandelt werden konnten: Die hingegebenen Wertpapiere wurden aus der Bilanz ausgebucht, die Rückzahlungsverpflichtungen jedoch nicht ausgewiesen – ferner wurden mit dem erhaltene Kreditbetrag andere Schulden verringert; vgl. GROßFELD, RIW 2010, S. 504, 505 f.

27 Zu den bilanziellen Auswirkungen sh. SELLHORN, DB 2010, S. 2117 ff.; GROßFELD, RIW 2010, S. 504 ff.

28 Der von Anton R. VALUKAS verfasste Lehman Brothers Holdings Inc. Chapter 11 Proceedings Examiner's Report ist einsehbar unter: http://lehmanreport.jenner.com/.

29 Vgl. VALUKAS, Lehman Brothers Holdings Inc. Chapter 11 Proceedings Examiner's Report S. 1, 870.

30 Eine ausführliche Darstellung der Bilanzmanipulation von Enron Corp. findet sich bei HOFFMANN, DB 2002, S. 1169, 1171 ff.; vgl. auch EISENBERG, Corporations and other business organizations, S. 289 ff.

31 Vgl. WiWo v. 14.02.2002, Nr. 008, S. 126.

32 Das Financial Accounting Standards Board ist der nationale, privatrechtliche Standardsetter in den USA.

bei Enron Corp. Korrekturen an den geltenden Bilanzierungsregeln vorzunehmen, um erneute Bilanzmanipulationen, wie sie nun bei Lehman Brothers aufgedeckt worden sind, zu verhindern? Ist die Finanzkrise in Wahrheit eine Bilanzkrise?[33]

Mitnichten. Das FASB reagierte auf die Insolvenz von Enron Corp. mit umfassenden Änderungen an dem Statement of Financial Accounting Standard, in deren Rahmen auch SFAS 140 modifiziert worden ist.[34] Die Finanzkrise hat nun jedoch schmerzhaft offenbart, dass die national effektive Modifikation nicht ausgereicht hat, um den Bilanzmanipulationen eines global operierenden Unternehmens Einhalt zu gebieten:

Denn Lehman Brothers bemühte sich vergeblich um ein von einer *amerikanischen* Anwaltskanzlei ausgestelltes Rechtsgutachten, das die Ausbuchung von Vermögenswerten mittels sog. Repo 105/108-Geschäften nach SFAS 140 erlaubte.[35] Es war die Tochtergesellschaft Lehman Brothers International (Europe) mit Sitz in London, die von der Anwaltskanzlei Linklaters LLP die Bestätigung erhielt, dass Ausbuchungen der von Lehman Brothers gewünschten Repo 105/108-Geschäfte im *englischen* Rechtsraum unter Anwendung eines entsprechenden Rahmenvertrages zulässig seien.[36] Demzufolge wurden die Repo 105/108-Geschäfte bei Lehman Brothers fortan schlicht durch die Tochtergesellschaft Lehman Brothers International (Europe) mit Sitz in London abgewickelt. Hierfür sind sogar Vermögenswerte, die amerikanischen Konzernteilen gehörten, über konzerninterne Repo-Geschäfte ohne sog. haircut an die Tochtergesellschaft Lehman Brothers International (Europe) übertragen worden. Die Anwendung englischen Rechts erlaubte es sodann, die Repo 105/108-Geschäfte aus der Bilanz auszubuchen.[37] Von der Bilanz der Tochtergesellschaft Lehman Brothers International (Europe) fand das fragwürdige Ergebnis letztlich über die Konsolidierung Eingang in den nach US-amerikanischen Bilanzierungsnormen aufgestellten Konzernabschluss –

---

33 Vgl. hierzu auch GASSEN/FÜLBIER in FAZ v. 18.05.2009, Nr. 114, S. 12; SCHMITZ, CFO 2008, S. 233.

34 Vgl. JENKINS, Attachment 5, S. 1, 4f.; SELLHORN, DB 2010, S. 2117, 2123.

35 Vgl. VALUKAS, Lehman Brothers Holdings Inc. Chapter 11 Proceedings Examiner's Report S. 1, 784. Grund hierfür war das Fehlen des nach SFAS 140 erforderlichen true sale-Kriteriums (wirklicher Verkauf), da Lehman Brothers sowohl das Wertänderungsrisiko innehatte als auch zum Rückkauf der Vermögenswerte verpflichtet war; vgl. hierzu auch a.a.O., S. 740.

36 Vgl. VALUKAS, Lehman Brothers Holdings Inc. Chapter 11 Proceedings Examiner's Report S. 1, 784.

37 Vgl. VALUKAS, Lehman Brothers Holdings Inc. Chapter 11 Proceedings Examiner's Report S. 1, 784.

obwohl hier die Ausbuchung der Repo 105/108-Geschäfte mangels „true sale" von SFAS 140 gerade ausdrücklich untersagt worden ist.

Der Fall belegt somit eindrucksvoll, wie ein global operierendes Unternehmen national divergierende Bilanzierungssysteme gegeneinander ausspielen konnte,[38] um die vom Vorstand festgesteckten Ziele zu erreichen. Für zusätzlichen Zündstoff sorgt zudem die Tatsache, dass die von Lehman Brothers dargestellte Bilanzierungsweise kein Einzelfall ist. Großbanken wie Bank of America, Citigroup und Deutsche Bank nutzen nach wie vor Repo 105/108-Geschäfte, um ihre Bilanzen zu verschönern.[39]

Gerade einmal sieben Jahre nach den Bilanzskandalen bei Enron Corp. und Worldcom sind es also erneut die geltenden Bilanzierungsregeln, die für negative Schlagzeilen in der Tagespresse und für Aufruhr in Wissenschaft und Politik sorgen, sind sie doch zumindest mitverantwortlich[40] für die derzeitige Finanzkrise.

Aktuell wird daher fieberhaft nach einer Lösung gesucht, um diesen „grenzüberschreitenden" Bilanzmanipulationen wirksam zu begegnen.[41] Eine schnelle Lösung erscheint indes nicht in Reichweite zu sein: Die Wirtschaftsprüfer, „Hüter der Bilanzen"[42], konnten oder wollten dieser Art der Bilanzierung zumindest keinen Einhalt gebieten. Erst vor wenigen Monaten wurde der Abschlussprüfer von Lehman Brothers, die Ernst & Young Global Limited mit Sitz in New York, wegen „massive accounting fraud" angeklagt.[43] Die Revisoren seien über die fehlende Offenlegung der Repo 105/108-Geschäfte bei Lehman Brothers zwar informiert gewesen, hätten diese aber nicht hinterfragt.[44] Die Schaffung neuer Aufsichtsbehörden verspricht ebenso wenig Erfolg, sind diese doch an das national anzuwendende Recht gebunden.[45] Genau hier liegt jedoch das Problem: Aufgrund der voranschreitenden Globalisierung wird es

---

38 Vgl. GROẞFELD, RIW, S. 504, 510.

39 Vgl. FTE v. 21.12.2010, S.12, Ernst & Young / Lehman; WILCHINS/GOLDSTEIN in Reuters v. 12.03.2010, On Wall Street, massaging the balance sheet is a time-honored practice.

40 Vgl. LUTTERMANN, FAZ v. 23.06.2008, Nr. 144, S. 22, Die Erosion der Freiheit; THEILE, BBK 2009, S. 21.

41 So wurde auf Wunsch der SEC SFAS 140 kurzfristig von SFAS 166 (gültig ab dem 15.11.2009 und in die US-GAAP Codification in ASC 860 eingefügt) abgeändert; vgl. ferner den vorläufigen Beschluss des IASB, Repo 105/108-Geschäfte nicht als Verkauf zu behandeln, IASB, Staff Paper, October 2009, S. 1, 14.

42 JAHN, FAZ v. 21.09.2001, Nr. 220, S. 17, Hüter der Bilanzen.

43 Vgl. FTE v. 22.12.2010, S. 1, E&Y accused of aiding ‚massive' fraud.

44 Vgl. SELLHORN, DB 2010, S. 2117.

45 GUERRERA in FTE v. 08.02.2011, S. 16, Banks divide and conquer regulatory borders.

immer schwieriger, den weltweit operierenden Unternehmen nationale Fesseln in Form von Gesetzen aufzuerlegen. So gilt in England die national eingeführte höhere Besteuerung von Bonusgehältern bei Bankern als gescheitert;[46] zu groß war der Druck der Banken, die öffentlich mit einer massiven Abwanderung ins Ausland drohten.[47] Befürchtungen vor einer Bankenabwanderung in das EU-Ausland waren es ferner, die eine EU-weite Finanztransaktionssteuer bereits im Keim erstickten.[48] Und das vom deutschen Bundestag im Alleingang aufgestellte Verbot ungedeckter Leerverkäufe gemäß § 30 WpHG stellt sich als weitestgehend nutzlos heraus, da die Spekulanten schlicht auf ausländische Börsenplätze ausweichen.[49]

So verwundert es nicht, dass die nationale Politik auf die Geschehnisse allmählich reagiert. International koordinierte Abstimmungen sind keine Seltenheit mehr: Es war die G20, die Stützungsmaßnahmen zur Eindämmung der Finanzkrise erlassen hat[50] und in Reaktion auf diese die Implementierung der Vorschläge des Baseler Ausschusses für Bankenaufsicht zu den neuen Eigenkapital- und Liquiditätsvorschriften für Kreditinstitute (Basel III) beschlossen hat.[51]

Aber auch die nationalen Bilanzierungssysteme befinden sich in einem globalen Umbruch: Bereits seit dem 1. Januar 2005 müssen Gesellschaften, die dem Recht eines Mitgliedstaates der EU unterliegen, ihre konsolidierten Abschlüsse nach den internationalen Rechnungslegungsstan-

---

46 Vgl. Äußerungen des englischen Finanzministers George OSBORNE, der hat wissen lassen, dass er die Bonussteuer seines Vorgängers nicht verlängern wird; sh. WiWo v. 20.12.2010, Nr. 051, S. 46.

47 Vgl. Aussagen von JOHNSON, Boris, Goldman Sachs, in einem Interview mit The Telegraph v. 05.01.2010, einsehbar unter: http://www.telegraph.co.uk/finance/newsby sector/banksandfinance/6935002/Goldman-exodus-talk-a-wake-up-call-over-bonus-tax-says-London-mayor-Boris-Johnson.html; SANDS, Peter, CEO von Standard Chartered Bank, „move our base away from London" und GULLIVER, Stuart, HSBC, „[...] where we may choose to headquarter our institution", beide in FTE v. 02.09.2010, HSBC in clearest warning over relocation, einsehbar unter: http://www.ft.com/cms/s/0/5e0ba 186-b6bd-11df-b3dd-00144feabdc0.html#axzz1EcCNuwWw.

48 Vgl. die diesbezüglichen Ausführungen von SEMETA, Algirdas, EU-Steuerkommissar, „[...] Risiko der Abwanderung aber beträchtlich." Abrufbar unter http://www.handels blatt.com/politik/konjunktur/nachrichten/bruessel-verhagelt-schaeuble-die-haushalts planung/3557136.html.

49 Vgl. LIEBSCHER/OTT, NZG 2010, S. 841, 846; ähnlich SPINDLER, AG 2010, S. 601, 613.

50 Vgl. G20, Leaders Statement 2009, April, S. 1.

51 Vgl. G20, Table: Policy Commitments by G20 Members, S. 25; FAZ v. 13.09.2010, Nr. 212, S. 11, Bankenaufseher verschärfen Regeln.

dards (IFRS)[52] aufstellen, sofern am jeweiligen Bilanzstichtag ihre Wertpapiere in einem beliebigen Mitgliedstaat zum Handel in einem geregelten Markt zugelassen sind.[53] Weitere 50 Länder haben die Umstellung ihrer Rechnungslegung auf die IFRS bis zum Jahre 2011 angekündigt.[54] Die USA stimmen wohl *demnächst* über eine alternative Zulassung des IFRS-Abschlusses ab.[55] Sollte die Abstimmung Erfolg haben, würde dies zugleich den Druck auf Japan und China erhöhen, ihre Rechnungslegung auf IFRS umzustellen. Ein Konvergenzprojekt zwischen IASB und FASB zur Annäherung von IFRS und GAAP besteht bereits jetzt.

„The Holy Grail of standard-setting“[56], ein weltweit einheitlich anerkannter Bilanzierungsstandard, erscheint durch die Schaffung der IFRS demnach in Reichweite zu sein. Zugleich wäre dies die beste Antwort auf die „grenzüberschreitenden“ Bilanzmanipulationen, die das Bilanzrecht erneut in Verruf gebracht haben. Das primäre Ziel der Rechnungslegung, ein global vergleichbarer „true and fair view“, wäre ohnehin nur so zu erreichen.

§ 1 Ausgangslage und Problemstellung

Die deutsche Legislative wehrt sich allerdings vehement gegen das rasante Vordringen der IFRS. Mit dem am 29. Mai 2009 in Kraft getretenen BilMoG ist jüngst die umfassendste Reform des deutschen Handelsgesetzbuches seit mehr als zwanzig Jahren verabschiedet worden. Es sollte

52 Der Begriff IFRS bezeichnet im engeren Sinne nur die neuen vom IASB herausgegebenen Standards. Im weiteren Sinne verweist er auf das gesamte Normensystem der IFRS einschließlich der IFRIC Interpretations und der von dem IASC veröffentlichten IAS und SIC Interpretations (vgl. IAS 1.7). Im Folgenden wird der Begriff im weiteren Sinne verwendet. Dabei wird *grundsätzlich* der in der EU „latest legally binding consolidated text as of 17.10.2008“ zugrunde gelegt. Dieser ist abrufbar unter: http://eur-lex.europa.eu/LexUriServ/LexUriServ.do?uri=CELEX:32008R1126:EN:NOT.

53 Vgl. Artikel 4 der Verordnung (EG) Nr. 1606/2002 des europäischen Parlamentes und des Rates vom 19. Juli 2002 betreffend die Anwendung internationaler Rechnungslegungsstandards.

54 Vgl. BAUER/SIEBERT, das neue Hauptbuch in SAP ERP Financials, S. 202.

55 Ursprünglich sollte die Abstimmung bereits im Jahre 2011 erfolgen; vgl. FTE v. 14.10.2010, S. 20, Incoming IASB chief upbeat on US accord; kritisch bzgl. der Verzögerung FTE v. 15.11.2011, US support for accounting harmonisation; ferner HOOGERVORST, Conference in Boston, USA v. 05.10.2011, einsehbar unter: http://www.ifrs.org/NR/rdonlyres/511C82B8-02F4-4E93-93B8-B84534E590C9/0/HHoogervorstBostonOctober 2011.pdf.

56 Vgl. FTE v. 26.01.2011, S. 14, Fair value accounting.

eine zu den IFRS „gleichwertige, aber einfachere und kostengünstigere Alternative"[57] geschaffen werden. Das nach Artikel 5 der EG-Verordnung 1606/2002 eingeräumte Wahlrecht, die Jahresabschlüsse der Unternehmen alternativ nach IFRS aufstellen zu lassen, wurde nicht genutzt. Zu unsicher erschien dem BilMoG-Gesetzgeber wohl die aufkeimende Diskussion über den im IFRS-Abschluss genutzten Fair Value, der hierzulande auch als „Brandbeschleuniger"[58] der Finanzkrise gegeißelt wurde.[59] Den IFRS selbst attestierte der Gesetzgeber sogar den Widerspruch gegen das Gläubigerschutzprinzip.

So müssen deutsche Unternehmen, die an einer europäischen Börse gelistet sind oder die Zulassung zum Handel an einer solchen beantragt haben, nach wie vor neben dem IFRS-Konzernabschluss für Informationszwecke und der Steuerbilanz für die Ertragsbesteuerung zusätzlich einen HGB-Abschluss für die Bemessung der Ausschüttungsgrundlage aufstellen. Das gleiche Schicksal ereilt zudem die Tochtergesellschaften. Diese müssen ebenfalls einen eigenständigen IFRS-Abschluss erstellen, denn nur so kann eine wirksame Konsolidierung in den IFRS-Abschluss des Mutterunternehmens erfolgen. Dabei schmerzt diese „Dreifachbilanzierung"[60] umso mehr, da mittlerweile auch Steuer- und Handelsbilanz seit dem Wegfall der umgekehrten Maßgeblichkeit stark voneinander abweichen. Zu Recht fragt man sich also: Wie viele Bilanzen verträgt die deutsche Wirtschaft?

Neben den Kosten, die für die zusätzliche Aufstellung einer Handelsbilanz anfallen, hat der Alleingang Deutschlands noch andere Nachteile: Seit dem Wegfall der Deutschland AG[61] kämpfen (auch) die heimischen Unternehmen, die nicht an einer Börse gelistet sind, vermehrt um In-

57 Vgl. BT-Drucksache 16/10067 v. 30.07.2008, S. 32.

58 Vgl. Äußerungen von SANIO, Jochen, Präsident der BaFin, in einem Interview mit der Zeit v. 19.02.2009, abrufbar unter: http://www.zeit.de/2008/16/Das_ist_ein_Brandbe schleuniger; sh. auch FAHRENSCHON, Georg, bayrischer Finanzminister, zitiert nach KÜTING/LAUER, BFuP 2008, S. 547, 568; ferner LUTTERMANN, StuW 2010, S. 346, 350.

59 So ist die noch im BilMoG-Gesetzentwurf vom 21.Mai 2008 für alle Unternehmen vorgesehene Bewertung von zu Handelszwecken erworbenen Finanzinstrumenten mit dem fair value letztlich nur für Kreditinstitute umgesetzt worden, vgl. § 340e Abs. 3 HGB.

60 Vgl. zum Begriff der „Dreifachbilanzierung" HOFFMANN, PiR 2011, S. 148; DERS., StuB 2010, S. 209; EKKENGA, AG 2006, S. 389, 391; bereits SCHAUMBURG, Stbg 2004, S. 545, 550; WINKELJOHANN, S:R 2007, S. 128; vgl. insofern auch NAUMANN, DK 2007, 422, 423.

61 Vgl. HÖPNER/KREMPEL, Max-Planck-Institut für Gesellschaftsforschung v. 05.07.2006, S. 1-7.

vestoren aus der ganzen Welt. Dabei stehen sie in direkter Konkurrenz zu den ausländischen Unternehmen. Der vom Vorsichtsprinzip geprägte HGB-Abschluss führt aber – im Vergleich zu einem IFRS-Abschluss – in der Regel zu einer ungünstigeren Gestaltungsmöglichkeit der Aktivseite. Ein niedrigerer Gewinnausweis, eine schlechtere Unternehmensbewertung und höhere Zinsen sind die Folge.[62] Das Wahlrecht, den Jahresabschluss nach IFRS zu *veröffentlichen*, existiert zwar, vgl. § 315a Abs. 2 HGB. Dennoch bleibt die Aufstellung eines HGB-Abschlusses für alle deutschen Unternehmen verpflichtend, §§ 264, 242 HGB.[63] Insofern überrascht es nicht, dass sich viele Unternehmen aufgrund der aufkommenden Doppelbelastung vor einer (Teil-)Umstellung auf die IFRS scheuen.[64] In Anbetracht der vorangeschrittenen weltweiten Verbreitung der IFRS scheint dies indes eine schlechte Auswirkung für den Standort Deutschland zu sein. Doch was sind die Alternativen?

§ 2 Zielsetzung und Gang der Untersuchung

Die obigen Ausführungen haben aufgezeigt, dass sich die geltenden Bilanzierungsregeln der Globalisierung nicht entziehen können. Die Ausnutzung nationaler Bilanzierungssysteme und damit einhergehende Möglichkeiten zur Bilanzmanipulation zwingen zu einem weltweiten Umdenken. Auch das deutsche Bilanzrecht muss mit der Globalisierung Schritt halten. So gilt es, Bilanzmanipulationen einzudämmen, Mehrfachbelastungen abzuschaffen und mangelnde Wettbewerbsfähigkeit zu vermeiden.

---

62 So sinkt die Risikoprämie einer Unternehmensanleihe bei einer Umstellung auf IFRS um durchschnittlich 37,54 %, vgl. KIEFER/SCHORN, ZfB 2009, S. 335, 352; vgl. auch FAZ v. 02.08.2004, Nr. 177, S. 16, IFRS fassen Fuß im Mittelstand; vgl. diesbezüglich auch die renommierte Studie von LEUZ/VERRECCHIA, JAR 2000, S. 91 bis 124, die nachweisen konnten, dass bei einem Wechsel von HGB auf IFRS bzw. US-GAAP die Geld-Brief-Spanne der jeweiligen Aktie geringer und das Handelsvolumina höher geworden ist; a.A. aber wohl bereits DASKE, BFuP 2004, S. 455 ff. m.w.N., der im Rahmen seiner Zusammenfassung von empirischen Studien zum Thema „Internationale Rechnungslegung und Kapitalkosten" keine Kapitalkosteneffekte hat feststellen können.

63 Das in § 315a Abs. 2 HGB eingeräumte Wahlrecht betrifft nur die alternative Publikation eines IFRS-Einzelabschlusses zu Informationszwecken, das die Unternehmen von der Veröffentlichung des HGB-Abschlusses befreit.

64 Vgl. Handelsblatt v. 18.07.2005, Mittelstand scheut internationale Bilanzstandards, einsehbar unter: http://www.handelsblatt.com/unternehmen/mittelstand/nachrichten-trends/mittelstand-scheut-internationale-bilanzstandards/2527666.html.

Mit einer Umstellung auf die IFRS könnten diese Ziele zumindest teilweise erreicht werden. Um eine behutsame Annäherung in Deutschland zu gewährleisten, wäre zunächst eine „echte" Wahlmöglichkeit zwischen einem HGB-Abschluss oder einem IFRS-Abschluss für deutsche Unternehmen zu begrüßen. Voraussetzung hierfür wäre jedoch die generelle Eignung des IFRS-Abschlusses zur Ausschüttungsbemessung – denn nur in diesem Falle könnte auf den HGB-Abschluss verzichtet werden. Ob der IFRS-Abschluss dies in Deutschland zu leisten vermag soll in der vorliegenden Arbeit untersucht werden.

Um eine gewisse Übersichtlichkeit zu gewährleisten, wird lediglich der IFRS-Abschluss kapitalmarktorientierter Aktiengesellschaften zur Überprüfung herangezogen. Während die Ausführungen in der Regel auf den IFRS-Abschluss einer GmbH übertragen werden können, werden Personengesellschaften aufgrund ihrer unterschiedlichen Haftungsstruktur hingegen bewusst außen vorgelassen.[65] Ferner kann der neue IFRS-Abschluss for SME nicht Gegenstand dieser Untersuchung sein, schließlich unterscheidet sich die Bilanzierung nach IFRS for SME's doch teils erheblich von der Bilanzierung nach IFRS.[66]

Im Einzelnen wird zunächst auf allgemeine Fragestellungen im Zusammenhang mit dem Gewinnbegriff und der Gewinnermittlung eingegangen (Zweiter Abschnitt), stellen sie doch die Grundlage für die Ermittlung eines ausschüttbaren Betrages dar. Anschließend soll überprüft werden, ob – und wenn ja wie – der IFRS-Abschluss zur Bemessung von Ausschüttungen in Deutschland verwendet werden kann (Dritter Abschnitt). So benutzen zwar 17 der 27 EU-Staaten den IFRS-Abschluss bereits jetzt für die Ausschüttungsbemessung.[67] Acht dieser Länder nehmen

---

65 Während die Gesellschafter einer Personenhandelsgesellschaft aufgrund ihrer persönlichen Haftung eine Entnahme grundsätzlich jederzeit in beliebiger Höhe vornehmen können (zur persönlichen akzessorischen Haftung vgl. § 128 HGB für die OHG und KG und § 128 HGB analog für die GbR), unterliegen die Ausschüttungen an Gesellschafter einer Kapitalgesellschaft gewissen Restriktionen. Zu erklären ist dies mit der beschränkten Haftung der Kapitalgesellschaften für Verbindlichkeiten der Gläubiger nur mit dem Gesellschaftsvermögen, § 1 I S. 2 AktG bzw. § 13 II GmbHG.

66 So unterliegen die nach IFRS aktivierungspflichtigen Entwicklungskosten nach IFRS for SME einem Aktivierungsverbot; und der Goodwill, der nach den IFRS nur abzuschreiben ist, wenn eine Wertminderung vorliegt, ist nach IFRS for SME planmäßig abzuschreiben.

67 Vgl. KPMG, Feasibility Study on Capital Maintenance – Main Report, S. 1; vgl. auch EUROPEAN COMMISSION, Implementation of the IAS Regulation (1606/2002) in the EU and EEA.

jedoch weitergehende Veränderung des Abschlusses vor.[68] Abschließend werden sodann im vierten Abschnitt die Ergebnisse zusammengetragen und die Perspektiven für die IFRS als Ausschüttungsbemessungsgrundlage in Deutschland erörtert.

68 Vgl. KPMG, Feasibility Study on Capital Maintenance – Main Report, S. 1.

Zweiter Abschnitt: Gewinnbegriff und theoretisch denkbare Arten der Gewinnermittlung

Im Rahmen dieser Arbeit stehen rechtliche Fragestellungen, die einer Eignung des IFRS-Abschlusses als Ausschüttungsbemessungsgrundlage in Deutschland nachgehen, im Fokus der Betrachtung. Ehe jedoch vertieft in diese Thematik eingestiegen werden kann, erscheint es angezeigt, das Blickfeld zu weiten und zunächst auf grundsätzliche Fragestellungen einzugehen, die sich im Zusammenhang mit der Ausschüttungsbemessung stellen. Hierzu gehört in erster Linie die Ermittlung des „ausschüttbaren"[69] Betrages mittels des zugrunde liegenden *Gewinns*. Denn der Gewinn stellt die Basis, das Fundament sowie die Quelle des ausschüttbaren Betrages dar. Im Folgenden ist daher zuvörderst ein – aufgrund des Umfangs und der Komplexität der Thematik indes simplifizierter – Überblick über den Gewinnbegriff sowie die theoretisch denkbaren Arten der Gewinnermittlung zu geben.

§ 1 Der Gewinn als Basis des ausschüttbaren Betrages

Als ausschüttbaren Betrag bezeichnet man den Teil des Gewinns einer Gesellschaft[70], der maximal an die Eigenkapitalgeber ausgeschüttet werden darf.[71] Der ausschüttbare Betrag ist damit Teil der Gewinnverwen-

---

69 Zur Verwendung des Begriffes „ausschüttbar" vgl. BFH, Urteil v. 29.04.2009 – I R 44/08 in DSTRE 2009, S. 996, 997; BFH, Urteil v. 19.05.2010 – I R 51/09 in BB 2010, S. 2495, 2497; OLG München, Beschluss v. 02.04.2008 – 31 Wx 85/06 in BeckRS 2008, 11182; COENENBERG, Jahresabschluss und Jahresabschlussanalyse, S. 1297 f. Oftmals wird auch von einem „ausschüttungsfähigen" Gewinn oder einem „entziehbaren" Gewinn gesprochen, vgl. statt vieler ebenfalls COENENBERG, Jahresabschluss und Jahresabschlussanalyse, S. 1298.

70 Eine Betriebswirtschaft erzielt „Gewinn", während eine natürliche Person oder ein Haushalt natürlicher Personen „Einkommen" bezieht, sh. hierzu HEIGL in Wittmann u.a. (Hrsg.), HWB, Einkommens- und Gewinnbegriffe, Sp. 872.

71 Sofern im Einzelfall ein zu definierender Gewinn die Obergrenze der Vermögensübertragung bildet, wird auch von einer Gewinnausschüttung oder im Spezialfall der Aktiengesellschaft von einer Dividende gesprochen, vgl. FRANZ in Chmielewicz/ Schweitzer (Hrsg.), HWR, Gewinnausschüttung, Sp. 764.

dung. Neben der Ausschüttung an die Gesellschafter kann oder muss der andere Teil des Gewinns zur Thesaurierung verwendet werden.[72] Stets ist der *Gewinn* jedoch der Ausgangspunkt für die Ermittlung des ausschüttbaren Betrages. Während der *Gewinn* auf den ersten Blick noch leicht definierbar erscheint, haben sich im Laufe der Zeit aufgrund von divergierenden Ziel- bzw. Zwecksetzungen sehr unterschiedliche Gewinnbegriffe herauskristallisiert. Daher ist zuvörderst aufzuzeigen, wie der Terminus definiert ist,[73] wie dieser konkret ermittelt wird und auf welche Art und Weise er in einem Unternehmen verwendet werden kann.

I. Der betriebswirtschaftliche Gewinnbegriff

Als „unverzichtbare Ziel-, Maß- und Steuerungsgröße"[74] ist der betriebswirtschaftliche Gewinn wesentlicher Bestandteil unternehmerischen Strebens.[75] Er stellt „das für das eingesetzte Kapital verbleibende positive geldliche Ergebnis dar"[76] und beinhaltet dementsprechend den Erfolg des ökonomischen Wirkens. Obwohl das Streben nach Gewinn konstituierendes Merkmal der Marktwirtschaft ist[77] und das Prinzip der Gewinnmaximierung[78] seit Jahrzehnten oberstes Ziel aller Betriebe eines Wirtschaftssystems ist,[79] konnte sich trotz intensiver Bemühungen bis

---

72 Unter Thesaurierung ist die Einbehaltung von Gewinnen in der Gesellschaft zu verstehen; zu den verschiedenen Gewinnverwendungsmöglichkeiten einer AktG vgl. FLEISCHER in Schmidt/Lutter (Hrsg.), AktG, § 58 Rz. 37 ff.; BAYER in MüKo AktG, § 59, Rz. 81 ff.; für die GmbH vgl. EKKENGA in MüKo GmbHG, § 29, Rz. 135 ff; HUECK/FASTRICH in Baumbach/Hueck (Hrsg.), GmbHG, § 29, Rz. 22 ff.

73 Bzw. die hierzu korrespondierende negative Größe, der Verlust.

74 HEIGL in Wittmann u.a. (Hrsg.), HWB, Einkommens- und Gewinnbegriffe, Sp. 873.

75 HAUSCHILDT in Busse von Colbe/Pellens (Hrsg.), Lexikon des Rechnungswesens, Gewinn, S. 288; WAGENHOFER, Wirtschaftslexikon, Gewinn und Verlust, S. 2135.

76 SELCHERT, Einführung in die Betriebswirtschaftslehre, S. 28.

77 SCHAWEL/BILLING, Top 100 Management Tools, S. 99.

78 Das Gewinnmaximierungsprinzip ist eine spezifische Konkretisierung des ökonomischen Prinzips in marktwirtschaftlichen Gesellschaftssystemen, das als generell erfüllt gilt, wenn das günstigste Verhältnis zwischen marktmäßig bewertetem Aufwand und Ertrag realisiert wird, vgl. SCHIERENBECK, Grundzüge der Betriebswirtschaftslehre, S. 7.

79 Heute ist weitgehend anerkannt, dass das Gewinnmaximierungsprinzip nicht uneingeschränkt, sondern unter Beachtung zusätzlicher subjektiver Nebenbedingungen verfolgt wird; vgl. WÖHE, Einführung in die Allgemeine Betriebswirtschaftslehre, S. 16; BERTL in Loitlsberger u.a. (Hrsg.), Gedenkschrift für Karl Lechner, S. 39.

heute keine einheitliche Definition durchsetzen.[80] Begründet wird dies mit der diffizilen und komplexen Anwendung des Begriffes sowohl in der Betriebswirtschaftslehre als auch in der alltäglichen Umgangssprache.[81]

Versucht man dennoch eine Definition für den Begriff „Gewinn" zu finden, wird zumeist von der Differenz zwischen positiven und negativen Erfolgsgrößen gesprochen, die in Geldeinheiten zu messen ist.[82] Diese Definition ist jedoch wenig hilfreich, da die positiven und negativen Erfolgsgrößen ihrerseits auslegungsbedürftige Begriffe sind, die je nach zugrunde gelegtem Minuend und Subtrahend zu unterschiedlichen Gewinnbegriffen[83] führen:[84]

Der finanzwirtschaftliche Gewinnbegriff führt zu einem Einzahlungsüberschuss, der sich aus den Einzahlungen und von diesen abzuziehenden Auszahlungen errechnet. Der pagatorische Gewinnbegriff ergibt den Jahresüberschuss, dessen Differenz sich aus dem Ertrag abzüglich des Aufwands ermittelt.[85] Der leistungswirtschaftliche Gewinnbegriff kommt hingegen zu einem kalkulatorischen Gewinn, der sich aus der Verrechnung von Leistungen und Kosten ergibt.[86] Da aber bereits der Kostenbegriff des kalkulatorischen Gewinns höchst umstritten ist,[87] würde eine detaillierte Darstellung der einzelnen Begriffe den Umfang dieser Arbeit sprengen. Daher ist zu konstatieren: Einen einheitlichen betriebswirtschaftlichen Gewinnbegriff sucht man vergeblich. Weiterführende Aus-

---

80 Vgl. COENENBERG/MATTNER/SCHULTZE, Einführung in das Rechnungswesen, S. 65; ferner HEINEN, Einführung in die Betriebswirtschaftslehre, S. 106.

81 Vgl. KÜTING, DB 2006, S. 1441.

82 HEINEN, Einführung in die Betriebswirtschaftslehre, S. 106.

83 Vgl. zu den unterschiedlichen Gewinnbegriffen in der Betriebswirtschaftslehre: SCHERRER in Chmielewicz/Schweitzer (Hrsg.), HRW, Gewinn und Verlust, Sp. 738; ferner HAUSCHILDT in Busse von Colbe/Pellens (Hrsg.), Lexikon des Rechnungswesens, Gewinn, S. 288, 289.

84 KÜTING, DB 2006, S. 1441.

85 Der pagatorische (bilanzielle) Gewinn stellt zugleich die Verzinsung des Eigenkapitals und – bei Einzelunternehmungen und Personengesellschaften – die Vergütung für die Mitarbeit des Unternehmers bzw. der Mitunternehmer dar, vgl. WÖHE, Einführung in die Allgemeine Betriebswirtschaftslehre, S. 47; allgemein hierzu: SCHIERENBECK, Grundzüge der Betriebswirtschaftslehre, S. 3 ff.; sh. zum bilanziellen Gewinn sogleich, S. 17.

86 Bei dem kalkulatorischen Gewinn gehören Eigenkapitalzinsen und Unternehmerlöhne zu den Kosten, vgl. WÖHE, Einführung in die Allgemeine Betriebswirtschaftslehre, S. 47 und 1096 ff.

87 WÖHE, Einführung in die Allgemeine Betriebswirtschaftslehre, S. 1103.

führungen zu dem für diese Arbeit relevanten pagatorischen Gewinnbegriff folgen sogleich in dem entsprechenden Kapitel.[88]

II. Der ökonomische Gewinnbegriff

In Anlehnung an das Werk des klassischen Nationalökonomen *Smith* lässt sich Gewinn auch als eine Vergrößerung des Wohlstands auffassen.[89] Ausgehend von dieser Definition wurde in der Volkswirtschaftslehre der Begriff des „ökonomischen Gewinns" abgeleitet.[90] Hiernach ist Gewinn definiert als der maximale Betrag, den eine spezifische Person innerhalb einer Woche konsumieren kann, sodass sie am Ende der Woche noch genau so da steht wie zu deren Beginn.[91] Überträgt man diesen Grundsatz auf ein Unternehmen, so stellt der ökonomische Gewinn mithin die maximale Größe dar, die das Unternehmen in einer Periode verbrauchen oder sich entnehmen lassen kann, ohne am Ende der jeweiligen Periode über weniger Vermögen zu verfügen als am Anfang.[92] Die Ökonomen gehen demzufolge von einem Konzept der Kapitalerhaltung aus.[93] Vereinfacht wird der ökonomische Gewinn berechnet, indem das vorhandene Kapital zum Anfang der Periode von dem Kapital zum Ende der Periode abgezogen wird, bereinigt um eventuell getätigte Ausschüttungen an bzw. Einlagen von den Eigenkapitalgebern. Der ökonomische Gewinn entspricht damit grundsätzlich dem bilanziellen Gewinn.[94] Das gilt jedoch nur unter Zugrundelegung einer Totalperiode – sprich von der Gründung bis zur Liquidation – eines Unternehmens.

In den einzelnen Perioden kommt es indes zu erheblichen Abweichungen: Der ökonomische Gewinn wird durch Diskontierung aller künftigen Einnahmen und Ausgaben des Unternehmens errechnet;[95] er ist somit der geglättete, in einer Reihe gleich großer Zahlungen umgewandelte Einzahlungsüberschuss eines Unternehmens während des Pla-

---

88 Vgl. zum pagatorischen (bilanziellen) Gewinnbegriff S. 17 ff.

89 SMITH, Der Wohlstand der Nationen; vgl. ferner KÜTING, DB 2006, S. 1441.

90 Vgl. RIAHI-BELKAOUI, Accounting theory, S. 482; KÜTING, DB 2006, S. 1441; ausführlich zum Begriff des ökonomischen Gewinns KOCH, zfbf, S. 389 bis 441; WEGMANN, Der ökonomische Gewinn.

91 Vgl. ähnlich bereits HICKS, Value and Capital, S. 122.

92 WEBER in Wiley Handbuch IFRS, Abschn. 3, Rn. 17; KÜTING, DB 2006, S. 1441.

93 WEBER in Wiley Handbuch IFRS, Abschn. 4, Rn. 20.

94 Vgl. KÜTING, DB 2006, S. 1441; zum bilanziellen Gewinn vgl. sogleich, S. 17; Fußnote 85.

95 COENENBERG, Jahresabschluss und Jahresabschlussanalyse, S. 1295.

nungszeitraumes und verhindert demzufolge Periodisierungsverzerrungen.[96] Daher beinhaltet der ökonomische Gewinn auch sämtliche werttreibenden Faktoren eines Unternehmens.[97] Neben dem originären Geschäfts- oder Firmenwert sind auch Änderungen des Marktwertes bei der Ermittlung des Periodengewinns zwingend zu berücksichtigen; der Ansatz und die Bewertung eines Vermögenspostens erfolgen zur Ermittlung des ökonomischen Gewinns also mit dem beizulegenden Zeitwert (fair value).[98]

III. Der bilanzielle Gewinnbegriff (accounting income)

Der bilanzielle Gewinn wird aufgrund der in Theorie und Praxis vorherrschenden doppelten Buchführung zweifach – respektive „doppelt" – ermittelt. In der Bilanz wird er errechnet als „die Differenz des Eigenkapitals zum Ende und zu Beginn der Periode", in der GuV „direkt durch Differenz der Erträge und der Aufwendungen der Periode"[99]. Beide Gewinngrößen sind in der Regel identisch. Es ist der Gewinn, der die Rechenwerke Bilanz und GuV ins Gleichgewicht bringt. Die Bilanz hat jedoch grundsätzlich die Prärogative; sie determiniert den Inhalt der GuV – und nicht umgekehrt.[100] Daher soll im Folgenden auch dem bilanziellen Gewinnbegriff gegenüber dem GuV-Gewinnbegriff der Vorzug eingeräumt werden.

Ehe nun vertieft auf den bilanziellen Gewinnbegriff nach HGB und IFRS eingegangen wird, sollen zunächst grundlegende Theorien und Konzeptionen aufgezeigt werden, die allgemein für den bilanziellen Gewinnbegriff von Bedeutung sind und diesen dementsprechend zu beeinflussen vermögen.

---

96 Vgl. HEIGL in Wittmann u.a. (Hrsg.), HWB, Einkommens- und Gewinnbegriffe, Sp. 873, 874.

97 KÜTING, DB 2006, S. 1441.

98 Vgl. MÜNSTERMANN, WPg 1966, S. 579, 581; WEBER in Wiley Handbuch IFRS, Abschn. 4, Rz. 20.

99 Beide Zitate von WAGENHOFER in Bitz (Hrsg.), Vahlens Kompendium der Betriebswirtschaftslehre, S. 469.

100 LUTZ/SCHLAG in Wysocki/Schulze-Osterloh/Hennrichs (Hrsg.), HdJ, Abt. I/4, Rz. 6.

1. Einfluss grundlegender Theorien und Konzeptionen auf den bilanziellen Gewinnbegriff

Im Wesentlichen existieren drei Theorien bzw. Konzeptionen, die einen maßgeblichen Einfluss auf den bilanziellen Gewinnbegriff haben:

a) Einfluss der Bilanztheorien auf den bilanziellen Gewinn

Maßgeblich geprägt wird der bilanzielle Gewinnbegriff von den verfolgten Bilanztheorien[101] und den hieraus abgeleiteten Bilanzierungsnormen – denn eine Änderung des Bilanzinhaltes muss zwangsläufig Auswirkungen auf den hieraus ermittelten bilanziellen Gewinn haben.[102] Überragende Bedeutung für die Entwicklung und Ausgestaltung der nationalen und internationalen Bilanzierungssysteme kommt der statischen und dynamischen[103] Bilanztheorie zu. Daher sollen diese in der gebotenen Kürze erläutert werden:[104]

Nach der statischen Bilanzauffassung steht die Bilanz als Vermögensstatus des Betriebes – sprich eine zeitpunktbezogene Vermögensermittlung – im Vordergrund der Betrachtungen.[105] Mit ihrer Hilfe soll der Kaufmann die jährliche Ermittlung seines Reinvermögens – zugleich die

---

101 Bilanztheorien – auch Theorien des Jahresabschlusses genannt – behandeln die Aufgaben, den Inhalt und die Ausgestaltung des Jahresabschlusses, sprich: welche Posten in der Bilanz überhaupt anzusetzen sind, wie die einzelnen Posten konkret zu bewerten sind und wie der Erfolg einer Periode zu bestimmen ist; vgl. hierzu BAETGE/KIRSCH/THIELE, Bilanzen, S. 12.

102 Vgl. KÜTING, ST 2007, S. 220, 234.

103 Die Begriffe der statischen und dynamischen Bilanztheorie wurden hauptsächlich von EUGEN SCHMALENBACH – gleichzeitig Begründer der dynamischen Bilanztheorie – geprägt. Dieser unterscheidet bei den Hauptarten der Bilanzen zwischen der Statik und der Dynamik, vgl. SCHMALENBACH, Dynamische Bilanz, S. 44; Begründer der statischen Bilanztheorie war der Berliner Anwalt Herman Veit Simon; vgl. hierzu zudem das Werk von SIMON, Bilanzen der Aktiengesellschaften.

104 Die folgenden Ausführungen sollen lediglich einen sehr groben Überblick geben. Ausführlich zu den unterschiedlichen, kaum mehr überschaubaren Bilanztheorien, die sich oftmals nur in Grenzbereichen unterscheiden und die die ursprünglichen Unterschiede der zugrunde liegenden Ansätze der statischen und dynamischen Bilanztheorie mehr und mehr verwischen: MOXTER in Wittmann u.a. (Hrsg.), HWB, Bilanzauffassungen, Sp. 502 ff.; COENENBERG in Busse von Colbe /Pellens (Hrsg.), Lexikon des Rechnungswesens, Bilanztheorien, S. 125 ff; BAETGE/KIRSCH/THIELE, Bilanzen, S. 12 ff; MOXTER, Bilanzlehre; COENENBERG, Jahresabschluss und Jahresabschlussanalyse, S. 1264 ff.; zur geschichtlichen Entwicklung vgl. SIMON, Bilanzen der Aktiengesellschaften, S. 28 ff.

105 COENENBERG, Jahresabschluss und Jahresabschlussanalyse, S. 1241.

wesentliche Aufgabe der Bilanzierung – vornehmen.[106] Das Reinvermögen wiederum errechnet sich durch Abzug der Schulden vom Vermögen und wird zumeist als Eigenkapital[107] bezeichnet. Dabei stellt der innerhalb eines Geschäftsjahres zu bestimmende Reinvermögenszuwachs gleichzeitig den richtigen Gewinn für dieses Geschäftsjahr dar. Für Statiker gilt also die Formel „Gewinn- *und* Vermögensermittlung".[108] Zusätzlich wird der Gewinn daher parallel mittels der GuV bestimmt; diese hat nach der statischen Theorie allerdings bloß eine „untergeordnete" Bedeutung.[109]

Die dynamische Bilanzauffassung zielt hingegen auf eine reine Erfolgsermittlung ab. Den Statikern wird vorgeworfen, dass eine geeignete Gewinnermittlung mit einer richtigen Vermögensermittlung unvereinbar sei.[110] So gilt für Dynamiker die Formel „Gewinn- statt Vermögensermittlung".[111] Um einen aussagefähigeren und periodengerechten Gewinn zu erhalten werden bestimmte Verzerrungen der Vermögensdarstellung in Kauf genommen; die Bilanz und die GuV fungieren dabei als Instrumente einer periodengerechten Erfolgsermittlung.[112] Der bilanzielle Gewinn wird konsequenterweise aus der GuV abgeleitet.[113] Die Bilanz dient nur als „Abgrenzungskonto",[114] die zeitliche Verwerfungen zwischen Zahlungs- und Erfolgsvorgängen ausgleicht.[115]

Beide Bilanztheorien wurden im Laufe der Zeit stetig weiterentwickelt. Aus der statischen Bilanztheorie, die ein durch Vereinfachung und Objektivierung[116] gekennzeichnetes Buchvermögen ermittelt, gehen bspw. der Grundsatz der Einzelbewertung und das Prinzip der Unternehmensfortführung (going-concern-Prinzip) hervor. Ferner beruht die (zusätzli-

---

106 Vgl. BAETGE/KIRSCH/THIELE, Bilanzen, S. 13.

107 Vgl. für das deutsche Bilanzrecht etwa § 266 Abs. 3 HGB, für die IFRS sh. IAS 1 und 32.

108 Sog. dualistische Zielsetzung. Zur Formel vgl. MOXTER, Bilanzlehre, S. 31.

109 Vgl. COENENBERG, Jahresabschluss und Jahresabschlussanalyse, S. 1241.

110 Vgl. RÜCKLE in Chmielewicz/Schweitzer (Hrsg.), HWR, Bilanztheorie, Sp. 254; ferner SCHMALENBACH, Dynamische Bilanz, S. 45, der diese Art der Bilanzauffassung sogar als „unwissenschaftlich" bezeichnet.

111 Sog. monistische Zielsetzung. Zur Formel vgl. erneut Moxter, Bilanzlehre, S. 31.

112 Vgl. COENENBERG in Busse von Colbe/Pellens, Lexikon des Rechnungswesens, Bilanztheorien, S. 125.

113 Vgl. KÜTING, DB 2006, S. 1441, 1443.

114 Sh. BAETGE/KIRSCH/THIELE, Bilanzen, S. 19.

115 Vgl. COENENBERG, Jahresabschluss und Jahresabschlussanalyse, S. 1244.

116 Die Objektivierung besagt, dass die Regeln für das wirtschaftliche Geschehen intersubjektiv nachprüfbar sind. Die Objektivierung wird benötigt, weil Buchführung und Jahresabschluss der Rechenschaftslegung dienen.

che) Aktivierungsvoraussetzung für immaterielle Werte[117] und die – vom Eigenkapital abgesehene – Bildung eines Passivpostens nur unter der Voraussetzung einer rechtlichen Leistungsverpflichtung gegenüber Dritten[118] auf den nach den Statikern zu beachtenden Objektivierungsrestriktionen.

Der nach der dynamischen Bilanztheorie zu ermittelnde periodengerechte Erfolg führte hingegen zu dem Grundsatz der Stetigkeit, dem Kongruenzprinzip[119] und dem Realisationsprinzip[120]. Außerdem konzipierten die Dynamiker die Niederstwertvorschriften, die Interpretation der Abschreibungen als Verteilung der Anschaffungskosten auf die Jahre der Nutzung und das Verbot der Zuschreibung des planmäßig abgeschriebenen Anlagevermögens.[121]

Gemein ist sowohl der statischen als auch der dynamische Bilanztheorie, dass sie den ausschüttbaren Gewinn vorsichtig ermitteln wollen; des Weiteren sollen Informationen für die Interessenten des Unternehmens bereitgestellt werden.[122]

b) Einfluss der Unternehmenserhaltungskonzeptionen auf den bilanziellen Gewinn

Auch wenn das Prinzip der Gewinnmaximierung oberstes Ziel eines Unternehmens ist,[123] sind sie doch zusätzlich daran interessiert, ihr Kapital, ihre Substanz oder ihren Erfolg zu erhalten.[124] Die inhaltliche Festlegung des Gewinnbegriffes ist also zudem mit der bestimmten Vorstellung über die richtige Unternehmenserhaltungskonzeption verbunden;[125]

---

117 Vgl. für das HGB § 248 Abs. 2, das bis zum Inkrafttreten des BilMoG am 29.05.2009 den Ansatz eines immateriellen Vermögensgegenstandes unter die Voraussetzung der „Entgeltlichkeit" stellte. Für die IFRS sh. grundsätzlich IAS 38.

118 Vgl. IAS 37.20; das HGB lässt seit dem BilMoG nur noch zwei eng begrenzte Rückstellungen ohne Verpflichtung gegenüber Dritten zu: Rückstellungen für unterlassene Aufwendungen zur Instandhaltung und für unterlassene Abraumbeseitigung, § 249 Abs. 1 Nr. 1 HGB.

119 Das Kongruenzprinzip besagt, dass die Summe der Periodengewinne gleich dem Totalgewinn während der gesamten Existenz des Unternehmens sein soll.

120 Aus dem Realisationsprinzip wird ferner das Anschaffungskostenprinzip abgeleitet.

121 Vgl. hierzu BAETGE/KIRSCH/THIELE, Bilanzen, S. 22, 23.

122 Vgl. COENENBERG, Jahresabschluss und Jahresabschlussanalyse, S. 1264.

123 Sh. zum Prinzip der Gewinnmaximierung oben, S. 14.

124 Vgl. HAX, Substanzerhaltung der Betriebe, S. 7 f.; SCHILDBACH in Chmielewicz/Schweitzer (Hrsg.), HWR, Substand- und Kapitalerhaltung, Sp. 1888; BAETGE/KIRSCH/THIELE, Bilanzen, S. 99 ff.

125 COENENBERG, Jahresabschluss und Jahresabschlussanalyse, S. 1262.

daher bedarf jede Gewinndefinition einer Erhaltungskonzeption als Bezugspunkt der Messung.[126]

Die Wissenschaft hat die unterschiedlichsten Theorien entwickelt, welcher Bezugspunkt bei der Gewinnermittlung heranzuziehen ist.[127] Grundsätzlich lassen sich diese jedoch auf drei Formen der Kapitalerhaltung zurückführen:

1. Die Geldkapitalerhaltung, die auf die Erhaltung des von den Unternehmenseignern bereitgestellten Geldes ausgerichtet ist.[128] Ein Gewinn gilt hiernach als erwirtschaftet, wenn der Geldbetrag des Reinvermögens[129] am Ende der Berichtsperiode höher ist als am Anfang.
2. Die Substanzerhaltung, deren Ziel die Sicherung des mengenmäßigen Bestandes an Vermögensgegenständen ist. Ein Gewinn entsteht, wenn die Erträge die für die Erhaltung der Vermögensgegenstände notwendigen Erträge übersteigen.[130]
3. Die Erfolgskapitalerhaltung, die den Gegenwartswert eines Unternehmens – errechnet aus dem künftig zu erzielenden Free Cashflow[131] – erhalten möchte.[132] Gewinn ist der Betrag, der über den für die Er-

---

126 SCHILDBACH in Chmielewicz/Schweitzer (Hrsg.), HWR, Substand- und Kapitalerhaltung, Sp. 1888.

127 Vgl. zu den unterschiedlichen Theorien SCHILDBACH in Wittmann u.a. (Hrsg.), HWB, Kapital- und Substanzerhaltung, Sp. 2088 ff; WÖHE, Einführung in die allgemeine Betriebswirtschafslehre, S. 1078 ff.; BIEG/KUẞMAUL, Externes Rechnungswesen, S. 24 ff; SCHILDBACH in Chmielewicz/Schweitzer (Hrsg.), HWR, Substand- und Kapitalerhaltung, Sp. 1888; POHLMANN in Busse von Colbe/Pellens (Hrsg.), Lexikon des Rechnungswesens, Substanz- und Kapitalerhaltung, S. 679; für eine kurze Übersicht sh. KÜTING, DB 2006, S. 1441, 1444.

128 Zu unterscheiden sind nominelle („Euro = Euro") und reale Kapitalerhaltung (die Kaufkraft des Eigenkapitals bleibt erhalten). Die Differenz zwischen Nominalgewinn und Realgewinn wird daher auch als inflationsbedingter Scheingewinn bezeichnet; vgl. WÖRNER, Handels- und Steuerbilanz, Rz. 781.

129 Als Reinvermögen wird die Summe der Aktiva abzüglich der Passiva (hierzu zählen: Verbindlichkeiten und eventuell gebildete Rückstellungen, passive Rechnungsabgrenzungsposten, gesetzliche Zwangsrücklagen; ferner das Stammkapital) bezeichnet; vgl. GREITEMANN in Saenger/Inhester (Hrsg.), GmbHG, § 30 Rz. 67.

130 Vgl. BIEG/KUẞMAUL, Externes Rechnungswesen, S. 27.

131 Der Free Cashflow ist der Cashflow bzw. Kassenzufluss vor Dividenden und nach laufenden Investitionen.

132 Um das Erfolgskapital festzustellen, ist die Höhe des Barwerts (also der Wert, den zukünftige Zahlungen in der Gegenwart besitzen) aller zukünftigen Einzahlungsüberschüsse zu ermitteln. Hierzu sind alle Vermögenswerte und Schulden eines Unternehmens zu berücksichtigen.

haltung des Unternehmensgesamtwertes notwendigen Betrag hinausgeht; dies entspricht dem Gedanken des ökonomischen Gewinns.[133]

c) Einfluss der Gewinnrealisierungskonzepte auf den bilanziellen Gewinn

Auch die Frage der Gewinnrealisierung ist – fast selbstredend – ein den Gewinnbegriff maßgeblich prägender Aspekt. Das Realisationskonzept regelt direkt, wann Erträge realisiert und Aufwendungen angefallen sind – also wann Erträge und Aufwendungen in der GuV zu berücksichtigen sind. Indirekt wird festgelegt, mit welchem Wert die Vermögensgegenstände im Zeitpunkt ihres Zugangs in der Bilanz anzusetzen sind.[134]

Traditionellerweise finden Änderungen von Vermögenswerten und Schulden erst dann Eingang in die GuV, wenn ihnen eine Transaktion vorausgegangen ist.[135] Dabei wird zwischen externen und internen Transaktionen unterschieden: Externe Transaktionen gehen aus einer Geschäftstätigkeit mit einem Dritten hervor und haben die Übertragung von Vermögensgegenständen oder Schulden zum Gegenstand.[136] Interne Transaktionen resultieren aus der Nutzung oder Konvertierung von Vermögensgegenständen innerhalb des jeweiligen Unternehmens.[137]

d) Fazit

Obschon die soeben dargestellten Theorien und Konzeptionen den bilanziellen Gewinnbegriff maßgeblich beeinflusst und die Entwicklung sowie die Ausgestaltung der nationalen und internationelen Bilanzierungssysteme mitgestaltet haben, darf dies natürlich nicht darüber hinwegtäuschen, dass die traditionellen juristischen Methoden der logisch-grammatischen Interpretation, der systematischen Interpretation, der teleologischen Auslegung (Ermittlung der ratio legis), der historisch (genetischen) Interpretation sowie der Grundsatz der einheitlichen, integrationsfreund-

133 Vgl. KÜTING, DB 2006, S. 1441, 1444. Zum ökonomischen Gewinn sh. bereits oben, S. 16.

134 Grundsätzlich gewährleistet das Realisationskonzept, dass sich aus reinen Beschaffungsvorgängen keine Erfolgswirkungen ergeben sollen; vgl. BAETGE/KIRSCH/THIELE, Bilanzen, S. 131.

135 Vgl. KÜTING, DB 2006, S. 1441, 1446.

136 Vgl. HENDRIKSEN, Accounting Theory, S. 312.

137 Vgl. HENDRIKSEN, Accounting Theory, S. 312.

lichen Auslegung von Normen EU-rechtlichen Ursprungs[138] letzten Endes für die Auslegung des *Gesetzes* entscheidend sind. Im Folgenden ist daher das Augenmerk primär auf die bilanziellen Gewinnbegriffe des HGB bzw. der IFRS zu richten.

2. Der bilanzielle Gewinnbegriff nach dem HGB

Das Handelsbilanzrecht stellt eine Symbiose aus statischer und dynamischer Bilanztheorie[139] dar.[140] Eckpfeiler der deutschen Bilanzierung ist das nach beiden Auffassungen zu beachtende Vorsichtsprinzip[141]: Der Unternehmer soll sich vor anderen und vor sich selbst eher ärmer rechnen, als er tatsächlich ist; der periodisierte Gewinn fällt dementsprechend eher niedriger aus, als er tatsächlich ist. Dient das Vorsichtsprinzip damit in erster Linie dem Gläubigerschutz, kommt es auch den Eigentümern des Unternehmens selbst zugute:[142] Führt die mit dem Vorsichtsprinzip einhergehende Schaffung stiller Reserven zur Vermeidung überhöhter Aus-

---

138 Zu den Einzelheiten der Kriterien methodengerechter Gesetzesauslegung SÄCKER in MüKo, BGB, Einleitung, Rz. 135 bis 148; WINNEFELD, Bilanz-Handbuch, K. C, Rz. 75 bis 77, der insofern der richtlinienkonformen Auslegung eine *erhebliche* Bedeutung zuspricht; ausführlich zudem COING/HONSELL in Staudinger, BGB, Einleitung zum Bürgerlichen Gesetzbuch, Rz. 138 bis 162, die darüber hinaus die sog. juristischen Schlussformen explizit als weitere traditionelle juristische Methode aufzählen.

139 Zu den Bilanztheorien sh. oben, S. 18.

140 So bereits GUTENBERG, ZfB 1965, S. 13 ff.; WINKELJOHANN/SCHELLHORN in Beck'scher Bilanzkommentar § 264, Rn. 35. Während die im HGB vorhandenen Bilanzierungsansatznormen grundsätzlich von den neostatischen Bilanztheorien geprägt sind, tragen die Bewertungsnormen vorwiegend die Handschrift der neodynamischen Bilanztheorien. Als Verdienste der Statiker sind die grundsätzliche Objektivierung der Rechnungslegung, der in § 252 Abs. 1 Nr. 3 HGB normierte Grundsatz der Einzelbewertung und das Prinzip der Unternehmensfortführung, vgl. § 252 Abs. 1 Nr. 2 zu nennen. Das in § 252 Abs. 1 Nr. 4 Hs. 2 geregelte Realisationsprinzip, die in § 253 Abs. 3 und 4 HGB vorzufindenden Niederstwertvorschriften und der in § 252 Abs. 1 Nr. 6 kodifizierte Grundsatz der Stetigkeit der Bewertungsmethoden gehen hingegen auf die Dynamiker zurück. Ferner kommt dem „strengen Kongruenzprinzip" im HGB ein sehr gewichtiger Stellenwert zu. Nach diesem müssen alle Erträge und Aufwendungen in der GuV erfasst werden; vgl. hierzu auch OBERBRINKMANN, Statische und dynamische Interpretation der Handelsbilanz, S. 301 f.; TSCHAKERT, Stille Lasten im Jahresabschluss nach IAS/IFRS, S. 41.

141 Ausführlich zum Vorsichtsprinzip sh. bspw. BALLWIESER in MüKo, HGB, § 252 Rz. 55 bis 71; WINKELJOHANN/BÜSSOW in Beck'scher Bilanzkommentar, § 252, Rz. 29 bis 50; BAETGE/KIRSCH/THIELE, Bilanzen, S. 136 bis 142.

142 Vgl. COENENBERG, Jahresabschluss und Jahresabschlussanalyse, S. 40.

schüttungen, sorgt es zugleich für das Verbleiben des Kapitals im Unternehmen; damit wird prinzipiell der Erhalt des Unternehmens geschützt.

Dennoch ist bereits an dieser Stelle anzumerken, dass es in höchstem Maße fraglich ist, ob stille Reserven aufgrund der hiermit einhergehenden Informationsverzerrung im Gläubiger- oder Gesellschafterinteresse sein können;[143] zudem wird bemängelt, sie stünden generell im Widerspruch zu den Grundsätzen der Richtigkeit und Klarheit der Bilanz.[144] Hierauf wird aber noch an geeigneter Stelle ausführlicher zurückzukommen sein.

Als Ausfluss des Vorsichtsprinzips sind die in Deutschland bestehenden Ausgestaltungen des Realisations- und Imparitätsprinzips anzusehen: Nach dem Realisationsprinzip[145] dürfen Gewinne erst in der GuV berücksichtigt werden, wenn die Lieferung vollzogen bzw. die Dienstleistung vollbracht ist – also der „Sprung" zum Absatzmarkt geschafft ist.[146] So gilt eine Lieferung grundsätzlich erst im Zeitpunkt des Gefahrenübergangs als „realisiert" i.S.d. § 252 Abs. 1 Nr. 4 Hs. 2.[147] Bis zu diesem Zeitpunkt sind die Unternehmenserzeugnisse nach dem in § 253 Abs. 1 S. 1 HGB verankerten Anschaffungskostenprinzip höchstens mit ihren Anschaffungs- bzw. Herstellungskosten zu bewerten. Das Imparitätsprinzip[148] hingegen verlangt die möglichst frühe Erfassung von Verlusten in der GuV: Vermögensgegenstände sind zwangsläufig abzuschreiben, wenn der tatsächliche Wert niedriger ist als der Buchwert;[149]

---

143 Ausführlicher hierzu noch unten, S. 80 ff. und S. 252 f.; vgl. ferner bereits SIEGEL/BAREIS/RÜCKLE u.a., ZIP 1999, S. 2077, 2081 ff; COENENBERG, Jahresabschluss und Jahresabschlussanalyse, S. 41.

144 Nach dem Grundsatz der Richtigkeit sind die betrieblichen Vorgänge zutreffend wiederzugeben; insbesondere sind zugrunde liegende Sachverhalte objektiv zu ermitteln, d.h. sie müssen auch von anderen Personen feststellbar sein. Der Grundsatz der Klarheit besagt u.a., dass die Abschlüsse verständlich sein sollen; es darf keine Irreführung durch die Darstellung des Zahlenmaterials erfolgen.

145 Genauer zum Realisationsprinzip sh. BALLWIESER in MüKo, HGB, § 252 Rz. 72 bis 95; MERKT in Baumbach/Hopt (Hrsg.), HGB, § 252, Rz. 18 bis 23.

146 Vgl. BAETGE/KIRSCH/THIELE, Bilanzen, S. 132.

147 Zu den Ausnahmen sh. COENENBERG, Jahresabschluss und Jahresabschlussanalyse, S. 530 f.

148 Das Imparitätsprinzip verdankt seinen Namen der unterschiedlichen Behandlung von künftigen Gewinnen und Verlusten; sh. ausführlich zum Imparitätsprinzip: WINKELJOHANN/BÜSSOW in Beck'scher Bilanzkommentar, § 252, Rz. 34 bis 42; BALLWIESER in MüKo, HGB, § 252 Rz. 96 bis 98.

149 Dies ergibt sich aus dem in § 253 Abs. 3 und 4 HGB normierten Niederstwertprinzip; dieses gilt sowohl für Vermögensgegenstände des Anlage- als auch des Umlaufvermögens.

erfolgsmindernde Rückstellungen sind bereits dann zu bilden, wenn Verluste aus noch nicht erfüllten Liefer- oder Beschaffungsverträgen[150] bloß wahrscheinlich sind.

Ein weiterer Ausläufer des Gläubigerschutz- und Vorsichtsprinzips ist in dem Prinzip der nominellen Kapitalerhaltung[151] zu sehen, dem das HGB konsequenterweise folgt.[152] Auch die nominelle Kapitalerhaltung verhindert den Ausweis und die Ausschüttung tatsächlich nicht entstandener Gewinne. So darf ein Gewinn grundsätzlich erst dann an die Unternehmenseigner ausgezahlt werden, wenn der nominale Geldbetrag des Reinvermögens am Ende der Periode größer ist als am Anfang.[153] Da ein zu bildendes Grundkapital und Rücklagen naturgemäß zu den Passiva gehören, hat dies insbesondere Auswirkungen auf die hier schwerpunktmäßig zu behandelnde AG – schließlich ist diese aufgrund der in § 1 Abs. 1 S. 2 AktG normierten Haftungsbeschränkung gesetzlich zur Aufbringung eines Mindestgrundkapitals und zur Rücklagenbildung gezwungen, vgl. §§ 7, 150 AktG.[154]

Der auf diese Art und Weise vorsichtig ermittelte Gewinn wird in Deutschland als Jahresüberschuss bezeichnet, vgl. § 268 Abs. 1 S. 2 HGB.[155] Der Jahresüberschuss ist die Maßgröße der Leistungsfähigkeit eines Unternehmens[156] und stellt den Ausgangspunkt der Ergebnisverwendung dar.[157] Er kann in das nächste Jahr vorgetragen, in Rücklagen

---

150 Sog. schwebende Geschäfte. Hierunter versteht man gegenseitige Rechtsgeschäfte aus schuldrechtlichen Verträgen, die bis zum Abschlussstichtag von keinem Vertragspartner erfüllt worden sind.

151 Vgl. zur nominellen Kapitalerhaltungstheorie oben, S. 21 und Fn. 128.

152 Vgl. KÜTING, DB 2006, 1441, 1445.

153 Als Reinvermögen wird die Summe der Aktiva abzüglich der Passiva (hierzu zählen: Verbindlichkeiten und eventuell gebildete Rückstellungen, passive Rechnungsabgrenzungsposten, gesetzliche Zwangsrücklagen sowie ferner das Grundkapital bei AGs bzw. das Stammkapital bei GmbHs) bezeichnet.

154 Ähnliches gilt für GmbH und UG: auch hier haftet den Gläubigern für Verbindlichkeiten der Gesellschaft nur das Gesellschaftsvermögen, § 13 Abs. 2 GmbHG, so dass beide Gesellschaften ein Mindeststammkapital aufbringen müssen (sh. § 5 GmbHG für die GmbH bzw. § 5a GmbHG für die UG). Ferner hat die UG gemäß § 5a Abs. 3 GmbHG eine gesetzliche Rücklage zu bilden. Für die GmbH fehlt eine entsprechende Regelung.

155 Für die GuV sh. § 275 Abs. 2 Nr. 20 HGB (falls das Gesamtkostenverfahren angewandt wird) bzw. § 275 Abs. 3 Nr. 19 HGB (bei Anwendung des Umsatzkostenverfahrens).

156 Vgl. COENENBERG, Jahresabschluss und Jahresabschlussanalyse, S. 352.

157 Vgl. FÖRSCHLE in Beck'scher Bilanzkommentar, § 275, Rz. 262.

eingestellt[158] oder an die Unternehmenseigner ausgeschüttet werden.[159] Dementsprechend gewährt das HGB in § 268 Abs. 1 HGB auch drei unterschiedliche Möglichkeiten, das Jahresergebnis eines Unternehmens in der Bilanz auszuweisen:

1. Als Jahresüberschuss, falls ein Ausweis des Ergebnisses vor jeglicher Gewinnverwendung gewünscht ist, § 268 Abs. 1 S. 2 Hs. 1 HGB.
2. Als Bilanzgewinn, sofern Teile des Jahresüberschusses bereits zur Einstellung oder Auflösung einer Rücklage verwendet worden sind und eine Entscheidung über einen etwaigen Gewinn- oder Verlustvortrag getroffen worden ist, vgl. § 268 Abs. 1 S. 2 Hs. 2 HGB.[160]
3. Ohne zusätzlichen Ausweis in der Bilanz, wenn der Jahresüberschuss vollständig verwendet worden ist; die jeweiligen Ergebnisbeträge sind dann bereits den entsprechenden Bilanzposten zugeschrieben worden.[161]

Das gesetzliche Gliederungsschema des § 266 Abs. 3 A. HGB geht zwar von dem prinzipiellen Ausweis des Jahresüberschusses in der Bilanz aus. Bei Aktiengesellschaften ist indes die Angabe des Bilanzgewinnes der übliche Fall, da diese – wie bereits erwähnt – zur Bildung von gesetzlichen bzw. statutarischen Rücklagen verpflichtet sind, vgl. § 150 Abs. 2 AktG, § 272 Abs. 4 HGB. Dennoch ist auch hier der Jahresüberschuss Ausgangspunkt zur Ermittlung des in die gesetzlichen bzw. statutarischen Rücklagen einzustellenden Betrages.

3. Accounting income nach den IFRS

Auch das aktuelle Normensystem der IFRS wird (noch)[162] von einer Kombination des statischen Grundsatzes des zutreffenden Vermögens-

158 In Betracht kommen Kapitalrücklagen (§266 Abs. 3 A II HGB) und Gewinnrücklagen (§§ 272 Abs. 3, 266 Abs. 3 A III HGB, wobei nochmals zwischen der gesetzlichen Rücklage (vgl. bspw.§ 150 AktG), der Rücklage für eigene Aktien, der satzungsmäßigen Rücklage sowie anderen Gewinnrücklagen zu unterscheiden ist.

159 Vgl. auch ELLROTT/KRÄMER in Beck'scher Bilanzkommentar, § 268, Rz. 2.

160 Für die AG vgl. auch § 158 AktG. Der Bilanzgewinn ist also ein Ergebnisausweis nach teilweiser Gewinnverwendung. Vgl. genauer hierzu ELLROTT/KRÄMER in Beck'scher Bilanzkommentar, § 268, Rz. 1 bis 9; REINER/HAUßER in MüKo HGB, § 268 Rz. 4 bis 7; HÜTTEMANN in Staub (Hrsg.), HGB, § 268 Rz. 2 bis 11.

161 Vgl. COENENBERG, Jahresabschluss und Jahresabschlussanalyse, S. 352.

162 Aufgrund der Bemühungen der IFRS, einen möglichst zutreffenden Vermögensausweis zu gewährleisten, ist in jüngster Zeit eine zunehmende Hinwendung zum asset-liability approach zu beobachten; vgl. SCHULZ, IRZ 2008, S. 179.

ausweises (asset-liability approach)[163] und des dynamischen Grundsatzes der Periodisierung (revenue-expense approach)[164] geprägt,[165] die als mixed model[166] bezeichnet wird. Aufgrund der differenzierten Zielsetzung von IFRS- und HGB-Abschluss ergeben sich jedoch unterschiedliche Schwerpunkte:

Alleiniges Ziel des IFRS-Abschlusses ist die Vermittlung von entscheidungserheblichen Informationen (decision usefulness).[167] Nach CF.OB.2 sind solche Informationen über die Vermögens-, Finanz und Ertragslage sowie über Veränderungen in der Vermögens- und Finanzlage eines Unternehmens anzugeben, die für einen weiten Adressatenkreis bei dessen wirtschaftlichen Entscheidungen nützlich sind. Wegen der Interessenvielfalt der Bilanzadressaten orientiert sich der IFRS-Abschluss jedoch primär an den Informationsbedürfnissen der aktuellen und potentiellen *Eigenkapitalgeber* (Investoren). Hierdurch soll zugleich die Mehrzahl der Informationswünsche der übrigen Bilanzadressaten bestmöglich befriedigt werden, vgl. CF.Introduction.

Die Zielsetzung der Information der Investoren lässt allerdings zwangsläufig den Gläubigerschutz mittels vorsichtiger Bewertung in den Hintergrund treten. So kommt dem das Handelsbilanzrecht dominierenden Vorsichtsprinzip in den IFRS nur noch eine untergeordnete Bedeutung zu. Die Vorsicht (prudence) wird lediglich in IAS 8.10(b)(iv) in einem Unterpunkt erwähnt; die Auflistung der Vorsicht im alten Framework als (erneut bloßer) Unterpunkt der Verlässlichkeit (reliability) wurde jüngst sogar gänzlich aufgehoben (vgl. F.31, 37).[168]

---

163 Der asset-liability approach entspricht grundsätzlich den in Deutschland unter dem Begriff der statischen Bilanztheorien diskutierten Auffassungen; vgl. WASCHBUSCH, Magazin Forschung 2005, S. 26; KÜTING, DB 2006, S. 1441, 1442; ähnlich wohl auch LÜDENBACH/HOFFMANN in Haufe IFRS Kommentar, § 1 Rz. 115, der jedoch davon ausgeht, dass mit den Begriffen der dynamischen und statischen Bilanztheorie die Unterschiede in den IFRS nur *unvollkommen* erfasst werden.

164 Der revenue-expense approach hingegen gleicht im Wesentlichen den in Deutschland unter dem Begriff der dynamischen Bilanztheorien diskutierten Ansätzen; vgl. a.a.O., Fn. 163.

165 So entstammt die ausgeprägte Tendenz zur Verwendung von Marktwerten nach IFRS dem asset-liability approach. Das hervorstechende matching principle hingegen ist Ausläufer des revenue-expense approach; vgl. COENENBERG, Jahresabschluss und Jahresabschlussanalyse, S. 1273; KÜTING, DB 2006, S. 1441, 1443.

166 Vgl. HAYN/HOLD in Wiley Handbuch IFRS, Abschn. 3, Rz. 4.

167 Vgl. KLEINDIEK in MüKo Bilanzrecht IFRS, Einf., Rz. 90.

168 Zuvor wurde die „Vorsicht" in IAS 8.10(b)(iv) bzw. F.31, 37 gleich doppelt erwähnt. Zu erklären ist dies damit, dass das Conceptual Framework nicht im Wege der Übernahmeverordnungen in EU-Recht übernommen worden ist. Große Teile des alten Frame-

Dies hat freilich Auswirkungen auf die anderen Rechnungslegungsprinzipien. Die Grundannahmen des IFRS-Abschlusses sind der Grundsatz der Unternehmensfortführung (going concern)[169] und der Grundsatz der periodengerechten Erfolgsermittlung (accrual basis), vgl. CF.OB17-19, IAS 1.25. Letzterer besagt, dass der IFRS-Abschluss keine Einnahmen-Ausgaben-Rechnung, sondern eine Aufwands- und Ertragsrechnung ist. Daher sind Geschäftsvorfälle und andere Ereignisse unabhängig von ihrer Zahlungswirksamkeit bereits im Zeitpunkt ihres wirtschaftlichen Eintretens abzubilden.[170] Um dies zu erreichen, umfasst der Grundsatz der periodengerechten Erfolgsermittlung drei Teilprinzipien:

1. Das Realisationsprinzip (realisation principle)[171], das unter Berücksichtigung der Bilanzierungsfähigkeitskriterien den Zeitpunkt der Erfassung von Erträgen regelt.[172]
2. Den Grundsatz der sachlichen Abgrenzung (matching principle), nach dem die den Erträgen direkt zurechenbaren Aufwendungen in der Periode zu verrechnen sind, in der die entsprechenden Erträge vereinnahmt wurden, vgl. CF.4.49.
3. Das Prinzip der zeitlichen Abgrenzung (deferral principle), das zeitraumbezogene Aufwendungen und Erträge zeitproportional periodisiert.[173]

Ein dem deutschen Recht vergleichbares Imparitätsprinzip existiert damit nicht. Ebenso ist das strenge Kongruenzprinzip des HGB den IFRS

---

works sind jedoch in IFRS 1 und IAS 8 implementiert worden; vgl. HENNRICHS in MüKo Bilanzrecht IFRS, Einf., Rz. 59; der im Mai 2008 vorgelegte ED zu einem verbesserten Framework (An improved CF for Financial Reporting), das im September 2010 von dem IASB ausgegeben worden ist, sah hingegen die (formelle) Aufgabe des Vorsichtsprinzips vor, vgl. BC2.21. Damit hat die prudence der neutrality zu weichen, die angibt, dass Informationen frei von verzerrenden Einflüssen abzubilden sind (CF.QC12); sh. auch LÜDENBACH/HOFFMANN in Haufe IFRS Kommentar, § 1, Rz. 18.

169 Nach dem Grundsatz der Unternehmensfortführung ist davon auszugehen, dass das Unternehmen auf absehbare Zeit seine Unternehmenstätigkeit fortsetzen wird, vgl. CF.4.1, IAS 1.23; genauer hierzu BAETGE U.A. in Rechnungslegung nach IFRS, Teil A, K. II, Rz. 36 bis 40.

170 Vgl. KLEINDIEK in MüKo Bilanzrecht IFRS, Einf., Rz. 91; BAETGE U.A. in Rechnungslegung nach IFRS, Teil A, K. II, Rz. 35 ff.

171 Zwar wird ein Realisationsprinzip im Conceptual Framework weder erwähnt noch definiert. Aus den Vorschriften einzelner Standards (bspw. IAS 18) ergeben sich jedoch Regelungen, die in ihrer Wirkung mit dem Realisationsprinzip vergleichbar sind; sh. ADLER/DÜRING/SCHMALTZ, International, Abschn. 1, Rz. 47.

172 Vgl. zu den Kriterien BAETGE U.A. in Rechnungslegung nach IFRS, Teil A, K. II, Rz. 68.

173 Vgl. COENENBERG, Jahresabschluss und Jahresabschlussanalyse, S. 42 f.

nicht bekannt.[174] So unterscheiden die IFRS zwischen Erträgen (revenues) und sonstigen Erträgen (gains) bzw. zwischen Aufwendungen (expenses) und sonstigen Aufwendungen (losses). Zwar wird der Großteil aller Erträge und Aufwendungen in der GuV abgebildet und ihre Summe als Periodenergebnis (proft or loss, net income) ausgewiesen; einige gains und losses werden jedoch *erfolgsneutral* und damit direkt im Eigenkapital erfasst. Der Gesamtbetrag dieser direkt ins Eigenkapital gebuchten gains und losses wird als sonstiges Ergebnis (other comprehensive income bzw. OCI) bezeichnet. Dieses kann sich gemäß IAS 1.7 aus fünf Sachverhalten zusammensetzen:

- Gains und losses aus der Neubewertung von Sachanlagen (IAS 16.39 f.) und immateriellen Vermögenswerten (IAS 38.85 f.);
- bestimmte versicherungsmathematische gains und losses aus der Bewertung von Pensionszusagen (IAS 19.93A f.);
- Währungsumrechnungsdifferenzen bei GuV-neutral bewerteten nicht monetären Posten und bei wirtschaftlich selbständigen ausländischen Tochtergesellschaften (sh. IAS 21.30f.);
- gains und losses aus der Neubewertung von zur Veräußerung verfügbaren finanziellen Vermögenswerten (available-for-sale financial assets), vgl. IAS 39.55b; und
- das Ergebnis des effektiven Teils der gains und losses aus Sicherungsinstrumenten bei einer Absicherung von Zahlungsströmen (IAS 39.95a).

Somit erfasst das OCI im Wesentlichen gains und losses, die aus einer Änderung des beizulegenden Zeitwerts (fair value) von Vermögenswerten und Schulden resultieren.[175] Eine externe Transaktion[176] ist zur Gewinnrealisierung nicht erforderlich. Das OCI deutet also bloße Ertragspotentiale an.[177] Hierdurch kommt es zu einer Annäherung an den ökonomischen Gewinn[178] und damit zwangsläufig zu einem verstärkten Einzug der Erfolgskapitalerhaltung[179] in die IFRS – obwohl diese in CF.4.59 nur ein Wahlrecht zwischen dem Konzept der Kapital- und Substanzer-

174 Zum Kongruenzprinzip sh. oben Fn. 119 und 140.

175 Vgl. COENENBERG/DEFFNER/SCHULTZE, KoR 2005, S. 435, 442.

176 Sh. zum Begriff der Transaktion oben, S. 22.

177 Vgl. SENGER/BRUNE in Beck'sches IFRS-Handbuch, § 17, Rz. 7; COENENBERG/DEFFNER/SCHULTZE, KoR 2005, S. 435, 442.

178 Zum ökonomischen Gewinn sh. oben, S. 16.

179 Zu den verschiedenen Erhaltungskonzeptionen und der Erfolgskapitalerhaltung sh. oben, S. 20.

haltung[180] einräumen.[181] Dennoch ist zu konstatieren, dass bis auf die im OCI zu erfassenden Posten die konkreten Vorgaben der einzelnen Standards und Interpretationen grundsätzlich zu dem Konzept der nominellen Kapitalerhaltung[182] führen.[183]

Gleichwohl sind neben den im OCI zu erfassenden Sachverhalten weitere Annäherungen der IFRS an den ökonomischen Gewinn zu erkennen. Dies ist auch auf die in CF.4.38 niedergelegte konzeptionelle Überlegung zurückzuführen, Vermögensposten grundsätzlich bereits dann anzusetzen, wenn sie *nur* hinreichend verlässlich bewertet werden können. Hiermit erfolgt eine Abweichung von den klassischen Realisationskonzepten.[184] So dürfen Vermögensgegenstände mit dem fair value angesetzt werden;[185] und Gewinne bei Langfristaufträgen gelten bereits vor Fertigstellung als realisiert. Darüber hinaus ist sogar eine Tendenz erkennbar, Idee und Konzeption des ökonomischen Gewinns immer stärker in die IFRS zu implementieren.[186]

Die Summe des GuV-wirksam erfassten Periodenergebnisses (profit) und des GuV-neutral erfassten sonstigen Ergebnisses stellt gemäß IAS 1.7 sodann das Gesamtergebnis (total comprehensive income) dar. „Das Gesamtergebnis ist die Veränderung des Eigenkapitals in einer Periode infolge von Geschäftsvorfällen und anderen Ereignissen, mit Ausnahme von Veränderungen, die sich aus Geschäftsvorfällen mit Eigentümern ergeben, die in ihrer Eigenschaft als Eigentümer handeln", vgl. IAS 1.7. Es

180 CF.4.59 spricht von der finanzwirtschaftlichen (financial) und leistungswirtschaftlichen (physical) Kapitalerhaltung (capital maintenance): Die finanzwirtschaftliche Kapitalerhaltung zielt auf die nominelle oder reale Kapitalerhaltung ab, die leistungswirtschaftliche Kapitalerhaltung zielt auf die Substanzerhaltung ab.

181 Vgl. KÜTING, DB 2006, S. 1441, 1445.

182 Sh. zum Konzept der nominellen Kapitalerhaltung oben, S. 20 und Fn. 128.

183 Vgl. WAGENHOFER, Internationale Rechnungslegungsstandards IAS/IFRS, S. 137; KÜTING, DB 2006, S. 1441, 1445; eine weitere Ausnahme vom Konzept der nominelle Kapitalerhaltung findet sich in IAS 29. Hiernach kommt für Umrechnungen von Währungen in Hochinflationsländern das Konzept der realen Kapitalerhaltung zur Anwendung.

184 Vgl. WEBER in Wiley Handbuch IFRS, Abschn. 4, Rz. 20.

185 Ob die zurückhaltende Anwendung des fair value, der im Zuge der Finanzkrise unter zunehmende Kritik geraten ist und sogar als Brandbeschleuniger gegeißelt worden ist, von Dauer sein wird, bleibt abzuwarten. In jüngster Zeit ist bereits eine erneute Zunahme der Bewertung zu Zeitwertkomponenten zu beobachten; vgl. bspw. die Entwürfe IASB, ED/2010/9, Leases; und IASB, ED/2010/1, Measurement of Liabilities in IAS 37; zum fair value als Brandbeschleuniger sh. bereits oben, S. 9.

186 Vgl. KÜTING, DB 2006, S. 1441, 1442; WEBER in Wiley Handbuch IFRS, Abschn. 4, Rz. 20.

wird nicht als separater Eigenkapitalposten in der Bilanz ausgewiesen, sondern in voller Höhe in die Gewinnrücklage (retained earnings) gebucht.[187]

IV. Der steuerrechtliche Gewinnbegriff

Aus steuerrechtlicher Sicht hat der *Gewinn* eine überragende Bedeutung als Bemessungsgrundlage für die Ertragsbesteuerung.[188] Für seine Ermittlung ist zwar als oberstes systemtragendes Prinzip des Steuerrechts der aus Art. 3 Abs. 1 GG abgeleitete Grundsatz der Gleichmäßigkeit der Besteuerung[189] anerkannt. Eindeutig richtige und präzise ausgestaltete Gewinnermittlungsnormen oder gar Bilanzierungsregeln lassen sich aber weder aus Art. 3 Abs. 1 GG noch aus anderen Verfassungsnormen ableiten.[190] So ist es die Aufgabe des Gesetzgebers, sich für bestimmte Leitlinien und Wertungen zu entscheiden, um eine gleichmäßige Besteuerung zu gewährleisten. Zur Erreichung dieses Ziels ist freilich eine Definition des der Einkommensteuer unterliegenden Gewinns unerlässlich: Nach § 4 Abs. 1 EStG ist der Gewinn definiert als „der Unterschiedsbetrag zwischen dem Betriebsvermögen am Schluss des Wirtschaftsjahres und dem Betriebsvermögen am Schluss des vorangegangenen Wirtschafsjahres, vermehrt um den Wert der Entnahmen und vermindert um den Wert der Einlagen".

Der Gewinn als die steuerliche Größe für Einkünfte aus Gewerbebetrieb[191] (vgl. § 2 Abs. 1 Nr. 2 EStG) ist nach den §§ 4 bis 7k EStG zu er-

---

187 Vgl. COENENBERG, Jahresabschluss und Jahresabschlussanalyse, S. 369.

188 Sh. BERTL in Loitlsberger (Hrsg.), Gedenkschrift für Karl Lechner, S. 39.

189 Die Gleichmäßigkeit der Besteuerung wird insbesondere durch die Unterprinzipien der horizontalen und vertikalen Steuergerechtigkeit konkretisiert: Nach der horizontalen Steuergerechtigkeit müssen Steuerpflichtige gleicher Leistungsfähigkeit gleich hoch besteuert werden. Die vertikale Steuergerechtigkeit hingegen erfordert die angemessene und ausdifferenzierte Besteuerung von Steuerpflichtigen unterschiedlicher Leistungsfähigkeit. Vgl. hierzu BVerfGE 66, S. 214, 223; BVerfGE 82, S. 60, 89; BIRK, Das Leistungsfähigkeitsprinzip, S. 170.

190 Vgl. HENNRICHS, DStJG Band 24, 2001, S. 301, 312, Fn. 57 sowie S. 314; SCHÖN, BB 1997, S. 1333, 1339; ähnlich KAHLE, WPg 2002, S. 178, 186.

191 Der Begriff des Gewerbebetriebes ist in § 15 Abs. 2 S. 1 EStG definiert als eine selbständige, nachhaltige Betätigung, die mit der Absicht, Gewinn zu erzielen, unternommen wird und sich als Beteiligung am allgemeinen wirtschaftlichen Verkehr darstellt. Bei der Betätigung darf es sich jedoch weder um Die Ausübung von Land- und Forstwirtschaft noch um die eines freien Berufs noch um eine andere selbstständige Arbeit han-

mitteln, § 2 Abs. 2 Nr. 1 EStG.[192] Dabei sind in den §§ 4 ff. EStG gleich vier Gewinnermittlungsarten geregelt:

- Der Betriebsvermögensvergleich gemäß § 4 Abs. 1 EStG und den §§ 5 Abs. 1 i.V.m. 4 Abs. 1 EStG.[193]
- Der Überschuss der Betriebseinnahmen über die -ausgaben gemäß § 4 Abs. 3 EStG.
- Die Gewinnermittlung nach Durchschnittssätzen gemäß § 13a EStG.
- Die Gewinnermittlung nach Tonnage gemäß § 5a EStG.

Im Rahmen dieses Abschnitts soll aufgrund ihrer Relevanz nur der Betriebsvermögensvergleich gemäß § 4 Abs. 1 EStG bzw. gemäß den §§ 5 Abs. 1 i.V.m. 4 Abs. I EStG und der Überschuss der Betriebseinnahmen über die Betriebsausgaben gemäß § 4 Abs. 3 EStG dargestellt werden.[194]

1. Der Betriebsvermögensvergleich

Geht man von der Übereinstimmung der Betriebsvermögensvergleiche nach § 4 Abs. 1 und §§ 5 Abs. 1 i.V.m. 4 Abs. 1 EStG aus,[195] so gleicht der durch Betriebsvermögensvergleich definierte steuerrechtliche Gewinnbe-

---

deln. Zu den einzelnen Tatbestandsmerkmalen vgl. REIß in Kirchhof (Hrsg.), EStG, § 15 Rz. 11 ff.

192 Zwar sind Einkünfte bei Land- und Forstwirtschaft und selbständiger Arbeit auch der nach den §§ 4 bis 7k und 13a EStG zu ermittelnde „Gewinn"; aufgrund von Spezialregelungen für die Land- und Forstwirtschaft in § 13a EStG und dem Schwerpunkt der Arbeit auf kapitalmarktorientierte Unternehmen soll hier jedoch eine Einschränkung auf Einkünfte aus Gewerbebetrieb erfolgen.

193 Ursprünglich bestanden noch wesentliche Unterschiede zwischen dem Betriebsvermögensvergleich nach § 4 Abs. 1 EStG und dem Betriebsvermögensvergleich nach den §§ 5 Abs. 1 i.V.m. 4 Abs. 1 EStG. Durch den Einfluss der Rechtsprechung des BVerfG und des BFH (so sind bspw. die GoB auch bei der Gewinnermittlung nach § 4 Abs. 1 EStG anzuwenden, sh. bereits § 141 Abs. 1 S. 2 AO) sind diese jedoch größtenteils entfallen, so dass hier nur von einer Gewinnermittlungsart gemäß § 4 Abs. 1 EStG und den §§ 5 Abs. 1 i.V.m. 4 Abs. 1 EStG ausgegangen werden soll. Vgl. genauer hierzu KANZLER in Hermann/Heuer/Raupach, EStG, Vor §§ 4-7, Anm. 24, 2010; BIRK, Steuerrecht, Rz. 801, der ebenfalls nur von vier Gewinnermittlungsarten ausgeht; so auch HEINICKE in Schmidt, EStG, § 4 Rz. 3; a.A. wohl FROTSCHER in Frotscher (Hrsg.), EStG, § 4 Rz. 7, der fünf Gewinnermittlungsarten aufzählt.

194 Die Gewinnermittlung gemäß § 13a EStG betrifft lediglich Land- und Forstwirte, die Gewinnermittlung nach § 5a EStG nur den Betrieb von Handelsschiffen im internationalen Verkehr. Auf eine Darstellung soll verzichtet werden, vgl. bereits Fn. 192; genauer hierzu SEEGER bzw. KULOSA in Schmidt, EStG, § 5a bzw. 13a.

195 Sh. hierzu bereits oben, Fußnote 193; vgl. ferner HIBY in Lippross (Hrsg.), Steuerrecht, § 4 Rz. 1.

griff grundsätzlich dem bilanziellen Gewinnbegriff[196]. Geschuldet ist dies der in Deutschland bestehenden traditionellen Verzahnung von Handels- und Steuerbilanz, die allgemein als Grundsatz der Maßgeblichkeit[197] bezeichnet wird und in § 5 Abs. 1 EStG normiert ist: „Für den Schluss des Wirtschaftsjahres [ist] das Betriebsvermögen anzusetzen (§ 4 Abs. 1 S. 1 EStG), das nach den handelsrechtlichen Grundsätzen ordnungsmäßiger Buchführung auszuweisen ist".

Bis zum Inkrafttreten des BilMoG am 29. Mai 2009 wurde der Grundsatz der Maßgeblichkeit von der „umgekehrten Maßgeblichkeit"[198] flankiert. Danach waren „steuerrechtliche Wahlrechte bei der Gewinnermittlung [...] in Übereinstimmung mit der handelsrechtlichen Jahresbilanz auszuüben", vgl. § 5 Abs. 1 S. 2 EStG a.F.[199] Vor diesem Hintergrund wurde häufig nur eine „Einheitsbilanz"[200] erstellt, die sowohl den handels- als auch den steuerrechtlichen Aspekten gerecht wurde.[201]

Mit dem Wegfall der umgekehrten Maßgeblichkeit ist die Erstellung einer solchen Einheitsbilanz indes wesentlich erschwert worden. Dies hat einerseits den Nachteil, dass die Bilanzierenden in Deutschland zusätzlich eine eigenständige Steuerbilanz erstellen müssen; andererseits ist ein Vorteil darin zu sehen, dass der handelsrechtliche Jahresabschluss nicht mehr von steuerrechtlichen Wahlrechten beeinflusst wird. Da der Grundsatz der Maßgeblichkeit gemäß § 5 Abs. 1 S. 1 EStG jedoch beibehalten worden ist und der Betriebsvermögensvergleich nach wie vor nach den handelsrechtlichen Grundsätzen ordnungsmäßiger Buchführung auszuweisen ist, kann bzgl. der Ermittlung des Betriebsvermögensvergleiches

196 Allgemein zum bilanziellen Gewinnbegriff sh. oben, S. 17; in Deutschland sh. oben, S. 23.

197 Zum Grundsatz der Maßgeblichkeit, der oft auch kurz als einfache oder normale Maßgeblichkeit bzw. schlicht als Maßgeblichkeit bezeichnet wird, vgl. HAEGER, Der Grundsatz der umgekehrten Maßgeblichkeit; BUCIEK in Blümich, EStG, § 5, Rz. 150 bis 299; CREZELIUS in Kirchhof (Hrsg.) EStG, § 5, Rz. 26 bis 55; STOBBE in Herrmann/Heuer/Raupach, EStG, § 5, Anm. 61 bis 126.

198 Die umgekehrte Maßgeblichkeit verdankt ihren Namen folgender Überlegung: Wenn aufgrund des Grundsatzes der Maßgeblichkeit handelsrechtlich gewählte Wertansätze in der Steuerbilanz übernommen werden müssen, müssen in umgekehrter Richtung die Werte der Steuerbilanz in der Handelsbilanz ihre Entsprechung finden, vgl. KEMPERMANN in Kirchhof/Söhn (Hrsg.), EStG, § 5, Rn. B 110; allgemein zur umgekehrten Maßgeblichkeit PLEWKA/SCHMIDT in Lademann, EStG, § 5, Anm. 477 bis 519; BORDEWIN in Hartmann/Böttcher, EStG, § 4-5, Rz. 181d bis 181i.

199 Vgl. die Fassung des § 5 EStG bis zum 29.05.2009.

200 Vgl. zum Begriff der Einheitsbilanz

201 Vgl. KÜTING, DB 2006, S. 1441, 1448.

auf die Ausführungen zum handelsrechtlichen Gewinnbegriff verwiesen werden.[202]

2. Der Überschuss der Betriebseinnahmen über die Betriebsausgaben

Des Weiteren darf nach § 4 Abs. 3 EStG als Gewinn schlicht der Überschuss der Betriebseinnahmen über die Betriebsausgaben angesetzt werden. Die in § 4 Abs. 1 EStG vorgeschriebene Bilanzierung und Buchführung ist nach § 4 Abs. 3 EStG nicht erforderlich. Es wird dem Steuerpflichtigen somit gestattet, seinen Gewinn nach einer vereinfachten Methode zu ermitteln.[203] Um dennoch zu einem geldlichen Ergebnis zu gelangen, liegt der Gewinnermittlung nach § 4 Abs. 3 EStG das Konzept der Geldverkehrsrechnung zugrunde.[204] Hiermit einher geht die grundsätzliche[205] Geltung des Zu- und Abflussprinzips i. S. d. § 11 EStG – zugleich der wesentliche Unterschied zu der Gewinnermittlung nach § 4 Abs. 1 EStG.[206]

Nach dem Zu- und Abflussprinzip i. S. d. § 11 EStG sind Betriebseinnahmen und Betriebsausgaben erst im Zeitpunkt des tatsächlichen Zu- und Abflusses zu erfassen. Betriebseinnahmen i. S. d. § 4 Abs. 3 EStG sind somit alle realen und erfolgswirksamen Zuflüsse in Geld oder Geldeswert, die durch den Betrieb veranlasst sind, mit Ausnahme der Gegenleistung für Betriebsausgaben.[207] Der Zufluss ist gegeben, wenn die tatsächliche Verfügungsmacht über das Geld oder den Geldeswert erlangt worden ist.[208] Die bloße Geldforderung stellt daher – anders als bei § 4 Abs. 1 EStG – noch keine Betriebseinnahme dar; erst die tatsächliche Verfügungsmacht über das Geld erfüllt den Tatbestand der Betriebsein-

---

202 Zum handelsrechtlichen Gewinnbegriff sh. oben, S. 23.

203 Vgl. BFH v. 08.09.1988 – IV R 66/87, BStBl. II, 1989, S. 32, 34. Nicht erforderlich bei der Gewinnermittlung nach § 4 Abs. 3 EStG sind außerdem: eine Inventur, Bestandskonten, Aufzeichnungen von Geldeinlagen und Geldentnahmen und die Erfassung von Aufwand und Ertrag; vgl. Kanzler in Hermann/Heuer/Raupach, EStG, § 4 Anm. 530.

204 Vgl. BIRK, Steuerrecht, Rz. 931.

205 Die Zu- und Abflussrechnung wird durch viele Ausnahmen durchlöchert und erschwert, vgl. hierzu HEINICKE in Schmidt, EStG, § 4 Rz. 373 ff.

206 WIED in Blümich, EStG, § 4 Rz. 154.

207 Vgl. WEBER-GRELLET in Kirchhof/Söhn (Hrsg.), EStG, § 4, D 67. Die Ausnahme der Gegenleistung für Betriebsausgaben beruht darauf, dass nach § 4 Abs. 3 EStG alle Geschäftsvorfälle nur einfach berücksichtigt werden und dementsprechend die Gegenleistung für Betriebsausgaben nicht zu Betriebseinnahmen führen darf.

208 Vgl. HEINICKE in Schmidt, EStG, § 4 Rz. 454.

nahme i. S. d. § 4 Abs. 3 EStG. Gleiches gilt für die Betriebsausgaben, die gemäß § 4 Abs. 4 EStG als „Aufwendungen, die durch den Betrieb veranlasst sind" definiert werden. Auch eine Betriebsausgabe i. S. d. § 4 Abs. 3 EStG darf erst dann gewinnmindernd berücksichtigt werden, wenn das Geld oder der Geldeswert tatsächlich abgeflossen ist.

Das Zu- und Abflussprinzip i. S. d. § 11 EStG führt dazu, dass bspw. Rechnungsabgrenzungsposten bei der Gewinnermittlung nach § 4 Abs. 3 EStG nicht gebildet werden dürfen.[209] Weitere Unterschiede zwischen der Gewinnermittlung nach § 4 Abs. 3 EStG und § 4 Abs. 1 EStG ergeben sich aufgrund der in § 4 Abs. 3 EStG fehlenden Bilanzierung des Steuerpflichtigen. So sind Teilwertabschreibungen nach § 4 Abs. 3 EStG unzulässig[210] und Rückstellungen sowie steuerfreie Rücklagen können nicht gebildet werden.[211]

Daraus folgt, dass die Gewinnermittlungsarten nach § 4 Abs. 3 EStG und § 4 Abs. 1 EStG zwar zu dem gleichen Totalgewinn führen;[212] die Gewinne der einzelnen Perioden können wegen der bei § 4 Abs. 3 EStG fehlenden periodengerechten Gewinnermittlung[213] allerdings stark voneinander abweichen. Dies kann auch nicht durch die in §§ 4 ff. EStG enthaltenen Einschränkungen des Zu- und Abflussprinzips i. S. d. § 11 EStG verhindert werden.[214]

Vielmehr wird dem Steuerpflichtigen in § 4 Abs. 3 EStG die Möglichkeit eingeräumt, seine Gewinne willkürlich zu „verschieben"[215]. Die weitergehende Folge ist eine Besteuerung von wirtschaftlich nicht erzielten Gewinnen oder Verlusten.[216]

---

209 Auf die wirtschaftliche Zugehörigkeit von Einnahmen und Ausgaben kommt es gerade nicht an; nur die Ein- bzw. Auszahlung ist entscheidend; vgl. KANZLER in Herrmann/Heuer/Raupach, EStG, § 4, Anm. 536.

210 Dies folgt bereits aus dem Wortlaut des Einleitungssatzes zu § 6 Abs. 1 EStG, der bei der Bewertung einzelner Wirtschaftsgüter nur auf § 4 Abs. 1 und § 5 EStG verweist; vgl. WIED in Blümich, EStG, § 4, Rz. 159.

211 Vgl. genauer hierzu KANZLER in Hermann/Heuer/Raupach, EStG, § 4, Anm. 536.

212 Dies folgt bereits aus dem verfassungsrechtlich gesicherten Grundsatz der Gesamtgewinngleichheit, Art. 3 GG, vgl. BFH v. 08.09.1988 – IV R 66/87, BStBl. II, 1989, S. 32, 34; BFH v. 21.06.2006 – XI R 49/05; NACKE in Littmann/Bitz/Meincke, Einkommensteuerrecht, §§ 4, 5, Rz. 1507; LANG in Tipke/Lang, Steuerrecht, Rz. 193; WIED in Blümich, EStG, § 4 Rz. 153.

213 Vgl. BIRK, Steuerrecht, Rz. 935.

214 So gelten bspw. Abschreibungsvorschriften auch für die Überschussrechnung, §§ 4 Abs. 3 S. 3 EStG.

215 Vgl. BIRK, Steuerrecht, Rz. 935.

216 Vgl. genauer hierzu PICKERT, DB 1994, S. 1581, 1587.

§ 2 Fazit

Nachdem die verschiedenen Gewinnkonzeptionen aufgezeigt worden sind, steht nun die Frage nach dem „richtigen Gewinn" aus. Die passende Antwort findet sich bei Schneider:

> *„Für die Erfolgsrechnung [sind] so viele Gewinninhalte auseinander zu halten, wie es Rechnungszwecke gibt, deren Ziel eine Gewinnermittlung ist".*[217]

Der Gewinnbegriff wird also von dem Rechnungszweck bestimmt; der Rechnungszweck selbst ist wiederum aus den Rechnungslegungsnormen abzuleiten.[218] Der Gewinn ist daher lediglich ein Konstrukt mit wünschenswerten Eigenschaften, der erst durch Bilanzierungsregeln konstruiert werden muss.[219] Einen „richtigen Gewinn" kann es folgerichtig nicht geben.[220] So ist auch mit Verweis auf die obigen Ausführungen zu erklären, warum die einzelnen Gewinndefinitionen und die sich hieraus ergebenden ausschüttbaren Beträge mitunter erheblich voneinander abweichen. Dennoch ist zu konstatieren, dass sich zumindest für die Bemessung von Ausschüttungen nicht alle Gewinnkonzeptionen eignen:

Der ökonomische Gewinn – ursprünglich für den Zweck konzipiert, einen ausschüttbaren Gewinn zu ermitteln[221] – sieht sich der gewichtigen Kritik ausgesetzt, *ausschließlich* zukunftsbezogen zu sein.[222] Hiermit einher geht der Nachteil, dass der ökonomische Gewinn *ausschließlich* auf subjektiven Schätzungen des Unternehmers beruhen muss – und dementsprechend der Forderung nach Objektivität widerspricht.[223] Des Weiteren werden im ökonomischen Gewinn aufgrund der Orientierung an künftigen Einnahmen und Ausgaben (noch) nicht am Absatzmarkt realisierte Gewinne erheblichen Umfangs ausgewiesen. Die Ausschüttung solcher Gewinne ohne Gefährdung der Unternehmenserhaltung könnte jedoch lediglich unter der Prämisse eines vollkommenen Kapitalmarktes erfolgen, in dem nicht realisierte Gewinnbeträge jederzeit vorfinanziert

---

217 Vgl. SCHNEIDER, Betriebswirtschaftslehre, S. 58.

218 Vgl. KÜTING, DB 2006, S. 1441, 1449.

219 Vgl. BALLWIESER, KoR 2001, S. 160, 161.

220 Vgl. WEILENMANN in Wittmann u.a. (Hrsg.), HWB, Gewinnermittlung und Gewinnverwendung, Sp. 1471; BALLWIESER, KoR 2001, S. 160, 161; KÜTING, DB 2006, S. 1441, 1449.

221 Vgl. GLADEN, Performance Measurement, S. 150.

222 Sh. hierzu oben, S. 16.

223 Vgl. BAETGE/KIRSCH/THIELE, Bilanzen, S. 117. Die Objektivität von Buchführung und Jahresabschluss ist erforderlich, weil diese der Rechenschaftslegung dienen und daher intersubjektiv nachprüfbar sein müssen; sh. hierzu auch bereits oben, S. 19 und Fn. 116.

werden könnten, ohne dass die zusätzliche Verschuldung zu einer Änderung des Ertragswertes führen würde.[224] Ein solcher vollkommener Kapitalmarkt existiert in der Realität freilich nicht; eine Ausschüttung des ökonomischen Gewinns ist daher nicht bzw. nur sehr schwer zu rechtfertigen.

Der in § 4 Abs. 3 EStG geregelte Überschuss der Betriebseinnahmen über die Betriebsausgaben ist hingegen aufgrund der fehlenden periodengerechten Gewinnermittlung für die Bemessung von Ausschüttungen nicht geeignet:[225] Einerseits besteht ein übergeordnetes Interesse der Eigenkapitalgeber an einer periodengerechten Gewinnermittlung.[226] Andererseits ist auch hier die subjektiv willkürliche Verschiebung von Gewinnen mit der Rechenschaftslegung von Buchführung und Jahresabschluss und der damit einhergehenden Pflicht zur Objektivität nicht zu vereinbaren. Darüber hinaus ist ein zusätzlicher Nachteil der Einnahmenüberschussrechnung gegenüber anderen Gewinnermittlungsarten in der Fehleranfälligkeit mangels Kontrolle durch eine doppelte Buchführung zu sehen.[227]

Da es dem betriebswirtschaftliche Gewinnbegriff an einer greifbaren Konkretisierung fehlt bzw. ohnehin eine Übereinstimmung zwischen betriebswirtschaftlichem pagatorischen Gewinn und bilanziellen Gewinn gegeben ist[228] und der Betriebsvermögensvergleich nach § 4 Abs. 1 EStG ebenfalls dem bilanziellen Gewinn zumindest im Wesentlichen entspricht,[229] kann dementsprechend für die weiteren Ausführungen eine Konzentrierung auf den Gewinnbegriff nach HGB respektive auf den accounting income nach IFRS erfolgen:

Das Handelsbilanzrecht dient bereits seit 1937 in Deutschland als Grundlage für die Bemessung bzw. Einschränkung eines Gewinns, der

224 Sh. COENENBERG, Jahresabschluss und Jahresabschlussanalyse, S. 1297.

225 Sh. zur fehlenden periodengerechten Gewinnermittlung bei § 4 Abs. 3 EStG bereits oben, S. 35.

226 Das ergibt sich bereits aus den zwei Basisannahmen der IFRS (dem going-concern Prinzip und der Abgrenzung des periodengerechten Gewinns bzw. der accrual basis, CF.OB17 bzw. F.22), deren hervorgehobene Adressatengruppe die Eigenkapitalgeber sind, CF.QC1 (F.10); vgl. auch DRYGALA, KöKo AktG, § 58, Rz. 16; LÜDENBACH, IFRS, S. 54.

227 Vgl. EHRHARDT-RAUCH, DStZ 2001, S. 423, 427; KANZLER in Hermann/Heuer/Raupach (Hrsg.), EStG, § 4, Anm. 506.

228 Insofern würden keine Unterschiede zu den folgenden Ausführungen bezüglich des bilanziellen Gewinns auftreten. Sh. ausführlicher zum betriebswirtschaftlichen Gewinnbegriff und den unterschiedlichen Gewinnauslegungen oben, S. 14 f.

229 Sh. hierzu bereits oben, S. 32 f.

unbedenklich an die Anteilseigner ausgeschüttet werden kann.[230] Die Ausschüttungsbemessung ist neben der Bereitstellung von Informationen für die am Unternehmen Beteiligten[231] sogar eine von zwei Hauptfunktionen des handelsrechtlichen Jahresabschlusses.[232] Insofern kann dem handelsbilanzrechtlichen Gewinn – auch wenn dieser wegen des dominierenden Gläubigerschutzes[233] besonders vorsichtig zu ermitteln ist, was sich insbesondere in den Ausprägungen des Vorsichtsprinzips[234] und den in § 268 Abs. 8 HGB normierten Ausschüttungssperren für besonders unsichere Posten[235] niederschlägt – die generelle Eignung zur Bemessung eines ausschüttbaren Gewinnes nicht abgesprochen werden.

Alleinige Funktion des IFRS-Abschlusses ist hingegen die Vermittlung entscheidungserheblicher Informationen (decision usefulness) für existierende oder potentielle Investoren, vgl. CF.OB2. Eine Ausschüttungsbe-

---

230 Im Jahre 1937 wurden im Aktiengesetz zwei flankierende Gläubigersicherungsmaßnahmen eingeführt: Die Pflicht zur öffentlichen Rechnungslegung und die Begrenzung der Ausschüttung an die Aktionäre. Grund hierfür war die damalige Weltwirtschaftskrise, in der besonders deutlich wurde, dass Gläubiger von Kapitalgesellschaften durch die Begrenzung der Haftung auf das Gesellschaftsvermögen (vgl. § 1 Abs. 1 S. 2 AktG, § 13 Abs. 2 GmbHG) im Vergleich zu Gläubigern von Personengesellschaften einer erheblichen Mehrgefährdung ausgesetzt sind.

231 Hierzu gehören vor allem Eigner, Kreditgeber, Arbeitnehmer, Kunden und Lieferanten. Aufgrund der unterschiedlichen Gruppen der Bilanzadressaten wird auch zwischen der Selbstinformation des Managements und der Kapitalgeber und der Information der Fremdkapitalgeber mittels Dokumentation unterschieden.

232 HINZ in Beck'sches Handbuch der Rechnungslegung, B 100, Rz. 4; MOXTER, DB 2001, S. 605, 606; SCHULZE-OSTERLOH in Wysocki/Schulze-Osterloh/Hennrichs (Hrsg.), HdJ, Abt. I/1, Rz. 35; COENENBERG, Jahresabschluss und Jahresabschlussanalyse, S. 18 f.; ähnlich wohl THIELE/STELLBRINK/ZIESEMER in Baetge/Kirsch/Thiele (Hrsg.), Bilanzrecht, Einf., Rz. 23 bis 37, die zwischen Dokumentation und Rechenschaft (Information) und Kapitalerhaltung (Ausschüttungsbemessung) unterscheiden; ebenso BAETGE/KIRSCH/THIELE, Bilanzen, S. 94 ff.; ähnlich HENNRICHS in Henze/Hoffmann-Becking (Hrsg.), Gesellschaftsrecht 2003, S. 101, 123; HAAKER, DStR 2009, S. 663, 665 sieht indes die Ausschüttungsbemessung als Kernfunktion; so auch BIEKER, PiR 2008, S. 396.

233 Vgl. WINKELJOHANN/SCHELLHORN in Beck'scher Bilanzkommentar, § 264, Rz. 35; kritisch hierzu BUDDE/STEUBER, AG 1996, S. 542 ff., die die Rechenschaftslegungsfunktion als Hauptzweck ansehen.

234 Hierzu gehören: das Realisationsprinzip und das aus diesem hervorgehende Prinzip der Bewertung höchstens zu Anschaffungs- bzw. Herstellungskosten; das Imparitätsprinzip und das sich hieraus ergebende Niederstwertprinzip einschließlich des Prinzips der Berücksichtigung drohender Verluste aus schwebenden Geschäften; vgl. genauer zum Vorsichtsprinzip und den anderen Prinzipien oben, S. 23.

235 Genauer zu den in § 268 Abs. 8 HGB normierten Ausschüttungssperre unten, S. 190 ff.

messungsfunktion haben die IFRS nicht zum Ziele.[236] Aufgrund der Parallelen, die zum ökonomischen Gewinn bestehen und aufgrund der Tendenz, Idee und Konzeption des ökonomischen Gewinns stärker in die IFRS zu implementieren, könnte man sogar in Erwägung ziehen, dem IFRS-Abschluss die Ausschüttungsbemessungsfunktion mit denselben Argumenten, die bereits gegen den ökonomischen Gewinn aufgeführt worden sind, gänzlich abzusprechen. Zu beachten ist jedoch, dass die zukunftsbezogenen Posten, die den accounting income nach IFRS an den ökonomischen Gewinn angleichen, im IFRS-Abschluss in bloß geringer Anzahl auftreten. Des Weiteren *soll* der IFRS-Abschluss ein gewisses Maß an Objektivierung und Vorsicht gewährleisten: So *soll* er den Adressaten relevante, zuverlässige, vergleichbare und verständliche Informationen vermitteln, vgl. CF.QC5-34 (F.25-42). Hierfür ist nach IAS 1.33 grundsätzlich eine nicht saldierte Darstellung der Abschlussposten vorzunehmen. Diese Notwendigkeit der Einzelbewertung ist indes gleichzeitig ein Hauptaugenmerk des deutschen Objektivierungsprinzips, vgl. § 252 Abs. 1 Nr. 3 HGB[237] und spricht mithin eher für die Ausschüttungsbemessungsfunktion der IFRS. Zudem verpflichtet das Gebot der Vorsicht – selbst wenn diesem im IFRS-Abschluss bloß eine untergeordnete Bedeutung zukommt – zu einem gewissen Maß an Sorgfalt bei der jeweiligen Ermessensausübung; Vermögenswerte oder Erträge dürfen bspw. nicht zu hoch respektive Schulden oder Aufwendungen nicht zu niedrig angesetzt werden.[238]

Den IFRS kann demzufolge nicht von vornherein die generelle Eignung zur Bemessung eines ausschüttbaren Betrages abgesprochen werden. Genau dies belegt schließlich schon die Tatsache, dass mittlerweile 17 EU-Mitgliedsstaaten den IFRS-Abschluss als Grundlage zur Bemessung von Ausschüttungen heranziehen.[239] Darüber hinaus kam jüngst eine Studie von *KPMG* zu dem Ergebnis, dass die IFRS prinzipiell für Aus-

---

236 Vgl. HENNRICHS in Henze/Hoffmann-Becking (Hrsg.), Gesellschaftsrecht 2003, S. 101, 106; KLEINDIEK in MüKo Bilanzrecht IFRS, Einf., Rz. 90; ARBEITSKREIS BILANZRECHT, BB 2002, S. 2372, 2373.

237 Vgl. BAETGE/KIRSCH/THIELE, Bilanzen, S. 117.

238 Der im Mai 2008 vorgelegte ED zu einem verbesserten Framework (An improved Conceptual Framework for Financial Reporting) sieht hingegen die (formelle) Aufgabe des Vorsichtsprinzips vor, vgl. Fn. 168 m.w.N.

239 Lediglich 7 dieser 17 Mitgliedstaaten nehmen weitergehende Modifizierungen des IFRS-Abschlusses vor; vgl. hierzu KPMG, Feasibility Study on Capital Maintenance – Main Report, S. 1.

schüttungszwecke geeignet sind.[240] Ob hingegen auch in Deutschland ein mehr zukunftsbezogener Bilanzgewinn nach IFRS als Grundlage für Ausschüttungen dienen kann bzw. sollte, oder ob hierfür nur ein vorsichtig zu ermittelnder Gewinn nach Handelsbilanzrecht in Betracht kommt, ist im nachfolgenden Abschnitt zu eruieren.

240 Vgl. KPMG, Press Release v. 01.02.2008, einsehbar unter http://www.kpmg.de/Presse/6380.htm.

Dritter Abschnitt: Der IFRS-Abschluss als Ausschüttungsbemessungsgrundlage

Bereits den im zweiten Abschnitt veranschaulichten Ausführungen können Anhaltspunkte entnommen werden, die auf eine Inkongruenz von handelsbilanzrechtlichen Jahresüberschuss und dem nach IFRS ermittelten total comprehensive income hindeuten. Dies ist in erster Linie den divergierenden Rechnungszwecken von HGB und IFRS geschuldet, die sich wiederum unterschiedlich auf den Ansatz und die Bewertung der jeweiligen Bilanzposten auswirken.

Ehe nun vertieft auf die Eignung der IFRS als Ausschüttungsbemessungsgrundlage eingegangen werden kann, erscheint es angebracht, die Unterschiede – und genauer die divergierenden Rechnungszwecke und deren Auswirkungen auf die einzelnen Bilanzposten – des HGB-Abschlusses und des IFRS-Abschlusses separat darzustellen. Denn nur so können die hieran anknüpfenden unterschiedlichen und partikulären Einflüsse der jeweiligen Bilanzposten auf den Gesamtgewinn nachvollzogen werden.

§ 1 Unterschiede zwischen HGB-Abschluss und IFRS-Abschluss

I. Zielsetzung und Zweck von Jahresabschluss und set of financial statements

Zielsetzung und Zweck von Jahresabschluss und set of financial statements sind schon im zweiten Abschnitt in der gebotenen Kürze behandelt worden.[241] Aufgrund ihrer Relevanz ist an dieser Stelle nochmals zu verdeutlichen, dass beiden Rechnungslegungssystemen die Informationsfunktion gemeinsam ist. Zum Zwecke der Ausschüttungsbemessung und des (institutionellen) Gläubigerschutzes ist der Gewinn nach

241 Sh. zur Zielsetzung und zum Zweck des Jahresabschlusses oben, S. 23 ff. und S. 36 ff.; zur Zielsetzung und zum Zweck des set of financial statement sh. oben, S. 26 ff. und S. 36 ff.

HGB jedoch grundsätzlich *vorsichtig* zu ermitteln; die IFRS – denen die Ausschüttungsbemessungsfunktion fremd ist – verlangen hingegen nur einen möglichst wahrheitsgetreuen *„true and fair view"* (auch faithful representation bzw. fair presentation genannt) über die Lage des Bericht erstattenden Unternehmens mittels decision usefulness (vgl. F.46; IAS 1.15 bzw. CF.QC12-16).

Bemerkenswert ist, dass der Grundsatz des true and fair view in § 264 Abs. 2 S. 1 HGB und das Vorsichtsprinzip in IAS 8.10(b)(iv) (vgl. des Weiteren bspw. IFRS 4.23) in dem jeweils anderen Bilanzierungssystem ihren Niederschlag gefunden haben. So verhält es sich auch mit der Vielzahl der anderen Rechnungslegungsgrundsätze und -prinzipien.[242] Die divergierenden Rechnungslegungszwecke führen jedoch zu einer abweichende Strukturierung und Gewichtung der einzelnen Grundsätze.[243] So führt bereits die den Bilanzierungssystemen gemeinsame Informationsfunktion für sämtliche Bilanzadressaten zu unterschiedlichen Ausprägungen: Der Jahresabschluss nach HGB sieht aufgrund der in Kontinentaleuropa begründeten historischen Dominanz der Bankenfinanzierung die Interessen der Fremdkapitalgeber im Vordergrund;[244] das IFRS-Regelwerk orientiert sich hingegen aufgrund der angelsächsischen Bedeutung der Kapitalmarktfinanzierung primär an den Informationsbedürfnissen der existierenden und potentiellen Kapitalgeber,[245] vgl. CF.QC1.

II. Gesetzgebung und Standardsetzungsverfahren (due process)

Gesetzgebung und Standardsetzungsverfahren haben zwar keinen direkten Einfluss auf den zu ermittelnden Gewinn, dennoch werden die unterschiedlichen Verfahrensarten gerade in der Wissenschaft oftmals

---

242 Beispielhaft angeführt werden sollen hier das Prinzip der Unternehmensfortführung/going concern principle (§ 252 Abs. 1, Nr. 2 HGB; CF.4.1 (F.23) und IAS 1.25), die Abgrenzungsgrundsätze/accrual basis principle und der Grundsatz der Vollständigkeit/completeness.

243 Vgl. COENENBERG, Jahresabschluss und Jahresabschlussanalyse, S. 65.

244 Vgl. HEUSER in Heuser/Theile (Hrsg.), IFRS Handbuch, Rz. 6.

245 So ist vor allem in den USA und England die Finanzierung am Aktienmarkt deutlich weiter entwickelt als in Europa; vgl. ROST, der internationale Harmonisierungsprozess der Rechnungslegung, S. 94 bis 100; KÜTING, BB 1993, S. 30, 36 f.

kritisch hinterfragt.[246] Daher erscheint es geboten, die rechtlichen Grundlagen des Handelsbilanzrechts und der IFRS kurz darzustellen:

Das Handelsbilanzrecht ist durch das Bilanzrichtlinien-Gesetz vom 19.12.1985[247] mit Wirkung ab dem 01.01.1986 durch Einfügung eines neuen Dritten Buches in das HGB umfassend geregelt worden. Als Teil des HGB, das wiederum nach Art. 1 Abs. 1 EGHGB i.V.m. Art. 1 EGBGB am 01.01.1900 in Kraft getreten ist und – als Reichsgesetz erlassen – gemäß Art. 125, 74 Nr. 11 GG Bundesrecht geworden ist, unterliegt es der konkurrierenden Gesetzgebung des Bundes, vgl. Art. 72, 74 Nr. 11 GG.[248] Änderungen des Handelsbilanzrechts bedürfen daher grundsätzlich der ordnungsgemäßen Durchführung des Gesetzgebungsverfahrens und der Beachtung von Formvorschriften unter Mitwirkung bestimmter demokratisch legitimierter Verfassungsorgane, vgl. Art. 76 ff. GG.[249]

Die IFRS hingegen werden von dem zum 1. Juli 2012 aus 16 Mitgliedern[250] bestehenden International Accounting Standards Board (IASB)[251] herausgegeben – einem unabhängigen und privaten Standardsetter mit Sitz in London.[252] Trägerorganisation des IASB ist die ebenfalls unabhängige und private International Financial Reporting Standards Foundation

---

246 Vgl. RADWAN, BFuP 2008, S. 409 f.; DERS., Bericht über die IFRS und die Leitung des IASB, Europäisches Parlament A6-0032/2008, S. 15; SPINDLER, AG 2010, S. 601, 602; vgl. auch den Hinweis bei LANFERMANN, S:R 2008, S. 171 301; ferner die Ausführungen zur fehlenden demokratischen Kontrolle bei ZÜLCH, KoR 2010, S. 177, 178; kritisch auch LUTTERMANN, ZRP 2010, S. 1, 2, 4; die Befähigung eines privaten Normsetzers zur Aufstellung von verbindlichen Rechtsregeln problematisierend auch KIRCHHOF, ZGR 2000, S. 681 ff.

247 Das Bilanzrichtliniengesetz (BiRiLiG) ist das Gesetz zur Durchführung der Vierten, Siebenten und Achten Richtlinie des Rates der Europäischen Gemeinschaften zur Koordinierung des Gesellschaftsrechts; vgl. BGBl. I, 1985, S. 2355.

248 Vgl. HORN in Heymann (Hrsg.), HGB, Einleitung, Rz. 1.

249 Zu nennen ist vor allem der Bundestag, der gemäß Art. 77 Abs. 1 S. 1 GG die Bundesgesetze beschließt und als einziges Verfassungsorgan direkt vom Staatsvolk gewählt wird. Ferner sind Bundesrat, Bundeskanzler bzw. Bundesminister und Bundespräsident an der Gesetzgebung beteiligt, vgl. Art. 77 Abs. 1, 82 Abs. S. 1 i.V.m. Art. 58 Abs. 1, 82 Abs. 1 S. 1 GG. Ausführlich zur Gesetzgebung des Bundes DEGENHART, Staatsrecht I, Rz. 131 ff.

250 Das IASB bestand zuvor aus einer Gruppe von 15 Experten. Die genaue Zusammensetzung findet sich unter: http://www.ifrs.org/The+organisation/Members+of+the+IASB/Members+of+the+IASB.htm.

251 Das IASB hat zum 01.04.2001 die Aufgaben des IASC übernommen; das IASC wurde 1973 als privatrechtliche Vereinigung gegründet.

252 Vgl. ADLER/DÜRING/SCHMALTZ, International, Abschn. 1, Rz. 1.

(IFRS Foundation)[253] mit Sitz in Delaware/USA. Zu deren wesentlichen Organen zählen neben dem IASB, dem Interpretations Committee (IC; vormals das IFRIC bzw. vor 2001 das SIC) und dem Advisory Council (AC; vormals der SAC) vor allem die Trustees (Treuhänder). Diese 22 Trustees übernehmen im Wesentlichen die Aufgabe, die Mitglieder des IASB (und des IC und AC) zu ernennen, dessen Aktivitäten zu überwachen und seine Finanzierung zu sichern.[254]

Gewählt werden die Trustees von den übrigen Treuhändern (sog. self-perpetuating board).[255] Diese Vorgehensweise ist generell zu beanstanden – schließlich würde dem IASB infolgedessen sogar eine bloß mittelbare demokratische Legitimation fehlen.[256] Darüber hinaus ist der Aspekt vor dem Hintergrund der Finanzierung des IASB kritisch zu analysieren: Denn dessen Einnahmen beruhen zum großen Teil auf Spenden von Unternehmen, Institutionen und international tätigen Wirtschaftsprüfungsgesellschaften[257] (wobei letztere in der Regel schon zwei Trustees stellen sollen)[258]. Aufgrund der hiermit einhergehenden Interessenlage kann allerdings die Verpflichtung des Trustees, im Interesse der Öffentlichkeit zu handeln,[259] leiden – es kommt zu Interessenkonflikten. So zeigt bereits der Blick auf die private Standardsetzung bei Rechnungslegung und Abschlussprüfung in den USA, dass es dort aufgrund unterschiedlicher Interessengruppen zu Missbräuchen und Schieflagen kam.[260] Zu Recht ist daher die private Organisations- und Finanzstruktur des IASB unter demokratischen Gesichtspunkten stets skeptisch zu hinterfragen[261]

---

253 Die IFRS Foundation ist die ehemalige, im März 2001 gegründete IASC Foundation; vgl. IFRS Foundation Constitution, 1; IASCF, Staff Summary, Part A, Nr. 1.

254 Vgl. BAETGE/KIRSCH/THIELE, Bilanzen, S. 55.

255 Vgl. IFRS Foundation Constitution, 7, 6, 15(b); BUSCHHÜTER in Buschhüter/Striegel (Hrsg.), Internationale Rechnungslegung, § 3 A. II.

256 So aber Niemann, DStR 2007, S. 1883, 1886; kritisch auch BARTSCH, ZRP 2009, S. 97; vgl. ferner WATRIN in MüKo Bilanzrecht IFRS, Einf., Rz. 40 bis 42 m.w.N.

257 Im Jahre 2009 standen dem IASB Einnahmen in Höhe von 22,649 Mio. £ zur Verfügung. Hiervon entstammten 16,584 Mio. £ = 73 % aus Spenden und 5,654 Mio. £ aus Publikationen und ähnlichen Aktivitäten; vgl. IASCF 2009, Annual Report.

258 Vgl. IFRS Foundation Constitution, 7.

259 Vgl. IFRS Foundation Constitution, 17.

260 Vgl. LUTTERMANN, Bilanzrecht in den USA und internationale Konzernrechnungslegung, S. 42 bis 57.

261 So auch GROẞFELD/LUTTERMANN, Bilanzrecht, Rz. 119; BOHL in Beck'sches IFRS-Handbuch, § 1, Rz. 9; SCHILDBACH in Ebke/Luttermann/Siegel (Hrsg.), Internationale Rechnungslegungsstandards, S. 119, 138, spricht jedoch in dem Kontext der „Steuerbilanz nach IFRS" aufgrund der Schaffung durch ein Privatgremium von einer Unvereinbarkeit mit den Rechtsstaat- und Demokratieprinzipien unserer Ordnung; diesen

und mit *Kirchhof* eine gesonderte verfassungsrechtliche Rechtfertigung zu fordern, mit der die schutzwürdigen Belange Dritter – insbesondere der Anleger, Kreditgeber, Gesellschafter, Arbeitnehmer und Konsumenten – im Rahmen von privaten Regelwerken gewahrt werden.[262]

Dem ist sich die IFRS Foundation indes bewusst. Erst neulich wurde durch die Überarbeitung der IASCF Constitution die sog. Monitoring Group[263] eingerichtet, die mit Repräsentanten von Politik, internationalen Organisationen und Aufsichtsbehörden besetzt ist (die Repräsentanten werden u.a. von der Europäischen Kommission, der IOSCO, der SEC, der FSAJ und – als Beobachter ohne Stimmrecht – dem Baseler Ausschuss für Bankenaufsicht gestellt).[264] Aufgabe der Monitoring Group ist es, die Auswahl der Treuhänder zu genehmigen, die öffentliche Rechenschaftspflicht der IFRS Foundation herauszustellen und die Zusammenarbeit des IASB mit den internationalen Behörden und Organisationen zu verbessern.[265] Diese Einbindung von Vertretern öffentlich rechenschaftspflichtiger Institutionen erhöht nicht nur die Transparenz und demokratische Kontrolle des Rates der Treuhänder und damit die des IASB;[266] zugleich wird auf diese Art und Weise auch eine (jedoch zugegebenermaßen) sehr schwache mittelbare demokratische Legitimation der IFRS geschaffen.[267]

Darüber hinaus ist im Zusammenhang mit der angeblich fehlenden demokratischen Legitimation der IFRS auf Folgendes hinzuweisen: Der due process selbst – also das in sechs Grundstrukturen[268] gegliederte

---

zitierend NIEMANN, DStR 2007, S. 1883, 1886; vgl. in diesem Zusammenhang auch LAAGE/REUSCH, NZG 2009, S. 245, 248; ausführlich zu den Problematiken der privaten Rechtsetzung KIRCHHOF, Private Rechsetzung; ferner BACHMANN, Private Ordnung, S. 89 ff.

262 Sh. KIRCHHOF, ZGR 2000, S. 681, 684, 690 f., der in seinem Aufsatz zudem die Entparlamentisierung des Gesetzgebers aufgrund von Rechnungslegungsgrundsätzen durch internationale Sachverständigengremien problematisiert und insofern auch von einer Erosion des Parlamentarismus und damit der Demokratie spricht.

263 Zur Monitoring Group vgl. IFRS Foundation Constitution, 18 ff.

264 Sh. IFRS Foundation Constitution, 21.

265 Sh. IFRS Foundation Constitution, 18 f.; COENENBERG, Jahresabschluss und Jahresabschlussanalyse, S. 53;

266 Vgl. ZÜLCH/GÜTH, KoR 2010, S. 177, 179; RIEMENSCHNEIDER/SOHLMANN, KoR 2011, S. 102, 106.

267 A.A. aber wohl HAAKER, DStR 2010, S. 663, 666; kritisch auch RADWAN, BFuP 2008, S. 409 ff.

268 Hierzu zählen die Projektvorbereitung und -planung, die Erarbeitung des Diskussionspapiers, die Entwicklung eines Exposure Drafts, die Verabschiedung und Veröffentlichung des IFRS und eine Nachbereitungsphase; sh. genauer KLEEKÄMPER/

IFRS-Standardsetzungsverfahren – garantiert durch seine Öffentlichkeit und die Möglichkeit jeder Organisation und Einzelperson sich kritisch zu dem Verfahren zu äußern und abweichende Meinungen bekannt zu geben, bereits eine gewisse demokratische Legitimation.[269] Ergänzend ist den deutschen Kritikern privater Standardsetter entgegenzuhalten, dass auch hierzulande mit der Einrichtung des DRSC gemäß § 342 HGB ein privates Rechnungslegungsgremium existiert, das auf den in § 342 Abs. 1 S. 1 Nr. 1 bis 4 HGB genannten Gebieten tätig ist.[270] Ob dies als nachteilig anzusehen ist, sei dahingestellt.

Des Weiteren müssen zumindest auf EU-Ebene die vom IASB erlassenen IFRS ein formelles Anerkennungsverfahren (Endorsement)[271] unter Mitwirkung der EU-Kommission und des EU-Parlaments durchlaufen, um unmittelbares und verbindliches europäisches Recht zu werden (vgl. Art. 3 der EG-Verordnung 1606/2002).[272] Erst mit Ablauf des Verfahrens werden die IFRS zu Gemeinschaftsrecht im Rang einer EG-Verordnung.[273] Eine demokratische Legitimation ist also zumindest innerhalb der EU gegeben.[274] Anderen Staaten außerhalb der EU haben zudem die Wahl, die IFRS auf ähnliche Weise in ihre Rechtsordnung zu integrieren – oder aber als private Fachregeln zu akzeptieren.[275]

Zwar wird zuweilen eingewandt, dass die nachträgliche demokratische Legitimation der bereits erlassenen IFRS eine Farce ist:[276] Insbesondere vor dem Hintergrund der gemäß Präambel (2) der EG-Verordnung

---

KUHLEWIND/ALVAREZ in Rechnungslegung nach IFRS, Teil A, K. I, Rz. 80 ff; WATRIN in MüKo Bilanzrecht IFRS, Einf., Rz. 40 bis 42.

269 Vgl. Bohl in Beck'sches IFRS-Handbuch, § 1, Rz. 10, 11; ferner sind für die Verabschiedung eines Standards aktuell neun von insgesamt 15 Stimmen, später zehn von 16 Stimmen erforderlich, vgl. IFRS Foundation Constitution, 36.

270 Insbesondere ist § 342 Abs. 1 S. 1 Nr. 3 HGB zu nennen, nach dem das DRSC das Bundesministerium der Justiz bei Gesetzgebungsvorhaben zu Rechnungslegungsvorschriften beraten kann.

271 Das Verfahren wurde zuletzt im Jahre 2008 geändert, um eine stärkere Einbindung des europäischen Parlamentes zu erreichen. Vgl. hierzu auch BUCHHEIM/KNORR/SCHMIDT, KoR 2008, S. 334 bis 341.

272 Vgl. HENNRICHS in MüKo Bilanzrecht IFRS, Einf., Rz. 47, 48; KLEEKÄMPER/KULEWIND/ALVAREZ in Rechnungslegung nach IFRS, Teil A, Kap. I, Rz. 129, 130.

273 Vgl. HENNRICHS in MüKo Bilanzrecht IFRS, Einf., Rz. 47.

274 A.A. aber bereits SCHILDBACH in Ebke/Luttermann/Siegel (Hrsg.), Internationale Rechnungslegungsstandards, S. 119, 138 f.; diesen zitierend wiederum NIEMANN, DStR 2007, S. 1883, 1886.

275 Sh. HENNRICHS in MüKo Bilanzrecht IFRS, Einf., Rz. 48.

276 Angedeutet bei BUCHHEIM/KNORR/SCHMIDT, KoR 2008, S. 334; und SPINDLER, AG 2010, S. 601, 602.

1606/2002 bestehenden Zielsetzung eines einheitlichen Weltstandards würde die tatsächliche Ablehnung einzelner IFRS seitens der EU das ursprüngliche Bestreben ins Verderben reißen; daher bestehe quasi eine faktische Pflicht zum Endorsement.[277]

Mit der Einrichtung des Monitoring Board wurde jedoch die Einflussnahme von internationalen Politikern und Aufsichtsbehörden auf den eigentlichen due process des IASB nochmals erheblich gestärkt.[278] Dieses Steuerungsinstrument kann und muss neben der grundsätzlichen Möglichkeit sich jederzeit kritisch zu dem due process selbst äußern zu können, von den demokratisch legitimierten Organen genutzt werden, um ein einheitliches Vorgehen zu gewährleisten. Letzten Endes liegt das eigentliche Endorsement aber in den Händen der EU. Es ist die Aufgabe und die Pflicht der in der EU zuständigen politischen Entscheidungsträger, dass dieses Verfahren nicht nur ein „demokratisches Feigenblatt ist, sondern auch Wirkungskraft entfaltet".[279] Dass dies der Fall sein kann, haben die (zaghaften) „Verhandlungen" im Rahmen der Übernahme von IAS 32.18 (b) und IFRS 3.54 f. gezeigt. Eine verstärkte Einbringung ist dennoch wünschenswert. Das geeignete Druckmittel steht mit der möglichen Kreierung von „EU-IFRS" zumindest zur Verfügung.

III. Bilanzpolitik nach HGB und nach IFRS

Bilanzpolitik[280] ist die – im Rahmen der durch die Bilanzierungsnormen gezogenen Grenzen -bewusste und im Hinblick auf die Ziele des Unternehmens[281] zweckorientierte Beeinflussung der publizierten Unterneh-

277 Vgl. KLEEKÄMPER/KUHLEWIND/ALVAREZ in Rechnungslegung nach IFRS, Teil A, Kap. I, Rz. 130, die einen Sonderweg der EU als „nicht dienlich" bezeichnen; BUCHHEIM/KNORR/SCHMIDT, KoR 2008, S. 334, 335, die im Rahmen des Endorsementprozesses anführen: „Es ist abwegig anzunehmen, dass die Börsen der Welt [...] eine Vielzahl von regionalen IFRS akzeptieren"; COENENBERG, Jahresabschluss und Jahresabschlussanalyse, S. 57, der ein teilweises Endorsement als Gefahr für das Scheitern des weltweit einheitlichen Standards ansieht.

278 So wohl auch KÖNIGSGRUBER, IRZ 2008, S. 245, 249; eher zurückhaltender BARTSCH, ZRP 2009, S. 97.

279 HENNRICHS, Schrift Nr. 184 des ZEW, S. 1, 12; DERS. GmbHR 2011, S. 1065, 1069.

280 In der Literatur werden synonym auch die Begriffe Rechnungslegungspolitik, Jahresabschlusspolitik und Bilanzmanagement verwendet; vgl. FISCHER/KLÖPFER, KoR 2006, S. 709.

281 Die Ziele der Bilanzpolitik eines jeden Unternehmens mögen differieren. Das Bekannteste ist jedoch in dem Ausweis eines möglichst hohen Gewinnes zu sehen. Begründet

mensdaten.[282] Sie erfolgt mit der Absicht, die Rechtsfolgen eines Abschlusses (bspw. die Ausschüttungsbemessung oder die Ertragsbesteuerung) zu modifizieren und das Verhalten der Informationsempfänger gezielt zu beeinflussen.[283] Ermöglicht wird Bilanzpolitik durch Handlungsalternativen des Bilanzierenden, die im Zuge der Vorbereitung und Erstellung eines Jahresabschlusses im Zusammenhang mit der Erfassung und Bewertung von Vorgängen entstehen.[284] Die Handlungsalternativen sind wiederum auf die Bereiche der Sachverhaltsgestaltung und Sachverhaltsabbildung zurückzuführen:

Die Sachverhaltsgestaltung verändert das Mengengerüst des Abschlusses, indem der Bilanzierende bestimmte Geschäftsvorfälle vor dem Bilanzstichtag durchführt, unterlässt oder modifiziert.[285] Bspw. kann der gewünschte Ausweis eines Leasinggegenstandes beim Leasingnehmer oder Leasinggeber durch Ausgestaltung des zugrunde liegenden Leasingvertrages beeinflusst werden;[286] oder ein Darlehen wird vor dem Bilanzstichtag zurückgezahlt, alsbald danach jedoch in derselben Höhe wiederaufgenommen (ein Unterfall des sog. window dressing).[287] Sofern es sich hierbei um eine legale Sachverhaltsgestaltung handeln sollte, kann diese Art der Bilanzpolitik nicht untersagt werden.[288] Im Gegensatz zu dieser Sachverhaltsgestaltung geht die Sachverhaltsabbildung von einem bereits gegebenen, aber noch zu gestaltenden Mengengerüst aus; letztere kann somit lediglich das Wertgerüst des Rechenwerkes verändern.[289]

Die dem Bilanzierenden zur Verfügung stehenden bilanzpolitischen Instrumente werden hinsichtlich ihrer abschlusstechnischen Wirkung in formelle und materielle Instrumente unterteilt. Mit ihnen wird die kon-

---

wird dies einerseits mit dem Prinzip der Gewinnmaximierung; andererseits mit dem Wunsch, das Unternehmen in der Öffentlichkeit positiver darzustellen, eine bestimmte Dividende auszuschütten, eine von Analysten und Aktionäre geäußerte Erwartung zu erfüllen oder erfolgsabhängige Gehaltszahlungen an das Management positiv zu beeinträchtigen; vgl. TANSKI, Bilanzpolitik und Bilanzanalyse nach IFRS, S. 8 f.

282 Vgl. HEINHOLD in Wittmann u.a. (Hrsg.), HWB, Bilanzpolitik, Sp. 525, 526; KÜTING/WEBER, Bilanzanalyse, S. 33, 50; RUHNKE, Rechnungslegung nach IFRS und HGB, S. 354.

283 Vgl. KROPFF in Baetge (Hrsg.), Der Jahresabschluss im Widerstreit der Interessen, S. 184.

284 Vgl. HEINHOLD in Wittmann u.a. (Hrsg.), HWB, Bilanzpolitik, Sp. 526.

285 Vgl. KÜTING, ST 2007, S. 220, 230.

286 Weitere Beispiele für Sachverhaltsgestaltungen sind die Wahl von Zahlungsterminen, das Instrument der Beschaffungspolitik und die Bildung stiller Reserven.

287 Vgl. FINK, DB 2010, S. 2345, 2346.

288 Vgl. KÜTING, ST 2007, S. 220, 230.

289 Sh. DETERT/SELLHORN, DBW 2007, S. 247, 251.

krete Umsetzung der Basiselemente der Bilanzierung (genauer: der Ausweis, der Ansatz und die Bewertung) und die Ausübung der in diesem Zusammenhang bestehenden Gestaltungsmöglichkeiten (also Wahlrechte und Ermessensspielräume) geregelt.[290] Während die materielle Bilanzpolitik Darstellung und Höhe des Vermögens bzw. der Schulden zur Aufgabe hat,[291] betrifft die formelle Bilanzpolitik lediglich Struktur und Tiefe der Gliederung einzelner Abschlussinstrumente sowie Ausgestaltung und Inhalt des Anhangs und Lageberichts.[292] Wahlrechte und Spielräume finden sich jedoch grundsätzlich in beiden bilanzpolitischen Instrumenten.

Ein solches Wahlrecht besteht immer dann, „wenn an einen gegebenen Tatbestand mindestens zwei eindeutig bestimmte Rechtsfolgen anknüpfen, die sich gegenseitig ausschließen, und wenn der zur Rechnungslegung Verpflichtete entscheidet, welche von ihnen eintritt".[293] Sie werden entweder ausdrücklich im Gesetz/Standard genannt und räumen dem Bilanzierenden durch Formulierungen wie „kann/können", „darf/dürfen" bzw. „oder" explizit genannte Handlungsalternativen ein (explizites Wahlrecht). Oder sie resultieren aus der Interpretation einer Vorschrift, die dem Bilanzierenden verschiedene Auslegungsalternativen für unbestimmte Rechtsbegriffe und weit gefasste Bilanzierungsnormen zubilligt (faktisches bzw. implizites Wahlrecht);[294] in den zuletzt genannten Fällen kann dem Gesetz also (vermeintlich) keine eindeutige Regelung entnommen werden – es besteht mithin *Auslegungsunsicherheit*.[295] Während explizite Wahlrechte problemlos durch den Gesetzgeber beseitigt werden können,[296] indem dieser sich für eine Handlungsalternative entscheidet, mag dies für die faktischen Wahlrechte nur vom Grundsatz her zutreffen.[297] Denn der Beseitigung von Auslegungsalternativen mittels eindeutiger und klarer Regelungen sind Grenzen gesetzt, da bilanzielle Entscheidungen sich regelmäßig nicht auf die Vorgabe einer exakt formulierten Bilanzierungsregel ohne weiteren Auslegungsbedarf reduzieren

---

290 Vgl. COENENBERG, Jahresabschluss und Jahresabschlussanalyse, S. 999 ff.

291 Sh. hierzu noch die folgenden Ausführungen auf S. 55 ff.

292 Sh. COENENBERG, Jahresabschluss und Jahresabschlussanalyse, S. 1001.

293 Sh. BAUER, Grundlagen einer handels- und steuerrechtlichen Rechnungslegungspolitik, S. 66.

294 Vgl. KÜTING/WEBER, Die Bilanzanalyse, S. 50, 41.

295 HENNRICHS, Wahlrechte im Bilanzrecht der Kapitalgesellschaften, S. 46; zu kritischen Überlegungen bzgl. der impliziten Wahlrechte sh. ebd., S. 51 bis 53.

296 So erst neulich geschehen durch das BilMoG; vgl. BT-Drucksache 16/10067 v. 30.07. 2008, S. 34.

297 Vgl. KÜTING, ST 2006, S. 220, 230.

lassen.[298] Somit kann die willentliche bilanzpolitische Einflussmöglichkeit der Wahlrechte auf den Gewinn nicht gänzlich negiert werden.

Schwerer wiegen indes die bilanzpolitischen Einwirkungen auf den Gewinn durch Ermessensspielräume.[299] Diese entstehen, wenn eine Rechnungslegungsnorm den Ansatz und die Bewertung eines Bilanzpostens regelt, nicht jedoch die jeweilige Methode und die jeweilige Komponente zu seiner Bestimmung (so etwa bei der Ermittlung der AHK und der Rückstellungsbildung).[300] Ermessensspielräume gewähren dem Bilanzierenden also keine bilanzpolitischen Spielräume, sie räumen ihm jedoch ein „Vorrecht der ersten Schätzung" ein, da er dem Sachverhalt am nächsten steht und ihn im Zweifel am besten einschätzen kann.[301] Sie resultieren „aus der praktischen Unmöglichkeit, die wirtschaftliche Realität einer umfassenden und eindeutigen Normierung zu unterwerfen"[302] und stellen mithin das „subjektive Element"[303] einer jeden Bilanz dar. Dementsprechend können gewinnbeeinflussende Ermessenspielräume wie Sachverhaltsgestaltungen auch nie gänzlich eliminiert werden – und zwar unabhängig vom Rechnungslegungssystem.[304]

Dennoch kann die Quantität der den Bilanzierenden zur Verfügung gestellten Wahlrechte und Spielräume je nach Bilanzierungssystem differieren. Ferner können Rechnungslegungssysteme eine unterschiedliche Anzahl und Dichte zusätzlicher Angaben verlangen, die unter Zuhilfenahme der Bilanzanalyse[305] Rückschlüsse auf die angewandten bilanzpolitischen Instrumente zulassen. Während das zuerst Genannte den Gewinn direkt zu manipulieren vermag, kann mit Hilfe des zuletzt Genannten die Beeinflussung revidiert werden. Infolgedessen sind die for-

---

298 Sh. WOHLGEMUTH, IFRS: Bilanzpolitik und Bilanzanalyse, S. 332.

299 Zur Begrifflichkeit und Abgrenzung des oftmals synonym verwendeten Wortes der „Schätzungsprärogative" vgl. HENNRICHS, Wahlrechte im Bilanzrecht der Kapitalgesellschaften, S. 53.

300 Vgl. KÜTING, ST 2006, S. 220, 231.

301 HENNRICHS, Wahlrechte im Bilanzrecht der Kapitalgesellschaften, S. 53; für das Zitat ebd.

302 Vgl. DETERT/SELLHORN, DBW 2007, S. 247, 250.

303 Sh. MARETTEK, WiSt 1976, S. 515, 519; WINNEFELD, Bilanz-Handbuch, K. C, Rz. 77.

304 Vgl. SCHILDBACH, Der handelsrechtliche Jahresabschluss, S. 10.

305 Die Bilanzanalyse stellt ein Instrument zur Aufbereitung und Auswertung der zur Verfügung stehenden Unternehmensdaten in bedarfsgerechte und entscheidungsrelevante Informationen mittels Kennzahlen, Kennzahlensystemen und sonstigen Methoden dar. Sie verfolgt das Ziel, möglichst umfassende Einblicke in die Vermögens-, Ertrags- und Finanzlage des zu analysierenden Unternehmens zu geben; daher ist zentrale Aufgabe der Bilanzanalyse, die verzerrenden bilanzpolitischen Effekte aufzudecken und zu beseitigen; vgl. hierzu auch LACHNIT, Bilanzanalyse, S. 61 f.

mellen und materiellen bilanzpolitischen Unterschiede zwischen HGB und IFRS darzustellen, um so die bilanzpolitischen Auswirkungen der Rechnungslegungssysteme auf den ermittelten Gewinn besser nachvollziehen zu können.

1. Formelle Bilanzpolitik nach HGB und IFRS

Den handelsrechtlichen Jahresabschluss bilden die Bilanz und die GuV, vgl. § 242 Abs. 3 HGB. Kapitalgesellschaften haben diesen HGB-Jahresabschluss um einen Anhang zu erweitern sowie einen Lagebericht aufzustellen, § 264 Abs. 1 HGB. Kapitalmarktorientierte Gesellschaften[306] haben gemäß § 264 Abs. 1 S. 2 HGB den Jahresabschluss zudem um eine Kapitalflussrechnung und einen Eigenkapitalspiegel zu erweitern. Diese zusätzlichen Bestandteile umfasst auch der HGB-Konzernabschluss, § 297 Abs. 1 S. 1 HGB, der *optional* um eine Segmentberichterstattung erweitert werden kann, § 297 Abs. 1 S. 2 HGB.

Der IFRS-Jahresabschluss besteht nach IAS 1.10 aus einer Bilanz zum Ende und zum Anfang der Periode, einer Gesamtergebnisrechnung, einem Anhang, einer Eigenkapitalveränderungsrechnung und einer Kapitalflussrechnung. Unternehmen, deren Wertpapiere öffentlich gehandelt werden oder die sich in einem „going public"-Prozess befinden, *müssen* zusätzlich eine Segmentberichterstattung erstellen, vgl. IFRS 8.

Die Bestandteile eines HGB-Abschlusses und eines IFRS-Abschlusses stimmen also zumindest für die zu behandelnden kapitalmarktorientierten AGs im Wesentlichen überein. Die differierenden formellen bilanzpolitischen Instrumente ermöglichen es den Bilanzierenden jedoch Einfluss auf Ausweis[307], Gliederung[308] und Erläuterung[309] des Jahresab-

---

306 Kapitalmarktorientierte Gesellschaften sind solche, die einen organisierten Markt i. S. d. § 2 Abs. 5 WpHG durch von ihr ausgegebene Wertpapiere i. S. d. § 2 Abs. 1 S. 1 WpHG in Anspruch nehmen oder die Zulassung solcher Papiere zum Handel an einem organisierten Markt beantragt haben.

307 Ausweiswahlrechte dienen der reinen Informationspolitik und sind ohne Einfluss auf das Periodenergebnis oder die Höhe des Eigenkapitals. Beispiele hierfür sind die gesonderte Angabe des Gewinn- oder Verlustvortrags, § 268 Abs. 1 S. 2 Hs. 2 HGB, oder der gesonderte Ausweis eines aktivierten Disagios, § 268 Abs. 6 HGB; vgl. KÜTING/WEBER, Die Bilanzanalyse, S. 42, 44.

308 Gliederungswahlrechte nehmen Einfluss auf die vertikale Struktur von Bilanz und GuV, haben aber ebenfalls keine Auswirkungen auf den Gewinn. Beispielhaft genannt werden soll die Saldierung aktivischer und passivischer latenter Steuern, § 274 HGB; vgl. KÜTING/WEBER, Die Bilanzanalyse, S. 42, 44.

schlusses zu nehmen. Dies dient jedoch bloß der Verbesserung der aus dem Jahresabschluss ersichtlichen Strukturen; der Gewinn kann hierdurch nicht beeinträchtigt werden.[310] Daher kann auf eine ausführliche Darstellung der formellen bilanzpolitischen Instrumente verzichtet werden.[311] Dennoch sollen zwei wesentliche Unterschiede kurz hervorgehoben werden:

Zum einen sind die unterschiedlichen Gliederungsvorschriften des HGB und der IFRS für Bilanz und GuV zu beachten: Während das HGB in den §§ 266 Abs. 2 und Abs. 3 und 275 Abs. 2 (Gesamtkostenverfahren) bzw. Abs. 3 (Umsatzkostenverfahren) ausführliche Gliederungsschemata bereitstellt, geben die IFRS in IAS 1.54 lediglich einen vergleichsweise geringen Mindestinhalt der Bilanz und in IAS 1.82 nur vergleichsweise spärliche Mindestangaben für die GuV vor. Um die Zielsetzung der fair presentation zu erreichen, müssen die Bilanzierende daher in der Regel Posten nach eigenem Ermessen hinzufügen, IAS 1.57.

Zum anderen ist auf die umfangreichen Angaben in einem IFRS-Anhang hinzuweisen, der weit mehr Informationen bereitstellt und daher den Informationsbedürfnissen der Jahresabschlussadressaten gerechter wird als der Anhang nach HGB.[312]

2. Materielle Bilanzpolitik nach HGB und IFRS

Im Gegensatz zur formellen Bilanzpolitik ist die Hauptzielsetzung der materiellen Bilanzpolitik in der – meist positiven – Beeinflussung des Jahresergebnisses zu sehen.[313] Sie verändert die Positionen von Bilanz und GuV und hat damit einen nicht zu unterschätzenden Einfluss auf die Höhe des ausschüttbaren Betrages. Dabei sind es wiederum die Wahlrechte und Ermessensspielräume, die dem Bilanzierenden die Einflussmöglichkeiten einräumen. Ehe die Auswirkungen einzelner Posten auf

---

309 Erläuterungswahlrechte räumen dem Bilanzierenden Gestaltungsmöglichkeiten bzgl. der Art und Weise der verschiedenen Berichtspflichten ein. So sind z.B. nicht unerhebliche sonstige Rückstellungen, die nicht gesondert ausgewiesen sind, genauer zu erläutern, § 285 Nr. 12 HGB.

310 Vgl. FISCHER/KLÖPFER, KoR 2006, S. 709, 719; EIDEL/STRICKMANN, Schnelleinstieg Bilanzen, S. 200; FINK/REUTHER in Fink/Schultze/Winkeljohann (Hrsg.), Bilanzpolitik und Bilanzanalyse, S. 8.

311 Ohnehin erfolgte durch das BilMoG auch eine weitgehende Streichung der formellen bilanzpolitischen Instrumente. Vgl. BT-Drucksache 16/10067 v. 30.07.2008, S. 34; KÜTING/WEBER, die Bilanzanalyse, S. 44.

312 Vgl. DRIESCH in Beck'sches IFRS-Handbuch, § 19, Rn. 5.

313 Vgl. HAHN/WILKENS, Buchhaltung und Bilanz, S. 296; oben, Fn. 281.

den Gewinn eines Unternehmens untersucht werden, soll zunächst ein quantitativer Überblick über die materiellen bilanzpolitischen Instrumente eines HGB-Abschlusses und eines IFRS-Abschlusses gegeben werden:

Bereits oben wurde (am Rande) erwähnt, dass der deutsche Gesetzgeber mit dem BilMoG einen Großteil der im HGB-Abschluss gewährten expliziten Wahlrechte abgeschafft hat;[314] dies ist insbesondere vor dem Hintergrund der bezweckten Anhebung des Informationsniveaus des handelsrechtlichen Jahresabschlusses zu begrüßen.[315] Kritik muss jedoch an der Inkonsequenz des deutschen Gesetzgebers geübt werden, der die Abschaffung aller Wahlrechte versäumt, ja sogar neue eingeführt hat. So wurden die Pflichten zur Aktivierung selbst geschaffener immaterieller Vermögensgegenstände des Anlagevermögens und zur Aktivierung latenter Steuern durch Aktivierungswahlrechte ersetzt.[316] Des Weiteren beinhalten die mit dem BilMoG einhergegangenen Übergangsvorschriften des EGHGB enorme bilanzpolitische Gestaltungsmöglichkeiten;[317] beispielhaft genannt werden soll das in Art. 67 Abs. 3 EGHGB eingeräumte Beibehaltungswahlrecht für entfallene Rückstellungsarten.[318]

Die IFRS hingegen enthalten nur einige wenige explizite Bewertungswahlrechte.[319] Bspw. wird nach IAS 16.29, IAS 38.72 und IAS 40.30 dem Bilanzierenden die Wahl zwischen dem Anschaffungskostenmodell (cost model) oder dem Neubewertungsmodell (revaluation model) bzw. dem Modell des beizulegenden Zeitwerts (fair value model) eingeräumt. Dem HGB vergleichbare Bilanzansatzwahlrechte sind den IFRS indes fremd.[320] Das Augenmerk muss denn auch vielmehr auf die im Gegensatz zum HGB deutlich detailliertere und komplexere Regelung der IFRS gerichtet werden, die ihrerseits regelmäßig noch durch Implementierungsrichtlinien und Hinweise zur Beschlussfassung ergänzt wird.[321] Hierdurch werden in den IFRS bedeutend mehr unbestimmte Rechtsbegriffe verwendet – was nicht zuletzt dem stärkeren Zukunftsbezug der IFRS ge-

314 Vgl. BT-Drucksache 16/10067 v. 30.07.2008, S. 34; und bspw. die Andeutungen oben auf S. 49, Fn. 296.

315 Sh. auch BT-Drucksache 16/10067 v. 30.07.2008, S. 34.

316 Vgl. BilMoG RefE v. 08.11.2007, S. 64, 68; ferner die Ausführungen von ERNST/SEIDLER, BB 2009, S. 766 ff; DOBLER/KURZ, KoR 2008, S. 485.

317 Vgl. FINK/REUTHER in Fink/Schultze/Winkeljohann (Hrsg.), Bilanzpolitik und Bilanzanalyse, S. 19.

318 Vgl. hierzu auch WEINAND/OLDEWURTEL/WOLZ, KoR 2011, S. 161, 165.

319 Sh. Detert/Sellhorn, DBW 2006, S. 247, 250.

320 Vgl. KÜTING/WEBER, Die Bilanzanalyse, S. 42.

321 Sh. KÜTING, ST 2007, S. 220, 232.

schuldet ist und im Vergleich zum HGB zu einem erheblichen Mehr an Ermessensspielräumen führt.[322]

Wie allerdings bereits aufgeführt wurde, können „auch noch so ausgefeilte Rechtsvorschriften [...] niemals alle denkbaren Einzelfälle des Lebens erfassen und regeln".[323] Das HGB selbst behilft sich mit den Grundsätzen ordnungsmäßiger Buchführung (GoB) einem außerordentlich unbestimmten Rechtsbegriff, der interpretiert und konkretisiert werden muss.[324] Zudem wird zutreffend festgestellt, dass durch das BilMoG im HGB eine Verlagerung weg von Wahlrechten hin zu mehr Ermessensspielräumen stattgefunden hat.[325] In diesem Zusammenhang zu beachten ist ferner die Tatsache, dass die Bilanzpolitik durch die in CF.4.45-46, IAS 1.45 und IAS 1.46 bzw. § 252 Abs. 1 Nr. 6 HGB geforderte Stetigkeit (consistency) in beiden Bilanzierungssystemen erheblich eingeschränkt wird.[326] Von angewandten Bilanzierungs- und Bewertungsmethoden darf dementsprechend nur in begründeten Ausnahmefällen abgewichen werden, vgl. IAS 1.45, IAS 1.46 bzw. § 252 Abs. 2 HGB. Außerdem können in den IFRS dank des detaillierten, im Vergleich zum HGB umfangreicheren und informativeren Anhangs Rückschlüsse auf die angewandten bilanzpolitischen Instrumente gezogen werden.[327] Schließlich hat nach IAS 1.117 ein Unternehmen sogar die herangezogene(n) Bewertungsgrundlage(n) und die sonstige(n) angewandte(n) Rechnungslegungsmethode(n) im Anhang anzugeben, IAS 1.112(a).

3. Zwischenergebnis

Bilanzpolitik lässt sich – übrigens genauso wie Bilanzbetrug – in keinem Bilanzierungssystem gänzlich ausschließen.[328] Der Bilanzierende wird stets die Möglichkeit besitzen, den Gewinn durch bilanzpolitische Instrumente zu beeinflussen. Ausführliche Angaben zu den angewandten Bilanzierungs- und Bewertungsmethoden helfen jedoch bei der die bilanzpolitischen Maßnahmen aufdeckenden Bilanzanalyse. Denn je mehr der Bilanzierende über die angewandten bilanzpolitischen Instrumente be-

322 SCHEFFLER, BB 2006, BB-Special 4 zu Heft 17, S. 2, 4 f.; KÜTING, DB 2010, S. 2289, 2291.
323 BAETGE/KIRSCH/THIELE, Bilanzen, S. 93; vgl. auch oben, S. 50.
324 Vgl. COENENBERG, Jahresabschluss und Jahresabschlussanalyse, S. 36.
325 WULF, StuB 2010, S. 563, 569.
326 Vgl. TANSKI, Bilanzpolitik und Bilanzanalyse nach IFRS, S. 149.
327 Vgl. KÜTING, DB 2010, S. 2289, 2291.
328 Sh. KÜTING, ST 2007, S. 220, 231; vgl. SCHILDBACH, Der handelsrechtliche Jahresabschluss, S. 10.

richten oder informieren muss, umso stärker werden die Effekte und Auswirkungen der Bilanzpolitik neutralisiert.[329]

Die IFRS verwenden einerseits bedeutend mehr unbestimmte Rechtsbegriffe und damit verbunden erheblichere Ermessensspielräume als das HGB; andererseits wird durch die im IFRS-Abschluss ebenfalls geforderte Stetigkeit (CF.4.45-46, IAS 1.45, IAS 1.46) die Bilanzpolitik erheblich eingeschränkt; und aufgrund des (im Vergleich zum HGB) umfangreicheren und informativeren Anhangs kann das bilanzpolitische Instrumentarium effektiver mit Hilfe der Bilanzanalyse aufgedeckt werden. Dennoch verbleibt gerade in der wissenschaftlichen Literatur ein großes Maß an Skepsis bzgl. der Anzahl der in den IFRS eingeräumten Ermessensspielräume.[330]

Da die folgenden Ausführungen zu den unterschiedlichen Auswirkungen der einzelnen Bilanzposten auf den IFRS-Gewinn bzw. den HGB-Gewinn jedoch – zwangsläufig – auch die mit diesen Bilanzposten einhergehende Möglichkeit zur Bilanzpolitik umfassen, soll eine genauere Auseinandersetzung dort erfolgen.[331]

IV. Bilanzinhalt nach HGB und IFRS

Im Rahmen der Aufstellung eines Jahresabschlusses sieht sich jeder Bilanzierende zunächst mit der Frage nach dem Bilanzinhalt konfrontiert – sprich welche Posten überhaupt in die Bilanz aufzunehmen sind.[332] Der Gesetzgeber oder Standardsetter hat naturgemäß großen Einfluss auf den oftmals auch als „Bilanzierung dem Grunde nach" oder „Bilanzansatz" bezeichneten Bilanzinhalt. Ehe vertieft auf einzelne Bilanzposten eingegangen wird, soll zunächst dargestellt werden, welche Güter grundsätzlich in eine Bilanz nach HGB und IFRS aufgenommen werden können

329 KÜTING, ST 2007, S. 220, 230.

330 Kritische Äußerungen finden sich bspw. bei MAYER-WEGELIN, BB 2010, S. 2811, 2816; KEITZ/WENK, DB 2010, S. 513, 521, die eine Konkretisierung oder Vereinfachung der IFRS anstrebt; MEYER/MEISENBACHER, DStR 2004, S. 567, 572; LÜDENBACH/HOFFMANN, KoR 2003, S. 5, 13; KÜTING, ST 2006, S. 220, 232 f.; FAZ v. 02.07.2010, Nr. 150, S. 16, Prüfstelle verlangt einfachere Regeln; BERGER, DB 2006, S. 2473 ff., der jedoch auch darauf hinweist, dass der kritisierte Ermessensumfang in den IFRS in den meisten Fällen nicht oder nur eingeschränkt gegeben ist.

331 Vgl. hierzu die nun nachfolgenden Ausführungen des zweiten Abschnitts, IV-VII.

332 Vgl. bspw. WEINAND/OLDEWURTEL/WOLZ, KoR 2011, S. 161.

bzw. müssen – denn die Grundsätze der Aktivierung und Passivierung bestimmen letztendlich den Gewinn des Unternehmens.[333]

Die Bilanzansatzvorschriften des HGB befinden sich in den §§ 246 – 251 HGB. Nach § 246 Abs. 1 S. 1 HGB sind in einer Bilanz – neben den Rechnungsabgrenzungsposten – sämtliche Vermögensgegenstände und Schulden anzusetzen, soweit gesetzlich nichts anderes bestimmt ist. Daneben fordert § 247 Abs. 1 HGB, der zugleich eine Aufteilung der Vermögensgegenstände in Anlage- und Umlaufvermögen vorgibt, einen separaten Ausweis des Eigenkapitals – welches bilanziell der Differenz von Vermögen und Fremdkapital entspricht.[334]

Der Bilanzansatz nach IFRS ist dagegen standardübergreifend im Conceptual Framework geregelt. Die in der Bilanz direkt mit der Ermittlung der Vermögens- und Finanzlage verbundenen Posten sind – genauso wie im HGB – in Vermögenswerte (assets), Schulden (liabilities) und Eigenkapital (equity) aufgeteilt, vgl. CF.4.4. Die in § 246 Abs. 1 HGB gesondert aufgeführten Rechnungsabgrenzungsposten werden in den IFRS zwar nicht explizit erwähnt; sie sind jedoch unter den Begriff der assets zu subsumieren.[335] Diesbezüglich ergeben sich also keine Unterschiede zwischen HGB und IFRS. Bereits die Definitionen der Vermögensgegenstände bzw. assets, der Schulden bzw. liabilities und des Eigenkapitals bzw. equity weichen indes teils erheblich voneinander ab. Da dies natürlich Auswirkungen auf die einzelnen anzusetzenden Bilanzposten und damit auf den Gewinn hat, sollen die Unterschiede im Folgenden erörtert werden.

1. Vermögensgegenstände und assets

a) Vermögensgegenstände nach HGB

„Vermögensgegenstände" sind Gegenstände der Aktivierung in einer Handelsbilanz. Der Begriff des Vermögensgegenstandes ist derzeit gesetzlich nicht definiert. Erst neulich hat der BilMoG-Gesetzgeber „leider" erneut auf eine Legaldefinition verzichtet.[336] So ist der Begriff „Vermögensgegenstand" nach wie vor als unbestimmter Rechtsbegriff unter Be-

333 Vgl. BALLWIESER in Beck'sches Handbuch der Rechnungslegung, B 131, Rz. 1.

334 Vgl. COENENBERG/FRANK/THI U.A., KoR 2011, S. 133, 140.

335 COENENBERG, Jahresabschluss- und Jahresabschlussanalyse, S. 86.

336 HENNRICHS, GmbHR 2010, S. 17, 18; vgl. auch HENNRICHS, DB 2008, S. 537, 539: „Das ist bedauerlich".

achtung der Jahresabschlusszwecke durch die GoB und die übrigen Rechtsvorschriften zu bestimmen.[337] Zu berücksichtigen sind insbesondere die Grundsätze der Einzelbewertung (§252 Abs. 1 Nr. 3 HGB), der Vorsicht (§ 252 Abs. 1 Nr. 4 HGB) und der Periodenabgrenzung (§252 Abs. 1 Nr. 5 HGB).[338] Demzufolge „liegt ein Vermögensgegenstand (nur) vor, wenn das durch eine Ausgabe Erlangte *als Einzelstück*, ggf. in Funktionszusammenhängen, geeignet ist, zur Schuldendeckung beizutragen (individuelle Schuldendeckungsfähigkeit)".[339] Diese Interpretation erfuhr in der Begründung zum BilMoG eine Bekräftigung. Dort heißt es: „Vom Vorliegen eines Vermögensgegenstandes ist auszugehen, wenn das selbst erstellte Gut nach der Verkehrsauffassung *einzeln verwertbar* ist".[340] Das Kriterium der Einzelverwertbarkeit ist demnach als Haupteigenschaft eines Vermögensgegenstandes anzusehen.

Neben dieser selbstständigen Verwertbarkeit lässt sich den neuen, in § 248 Abs. 2 S. 2 HGB normierten Ansatzverboten für selbst geschaffene Marken, Drucktitel, Verlagsrechte, Kundenlisten oder vergleichbare immaterielle Vermögensgegenstände des Anlagevermögens entnehmen, dass ein Vermögensgegenstand zudem selbstständig bewertbar sein muss.[341]

Des Weiteren erfordert der Vermögensgegenstand einen wahrscheinlich zukünftigen Nutzen für das Unternehmen: Denn Vermögensgegenstände haben nach dem Grundsatz der Periodenabgrenzung (§ 252 Abs. 1 Nr. 5 HGB) die Funktion, über mehrere Perioden erstreckende Ausgaben zu speichern und diese erst anteilig in den folgenden Perioden aufwandswirksam werden zu lassen.[342] Berechtigt und sinnvoll ist die Spei-

---

337 THIELE in Baetge/Kirsch/Thiele (Hrsg.), Bilanzrecht, § 246, Rz. 31.

338 HENNRICHS in MüKo AktG, § 246 HGB, Rz. 25.

339 LUTZ/SCHLAG in Wysocki/Schulze-Osterloh/Hennrichs (Hrsg.), HdJ, Abt. I/4, Rz. 3.

340 BT-Drucksache 16/10067 v. 30.07.2008, S. 50.

341 HENNRICHS, GmbHR 2010, S. 17, 18. Die Notwendigkeit der selbstständigen Bewertbarkeit ergibt sich auch aus dem Grundsatz der Einzelbewertung, § 252 Abs. 1 Nr. 3 HGB. Das Erfordernis der selbständigen Bewertbarkeit findet sich auch bei BALLWIESER in Beck'sches Handbuch der Rechnungslegung, B 131, Rz. 23 bis 26; COENENBERG, Jahresabschluss und Jahresabschlussanalyse, S. 76; BAETGE/FEY/WEBER/SOMMERHOFF in Handbuch der Rechnungslegung, § 248, Rz. 19; ähnlich SCHÜLKE, DStR 2010, S. 992, 998; SEIDEL/GRIEGER/MUSKE, BB 2009, S. 1286, 1287; anders hingegen wohl BAETGE/KIRSCH/THIELE, Bilanzen, S. 166, die eine selbstständige Verwertbarkeit ausreichen lassen.

342 HENNRICHS, MüKo AktG, § 246 HGB, Rz. 28.

cherung in der Regel aber nur bei Ausgaben, die einen wahrscheinlich zukünftigen Nutzen für das Unternehmen haben.[343]

Sind die Kriterien erfüllt, liegt ein Vermögensgegenstand vor, der wegen des Vollständigkeitsgebotes gemäß § 246 Abs. 1 S. 1 HGB grundsätzlich zu aktivieren ist (abstrakte Aktivierungsfähigkeit). Dies gilt jedoch nur, „soweit gesetzlich nichts anderes bestimmt ist", § 246 Abs. 1 S. 1 Hs. 2; so können Einzelnormen Ausnahmen oder Ergänzungen der abstrakten Bilanzierungsfähigkeit enthalten (konkrete Bilanzierungsfähigkeit). Ferner sind nur solche Vermögensgegenstände zu aktivieren, die zum Betriebsvermögen gehören. Wegen des Grundsatzes wirtschaftlicher Betrachtungsweise[344] müssen die Vermögensgegenstände jedoch nicht im Eigentum des Bilanzierenden stehen.

b) Assets nach IFRS

Assets sind Gegenstände der Aktivierung in einer IFRS-Bilanz. Im Conceptual Framework wird ein asset definiert als „eine Ressource, die auf Grund von Ereignissen der Vergangenheit in der Verfügungsmacht des Unternehmens steht, und von der erwartet wird, dass dem Unternehmen aus ihr künftiger wirtschaftlicher Nutzen zufließt", vgl. CF.4.4. Dabei repräsentiert der künftige wirtschaftliche Nutzen das Potential, direkt oder indirekt zum Zufluss von Zahlungsmitteln oder Zahlungsmitteläquivalenten beizutragen, vgl. CF.4.8. Des Weiteren kommt es, wie aus dem Merkmal „in der Verfügungsmacht des Unternehmens" bereits hervorgeht, auch in den IFRS auf den tatsächlichen wirtschaftlichen Gehalt des assets und nicht allein auf seine rechtliche Gestaltung an, vgl. CF.4.6,11.

Die konkrete Bilanzierungsfähigkeit bzw. die „Erfassung"[345] ergibt sich aus ergänzenden Kriterien, die sowohl im Conceptual Framework als auch in den einzelnen IFRS geregelt sind.[346] So ist nach CF.4.38 ein Sach-

---

343 HENNRICHS, MüKo AktG, § 246 HGB, Rz. 28.

344 Vgl. hierzu BALLWIESER in MüKo HGB, § 246 Rn. 7 f; COENENBERG, Jahresabschluss und Jahresabschlussanalyse, S. 78 ff; LUTZ/SCHLAG in Wysocki/Schulze-Osterloh/Hennrichs (Hrsg.), Abt. I/4, Rz. 84 bis 108; THIELE in Baetge/Kirsch/Thiele, Bilanzrecht, § 246, Rz. 201 bis 259.

345 Hierunter versteht das CF den Einbezug eines Sachverhaltes in der Bilanz oder GuV, CF.4.37.

346 So auch WINNEFELD, Bilanz-Handbuch, K. D, Rz. 432; BAETGE/ZÜLCH in Wysocki/Schulze-Osterloh/Hennrichs (Hrsg.), HdJ, Abt. I/2, Rz. 275 f.; LÜDENBACH/HOFFMANN, KoR 2003, S. 5; ähnlich LÜDENBACH/HOFFMANN in Haufe IFRS Kommentar, § 1, Rz. 85 ff.; ähnlich wohl auch WAWRZINEK in Beck'sches IFRS Handbuch, § 2, Rz. 72, der von Nebenbedingungen anstelle von konkreter Bilanzierungsfähigkeit

verhalt und damit ein asset nur zu erfassen, wenn es *wahrscheinlich (probable)* ist, dass ein mit dem Sachverhalt verbundener künftiger wirtschaftlicher Nutzen dem Unternehmen zufließt und die AHK oder der Wert des Sachverhaltes *verlässlich bewertet (measured with reliability)* werden können.

Das Kriterium der Wahrscheinlichkeit (probability) soll dabei der Unsicherheit *künftigen* wirtschaftlichen Nutzens und der insoweit verbundenen notwendigen Prognose[347] des Bilanzierenden Rechnung tragen, vgl. CF.4.40. Eine weitergehende Präzisierung des Wahrscheinlichkeitsmaßstabes ist dem Conceptual Framework indes nicht zu entnehmen. Da auch die einzelnen Standards aufgrund ihrer Diversität nur bedingt weiterhelfen,[348] ist gerade im Falle der assets and income wohl eine Schwelle von 70 bis 80 % zu fordern.[349] Weiterhin verlangt das Konzept der Verlässlichkeit der Bewertung (reliability of measurement) insbesondere die Verwendung hinreichend genauer Schätzungen (reasonable estimates), CF.4.41.

Sind die Voraussetzungen erfüllt, *ist* ein asset in der Bilanz zu erfassen. Zu beachten ist jedoch, dass in den IFRS die Bilanzierung von assets oftmals nach den Vorschriften einzelner IFRS erfolgt; so darf gemäß IAS 8.11(b) auf die Definitions- und Ansatzkriterien des Conceptual Framework erst zurückgegriffen werden, wenn die Vorschriften der IFRS keine anderweitige Regelung enthalten.[350]

c) Fazit

Die Definitionen der beiden Begrifflichkeiten Vermögensgegenstand und asset zeigen bereits deutliche Unterschiede auf: Während die Kriterien

---

spricht. Zu beachten ist auch die sich aus den einzelnen IFRS ergebende konkrete Bilanzierungsfähigkeit in Analogie zum HGB.

347 Sh. KLEINDIEK in MüKo Bilanzrecht IFRS, Einf., Rz. 116.

348 So findet sich in IAS 37.16 eine Pflicht zur Bildung einer Rückstellung, wenn für das Bestehen einer gegenwärtigen Verpflichtung mehr dafür als dagegen spricht (more likely than not); ähnlich IAS 37.23 (more likely than not) für den Ansatz einer Schuld; anders hingegen IAS 37.33, der den Ansatz eines Vermögenswertes verlangt, wenn die Realisation von Erträgen einer Eventualforderung so gut wie sicher ist (virtually certain).

349 KNORR/EBBERS in Ordelheide/KPMG (Hrsg.), Transnational Accounting, S. 1451, 1479; BALLWIESER, Beck'sches Handbuch der Rechnungslegung, B 131, Rz. 65; anders wohl WINNEFELD, Bilanz-Handbuch, K. D, Rz. 432, der generell von dem Grundsatz „more likely than not" (sog. „51 % Regel) ausgeht.

350 WAWRZINEK, Beck'sches IFRS-Handbuch, § 2, Rz. 79.

der selbstständigen Verwertbarkeit und der selbstständigen Bewertbarkeit den Vermögensgegenstand objektivierend prägen, werden assets durch den zugrunde gelegten zukünftigen Nutzenzufluss und durch die Wahrscheinlichkeit desselben anhand von subjektiven Annahmen und Einschätzungen des Managements bestimmt.[351] Gerade im Bereich der immateriellen Vermögensgegenstände bzw. intangible assets können sich diesbezüglich Differenzen ergeben. Dieses Ergebnis konstatiert auch der BilMoG-Gesetzgeber, der von „einem abweichenden handelsrechtlichen Vermögensgegenstand" spricht,[352] jedoch an gleicher Stelle anführt, dass ein Vorliegen der IFRS-Voraussetzungen auf die Existenz eines Vermögensgegenstandes deuten kann.[353]

Eine weitere Differenzierung ergibt sich aus dem IFRS-Konzept der *Verlässlichkeit der Bewertung* eines assets als Ansatzvoraussetzung: Hiermit wird eine Rückkopplung der Bewertung auf den Ansatz ermöglicht – eine Vorgehensweise, die der handelsrechtlichen Bilanzierung gänzlich fremd ist.[354] Außerdem können sich Abweichungen aus sog. Atomisierungstendenzen[355] ergeben, die zum Teil in den IFRS vorzufinden sind. Beispielhaft angeführt werden soll an dieser Stelle die getrennte Abschreibung des Flugwerkes und der Triebwerke eines Flugzeuges, vgl. IAS 16.44. Schließlich stellt die asset-Definition auf den künftigen wirtschaftlichen Nutzenzufluss in Form von Zahlungsmitteln ab (vgl. CF.4.8) und orientiert sich daher am Absatzmarkt; der Vermögensgegenstand des HGB zielt dagegen auf die Nutzbarkeit im Unternehmen ab.[356]

---

351 WINNEFELD, Bilanz-Handbuch, K. D, Rz. 435.

352 Vgl. BilMoG RefE v. 08.11.2007, S. 122. Auch hier wird betont, dass ein Gut als Vermögensgegenstand zu klassifizieren ist, wenn es nach der Verkehrsauffassung einzeln verwertbar ist. Auf die Einzelverwertbarkeit stellen die IFRS im Rahmen der intangible assets nicht ab. Hierzu auch HENNRICHS, GmbHR 2010, S. 17, 18; HENNRICHS, DB 2008, S. 537, 539; vgl. auch LÜDENBACH, IFRS, S. 81, der losgelöst von den immateriellen Posten „grundlegende Unterschiede" anführt.

353 BilMoG RefE v. 08.11.2007, S. 122.

354 LÜDENBACH/HOFFMANN in Haufe IFRS Kommentar, § 1, Rz. 96; WINNEFELD, Bilanz-Handbuch, K. D, Rz. 435.

355 Hierunter wird die Aufteilung eines assets in seine einzelnen Bestandteile verstanden. Sh. WINNEFELD, Bilanz-Handbuch, K. D, Rz. 435.

356 WINNEFELD, Bilanz-Handbuch, K. D, Rz. 435.

2. Schulden und liabilities

a) Schulden nach HGB

Schulden sind Gegenstände der Passivierung in einer Handelsbilanz. Der Schuldenbegriff ist – wie der Begriff des Vermögensgegenstandes – ebenfalls gesetzlich nicht definiert. Er ergibt sich jedoch zumindest teilweise implizit aus den handelsrechtlichen Ansatzvorschriften für Rückstellungen gemäß § 249 Abs. 1 HGB.[357] Daneben sind Schulden – wie Vermögensgegenstände – als unbestimmter Rechtsbegriff unter Beachtung der Jahresabschlusszwecke durch die GoB und die übrigen Rechtsvorschriften zu bestimmen.[358] In besonderem Maße wird der Schuldenbegriff von dem primären Zweck der Handelsbilanz – also der Schuldendeckungskontrolle im Interesse des Gläubigerschutzes[359] – geprägt, der konsequenterweise alle wirtschaftlichen Belastungen umfassen muss.[360]

Danach ist eine Schuld im HGB abstrakt passivierungsfähig[361], wenn

- eine rechtliche oder (zumindest nach h.M.) faktische, nicht zwangsweise vollinhaltlich entstandene aber bis zum Abschlussstichtag wirtschaftlich verursachte Verpflichtung des bilanzierenden Unternehmens gegenüber einem Dritten vorliegt,
- aus dieser Verpflichtung eine wirtschaftliche Belastung für das bilanzierende Unternehmen resultiert und
- diese wirtschaftliche Belastung quantifizierbar ist.[362]

---

357 BAETGE/KIRSCH/THIELE, Bilanzen, S. 172.

358 Vgl. THIELE in Baetge/Kirsch/Thiele (Hrsg.), Bilanzrecht, § 246, Rz. 101.

359 Zum Gläubigerschutz der Handelsbilanz sh. bereits oben, S. 23 und 41.

360 LUTZ/SCHLAG in Wysocki/Schulze-Osterloh/Hennrichs (Hrsg.), HdJ, Abt. I/4, Rz. 123 f.

361 Die abstrakte Passivierungsfähigkeit gibt – analog zur abstrakten Aktivierungsfähigkeit – die Definition einer Schuld vor. Sie ist von der konkreten Passivierungsfähigkeit zu unterscheiden.

362 Ausführlich zu den einzelnen Merkmalen der Schulden LUTZ/SCHLAG in Wysocki/Schulze-Osterloh/Hennrichs (Hrsg.), HdJ, Abt. I/4, Rz. 125 bis 139; THIELE in Baetge/Kirsch/Thiele, Bilanzrecht, § 246, Rz. 101 bis 131; COENENBERG, Jahresabschluss und Jahresabschlussanalyse, S. 407 ff.; BALLWIESER in Beck'sches Handbuch der Rechnungslegung, B 131, Rz. 74 bis 81; WINNEFELD in Bilanz-Handbuch, D IX 11., Rz. 1445 bis 1596; bzgl. der Passivierungspflicht für faktische Verbindlichkeiten vgl. neben der bereits aufgezeigten Literatur zudem die Rechtsprechung des BFH, Urteil v. 28.01.1991 – II ZR 20/90 in NJW 1991, S. 1890 (Leitsatz); ferner BFH, Urteil v. 29.11.2000 – I R 87/99 in BB 2001, S. 771, 772; a.A. insofern aber SCHUBERT, Der Ansatz von gewissen und ungewissen Verbindlichkeiten, S. 236 bis 286, 299 m.w.N., die eine Passivierungspflicht für rein faktische Leistungspflichten, denen keine rechtliche Leistungspflicht zugrunde liegt, verneint; vgl. diesbezüglich auch HENNRICHS, MüKo AktG, § 246 HGB, Rn. 87.

Die konkrete Passivierungsfähigkeit gibt schließlich – analog zur konkreten Aktivierungsfähigkeit – vor, ob eine abstrakt passivierungsfähige Schuld aufgrund widersprechender handelsrechtlicher Vorschriften nicht angesetzt werden muss bzw. darf oder ob ein nicht abstrakt passivierungsfähiger Sachverhalt gar passiviert werden darf bzw. muss (vgl. auch § 246 Abs. 1 S. 1 HGB, nach dem der Jahresabschluss sämtliche Schulden zu enthalten hat, „soweit gesetzlich nichts anderes bestimmt ist").[363] Wiederum sind allerdings nur solche Schulden zu passivieren, die zum Betriebsvermögen gehören; im Vergleich zu den Vermögensgegenständen ist die Zuordnung von Schulden jedoch in den überwiegenden Fällen unproblematisch.[364]

b) Liabilities nach IFRS

Liabilities sind Gegenstände der Passivierung in einer IFRS-Bilanz. Im Conceptual Framework wird in CF.4.4(b) eine liability definiert als

- eine gegenwärtige Verpflichtung des Unternehmens,
- die aufgrund von Ereignissen in der Vergangenheit entstanden ist und
- deren Erfüllung für das Unternehmen erwartungsgemäß mit einem Abfluss von Ressourcen mit wirtschaftlichen Nutzen verbunden ist.

Die Verpflichtungen können nach CF.4.15 dabei sowohl auf rechtlich durchsetzbaren Ansprüchen als auch auf wirtschaftlichen Gründen (beispielhaft angeführt werden das übliche Geschäftsgebaren, Usancen und der Wunsch, gute Geschäftsbeziehungen zu pflegen oder in angemessener Weise zu handeln) beruhen. Auf welche Art und Weise die Ressource abfließen kann, ist in CF.4.17 beispielhaft wiedergegeben. Wiederum kommt es auf den tatsächlichen wirtschaftlichen Gehalt der liability und nicht auf seine rechtliche Gestaltung an, CF.4.6, 4.15.

Analog zu den assets dürfen liabilities ebenfalls nur passiviert werden, wenn sie konkret passivierungsfähig sind – es also insbesondere *wahrscheinlich (probable)* ist, dass durch sie ein künftiger Nutzen von dem Unternehmen abfließt und ihr Erfüllungsbetrag *verlässlich bewertet (measured with reliability)* werden kann, CF.4.38, 4.46. In Abweichung zu den assets wird die Wahrscheinlichkeit bei liabilities allerdings in Anlehnung an IAS 37.23 bereits dann zu bejahen sein, wenn mehr Gründe für das Be-

---

363 Vgl. BAETGE/KIRSCH/THIELE, Bilanzen, S. 173.

364 THIELE in Baetge/Kirsch/Thiele, Bilanzrecht, § 246, Rz. 257.

stehen oder Entstehen einer Verpflichtung sprechen als dagegen (more likely than not, 51 % Regel).

Sind die Kriterien erfüllt, ist eine liability in der Bilanz zu erfassen. Jedoch muss auch hier die weitere konkrete Passivierungsfähigkeit beachtet werden: Vorschriften einzelner IFRS gehen den Definitions- und Ansatzkriterien des Conceptual Framework vor.

c) Fazit

Die Differenzen von Schulden und liabilities sind praktisch bedeutsamer als diejenigen von Vermögensgegenständen und assets.[365] Dies ist in erster Linie dem das Handelsbilanzrecht dominierenden Gläubigerschutz geschuldet und wird gerade im Bereich der Rückstellungen bzw. provisions offenkundig, deren Bilanzierung aufgrund ihrer Bedeutung gesondert dargestellt werden wird.[366] Es sind aber auch Auswirkungen auf die allgemeinen Grundsätze zu beobachten. So existiert eine dem handelsrechtlichen Grundsatz des Imparitätsprinzips vergleichbare Vorschrift in den IFRS erst gar nicht.[367] Und im Bereich der kündbaren Instrumente[368] bzw. puttable instruments kommt es sogar zu einem gänzlich unterschiedlichen Verständnis: Während das HGB eine Erfassung der kündbaren Instrumente im Eigenkapital vorsieht, sind puttable instruments in den IFRS regelmäßig im Fremdkapital auszuweisen, vgl. IAS 32. Nur wenn die in IAS 32.16A bis 32.16F genannten Bedingungen vollständig erfüllt werden, sind puttable instruments – sodann in Übereinstimmung mit dem HGB – zwingend im Eigenkapital auszuweisen.[369]

365 WAWRZINEK in Beck'sches IFRS-Handbuch, § 2, Rz. 88.

366 Zur Bilanzierung von Rückstellungen sowie provisions sogleich, S. 116 ff.

367 LÜDENBACH/HOFFMANN in Haufe IFRS Kommentar, § 1, Rz. 22.

368 Kündbare Instrumente werden durch die Verordnung (EG) Nr. 53/2009 der Kommission vom 21.01.2009 wie folgt definiert: „Ein kündbares Instrument ist ein Finanzinstrument, das seinen Inhaber dazu berechtigt, es gegen flüssige Mittel oder andere finanzielle Vermögenswerte an den Emittenten zurückzugeben, oder das bei Eintritt eines ungewissen künftigen Ereignisses, bei Ableben des Inhabers oder bei dessen Eintritt in den Ruhestand, automatisch an den Emittenten zurückgeht." Zu den im Schrifttum verwendeten unterschiedlichen Übersetzungen von „puttable instruments" mit kündbaren bzw. andienbaren Instrumenten oder Finanzinstrumenten vgl. MENTZ in MüKo Bilanzrecht IFRS, IAS 32, Rz. 40, 141 ff. und Fn. 211 m.w.N.

369 Vgl. PÖSCHKE, CFL 2011, S. 195, 197. Zu den Bedingungen im Einzelnen HENNRICHS/PÖSCHKE in Wysocki/Schulze-Osterloh/Hennrichs (Hrsg.), HdJ, Abt. 3/1, Rz. 133 bis 196; MENTZ in MüKo Bilanzrecht IFRS, IAS 32, Rz. 139 bis 241; LÜDENBACH, IFRS, S. 214 bis 218.

3. Eigenkapital und equity

Neben den Begriffen der Vermögensgegenstände bzw. assets und Schulden bzw. liabilities stellt das Eigenkapital bzw. das equity den dritten übergeordneten Abschlussposten einer Bilanz dar, vgl. CF.4.4.[370] Das Eigenkapital wird bilanziell als Differenz von Vermögen und Fremdkapital definiert[371] – es stellt also eine Residualgröße dar, die sich aus der Summe der assets abzüglich aller liabilities eines Unternehmens ergibt, CF.4.4(c). Somit wird das in einer Bilanz zu erfassende Eigenkapital wesentlich von den Definitionen des Fremdkapitals (Schulden bzw. liabilities) und des Vermögens (Vermögensgegenstände bzw. assets) determiniert.[372] Daher soll zunächst noch allgemein die Bewertung und Folgebewertung sowie anschließend der Ansatz und die Bewertung einzelner Vermögensgegenstände bzw. assets und Schulden bzw. liabilities erörtert werden, um hieran anschließend deren Ein- und Auswirkungen auf das Eigenkapital und damit auch deren Ein- und Auswirkungen auf den Gewinn nachvollziehen zu können.

4. Exkurs: Projektentwicklungen des IASB

Im Rahmen des Konvergenzprojektes von IASB und FASB werden zahlreiche Überarbeitungen und Neukonzeptionen der IFRS angestrebt. So ist mit dem in acht verschiedene Phasen (A-H) unterteilten „Conceptual Framework project" die gemeinschaftliche Entwicklung eines einheitlichen Frameworks in die Agenda von IASB und FASB aufgenommen worden; im Rahmen dieses Projektes werden auch die Definitionen der assets und liabilities geändert. Am 28.09.2010 wurde zunächst Phase A abgeschlossen.[373] Die endgültige Fertigstellung wird jedoch noch einige Zeit in Anspruch nehmen. Das Projekt Conceptual Framework war sogar lange Zeit „paused". Derzeit sind die Phasen B, C und D „currently active".

Ferner besteht ein langfristiges Projekt namens „Liabilities and Equity", mit dem eine grundlegende Neukonzeption der Abgrenzung zwi-

---

370 WAWRZINEK in Beck'sches IFRS-Handbuch, § 2, Rz. 71.

371 COENENBERG/FRANK/THI U.A., KoR 2011, S. 133, 140.

372 Vgl. COENENBERG, Jahresabschluss und Jahresabschlussanalyse, S. 358.

373 Der aktuelle Stand des Conceptual Framework project ist einsehbar unter: http://www.ifrs.org/Current+Projects/IASB+Projects/Conceptual+Framework/Conceptual+Framework.htm.

schen Eigen- und Fremdkapital erreicht werden soll.[374] Des Weiteren soll an dieser Stelle noch der Exposure Draft „Measurement of Liabilities in IAS 37" erwähnt werden.[375] Der vollständige IASB Work Plan umfasst derzeit 21 Projekte.[376]

V. Bilanzbewertung nach HGB und IFRS

Nachdem nun feststeht, welche Posten der Bilanzierende in die Bilanz aufzunehmen hat, muss geklärt werden, mit welchen Werten diese Posten in der Bilanz anzusetzen sind.[377]

Die Bilanzbewertungsvorschriften des HGB befinden sich in den §§ 252 – 256a HGB. Besonders hervorgehoben werden sollen an dieser Stelle die in § 252 HGB normierten allgemeinen Bewertungsgrundsätze. Beispielhaft anzuführen sind neben dem Grundsatz der Bilanzidentität (§ 252 Abs. 1 Nr. 1 HGB)[378] vor allem der Grundsatz der Einzelbewertung (§ 252 Abs. 1 Nr. 3 HGB)[379] und der zentrale und übergeordnete Bewertungsgrundsatz der Vorsicht (§ 252 Abs. 1 Nr. 4 HGB)[380].

Die Bilanzbewertung nach IFRS ist dagegen nicht geschlossen abgehandelt.[381] Sie wird teils im Conceptual Framework und teils in IAS 1 geregelt. Zahlreiche Bewertungsgrundsätze lassen sich gar nur implizit aus

---

374 Aus Kapazitätsgründen ist dieses Projekt derzeit allerdings aus dem aktiven Arbeitsprogramm genommen worden; vgl. hierzu COENENBERG, Jahresabschluss und Jahresabschlussanalyse, S. 359.

375 Der Exposure Draft zu IAS 37 ist einsehbar unter: http://www.ifrs.org/NR/rdonlyres/6FF9E7E5-2129-451B-B591-5A8911AF8BB5/0/EDIAS37Liabilities0110.pdf.

376 Derzeitiger Stand: Dezember 2012; vgl. hierzu auch den IASB work plan, einsehbar unter: http://www.ifrs.org/Current+Projects/IASB+Projects/IASB+Work+Plan.htm.

377 Vgl. hierzu WEINAND/OLDEWURTEL/WOLZ, KoR 2011, S. 161.

378 Der Grundsatz der Bilanzidentität gibt vor, dass die Wertansätze in der Eröffnungsbilanz des Geschäftsjahres mit denen der Schlussbilanz des vorhergehenden Geschäftsjahres übereinstimmen müssen; ausführlich. hierzu PITTROFF/SIEGEL/SCHMIDT in Beck'sches Handbuch der Rechnungslegung, B 161, Rz. 54 bis 56; NAUMANN/BREKER in Wysocki/Schulze-Osterloh/Hennrichs (Hrsg.), HdJ, Abt. 1/7, Rz. 103 bis 116.

379 Der Grundsatz der Einzelbewertung besagt, dass Vermögensgegenstände und Schulden am Abschlussstichtag einzeln erfasst und bewertet werden, § 252 Abs. 1 Nr. 3 HGB; ausführlich hierzu BALLWIESER, MüKo HGB, § 252, Rz. 18 bis 25; BAETGE/ZIESEMER in Baetge/Kirsch/Thiele (Hrsg.) Bilanzrecht, § 252 HGB, Rz. 92 bis 129.

380 NAUMANN/BREKER in Wysocki/Schulze-Osterloh/Hennrichs (Hrsg.), HdJ, Abt. 1/7, Rz. 168. Hiermit einher geht auch das in § 252 Abs. 1 Nr. 4 normierte strenge Realisationsprinzip des HGB, vgl. Hs. 2.

381 BAETGE U.A. in Rechnungslegung nach IFRS, Teil A, Kap. II, Rz. 125.

den einzelnen Standards ableiten (bspw. der Grundsatz der Bilanzidentität[382], der Grundsatz der Einzelbewertung und das Stichtagsprinzip).[383]

Gemein ist beiden Bilanzierungssystemen, dass die Bilanzbewertung – oftmals auch als „Bilanzierung der Höhe nach" bezeichnet – im Wesentlichen in eine Zugangsbewertung und eine Folgebewertung unterteilt werden kann.

1. Zugangsbewertung nach HGB und IFRS

Im Zeitpunkt des Zugangs bzw. der Erstbewertung oder Ersterfassung einzelner Bilanzposten stellt sich zunächst die Frage nach deren Ausgangswerten.

a) Zugangsbewertung nach HGB

Die Ausgangswerte einzelner (dieses Kriterium ergibt sich aus dem Grundsatz der Einzelbewertung, § 252 Abs. 1 Nr. 3 HGB) Vermögensgegenstände und Schulden sind in § 253 Abs. 1 HGB kodifiziert. Danach sind

- Vermögensgegenstände mit den Anschaffungs- oder Herstellungskosten,
- Verbindlichkeiten mit dem Erfüllungsbetrag,
- Rückstellungen in Höhe des nach vernünftiger kaufmännischer Beurteilung notwendigen Erfüllungsbetrags und
- Rückstellungen für Altersversorgungsverpflichtungen, deren Höhe sich ausschließlich nach dem beizulegenden Zeitwert von bestimmten Wertpapieren bestimmt, und zu verrechnende Vermögensgegenstände, die zur Erfüllung von Schulden aus Altersversorgungsverpflich-

---

382 Zu beachten ist, dass der Grundsatz der Bilanzidentität in den IFRS nur eingeschränkt gilt; insbesondere bei der Berichtigung schwerwiegender Fehler (vgl. hierzu IAS 8.42) und einer Änderung der Bilanzierungs- und Bewertungsmethoden (vgl. hierzu bspw. IAS 8.19(b) i.V.m. 8.5 sowie 8.22) kommt eine Durchbrechung des Grundsatzes in Betracht; NAUMANN/BREKER in Wysocki/Schulze-Osterloh/Hennrichs (Hrsg.), HdJ, Abt. 1/7, Rz. 110; vgl. ausführlich hierzu ZÜLCH/WILLMS in MüKo Bilanzrecht IFRS, IAS 8, Rz. 32 bis 43 und 49 bis 57.

383 BAETGE U.A. in Rechnungslegung nach IFRS, Teil A, Kap. II, Rz. 142; COENENBERG, Jahresabschluss und Jahresabschlussanalyse, S. 107; HAYN/WALDERSEE, IFRS/HGB/HGB-BilMoG im Vergleich, S. 72 ff.

> tungen oder vergleichbaren langfristig fälligen Verpflichtungen dienen, mit dem beizulegenden Zeitwert (§ 255 Abs. 4 HGB)[384]

anzusetzen. Darüber hinaus ist gemäß § 272 Abs. 1 S. 2 HGB das gezeichnete Kapital einer Kapitalgesellschaft mit dem Nennbetrag anzusetzen.

b) Zugangsbewertung nach IFRS

Die Zugangsbewertung einzelner Abschlussposten nach IFRS erweist sich ungleich komplexer als die des HGB. So werden im Conceptual Framework verschiedene Bewertungsgrundlagen erläutert, die nach CF.4.55 in unterschiedlichem Maße und in unterschiedlicher Kombination in Abschlüssen eingesetzt werden. Hierzu gehören die historischen Anschaffungs- und Herstellungskosten (historical cost), der Tageswert (current cost), der Veräußerungswert (realisable bzw. settlement value) und der Barwert (present value), vgl. CF.4.55. Eine spezifische Zuordnung dieser Bewertungsgrundlagen zu den einzelnen Vermögens- und Schuldposten erfolgt jedoch erst in den jeweiligen Standards.[385] Es ist auch zu beachten, dass die Aufzählung des CF keineswegs als abschließende Bewertungskonzeption zu betrachten ist; vielmehr ergeben sich zahlreiche weitere Bewertungsmaßstäbe aus den einzelnen Standards.[386] Bspw. erwähnt IAS 16 für die Bewertung des Sachanlagevermögens, das mittels eines Tauschgeschäftes erworben worden ist, zusätzlich den beizulegenden Zeitwert (fair value)[387], vgl. IAS 16.24.[388] Ferner verlangen die IAS 16.43 ff. neben der Bewertung „einzelner" Sachanlagen die separate

384 Der beizulegende Zeitwert (fair value) ist seit dem BilMoG auch im HGB kodifiziert, vgl. § 255 Abs. 4 HGB. Neben dem bereits in § 253 Abs. 1 HGB erwähnten Anwendungsbereich sind auch dem Handelsbestand i.S.d. KWG zugeordnete Finanzinstrumente von Kredit- und Finanzdienstleistungsunternehmen (§ 340 HGB) mit dem beizulegenden Zeitwert zu bewerten, § 340e Abs. 3 HGB.

385 KLEINDIEK in MüKo Bilanzrecht IFRS, Einf., Rz. 121.

386 COENENBERG, Jahresabschluss und Jahresabschlussanalyse, S. 107.

387 Der fair value ist auch im Falle der Zugangsbewertung von Relevanz (vgl. auch 39.43). Wesentliche Unterschiede zum HGB ergeben sich indes erst im Rahmen der Folgebewertung. Bezug nehmend auf das Thema soll daher eine Erläuterung des fair value erst dort erfolgen; vgl. hierzu sogleich, S. 74 ff.

388 Aufzuführen sind daneben der *erzielbare Betrag* (*recoverable amount*) nach IAS 36.6 und IFRS 5 Appendix A; der *beizulegende Zeitwert abzgl. der Veräußerungskosten* (*fair value les costs to sell*) nach IAS 36.6; der *Nutzungswert* (*value in use*) nach IAS 36.6; und der *Restwert* (*residual value*) in IAS 16.6 und IAS 38.8; vgl. hierzu BAETGE/KIRSCH/THIELE, Bilanzen, S. 219 ff.

Erfassung ihrer wesentlichen Komponenten (bspw. das getrennte Ansetzen des Flugwerkes und der Triebwerke eines Flugzeuges).

Im Folgenden sollen lediglich die allgemeinen Unterschiede der Zugangsbewertung zwischen HGB und IFRS aufgezeigt werden. Dabei beschränken sich die Ausführungen auf die bedeutenden und noch zu erörternden AHK bzw. historical costs. Die speziellen Bewertungsgrundlagen des HGB bzw. der einzelnen IFRS sollen erst im Zusammenhang mit den zugehörigen Bilanzposten in den relevanten Kapiteln behandelt werden.[389]

c) Anschaffungskosten und costs of purchase

Die Anschaffungskosten und die costs of purchase stellen den originären Bewertungsmaßstab für alle vom Unternehmen fremdbezogenen Vermögensgegenstände und assets dar.[390] Fremdbezogen – bzw. „erworben" – sind Vermögensgegenstände und assets, „wenn sie durch Kauf, Tausch oder sonstige Übertragung in das wirtschaftliche Eigentum des Unternehmens gelangt sind und nicht von dem Unternehmen selbst erstellt wurden".[391]

Das HGB definiert die Anschaffungskosten in § 255 Abs. 1 S. 1 HGB als Aufwendungen, die geleistet werden, um einen Vermögensgegenstand zu erwerben und ihn in einen betriebsbereiten Zustand zu versetzen, soweit sie dem Vermögensgegenstand einzeln zugerechnet werden können.[392] § 255 Abs. 1 S. 2 HGB bestimmt zudem, dass auch Nebenkosten und nachträgliche Anschaffungskosten zu aktivieren sind; Anschaffungspreisminderungen sind nach § 255 Abs. 1 S. 3 HGB hingegen abzusetzen.

Die IFRS enthalten im Conceptual Framework ebenfalls eine allgemeine Definition der „historischen Anschaffungskosten". Danach sind assets mit dem Betrag der entrichteten Zahlungsmittel oder Zahlungsmitteläquivalente oder dem beizulegenden Zeitwert der Gegenleistung für ih-

389 Vgl. hierzu sogleich, Dritter Abschnitt: § 1 VI.

390 Vgl. COENENBERG, Jahresabschluss und Jahresabschlussanalyse, S. 93; WOHLGEMUTH/RADDE in Beck'sches Handbuch der Rechnungslegung, B 162, Rz. 1; BAETGE/KIRSCH/THIELE, Bilanzen, S. 223.

391 QUICK in MüKo Bilanzrecht IFRS, IAS 2, Rz. 11.

392 Für den mittlerweile auch nach HGB zugelassenen Komponentenansatz sh. IDW (Hrsg.), RH HFA 1.016, Rechnungslegungshinweis: Handelsrechtliche Zulässigkeit einer komponentenweisen planmäßigen Abschreibung von Sachanlagen; LINDER, DStR 2011, S. 1238 ff.; HOMMEL/RÖßLER, BB 2009, S. 2526 ff.; GROTTEL/PASTOR in Beck'scher Bilanzkommentar, § 255, Rz. 391; kritisch aber HERZIG/BRIESEMEISTER, WPg 2010, S. 63, 76.

ren Erwerb zum Erwerbszeitpunkt zu erfassen, CF.4.55(a). Diese Begriffsbestimmung kann allerdings nicht mit der übergreifenden allgemeinen Definition des HGB verglichen werden,[393] denn die IFRS-Anschaffungskosten werden insbesondere für Vorräte in den IAS 2.10 ff., für das Sachanlagevermögen in den IAS 16.15 ff. für immaterielle Vermögenswerte in den IAS 38.27 ff., für als Finanzinvestition gehaltene Immobilien in IAS 40.20 ff. und für Unternehmenszusammenschlüsse in IFRS 3.18 ff. konkretisiert. Ebenso wie die HGB-Regelungen zielen jedoch auch die einzelnen Standards der IFRS darauf ab, den Anschaffungsvorgang möglichst erfolgsneutral wiederzugeben.[394] Demzufolge stimmen die costs of purchase mit den Anschaffungskosten nach § 255 Abs. 1 HGB im Wesentlichen überein.[395]

Unterschiede können sich indes aus der differierenden Behandlung von Fremdkapitalkosten bzw. borrowing costs ergeben, die direkt einem qualifizierten Vermögensgegenstand bzw. qualifying asset[396] zuordenbar sind: Während nach den IFRS borrowing costs in die costs of purchase einbezogen werden (IAS 23.1), kann einem Umkehrschluss zu § 255 Abs. 3 HGB entnommen werden, dass Fremdkapitalkosten grundsätzlich[397] nicht zu den Anschaffungskosten i. S. d. HGB gehören; denn § 255 Abs. 3 regelt explizit nur die Aktivierung von Fremdkapitalzinsen im Rahmen der *Herstellung*, die von der (nicht aufgeführten) *Anschaffung* freilich zu unterscheiden ist.[398] Des Weiteren ist der Anwendungsbereich nachträglicher Anschaffungskosten im HGB auf den Anschaffungszeitpunkt begrenzt;[399] in den IFRS hingegen ist eine nachträgliche Aktivie-

---

393 COENENBERG, Jahresabschluss und Jahresabschlussanalyse, S. 108 f.; vgl. KÜTING, DB 1999, S. 2343.

394 BAETGE/KIRSCH/THIELE, Bilanzen, S. 226; vgl. auch KÜMPEL, DStR 2005, S. 1153, 1154; vgl. ferner KÜTING/CASSEL, StuB 2011, S. 283, 285.

395 Vgl. BAETGE/KIRSCH/THIELE, Bilanzen, S. 199; COENENBERG, Jahresabschluss und Jahresabschlussanalyse, S. 108; vgl. KÜTING/CASSEL, StuB 2011, S. 283, 285.

396 Qualifizierte Vermögensgegenstände bzw. qualifying assets sind in IAS 23.5 definiert als Vermögenswerte, für die ein beträchtlicher Zeitraum erforderlich ist, um sie in ihren beabsichtigen gebrauchs- oder verkaufsfähigen Zustand zu versetzen.

397 Teilweise werden Ausnahmen von dem grundsätzlichen Einbeziehungsverbot der Fremdkapitalzinsen befürwortet, bspw. wenn Kaufvertrag und Kreditgeschäft besonders eng miteinander verbunden sind; so z.B. WOHLGEMUTH/RADDE in Beck'sches Handbuch der Rechnungslegung, B 162, Rz. 109 bis 117; WOHLGEMUTH in Wysocki/Schulze-Osterloh/Hennrichs (Hrsg.), HdJ, Abt. I/9, Rz. 35 bis 40; ablehnend jedoch BAETGE/ KIRSCH/THIELE, Bilanzen, S. 195; GROTTEL/PASTOR in Beck'scher Bilanzkommentar, § 255 HGB, Rz. 501.

398 BAETGE/KIRSCH/THIELE, Bilanzen, S. 199.

399 KÜTING/CASSEL, StuB 2011, S. 283, 286.

rung der Kosten für in regelmäßigen Zeitabständen anfallenden Ersatzteilen (IAS 16.13) und sogar für regelmäßig durchzuführende größere Wartungen (IAS 16.14) erlaubt.[400] Außerdem weichen HGB und IFRS im Bereich der Aktivierung der Ausgaben für Beseitigungs- und Wiederherstellungsmaßnahmen voneinander ab: IAS 16.16(c) und IFRS 6.11 sehen diesbezüglich eine Erhöhung der historical costs vor, soweit diese auf einer gegenwärtigen Verpflichtung des Unternehmens beruhen. Handelsbilanzrechtlich sind Abbruch- und Wiederherstellungskosten hingegen ratierlich als Rückstellung zu erfassen.[401] Bereits hingewiesen wurde zudem auf die in einem IFRS-Abschluss vorzunehmende Bilanzierung von Sachanlagen nach dem Komponentenansatz, vgl. IAS 16.43 ff, die im HGB nur restriktiv vorgesehen ist.

Die Auswirkungen der soeben dargestellten Unterschiede dürften indes verhältnismäßig kaum von Relevanz sein.[402]

d) Herstellungskosten und costs of conversion

Herstellungskosten bzw. costs of conversion sind das „Substitut" für die Anschaffungskosten bzw. die costs of purchase für den Fall, in dem Vermögensgegenstände bzw. assets nicht fremdbezogen, sondern selbst geschaffen werden.[403]

Nach dem HGB umfassen sie Aufwendungen, die durch den Verbrauch von Gütern und die Inanspruchnahme von Diensten für die Herstellung bzw. Erzeugung eines neuen Vermögensgegenstandes, seine Erweiterung oder für die über den ursprünglichen Zustand hinausgehende wesentliche Verbesserung eines bereits vorhandenen Vermögensgegenstandes entstehen, § 255 Abs. 2 S. 1 HGB. Der Umfang dieser han-

---

400 Hieran ändert auch der bereits zuvor erwähnte IDW (Hrsg.), RH HFA 1.016, Rechnungslegungshinweis, nichts: Handelsrechtliche Zulässigkeit einer komponentenweisen planmäßigen Abschreibung von Sachanlagen, nichts. Durch dessen Anwendung kommt es zwar zu einer Aufspaltung des Abschreibungsobjektes; im Gegensatz zu IAS 16 dürfen im HGB indes nur physisch separierbare Vermögensteile eine isoliert abschreibbare Komponente bilden. Nach IAS 16 ist eine Abspaltung sowie separate Abschreibung hingegen auch dann vorzunehmen, wenn Teile ersetzt und/oder die Kosten die Höhe des Kaufpreises der Sachanlage nachweislich beeinflussen. Insbesondere Großreparaturen sowie Inspektionen sind damit (nur) nach IFRS als eigene Komponente zu betrachten. Sh. hierzu auch HOMMEL/RÖßLER, BB 2009, S. 2526, 2528; GROTTEL/PASTOR in Beck'scher Bilanzkommentar, § 255, Rz. 391.

401 COENENBERG, Jahresabschluss und Jahresabschlussanalyse, S. 95.

402 Vgl. KÜTING/CASSEL, StuB 2011, S. 283, 289, die von „unbedeutend" sprechen.

403 Vgl. BAETGE/KIRSCH/THIELE, Bilanzen, S. 201.

delsrechtlichen Herstellungskosten wird in den Sätzen 2 bis 4 des § 255 Abs. 2 HGB konkretisiert: Die Untergrenze bildet die Summe der Einzelkosten und variablen Gemeinkosten, § 255 Abs. 2 S. 2 HGB. Darüber hinausgehende Einbeziehungswahlrechte, die dem Bilanzierenden eingeräumt werden, sind in den §§ 255 Abs. 2 S. 3 und 3 HGB aufgelistet. Hierzu gehören neben den allgemeinen Verwaltungs- und sonstigen Gemeinkosten auch die bereits oben im Rahmen der Anschaffungskosten erwähnten Fremdkapitalkosten. Schließlich regelt § 255 Abs. 2 S. 4 HGB ein Einbeziehungsverbot für sog. Forschungs- und Vertriebskosten.

Für die costs of conversion nach den IFRS gilt das im Bereich der costs of purchase bereits dargestellte entsprechend:[404] So findet sich in CF.4.55(a) eine identische allgemeine Definition der historical costs (Anschaffungs- und Herstellungskosten), die wiederum durch einzelne Standards konkretisiert wird (vgl. bspw. IAS 2.10 ff. für Vorräte; IAS 16.22 ff. für Sachanlagen, wobei diesbezüglich die grundsätzliche Verweisung des IAS 16.22 auf IAS 2 zu beachten ist; und IAS 38.65 ff. für immaterielle Vermögenswerte). Dem vorrangigen Rechnungslegungsziel der Informationsfunktion konsequent folgend räumen die IFRS – im Gegensatz zum HGB – dem Bilanzierenden jedoch keine Wahlrechte ein:[405] Nach IAS 2.10, 2.12 – 2.14 *umfassen* die costs of conversion die produktionsbezogenen Vollkosten und damit auch die dem Produktionsprozess zurechenbaren allgemeinen Verwaltungs- und sonstigen Gemeinkosten; und gemäß IAS 23.8 *sind* Fremdkapitalkosten (borrowing costs), die direkt einem qualifying asset zugeordnet werden können, als Teil der costs *zu aktivieren* – anderenfalls dürfen sie keine Berücksichtigung finden.

Auch diese Differenzen können jedoch vernachlässigt werden. So ergab eine Studie von *Coenenberg u.a.*[406] auf Basis von 154 deutschen börsennotierten Unternehmen, die im Geschäftsjahr 2005 bzw. 2005/2006 ihre Konzernrechnungslegung von HGB[407] auf IFRS verpflichtend umgestellt haben, dass die Bilanzposition Vorräte bei geringer Variabilität im

---

404 Vgl. hierzu oben, Dritter Abschnitt: § 1 V. 1. c).

405 Vgl. GROTTEL/PASTOR in Beck'scher Bilanzkommentar, § 255, Rz. 585.

406 Die Studie wurde veröffentlicht von Prof. Dr. Dres. h.c. Adolf G. COENENBERG, Dr. Simon FRANK, Dr. Tami Dinh THI, Bettina Schabert und Prof. Dr. Wolfgang Schultze (im Folgenden: COENENBERG/FRANK/THI U.A.) in KoR 2011, S. 133 ff. und enthält die bislang größte Stichprobe, die sich mit der Umstellung deutscher börsennotierter Unternehmen von HGB auf IFRS beschäftigt.

407 Die Studie bezieht sich lediglich auf die bis zum 31.12.2004 geltende Fassung des HGB, da das Wirtschaftsjahr 2004 im Fokus der Untersuchung stand. Die Auswirkungen des am 29.05.2009 in Kraft getretenen BilMoG werden in dieser Studie also nicht berücksichtigt.

Durchschnitt um lediglich 0,91 % zunahm.[408] Dabei waren die bei ca. 47 % der Unternehmen gestiegenen Wertansätze größtenteils auf den Ansatz der produktionsbezogenen Kosten der allgemeinen Verwaltung bei der Berechnung der Herstellungskosten nach IFRS zurückzuführen.[409]

2. Folgebewertung nach HGB und IFRS

Im Rahmen der Folgebewertung werden die einzelnen Bilanzposten nach ihrer Erstbewertung zum Zeitpunkt des Zugangs gemäß den für sie spezifischen Regelungen zu jedem Bilanzstichtag weitergeführt.[410]

a) Folgebewertung nach HGB

Die Folgebewertung nach HGB ist – wie die Zugangsbewertung nach HGB – grundlegend in § 255 HGB geregelt. Bereits aus dem in § 253 Abs. 1 S. 1 HGB kodifizierten Anschaffungskostenprinzip ergibt sich jedoch, dass Vermögensgegenstände *höchstens* mit den AHK, vermindert um die Abschreibungen nach den Abs. 3 bis 5,[411] anzusetzen sind. Ein Ansatz zu höheren Verkehrswerten oder Marktpreisen würde freilich auch im Bereich der Folgebewertung gegen das Verbot des Ausweises nicht realisierter Gewinne verstoßen.[412] Gleichwohl sei bereits an dieser Stelle darauf hingewiesen, dass (auch) der deutsche Gesetzgeber Ausnahmen von dem Anschaffungskostenprinzip – insbesondere im Bereich der Bewertung von Planvermögen und bestimmten Finanzinstrumenten – zulässt, auf die sogleich einzugehen sein wird.[413]

Neben dem Anschaffungskostenprinzip kommt dem Imparitätsprinzip und dem hieraus resultierenden Niederstwertprinzip eine zentrale

---

408 COENENBERG/FRANK/THI U.A. in KoR 2011, S. 133, 139.

409 COENENBERG/FRANK/THI U.A. in KoR 2011, S. 133, 139; zu den Unterschieden bei der Verbrauchsfolgefiktion sh. unten, S. 148 und Fn. 772 m.w.N.

410 COENENBERG, Jahresabschluss und Jahresabschlussanalyse, S. 116; vgl. auch WOHLGEMUTH in Wysocki/Schulze-Osterloh/Hennrichs (Hrsg.), HdJ, Abt. I/11, Rz. 2.

411 Abschreibungen vermindern die AHK eines Vermögensgegenstandes des Anlagevermögens, deren Nutzung zeitlich beschränkt ist, planmäßig, § 253 Abs. 1 S. 1 HGB. Vermögensgegenstände des Anlagevermögens, deren Nutzung zeitlich unbeschränkt ist, sind hingegen nicht planmäßig abzuschreiben. Daneben existieren sog. außerplanmäßige Abschreibungen für sämtliche Vermögensgegenstände des Anlage- und Umlaufvermögens.

412 Vgl. KOZIKOWSKI/ROSCHER/SCHRAMM in Beck'scher Bilanzkommentar, § 253, Rz. 1.

413 Zur Zeitwertbewertung von Planvermögen sowie Finanzinstrumenten vgl. unten S. 123, 138 und Fn. 722.

Stellung im Bereich der Folgebewertung zu: Nach dem strengen Niederstwertprinzip gemäß § 253 Abs. 4 HGB sind bei Vermögensgegenständen des Umlaufvermögens außerplanmäßige Abschreibungen vorzunehmen, um am Bilanzstichtag einen niedrigeren Korrekturwert zu berücksichtigen, der sich aus dem Börsen- bzw. Marktpreis oder dem beizulegenden Wert[414] ergeben kann. Vermögensgegenstände des Anlagevermögens sind hingegen nach dem gemilderten Niederstwertprinzip erst dann außerplanmäßig abzuschreiben, wenn die Wertminderung von Dauer ist, § 253 Abs. 3 S. 3 HGB.[415]

In Analogie zu dem Niederstwertprinzip für Vermögensgegenstände – und unter Bezugnahme auf den Sinn der Gesetzesregelung, die Generalnorm des HGB (§ 243 Abs. 1 HGB) mit ihrem Verweis auf die GoB und das Imparitätsprinzip gemäß § 252 Abs. 1 Nr. 4 – lässt sich zudem für Verbindlichkeiten[416] das sog. Höchstwertprinzip definieren.[417] Danach sind Verbindlichkeitsabwertungen nur bis zu ihrem Zugangswert erlaubt; Aufwertungen hingegen sind geboten, falls die aus der Verbindlichkeit resultierende Belastung am Bilanzstichtag über dem angesetzten Erfüllungsbetrag liegt.[418] Insofern erwähnenswert ist, dass diese Dogmen erst neulich von dem BFH in einem Grundsatzurteil zur Erhöhung von Anschaffungskosten im Falle der Übernahme von Verbindlichkeiten bestätigt worden sind.[419]

---

414 Der beizulegende Wert lässt sich grundsätzlich aus den Wiederbeschaffungs- oder Reproduktionskosten ableiten, vgl. hierzu BAETGE/KIRSCH/THIELE, Bilanzen, S. 277.

415 Zu beachten ist die in § 253 Abs. 3 S. 4 HGB geregelte Ausnahme für Finanzanlagen; diese können auch bei voraussichtlich nicht dauernder Wertminderung außerplanmäßig abgeschrieben werden.

416 Wie bereits § 253 Abs. 1 S. 2 HGB zeigt, ist im Bereich der Schuldenbewertung zwischen Verbindlichkeiten und Rückstellungen zu unterscheiden.

417 Vgl. BALLWIESER in MüKo HGB, § 253, Rn. 117; TIEDCHEN in MüKo AktG, § 253 HGB, Rz. 16.

418 THIELE/KAHLING in Baetge/Kirsch/Thiele, Bilanzrecht, § 253, Rz. 74; KOZIKOWSKI/SCHUBERT in Beck'scher Bilanzkommentar, § 253, Rz. 152; TIEDCHEN in MüKo AktG, § 253 HGB, Rz. 16.

419 Vgl. BFH, Urteil v. 14.12.2011 – I R 72/10 in BB 2012, S. 696 bis 698; zugleich Bestätigung und Fortführung zu BFH, Urteil v. 16.12.2009 – I R 102/08 in BB 2010, S. 496 bis 498, und damit entgegen BMF-Schreiben v. 24.6.2011 – IV C 6 – S 2137/0-03 in BstBl. I 2011, S. 627; vgl. zum Grundsatzurteil des BFH auch SCHLOTTER, BB 2012, S. 951 ff. m.w.N.

b) Folgebewertung nach IFRS

Die Folgebewertung nach IFRS unterscheidet sich in wesentlichen Teilen von der des HGB, da die in CF.4.55(a) erwähnte Bewertung der assets mit ihren historischen AHK (historical costs) von den einzelnen Standards grundlegend erweitert wird – mit der Folge, dass ein dem HGB vergleichbares Anschaffungskostenprinzip nicht existiert.[420] So dürfen ausgewählte assets neben einer Bewertung zu fortgeführten AHK (amortised costs) erfolgswirksam (fair-value-Methode bzw. fair value model) oder erfolgsneutral (Neubewertungsmethode bzw. revaluation model) zum fair value bewertet werden. Während die Folgebewertung zu den beizulegenden amortised costs keine bedeutenden Unterschiede zu den fortgeführten AHK nach HGB hervorbringt,[421] geht mit dem fair value- bzw. revaluation-model der Ausweis nicht realisierter Gewinne einher. Aufgrund ihrer Relevanz für den Gewinn und damit für den ausschüttbaren Betrag sind diese (für die IFRS) essentiellen Methoden genauer zu erklären:

(1) Das fair value model (der fair value)

Im Rahmen der Zugangsbewertung wurde bereits darauf hingewiesen, dass bestimmte Standards eine Bilanzierung von assets (und liabilities) zu ihrem beizulegenden Zeitwert (fair value) vorsehen. Während sich die Divergenzen von fair value und Anschaffungskosten bei der Zugangsbewertung indes in Grenzen halten, ergibt sich im Bereich der Folgebewertung ein gänzlich anderes Bild. Denn die Bewertung zum fair value erlaubt den Ansatz eines Postens über seinen historischen Anschaffungskosten – und verstößt damit gegen das tradierte Gläubiger- und Vorsichtsprinzip des HGB. Dabei ist die (Folge-) Bewertung zum fair value in den IFRS kein Einzelfall. Sie umfasst bspw. die folgenden Bilanzposten:

- Sachanlagen (property, plant and equipment) i.S.v. IAS 16, deren beizulegende Zeitwerte verlässlich bestimmt werden können, vgl. IAS 16.31;
- immaterielle Vermögenswerte (intangible assets) nach IAS 38, vgl. IAS 38.72;
- Finanzinstrumente (financial instruments) gemäß IAS 39, vgl. 39.43;

420 Vgl. THEILE in Heuser/Theile (Hrsg.), IFRS Handbuch, Rz. 432.

421 Vgl. für die Bewertung zu fortgeführten AHK nach HGB und der damit einhergehenden planmäßigen bzw. außerplanmäßigen Abschreibung bereits oben, S. 72 f.

- als Finanzinvestition gehaltene Immobilien (investment property) i.S.v. IAS 40, vgl. IAS 40.30;
- biologische Vermögenswerte (biological assets) i.S.v. IAS 41, vgl. IAS 41.12;
- bestimmte Vermögenswerte aus Unternehmenszusammenschlüssen gemäß IFRS 3, vgl. bspw. IFRS 3.57;
- langfristige Vermögenswerte nach IFRS 5, die als zur Veräußerung gehalten eingestuft werden, vgl. IFRS 5.15;
- Vermögenswerte für Exploration und Evaluierung gemäß IFRS 6, vgl. IFRS 6.12.[422]

Der Begriff des fair value findet sich zwar auch im Conceptual Framework, vgl. CF.4.6, 4.55(a), dennoch ist eine zentrale Definition des Begriffes trotz seiner Bedeutung im Bilanzierungssystem der IFRS nicht vorhanden.[423] In den einzelnen Standards wird hierunter jedoch einheitlich der Betrag verstanden, „zu dem zwischen sachverständigen, vertragswilligen und voneinander unabhängigen Geschäftspartner (knowledgeable willing parties) ein Vermögenswert getauscht oder eine Schuld beglichen werden könnte".[424] Es handelt sich hierbei also um einen Wert, der zu marktüblichen Konditionen (arm's length transaction) unter Berücksichtigung der derzeitigen oder beabsichtigten Verwendung eines assets oder einer liability ohne Abschlusszwang erzielt werden könnte.[425] Bei der Bewertung zum fair value ist also stets eine *hypothetische Transaktion* zu unterstellen.[426]

In den einzelnen Standards uneinheitlich geregelt ist indes die spezifische Anwendung und Auswirkung der fair value-Bilanzierung: Bspw. räumen IAS 16.29 bzw. IAS 38.72 dem Bilanzierenden ein Wahlrecht ein, entweder eine Bewertung zum fair value oder zu amortised costs vorzu-

---

422 Eine weiterführende Aufzählung findet sich bei BALLWIESER, FS Seicht, Rechnungslegung, S. 1, 2 f.

423 Dies wird sich auch nicht durch die Einführung des neuen CF ändern. Aktuell „pausiert" das Projekt ohnehin; der aktuelle Projektstand des CF ist abrufbar unter der offiziellen Seite des IASB, vgl.: http://www.ifrs.org/Current+Projects/IASB+Projects/Conceptual+Framework/Conceptual+Framework.htm.

424 Vgl. hierzu die Definitionen in den bereits erwähnten IAS 16.6, IAS 32.11, 38.8, IAS 39.9, IAS 40.5, IAS 41.8, IFRS 3 Appendix A und IFRS 4 Appendix A.

425 BAETGE/KIRSCH/THIELE, Bilanzen, S. 220. Nicht zu berücksichtigen sind somit Preise, die bei zwangsweisen Liquidationen und Notverkäufen zustande kommen; vgl. die im Zuge der globalen Finanzkrise vorgenommene Feststellung des IASB, Press Release v. 14.10.2008, S. 1; OCHSNER, IRZ 2009, S. 413.

426 THEILE in Heuser/Theile (Hrsg.), IFRS Handbuch, Rz. 450.

nehmen; IAS 16.33 bzw. IAS 38.81 verbieten hingegen explizit den Ansatz zum fair value, sofern ein Marktpreis nicht ermittelt werden kann. Darüber hinaus existieren in den einzelnen Standards differenzierte Regelungen zum erfolgsneutralen respektive erfolgswirksamen Ausweis des fair value. Mithin lässt sich nicht leugnen, dass zumindest gegenwärtig zahlreiche Inkonsistenzen im Bereich der fair value Bilanzierung bestehen.[427]

aa) Die Ermittlung des fair value

Die Ermittlung des fair value erfolgt prinzipiell in einer dreistufigen Hierarchie.[428] Diese basiert auf der Art der Bewertungsparameter, die in die angewandten Bewertungstechniken einfließen:[429]

Level 1: Sofern aktuelle Preise an aktiven Märkten existieren, soll der Marktwert zur Bestimmung des fair value herangezogen werden (mark to market). Anpassungen auf Seiten des Unternehmens haben zu unterbleiben.

Level 2: Liegen aktuelle Preise an aktiven Märkten nicht vor, ist die Bestimmung der Marktpreise mit Hilfe von Vergleichsobjekten vorzunehmen (Markt-Vergleichswerte).

Level 3: Sollte auch eine Bestimmung der Marktpreise mittels Vergleichsobjekten nicht möglich sein, ist auf nicht beobachtbare Eingabeparameter (mathematische Bewertungsmodelle) – einschließlich subjektiver Daten des Unternehmens – zurückzugreifen, die auf einschlägigen und etablierten Preisbildungsmodellen beruhen (bspw. das discounted cashflow-[430] oder das mark to model-Verfahren).[431]

„Leider" ist gerade das (vornehmlich subjektiv geprägte) Konzept zur Bestimmung des fair value in Abwesenheit von Marktwerten (Level 3)

---

427 Vgl. HENNRICHS, ZHR 2006, S. 498, 509.

428 Vgl. IASB, Project Summary and Feedback Statement, IFRS 13 Fair Value Measurement, S. 6; IAS 16.32 f.

429 MILLA/VOGEL/DAM-RATZESBERGER in PWC, IFRS Aktuell, Mai 2011, IFRS 13, S. 2.

430 Das discounted cashflow-Verfahren präzisiert den Zukunftserfolgswert mittels eines starken Zukunftsbezuges; sh. hierzu WÖHE, Einführung in die Allgemeine Betriebswirtschaftslehre, S. 674 ff.

431 Vgl. COENENBERG, Jahresabschluss und Jahresabschlussanalyse, S. 113; BAETGE/KIRSCH/THIELE, Bilanzen, S. 221; IASB, Project Summary and Feedback Statement, IFRS 13 Fair Value Measurement, S. 6.

erneut uneinheitlich in den einzelnen Standards geregelt: So sieht bspw. IAS 16.33 die Schätzung des fair value unter Anwendung eines Ertragswertverfahrens oder einer Wiederbeschaffungswertmethode vor; IAS 39.48A hingegen verlangt die Bestimmung des fair value mit Hilfe eines vom Unternehmen bestimmten Bewertungsverfahrens.

bb) Die Kritik am fair value

Genau die soeben genannten Inkonsistenzen signalisieren jedoch bereits, dass der fair value keinen eindeutig transparenten und marktnahen Wert darstellt:[432] Je tiefer das Level im oben dargestellten Konzept angeordnet ist, desto stärker wird vom Idealfall des unternehmensunabhängigen Marktwertes auf einen vollkommenen Markt abgewichen.[433] Der in höchstem Maße als objektiv anzusehende Marktwert wird also durch subjektive Schätzungen und Ermessensspielräume konterkariert. Das erscheint insbesondere vor dem Hintergrund, dass in der Bilanzierungspraxis lediglich für eine geschätzte Größe von ca. 5 % aller assets ein objektiv feststellbarer Marktwert besteht,[434] umso problematischer.

Folgerichtig überrascht es nicht, dass diese Tatsache zugleich einen Hauptkritikpunkt der eigens gegründeten „Saarbrücker Initiative gegen den fair value"[435] darstellt. Deren ausgesprochenes Ziel ist es, u.a. den allgemeinen Einzug des fair value in den deutschen Einzel- und Konzernabschluss zu verhindern.[436] Neben der mangelnden Transparenz des fair value wird von der Initiative vor allem der mit dem fair value einhergehende Ausweis nicht realisierte Gewinne sowie sein „Widerspruch zu fundamentalen handelsrechtlichen Bewertungsprinzipien" (Verstoß gegen das Anschaffungskostenprinzip)[437] bemängelt.

432 BIEG/BOFINGER/KÜTING u.a. in die Saarbrücker Initiative gegen den Fair Value, DB 2008, S. 2549.

433 BIEG/BOFINGER/KÜTING u.a. in die Saarbrücker Initiative gegen den Fair Value, DB 2008, S. 2549 f.

434 Vgl. hierzu die Ausführungen bei SCHILDBACH, DStR 2011, S. 69, 71; des Weiteren auch BALLWIESER/KÜTING/SCHILDBACH, DB 2009, Heft 49 v. 04.12.2009, I.

435 Vgl. hierzu die Hrsg. BIEG/BOFINGER/KÜTING/KUßMAUL/WASCHBUSCH/WEBER in „Die Saarbrücker Initiative gegen den Fair Value", DB 2008, S. 2549 bis 2552.

436 Außerdem fordert die Initiative von den deutschen kapitalmarktorientierten Unternehmen neben dem IFRS-Konzernabschluss auch die zusätzliche Aufstellung eines HGB-Konzernabschlusses; ferner wollen die Verfasser die Grenzen des fair value aufzeigen; sh. BIEG/BOFINGER/KÜTING u.a., DB 2008, S. 2549.

437 Vgl. zum Anschaffungskostenprinzip bereits oben, S. 74 f.

Dem haben sich – nicht zuletzt aufgrund der derzeitigen Finanzkrise – führende Politiker und Wissenschaftler angeschlossen. Jüngst wurde der fair value sogar als „Brandbeschleuniger“[438] der Finanzkrise gegeißelt: Die ehemals durch den fair value erlaubten Zuschreibungen hätten zu einer (noch) größeren Abschreibungspflicht geführt und damit die Finanzkrise erst erheblich verschärft. Denn – so die Argumentation – die fair value Bilanzierung hätte in Verbindung mit den (aufgrund von großzügig vergebenen Subprime-Hypotheken) beharrlich steigenden Immobilienpreisen die Grundlage für steigende Gewinne respektive höhere Eigenkapitalien bei den Banken gebildet; das hätte zu einer erweiterten Kreditvergabe und damit zum zusätzlichen Konsum der Kreditnehmer geführt.[439] Das Platzen der Blase hingegen hätte zusätzlichen Druck erzeugt, die Kreditvolumina dem verminderten Eigenkapital anzupassen – was wiederum zu einem verstärkten Verkaufsdruck und einer einsetzenden Abwärtsspirale geführt hätte.[440]

Andere gehen sogar noch einen Schritt weiter, indem sie die Bilanzierung zu Zeitwerten generell in Frage stellen. Nach *Schildbach* hat sich die fair value Statik als „hoch komplexes Monstrum [entpuppt], das zu der von den Befürwortern dieses Konzeptes selbst gewählten, einzigen Aufgabe, der Information der Märkte, *keinen positiven Beitrag* leisten kann“.[441] Bzgl. der Komplexität führt *Schildbach* aus, dass die Bewertung von den Bilanzierenden zum Teil „übermenschliche Fähigkeiten sowie umfassende Vorabinformationen“ – sprich überlegenes Wissen – verlange; ein positiver Beitrag hingegen bliebe verwehrt, da der Markt die Information grundsätzlich bereits kennen würde (sog. Level 1 oder Level 2 „inputs“[442]). Nur soweit sich die fair values auf subjektive Vorstellungen des berichtenden Unternehmens stützen würden (Level 3 input), könnten sie Neuigkeiten in den Markt tragen; in diesem Fall käme es aber zu gewaltigen Ermessensfreiräumen des Bilanzierenden, die das Wissen des Marktes aufgrund seiner fehlenden Vollkommenheit verzerren würden

438 Sh. diesbezüglich bereits die Ausführungen in Fn. 58.

439 Vgl. hierzu bereits oben, S. 2; SCHILDBACH, DStR 2010, S. 69, 72; DERS., BFuP 2009, S. 581, 592 f.; ferner GORTON, The Panic of 2007, S. 3, 12 ff.

440 SCHILDBACH, DStR 2010, S. 69, 73; an Hand einer Untersuchung kritisierend bzw. relativierend aber bereits HECKER/KLEIN-WIELE, WPg 2011, S. 151, 166.

441 SCHILDBACH, IRZ 2011, S. 71, 77; ähnlich DERS., DStR 2008, S. 2381, 2385, der zudem ausführt: „Der fair value ist nicht fair, er ist ein Phantom.“

442 Vgl. IFRS 13.67 ff; insb. IFRS 13.69 und 13.72.

und damit eher zu dessen Verwirrung beitragen würden.[443] Des Weiteren würde der fair value mit seinen zahlreichen und bedeutenden Freiräumen zur Willkür bei der Wahl der Modelle und Parameter zwingen.[444] Nach *Nissim* und *Penman* bestehe sogar offenkundig die Gefahr des Missbrauchs.[445] Die Ergebnisse der Schätzungen seien demzufolge völlig unbrauchbar.[446] Mit *Mulford* gelte letzten Endes der Grundsatz: „Fair value is what you want the value to be. Pick a number."[447]

cc) Die Vorteile des fair value

Zugegebenermaßen: es ist nicht alles Gold, was glänzt. *Zum Teil* trifft dieses Sprichwort sicherlich auch auf eine über den Anschaffungskosten liegende, (noch) nicht realisierte fair value Folgebewertung zu. Dennoch erscheint die soeben dargestellte Kritik nicht alle relevanten Punkte zu erfassen:

So darf nicht darüber hinweggesehen werden, dass die durch die Finanzkrise ausgelösten weltweiten Verwerfungen (zunächst am Immobilien- und Wertpapierhandelsmarkt und hieran anschließend gleichermaßen in der Realwirtschaft) ebenfalls zu deutlichen Abschreibungen in einem HGB-Abschluss geführt hätten respektive haben. Dies zeigt bereits ein Blick auf die durch das BilMoG neu eingeführte Ausnahmeregelung des § 340e Abs. 3 S. 3 HGB. Danach ist eine Umgliederung von gemäß § 340e Abs. 1 S. 1 HGB zum Zeitwert zu bewertenden Finanzinstrumenten aus dem Handelsbestand in den Anlagebestand bzw. die Liquiditätsreserve möglich, wenn „außergewöhnliche Umstände, insbesondere schwerwiegende Beeinträchtigungen der Handelbarkeit der Finanzinstrumente, [...] zu einer Aufgabe der Handelsabsicht durch das Kreditinstitut [führen]". Dabei wird die aktuelle Finanzmarktkrise in der Gesetzesbegründung explizit als mögliches Beispiel für eine solche Markt-

443 SCHILDBACH, IRZ 2011, S. 71, 76 f.; ähnlich DERS., BFuP 2009, S. 581, 596 f.; ferner NISSIM/PENMAN, Principles for the Application of Fair Value Accounting, S. 33; vgl. insofern auch die Studie von ERNST & YOUNG, How fair is fair value? S. 8 f., die infolgedessen vorschlagen, den fair value nur dort anzuwenden, wo auch wirklich zuverlässige Marktwerte vorhanden sind.

444 SCHILDBACH, BFuP 2009, S. 581, 597.

445 Vgl. NISSIM/PENMAN, Principles for the Application of Fair Value Accounting, S. 36.

446 SCHILDBACH, IRZ 2011, S. 71, 77; DERS. DStR 2010, S. 69, 75.

447 WSJE v. 08.11.2004, S. M8, unter Berufung auf Charles W. Mulford; vgl. diesbezüglich auch BALLWIESER/KÜTING/SCHILDBACH, DB 2009, Heft 49 v. 04.12.2009, I; SCHILDBACH, DStR 2008, S. 2381, 2385.

störung angeführt.[448] Im Zusammenspiel mit dem ebenfalls durch das BilMoG neu eingeführten § 255 Abs. 4 HGB wurde und wird hiermit nun erreicht, dass die Finanzinstrumente des Handelsbestandes nicht zu ihrem (niedrigen) Zeitwert, sondern zu ihren (nach „allgemein anerkannten Bewertungsmethoden" bestimmten) „Anschaffungskosten" zu bewerten sind.[449] Die grundsätzlich auch in Deutschland notwendig gewordenen Abschreibungen werden aufgrund dieser Regelungen mithin schlicht vermieden. In diesem Zusammenhang nicht verkannt werden darf freilich, dass der Abschreibungsbedarf ohne solche Regelungen sowohl nach dem HGB als auch nach den IFRS zu einer außerordentlichen Abschreibung auf den gleichen Wert geführt hätte – auf den die Anschaffungskosten geringeren fair value.

Insbesondere die Vorzüge des fair value scheinen zudem bewusst von den Kritikern außer Acht gelassen zu werden. So mag zwar gerade in Zeiten „der Krise" eine Bewertung zum Zeitwert (und damit ggf. über die Anschaffungskosten hinaus) zu einem erhöhten Abschreibungsbedarf führen, da die ansonsten nach HGB zu bildenden „stillen Reserven" fehlen; der bedeutende Vorteil der fair value Bilanzierung besteht indes darin, dass durch die zeitigen Abschreibungen die Krise rechtzeitig im Zahlenwerk offenbar und damit von Bilanzierenden und Dritten erkennbar wird. Im HGB hingegen helfen die zunächst vorzunehmenden „Nicht-Abschreibungen der stillen Reserven" (also die „stille Auflösung der stillen Reserven"), das Vorhandensein einer Krise gänzlich zu verschleiern – mit der skurrilen Folge, dass der Gläubigerschutz nach HGB auf diese Art und Weise in erheblichem Maße gefährdet wird.[450]

Ohnehin ist die mit dem Anschaffungskostenprinzip nach HGB einhergehende Bildung von stillen Reserven sehr kritisch zu beurteilen, da sie gleich in mehrfacher Hinsicht ein gefährliches Instrument zur rechts- und ergebnispolitisch höchst bedenklichen Bilanzmanipulation darstellen:

---

448 Vgl. BT-Drucksache 16/12407 v. 24.03.2009, S. 92; HELKE/WIECHENS/KLAUS, DB 2009, S. 30, 36.

449 NGUYEN/ROHLF, ZfgK 2011, S. 94 ff.; vgl. zur Bilanzierung von Finanzinstrumenten unten, S. 137.

450 Vgl. WÖHE, Einführung in die Allgemeine Betriebswirtschaftslehre, S. 1076; MERKT in Baumbach/Hopt (Hrsg.), § 252, Rz. 16; ähnlich LANFERMANN/RICHARD, DB 2008, S. 1925, 1926; SCHNEIDER, Allgemeine Betriebswirtschaftslehre, S. 412 spricht sogar von einer Täuschung der Gläubiger; vgl. auch HAAKER, ZGR 2010, S. 1055, 1071.

- Grundsätzlich wird die Selbstinformation des Bilanzierenden verfälscht werden, wenn dieser nicht zusätzliche Eigenbilanzen ohne Berücksichtigung stiller Reserven führt;[451]
- der Gesellschafterschutz wird beeinträchtigt, da der ausschüttungsfähige Bilanzgewinn durch die Bildung stiller Reserven künstlich verringert werden kann. Als Folgen sind Zwangsthesaurierungen und dementsprechend Zwangsentmündigungen der Gesellschafter zu konstatieren. Darüber hinaus können stille Reserven bei der Beurteilung der Angemessenheit von Ausgleichszahlungen bzw. Abfindungsfragen zu Ermittlungsproblemen und Rechtsstreitigkeiten führen (wie zuletzt die Geschehnisse rund um die Firma Scheidemantel AG aufzeigt haben)[452];
- schließlich haben stille Reserven eine Störung des Markt- und Allokationsmechanismus und somit eine Verletzung des Funktionenschutzes zur Folge.[453] Sie vermögen in Extremfällen sogar den Tatbestand des strafbegründenden Insiderwissens gemäß § 13 Abs. 1 WpHG und die Pflicht zur Ad hoc-Publizität gemäß § 15 WpHG auszulösen.[454]

Der Vollständigkeit halber seien hier noch kurz die *angeblichen Vorteile* der stillen Reserven dargestellt: So bezeichnet das BVerfG stille Reserven als „Mittel der Unternehmenssicherung und Konkursvorsorge".[455] Dem ist aber mit *Siegel/Bareis/Rückle* bereits entgegenzuhalten, dass die Unternehmenserhaltung an sich mit der marktwirtschaftlichen Ordnung unvereinbar ist: Kapitalanleger haben sowohl das Recht, ihre Unternehmung zu erhalten, als auch diese aufzulösen.[456] Und bzgl. der Konkursvorsage ist zu konstatieren, dass diese – wie aufgezeigt – durch die Bildung stiller Reserven geradezu verschleiert wird.

Der darüber hinaus vom BVerfG genannte Schutz der stillen Reserven „gegen allgemeine wirtschaftliche Risiken" trifft zwar grundsätzlich zu, kann jedoch in gleicher Weise durch Rücklagenbildung erreicht werden, zumal Vorstand und Aufsichtsrat die Hälfte des Gewinnes thesaurieren dürfen. Zudem sollte man sich generell von

---

451 BAYER, MüKo AktG, § 58, Rz. 6, der aufgrund der erschwerten effektiven Kontrolle des Managements die Bildung stiller Reserven als „rechtspolitisch höchst bedenklich" einstuft; LUTTER, KöKo AktG (2), § 58, Rz. 9.

452 Vgl. hierzu den bis zum BVerfG gelangten Streit über die Forderung des Aktionärs WENGER, der mit seiner Klage Auskunft über die Höhe der stillen Reserven zur Beurteilung der Angemessenheit seiner Ausgleichszahlung von der SCHEIDEMANDEL AG begehrte, in BVerfG, Beschl. v. 20.09.1999 – 1 BvR 168/93 in ZIP 1999, S. 1801; vgl. auch den Kurzkommentar von LUTTERMANN, EWiR 1999, 1033 f.

453 Vgl. MERKT in Baumbach/Hopt (Hrsg.), § 252, Rz. 16.

454 Vgl. KÜBLER, ZHR 159 (1995), S. 550, 564 ff.

455 BVerfG, Beschl. v. 20.09.1999 – 1 BvR 168/93 in ZIP 1999, S. 1801; vgl. diesbezüglich auch WINNEFELD, Bilanz-Handbuch, D. X 14. a), Rz. 1950 ff.

456 SIEGEL/BAREIS/RÜCKLE u.a., ZIP 1999, S. 2077, 2081 ff.

der Vorstellung lösen, es käme zum Ausverkauf des Unternehmens, wenn es einen Anspruch auf Sofortausschüttung sämtlicher unrealisierter Gewinne gäbe.[457] Letztlich ist anzumerken, dass der dargelegte Schutz gegen „Wertschwankungen der bilanzierten Vermögensgegenstände" – wie aufgezeigt – ohnehin nur im Falle einer über den Anschaffungskosten erfolgten Bilanzierung Wirkung entfalten kann, da insofern Abschreibungen auch nach HGB durchzuführen wären.

Wie bereits oben angedeutet können stille Reserven daher grundsätzlich weder im Gläubiger- noch im Gesellschafterinteresse sein. Gewissermaßen stehen sie vielmehr im Widerspruch zu den Grundsätzen der Richtigkeit und Klarheit der Bilanz.[458] Unter Berücksichtigung dieser Tatsache könnte man folgerichtig auch von einer (im Vergleich zum HGB) „gläubigerschützenderen IFRS" sprechen, da eine Bilanzierung zum fair value den Großteil der stillen Reserven aufzulösen vermag.[459] Ein weiterer Vorteil besteht darin, dass aktuelle Krisen frühzeitig erkannt werden können. Hierdurch wird es aber insbesondere den Gläubigern – und zudem den Bilanzierenden selbst – ermöglicht, geeignete und ebenso rechtzeitige Maßnahmen gegen die Krise zu treffen.[460]

Gesondert hervorzuheben ist, dass die fair value Bilanzierung nach IFRS näher an den – von großen Unternehmen oftmals ohnehin erstellten – sog. unternehmensinternen Bilanzen angegliedert sein dürfte. Diese Bilanzen stellen grundsätzlich die (tatsächliche) wirtschaftliche Lage des Unternehmens realitätsgetreuer dar. Die hierdurch erreichte gesteigerte Transparenz ist indes gerade im Hinblick auf die Adressaten des Jahresabschlusses zu begrüßen – schließlich führt dies wiederum zu einem „Mehr an Gläubigerschutz".

457 Vgl. wiederum SIEGEL/BAREIS/RÜCKLE u.a., ZIP 1999, S. 2077, 2081 ff.

458 Vgl. SIEGEL/BAREIS/RÜCKLE u.a., ZIP 1999, S. 2077, 2081 ff; COENENBERG, Jahresabschluss und Jahresabschlussanalyse, S. 41; DRYGALA, KöKo AktG, § 58, Rz. 12; ferner BÖCKING/SITTMANN-HAURY, BB 2003, S. 195, 197, die konstatieren, dass stille Reserven zu einer „erheblichen Einschränkung der Aussagekraft eines nach HGB aufgestellten Jahresabschlusses [führen]." Zu den Grundsätzen der Richtigkeit und Klarheit vgl. bereits oben, Fn. 144.

459 Einschränkend insofern KÜTING/REUTER, BB 2005, S. 706, 713, die ausführen, dass die Bildung stiller Reserven nur durch einen am Markt objektivierten fair value vermieden werden kann. Ansonsten würden die eingeräumten bilanzpolitischen Gestaltungsmöglichkeiten ebenfalls zu der Bildung stiller Reserven führen. Dem kann zwar nicht in Gänze widersprochen werden; die derzeitige Einschränkung der bilanzpolitischen Gestaltungsmöglichkeiten auch im Rahmen von nach Level 3 zu ermittelten fair values dürfte indes höchstens zu marginalen stillen Reserven führen.

460 Weiterführende Kritik bzgl. der Bildung stiller Reserven noch unten im Vierten Abschnitt.

Das (nationale) Anschaffungskostenprinzip kann demnach keineswegs als goldene Brücke der Rechnungslegung verstanden werden. Denn nicht nur ausländische Investoren kritisieren zunehmend die im HGB erlaubte Bildung stiller Reserven; gerade im Ausland wirken sie jedoch wie Fremdkörper und tragen mitunter zu „internationalem Misstrauen" gegen den HGB-Abschluss bei.[461] Dies wird nicht zuletzt durch einen Blick auf den angelsächsisch geprägten Rechtsraum verdeutlicht. Dort ist die Folgebewertung zum fair value weit verbreitet; es wird das Ziel verfolgt, den Jahresabschlussadressaten die tatsächlichen Werte bestimmter assets und liabilities anzugeben und somit entscheidungsnützliche Informationen zu vermitteln.[462] Die Bildung stiller Reserven verstößt in diesen Ländern dementsprechend grundsätzlich gegen den true and fair view.

Letzten Endes unbedingt zu beachten ist ferner die Tatsache, dass der „fair value" dem nationalen Recht (genauer dem HGB – aber auch der InsO) keineswegs fremd ist: Gerade das Insolvenzrecht greift zur Feststellung des Überschuldungsstatus auf Zeitwerte (bzw. Liquidationswerte) zurück.[463] Schließlich erfordert die Feststellung einer Überschuldung grundsätzlich die Gegenüberstellung des *gesamten Vermögens* mit den *gesamten Verbindlichkeiten* des Schuldners und damit einen *realistischen* Ausweis des Vermögens.[464] Nach der Begründung des BGH ist indes gerade die Handelsbilanz nicht im Stande dies zu leisten.[465]

Des Weiteren dient der fair value im HGB zum Einen als Vergleichsgröße bei der Bewertung einzelner Vermögenswerte und Schulden; zum Anderen nutzt das HGB den fair value aber vor allem zur Wertabsicherung nach unten – sprich bei Wertminderungen zum „niedrigeren beizulegenden Wert", vgl. bspw. § 253 Abs. 4 S. 1 HGB.[466] Im „umgekehrten" Sinne gilt freilich entsprechendes: So stellen die IFRS in zahlreichen Standards auf das Anschaffungskostenprinzip ab – neben der Relevanz muss schließlich auch die Verlässlichkeit von Wertansätzen gegeben

461 Vgl. SIEGEL/BAREIS/RÜCKLE u.a., ZIP 1999, S. 2077, 2078.

462 BAETGE/KIRSCH/THIELE, Bilanzen, S. 220.

463 Vgl. FUCHS/STIBI, BB 2007, BB-Special 5, S. 19, 23.

464 AMPFERL in Beck/Depré (Hrsg.), Praxis der Insolvenz, 1. Teil, § 2, Rz. 163; UHLENBRUCK/GUNDLACH in Gottwald (Hrsg.), Insolvenzrechts-Handbuch, Kap. II, § 6, Rz. 44.

465 Vgl. hierzu BGH, Urteil v. 18.12.2000 – II ZR 191/99 in NJW 2001, S. 1136; BGH, Urteil v. 21.02.1994 – II ZR 60/93; vgl. diesbezüglich auch SPINDLER in MüKo AktG, § 92, Rz. 26 ff.

466 Vgl. hierzu auch ZWIRNER, AR 2008, S. 177.

sein,[467] was eine vollumfängliche fair value Bewertung in den IFRS ausschließt.[468]

Weitere Parallelen von HGB und IFRS ergeben sich bei den im Zusammenhang mit dem fair value kritisierten Bewertungsmodellen. Im Bereich der Rückstellungen nach HGB hat der Bilanzierende schließlich aus einer ganzen Bandbreite von Bewertungsmöglichkeiten einen spezifischen Wert auszuwählen. Gerade Finanzinstitute greifen in der derzeitigen Finanzkrise aber zur Abwertung ihrer Finanzinstrumente auf international anerkannte Bewertungsmodelle zurück – wobei die gläubigerschützenden Informationen über die zugrundeliegenden Annahmen nach dem HGB sogar nur eingeschränkt von den Finanzinstituten preiszugeben sind.[469]

In diesem Zusammenhang zu kritisieren ist im Übrigen die Darstellung, der „fair value [wäre] als zentraler Auslöser der aktuellen Finanzkrise [anzusehen]“[470]. Zum einen ist eingangs bereits auf die mannigfaltigen Ursachen der derzeitigen Finanzkrise hingewiesen worden.[471] Zum anderen ist mit *Böcking* und *Flick* zu verdeutlichen, dass die damalige (un)angemessene Bewertung von Hypothekenforderungen keine Frage der Erfassung unrealisierter fair value Erträge gewesen ist, sondern vielmehr durch den Verzicht der Vornahme von Abschreibungen und Wertberichtigungen verursacht worden ist.[472] Im HGB ist diese Problematik freilich ebenfalls aufgetreten – sie ist aufgrund der „Nicht-Abschreibung stiller Reserven“ allerdings erst deutlich später ans Licht getreten.

Zusammenfassend muss den Kritikern des fair value daher entgegengehalten werden, dass auch die Bilanzierung zum Anschaffungskostenprinzip nicht ohne den „fair value“ respektive die hiermit einhergehenden Bewertungsmodelle auskommt. Zudem bringt das nationale Anschaffungskostenprinzip aufgrund der Schaffung stiller Reserven einen

467 Vgl. CF.4.41-43.

468 Vgl. BÖCKING/FLICK, DB 2009, S. 185, 186.

469 Vgl. BÖCKING/FLICK, DB 2009, S. 185, 186 f.

470 So SCHILDBACH, DStR 2010, S. 69, 73. Einfügungen in [] ergänzt durch den Verfasser; vgl. SCHWEITZER, FS Seicht, Rechnungslegung, S. 127, 145: „Mit hoher Wahrscheinlichkeit [...] ein treibender Faktor.“

471 Vgl. insofern bereits die Einleitung auf S. 2 f.

472 BÖCKING/FLICK, DB 2009, S. 185, 187; vgl. diesbezüglich auch den JOINT LETTER OF CENTER FOR AUDIT QUALITY, CONSUMER FEDERATION OF AMERICA, COUNCIL OF INSTITUTIONAL INVESTORS AND CFA INSTITUTE v. 15.08.2008: „However, the current crisis of liquidity, credit and confidence was not caused by fair value accounting“; ferner LÜDENBACH/FREIBERG, PiR 2008, S. 370, 372. Zudem wird in den Quellen ein fehlendes Vertrauen im Interbankenhandel angeführt.

bedeutenden Nachteil mit sich. Einzuräumen ist hingegen, dass die derzeitige fair value Bilanzierung vor allem im Hinblick auf die nach Level 3 zu ermittelnden Werte potentiell subjektiv gefärbt und damit als zu ermessensbehaftet einzustufen ist. Ein Kompromiss könnte freilich darin liegen, die Bewertung zum fair value nur bei Vorliegen von aktuellen Preisen an aktiven Märkten (Level 1) zu erlauben; die Level 2 und Level 3 Bewertung könnte insofern den Banken, Versicherern sowie Finanzdienstleistungsunternehmen vorbehalten sein. Diesbezüglich ist jedoch zu beachten ist, dass bereits die IFRS for SMEs einer solch einschränkenden Linie nicht zwingend folgen (vgl. insofern bspw. Section 11.27 sowie 26.10, die eine Bewertung des fair value nach der üblichen dreistufigen Hierarchie vorsehen). Des Weiteren bedürfte diese Vorgehensweise einer markanten Veränderung der IFRS selbst, die zuweilen nicht gewollt sein kann. Denn erst neulich hat das IASB mit IFRS 13 einen neuen Standard für die Bewertung zum beizulegenden Zeitwert vorgestellt – zugleich ein Beleg dafür, dass gerade die IFRS-Rechnungslegung in einer sich immer schneller ändernden und globaler werdenden Welt nicht still steht:

dd) Ausblick: Der fair value nach IFRS 13

Bereits im Jahre 2006 wurde vom IASB das Projekt zur Schaffung eines einzelnen Standards für die fair value Bewertung ins Leben gerufen.[473] Das Ziel des Standards ist es, den „Wildwuchs" der sich bis dato ausbreitenden fair value Bilanzierung in den verschiedenen Standards einzudämmen.[474] Hierfür sollten die zerstreuten Regelungen an zentraler Stelle zusammengeführt, vorhandene Lücken geschlossen und gegenwärtige Widersprüche beseitigt werden, vgl. IFRS 13.IN5 ff. Aufgrund der im Jahre 2008 aufkeimenden Finanzkrise kam es – neben den bereits vorhandenen öffentlichen Diskussionen im Hinblick auf die Stärken und Schwächen des fair value – indes vermehrt auch zu politischen Forderungen, die Bilanzierung zum fair value einzuschränken bzw. strengeren Regelungen zu unterziehen. So wurde der vorläufige Entwurf zur Vereinheitlichung der Konzeption und Ermittlungsmethodik der fair value Bewertung der Öffentlichkeit erst im Jahre 2009 zur Diskussion zur Verfügung gestellt.[475] Das Resultat ist der am 12.05.2011 veröffentlichte IFRS

473 Vgl. hierzu IASB, Discussion Paper, Fair Value Measurements.

474 GROßE, KoR 2011, S. 286; darüber hinaus sollte im Rahmen des Konvergenzprojektes mit dem amerikanischen FASB eine gemeinsame Regelung zur Bewertung mit dem „fair value" geschaffen werden.

475 Vgl. IASB, ED/2009/5, Fair Value Measurement.

13, der aufgrund seines Endorsement seitens der EU am 11.12.2012[476] bereits ab dem 01.01.2013 Anwendung findet, vgl. IFRS 13.IN3.

Bei IFRS 13 ist zu beachten, dass dieser lediglich Regelungen bzgl. des „Wie" – also welcher Wert zugrunde zu legen ist, wenn ein Bilanzposten zum fair value zu bewerten ist – aufstellt („how to measure", IFRS 13IN4). Das „Ob" – also ob der Bilanzposten überhaupt zum fair value bewertet werden darf – ist hingegen nach wie vor den einzelnen Standards überlassen. IFRS 13 gilt aber grundsätzlich sowohl auf der Aktivseite für die assets als auch auf der Passivseite für die liabilities und equity instruments (Eigenkapitalinstrumente).

IFRS 13.9 definiert den fair value als „the price that would be received to sell an asset or paid to transfer a liability in an orderly transaction between market participants at the measurement date." IFRS 13 stellt also im Wesentlichen auf eine – hypothetisch stattfindende („would"; vgl. auch IFRS 13.22) – *gewöhnliche* Transaktion zwischen *Marktteilnehmern* ab. Die unterschiedlichen Formulierungsarten führen im Hinblick auf die früheren Definitionen in den einzelnen Standards allerdings wohl nur zu marginalen Abweichungen.[477] Zudem hält IFRS 13 grundsätzlich an der bereits oben dargestellten dreistufigen fair value Hierarchie fest.[478] Dennoch werden durch die Änderungen von IFRS 13 zahlreiche Problemfelder gelöst, die im Bereich der bisherigen fair value Bilanzierung auftreten:

- Zu begrüßen ist zunächst der allumfassende Geltungsbereich von IFRS 13.[479]

---

476 Vgl. hierzu EFRAG, EU Endorsement status report v. 05.03.2013.

477 So wurde „knowledgeable willing parties" durch „market participants" ersetzt; der Begriff „at arm's lenght" wurde durch „orderly transaction" ausgetauscht; dem Zusatz „at the measurement date" ist lediglich klarstellende Bedeutung beizumessen; aufgrund der Änderung von „hypothetical" zu „orderly" können sich jedoch Änderungen ergeben: So ist anzunehmen, dass „hypothetische" Transaktionen sowohl gewöhnlich als auch ungewöhnlich sein können. Mit der Änderung hin zu „orderly transactions" ist daher wohl von einer Änderung auszugehen; vgl. insofern GROßE, KoR 2011, S. 286, 293.

478 FISCHER, PiR 2011, S. 235, 237 f.; zur dreistufigen fair value Hierarchie sh. S. 76.

479 Nicht in den Anwendungsbereich des IFRS 13 fallen aufgrund der dort abweichenden fair value Festlegung bzw. Definition nach IFRS 13.6 der „net realisable value" nach IAS 2, Leasing-Transaktionen i.S.d. IAS 17, der „value in use" gemäß IAS 36 und „share based payment" Transaktionen nach IFRS 2. Darüber hinaus ist im Bereich von IFRS 3 der neue IFRS 13 zwar grundsätzlich anzuwenden; aber auch in IFRS 3 ist mit IFRS 3.29 und 3.55 eine abweichende Bewertung zu IFRS 13 vorgesehen; vgl. hierzu auch

- Hierdurch kommt es zu einer Vereinheitlichung der Ermittlung des fair value. Dies wiederum führt zu einer besseren Transparenz sowie zu einer gesteigerten Vergleichbarkeit im Hinblick auf seine Anwendung. Beispielhaft soll der nach IFRS 13.24 für alle fair values grundsätzlich anzuwendende exit price (bzw. die nach IFRS 13.BC30(a)) anzuwendende exit notion) angeführt werden. Dieser Begriff ist enger als der bisher anzuwendende exchange amount, der offen ließ, ob im jeweiligen Bilanzierungssachverhalt ein exit price oder ein entry price zugrunde zu legen war.
- Zudem sind die Bewertungshierarchien, -methoden sowie -inputfaktoren umfassender und detaillierter geregelt worden. Darüber hinaus gelten diese nun ebenso für alle Bilanzierungssachverhalte gleichermaßen.
- Des Weiteren ist gesondert hervorzuheben, dass die – oft kritisierte – Bewertung bei sinkender Marktaktivität präziser und differenzierter ausgestaltet wurde. So existiert nach IFRS 13 eine Kausalkette, die in einem ersten Schritt die Feststellung von sinkender Marktaktivität respektive -volumina fordert; hieran anschließend ist zu prüfen, ob die gewöhnliche Transaktion unter diesen Umständen nicht marktgerecht ist; abschließend ist festzulegen, welche Art der Preisanpassung bzw. -ermittlung (auf Basis eines verfügbaren Marktpreises bzw. auf Modellbasis) angemessen ist.[480]
- Ferner wurden die Angabepflichten im Zusammenhang mit dem fair value harmonisiert. Der Anhang stellt den Adressaten des IFRS-Abschlusses nun standardübergreifend detaillierte Informationen über die angewandten Bewertungstechniken, ihre Inputs und die Auswirkungen der fair value Bewertung auf die Ertragslage einschließlich des OCI zur Verfügung. So unterliegt insbesondere die (während der Finanzkrise oftmals kritisierte) potenziell subjektive und somit ermessensbehaftete Bewertung von nach Level 3 ermittelten fair values erhöhten Transparenzanforderungen.[481]

Zusammenfassend kann festgehalten werden, dass mit IFRS 13 der fair value einheitlich zu ermitteln und ausführlich(er) zu erläutern ist. Zudem schafft IFRS 13 im Bereich der Bewertungsmethoden klare und eindeutige Regelungen, durch die vorhandene Lücken geschlossen werden und

---

GROẞE, KoR 2011, S. 286 f.; FISCHER, PiR 2011, S. 235; HITZ/ZACHOW, WPg 2011, S. 964, 965.

480 GROẞE, KoR 2011, S. 286, 295.

481 HITZ/ZACHOW, WPg 2011, S. 964, 971.

erhöhte Transparenz erzeugt wird. Zu bemängeln ist hingegen die abweichende fair value Ermittlung gemäß IAS 2, 17, 36 und IFRS 2 und 3. Insofern wäre eine weitere Vereinheitlichung wünschenswert.

Kritisch beäugt werden muss auch die potentielle Zugangsbewertung mit dem sog. „entry price", der zumindest in einigen Fällen von dem grundsätzlich zugrunde liegenden „exit price" abweichen wird, vgl. IFRS 13.58. Denn der sich hieraus ergebende Differenzbetrag ist nach IFRS 13.60 erfolgswirksam als „day one gain or loss" zu vereinnahmen. Infolgedessen kann es aber zu einer Durchbrechung des Realisationsprinzips kommen – schließlich impliziert dieses in seiner tradierten Dogmatik die Erfolgsneutralität von Beschaffungs- und Finanzierungsvorgängen.[482]

Des Weiteren ist zu konstatieren, dass die umfangreichen Angabepflichten des IFRS 13 zwar prinzipiell informativ sind; die gesteigerte Anzahl und Detaillierung der Angabepflichten könnte allerdings gleichfalls zu einer erhöhten Unübersichtlichkeit führen, und damit über das gewünschte Ziel – eine Verbesserung der Informationsfunktion des Jahresabschlusses zu erreichen – hinausschießen. So ist in diesem Zusammenhang auch die Verhältnismäßigkeit von Informationsbereitstellung auf der einen Seite und die den Unternehmen hierdurch entstehenden Kosten auf der anderen Seite (Nutzen-Kosten-Relation) in Frage zu stellen.

Dennoch ist die Regelung des IFRS 13 als Fortschritt und zugleich als Verbesserung der IFRS-Rechnungslegung im Bereich der fair values anzusehen.[483] Schließlich entzieht der neue IFRS 13 vielen der oben aufgeführten fair value Kritiken die Grundlage. Das schließt freilich weitere akkurate Korrekturen an IFRS 13 nicht aus. Insofern steht natürlich aufgrund seiner gegebenen Einflussmöglichkeiten auch der nationale Gesetzgeber in der Pflicht, ergänzende Vorschläge zur zukünftigen Entwicklung der fair value Bilanzierung zu unterbreiten.

ee) Zwischenfazit

Die Bewertung zum fair value wurde in jüngster Zeit nicht zuletzt aufgrund der derzeitigen Finanzkrise kontrovers diskutiert. Die obigen Ausführungen haben gezeigt, dass gewichtige Argumente sowohl für als auch gegen eine Bilanzierung zum fair value sprechen. Dabei scheinen die Fronten verhärtet zu sein: Bereits seit Jahrzehnten scheiden sich die

---

482 HITZ/ZACHOW, WPg 2011, S. 964, 968.

483 So auch GROßE, KoR 2011, S. 286, 296; HITZ/ZACHOW, WPg 2011, S. 964, 971.

Geister bspw. an der hiermit zusammenhängenden Frage, ob die Bildung stiller Rücklagen wünschenswert ist – oder eben nicht.[484] Im Rahmen dieser Arbeit erscheint eine differenzierte Sichtweise geboten:

Die Bewertung zum fair value führt *zunächst* zu einem „Mehr an Information". Dies ist (*zunächst*) für alle Adressaten des Jahresabschlusses von Bedeutung – da von Vorteil. Als Beispiel soll der in diesem Konnex viel diskutierte und vom BVerfG entschiedene Fall der Scheidemantel AG dienen:[485] „Auf Grund der in der Hauptversammlung 1992 abgeschmetterten Anfrage [über die Höhe der stillen Reserven] gelang es dem Großaktionär im Lauf des darauffolgenden Jahres noch rund 40 % der freien Aktion zu einem Börsenkurs von 200 bis 240 DM aufzukaufen."[486] Erst später „einigte man sich auf ein Abfindungsangebot von 700 DM je Aktie, was in etwa dem inneren Wert entsprach. Davon hatten freilich all jene nichts mehr, die auf Grund der Auskunftsverweigerung davon keine Kenntnis bekamen und zu undiskutablen Kursen verkauft hatten."

Bedeutender wiegt m.E. allerdings der Vorteil, dass der mit der fair value Bewertung einhergehende Informationszugewinn *zunächst* (und gerade in Zeiten der Krise) auch zu einem „Mehr an Gläubigerschutz" führt. Das mag erstaunen, beschränken sich die Kritiker des fair value doch zumeist darauf, zu konstatieren, dass die Ausschüttung (noch) nicht realisierter fair value Gewinne mit dem nationalen Gläubigerschutz unvereinbar wäre. Die Tatsache des Gläubigerschutzes durch Information ist indes strikt von der (zeitlich nachgelagerten) *potentiellen* Gefährdung der Gläubiger durch eine eben nur *potentielle* Ausschüttung unrealisierter Gewinne zu unterscheiden: Denn der bloße Ausweis der (noch) unrealisierten fair value Gewinne im Jahresabschluss muss nicht zugleich zur Folge haben, dass dieser auch für Ausschüttungen zur Verfügung steht. Diese Differenzierung findet sich bereits im HGB. Hier führt der Ansatz bestimmter Aktivposten (bspw. die Aktivierung selbst geschaffener immaterieller Vermögensgegenstände des Anlagevermögens) zur In-

---

484 Vgl. SCHNEIDER, Allgemeine Betriebswirtschaftslehre, S. 412; So haben bereits SCHMIDT, Die organische Tageswertbilanz, S. 110 f. im Jahre 1921; LE COUTRE in Seischab/Schwantag (Hrsg.), HWB, Bilanztheorien, Sp. 1153 – 1777, im Jahre 1956; KOSIOL, Bilanzreform und Einheitsbilanz, S. 190 ff., im Jahre 1949 und DERS., Pagatorische Bilanz, S. 971 ff., im Jahre 1976 ihre stärksten Waffen gegen die Bildung von „stillen Willkürrücklagen" zu Felde geführt.

485 Vgl. hierzu BVerfG, Beschl. v. 20.09.1999 – 1 BvR 168/93 in ZIP 1999, S. 1801; Fn. 452 m.w.N.

486 MAIER-MANNHART in SZ v. 28.10.1999, S. 26, Stille Reserven bleiben still (auch das folgende Zitat).

formationsvermittlung nicht zugleich zu einer Erhöhung des ausschüttbaren Betrages, vgl. § 268 Abs. 8 HGB. Vielmehr können unsichere Gewinne einer Ausschüttungssperre unterzogen werden.

Daher ist an dieser Stelle lediglich zu konstatieren, dass die fair value Bewertung *zunächst* zu einem „Mehr an Information" und damit zu einem „Mehr an Gläubigerschutz" führt. Ob die Ausschüttung unrealisierter Gewinne hingegen dem Gläubigerschutz zuwider läuft und – falls dies zu bejahen ist – wie eine solche Ausschüttung ggf. unter Wahrung des Gläubigerschutzes verhindert werden kann, wird noch weiter unten zu erörtern sein.

(2) Das revaluation model

Im Rahmen der Folgebewertung des Sachanlagevermögens und des immateriellen Anlagevermögens räumen IAS 16.29 bzw. IAS 38.72 dem Bilanzierenden ein Wahlrecht ein: Entweder sind diese assets mit ihren historical costs oder mit ihrem fair value zum Zeitpunkt der Neubewertung (revaluation), jeweils abzüglich späterer kumulierter Amortisationen und späterer kumulierter Wertminderungsaufwendungen, zu bewerten (amortised costs bzw. revalued amount, vgl. IAS 16.30 f. bzw. IAS 38.74 f.).

Entscheidet sich der Bilanzierende für eine Bewertung der assets zu ihrem fair value, sind die auf einem aktiven Markt ermittelten Preise zu berücksichtigen. Hiermit kann es erneut zu einer Erhöhung des Bilanzwertes über seine originären AHK kommen. Im Rahmen des revaluation model erfolgt die Erhöhung des Bilanzwertes über die (ggf. fortgeführten) AHK jedoch grundsätzlich erfolgsneutral – also ohne erfolgswirksame Berücksichtigung in der GuV. Der auf diese Art und Weise ermittelte „Gewinn" ist vielmehr erfolgsneutral über das sonstige Ergebnis in die Neubewertungsrücklage im Eigenkapital zu buchen.

(3) Weitere Wertmaßstäbe in den IFRS

Daneben kennen die IFRS weitere Wertmaßstäbe zur Folgebewertung von einzelnen Posten. Zum Teil nutzen sie sogar den fair value als Ausgangspunkt ihrer Ermittlung. Beispielhaft genannt werden sollen an dieser Stelle:

- der revalued amount, der sich aus dem fair value abzüglich zwischenzeitlich angefallener kumulierter Abschreibungen zusammensetzt, (vgl. IAS 16.31);

- der realisable value, der bspw. im Bereich der unfertigen Erzeugnisse (vgl. IAS 2.14) als Korrekturwert dient, da von dem zu schätzenden Marktpreis die Kosten für die Fertigstellung des assets und die Kosten des Verkaufs abzuziehen sind, IAS 2.6;
- der fair value less costs to sell, der von dem fair value die zuzurechnenden Ausgaben wie bspw. Rechtsberatungskosten bzw. Abbau- oder Transportkosten subtrahiert (vgl. IAS 36.6);
- der value in use, der den Barwert der künftigen Zahlungsströme darstellt, die durch die Nutzung des assets bzw. dessen Ausscheiden am Ende der Nutzungsdauer erwartet werden (IAS 36.6); und
- der recoverable amount, der sich aus dem jeweils höheren Wertansatz aus einem Vergleich von fair value less costs to sell und value in use ermittelt (IAS 16.6).

Bemerkenswert ist, dass sowohl der fair value less costs to sell, der value in use und der recoverable amount im Rahmen der IFRS-spezifischen Form des Niederstwertprinzips (impairment) anzuwenden sind. Dies lässt bereits den Schluss zu, dass eine den §§ 253 Abs. 3 und 4 HGB vergleichbare generelle Bestimmung des Niederstwertprinzips in den IFRS fehlt; vielmehr existieren unterschiedliche Einzelfallregelungen in den selbstständigen Standards.[487] Als Beispiel soll hier IAS 36, impairment of assets, angeführt werden, der grundlegend den weitesten Anwendungsbereich hat: Der Standard normiert die Durchführung von Niederstwerttests (impairment tests) sowie die Berücksichtigung von Wertminderungen (impairment) und Wertaufholungen (Reversal of impairments) für das Sachanlagevermögen, das immaterielle Vermögen sowie für bestimmte Finanzanlagen.

Noch zu erwähnen ist, dass die liabilities nach IFRS – wie die Verbindlichkeiten nach HGB – bei ihrer erstmaligen Erfassung mit dem Erfüllungsbetrag, d.h. dem voraussichtlichen Ressourcenabfluss aus der Verbindlichkeit, zu bewerten sind. Hierfür ist in der Regel der Barwert zu ermitteln. Im Rahmen der Folgebewertung findet das im HGB bekannte Höchstwertprinzip in den IFRS indes keine Beachtung.[488]

3. Fazit

Im Bereich der Folgebewertung ergeben sich erneut grundlegende Divergenzen zwischen dem HGB und den IFRS. Das ist in erster Linie auf

487 Vgl. COENENBERG, Jahresabschluss und Jahresabschlussanalyse, S. 123.
488 Vgl. hierzu bspw. IAS 21 und das Beispiel bei LÜDENBACH, IFRS, S. 259

das in den IFRS anzuwendende fair value model zurückzuführen. Mit diesem Modell wird eine Bewertung auch oberhalb der historischen bzw. fortgeführten Anschaffungskosten zugelassen. Hierdurch kann es zu dem Ausweis (noch) nicht realisierter Gewinne im IFRS-Abschluss kommen – eine Vorgehensweise, die dem „gläubigerschützenden" HGB prinzipiell fremd ist.

Inwiefern allerdings das HGB aufgrund des Anschaffungskostenprinzips und der hiermit einhergehenden Bildung stiller Reserven als „gläubigerschützend(er)" bezeichnet werden kann, darf nach den obigen Ausführungen getrost bezweifelt werden. Gerade im Hinblick auf die zunehmende Internationalisierung ist zudem darauf hinzuweisen, dass durch die Schaffung stiller Reserven das Vertrauen in den Kapitalmarkt grundsätzlich schwindet; so darf insbesondere das Ausweichen anlagebereiter Investoren in ausländische Staaten, die einen informationsfreundlichen Kapitalmarkt zur Verfügung stellen, nicht verwundern.[489]

Nachdem nun die allgemeinen Bilanzierungsregeln des HGB und der IFRS dargestellt worden sind, ist zu untersuchen, wie sich diese auf den Ansatz und die Bewertung der einzelnen Bilanzposten und damit auf Gewinn respektive den ausschüttbaren Betrag auswirken.

VI. Differierende Ansätze einzelner Bilanzposten nach HGB und IFRS

Im Folgenden wird auf spezifische Bilanzpositionen des HGB und der IFRS einzugehen sein die für eine unterschiedliche Entwicklung des Gewinns in den Bilanzierungssystemen verantwortlich sind.

1. Langfristige Fertigungsaufträge und construction contracts

Unter langfristigen Fertigungsaufträgen bzw. construction contracts[490] wird die auftragsbezogene Herstellung von Vermögensgegenständen bzw. assets verstanden, bei der zwischen dem Herstellungsbeginn und der Abnahme durch den Auftraggeber mindestens ein Bilanzstichtag liegt,[491] sprich deren Fertigstellung sich über einen längeren Zeitraum als

489 Vgl. SIEGEL/BAREIS/RÜCKLE u.a., ZIP 1999, S. 2077, 2078.

490 Construction contracts werden nach IAS 11 nicht durch eine zeitliche Mindestdauer festgelegt. Das Kriterium der Langfristigkeit sucht man vergeblich.

491 Vgl. BAETGE/ZIESEMER/SCHMIDT in Baetge/Kirsch/Thiele, Bilanzrecht, § 252, Rz. 201.

eine Berichtsperiode erstreckt. Unterschiedliche Auswirkungen auf den Gewinn eines Unternehmens können sich durch die zeitliche Verteilung der hiermit verbundenen Erträge und Aufwendungen ergeben. Im Wesentlichen werden fünf alternative Vorgehensweisen zur Bilanzierung bzw. Erfassung von Gewinnen bei langfristigen Fertigungsaufträgen bzw. construction contracts diskutiert:

- Nach der *Completed Contract-Methode* erfolgt der Gewinnausweis eines langfristigen Fertigungsauftrages erst mit der Übergabe des Gesamtwerkes an den Auftraggeber, der zugleich dessen Funktionsfähigkeit durch die Abnahme rechtlich billigt.[492] Bis zu diesem Zeitpunkt ist der unfertige Auftrag bloß mit seinen Herstellungskosten in der Bilanz zu aktivieren. Infolgedessen wird ein Unternehmen bis zur Gewinnrealisierung oftmals Zwischenverluste aufgrund von nicht aktivierungsfähigen Selbstkostenbestandteilen[493] erwirtschaften – wenngleich aus dem Gesamtauftrag ein Gewinn zu erwarten ist.[494] Erst im Jahre der Fertigstellung und Abnahme durch den Auftraggeber wird das Unternehmen sodann einen geballten Gewinn ausweisen, der nicht nur aus der Differenz von Kosten und Erlösen besteht, sondern darüber hinaus auch die in den Vorjahren zwangsweise als Aufwand gebuchten Selbstkostenbestandteile beinhaltet.[495]
- Um diese im Rahmen der Completed Contract-Methode anfallenden Auftragszwischenverluste zu eliminieren und den Gewinn der Fertigstellungs- und Abnahmeperiode zu glätten, könnte man erwägen, auch die aufwandsgleichen Selbstkostenbestandteile eines langfristigen Fertigungsauftrages in der Bilanz des Unternehmens zu aktivieren, sog. *„Selbstkostenaktivierung"*.[496] Hierdurch wird zumindest eine ergebnisneutrale Behandlung langfristiger Fertigungsaufträge während ihrer Herstellung gewährleistet.

---

492 MARX/LÖFFLER, Beck'sches Handbuch der Rechnungslegung, B 700, Rz. 27.

493 Nicht aktivierungsfähige Selbstkostenbestandteile können zum einen durch Kosten der Grundlagenforschung und durch Verwaltungs- und Vertriebskosten entstehen, die direkt den jeweiligen Periodengewinn schmälern, zum anderen resultieren sie aus der Nichtausübung gesetzlich eingeräumter Aktivierungswahlrechte bei der Herstellungskostenermittlung; MARX/LÖFFLER, Beck'sches Handbuch der Rechnungslegung, B 700, Rz. 30.

494 COENENBERG, Jahresabschluss und Jahresabschlussanalyse, S. 227.

495 COENENBERG, a.a.O.; so auch BAETGE/KIRSCH/THIELE, Bilanzen, S. 371.

496 Vgl. hierzu KRAWITZ, DStR 1997, S. 886, 889; MARX/LÖFFLER, Beck'sches Handbuch der Rechnungslegung, B 700, Rz. 36; BAETGE/KIRSCH/THIELE, Bilanzen, S. 373.

- Ferner besteht die Möglichkeit, durch *echte Teilabnahmen*[497] oder *kalkulatorische Teilabrechnungen*[498] eine Aufsplittung oder Separierung des Gesamtauftrages in einzelne Teile zu erreichen, die bei entsprechender Teillieferung und -abnahme als realisiert anzusehen und damit auch ergebniswirksam zu erfassen wären.[499]
- Bei der *Percentage of Completion (PoC)-Methode* werden Gewinne hingegen bereits entsprechend dem Fertigstellungsgrad des Auftrages zum jeweiligen Bilanzstichtag ergebniswirksam vereinnahmt.[500] Die Methode beruht dabei auf der Annahme, dass sich der Gewinn während eines Herstellungsprozesses stetig akkumuliert und daher bereits vor Fertigstellung und Abnahme ausgewiesen werden kann.[501] Zur Berechnung des periodengerechten Gewinns können unterschiedliche Verfahren herangezogen werden: Beispielhaft genannt werden sollen eine Bemessung durch „Errechnung des Anteils der bisher aufgelaufenen Aufwendungen an den geschätzten Gesamtaufwendungen des Auftrags, eine Bemessung durch Übersichten, die die ausgeführten Arbeiten nachweisen und die mengenmäßige Fertigstellung eines Auftragteiles bestimmen oder eine Bemessung durch eine Kombination dieser Möglichkeiten".[502]
- Neben der Selbstkostenaktivierung ermöglicht die *modifizierte Percentage of Completion-Methode* eine ergebnisneutrale Bilanzierung der langfristigen Fertigungsaufträge. Im Gegensatz zur Selbstkostenaktivierung werden allerdings nach dieser Methode den in einer Periode entstandenen Aufwendungen die Erträge gegenübergestellt – es kommt also bereits zu einem Umsatzausweis.[503]

---

497 Echte Teilabnahmen stellen eine vertragliche Aufgliederung des Auftrages in technisch und wirtschaftlich sinnvolle, selbstständige Teilleistungen dar, die auch – wie der Name schon vermuten lässt – einzeln abgenommen und abgerechnet werden können; sh. KRAWITZ, DStR 1997, S. 886, 890; vgl. ferner KOHL, Gewinnrealisierung bei langfristigen Aufträgen, S. 132 – 142.

498 Bei kalkulatorischen Teilabrechnungen handelt es sich in der Regel um nicht selbstständig abgrenzbare Teilleistungen. Insbesondere erfolgt keine Abnahme der Teillieferung durch den Auftraggeber. Sh. KOHL, Gewinnrealisierung bei langfristigen Aufträgen, S. 142 – 145.

499 Vgl. eingehend MARX/LÖFFLER, Beck'sches Handbuch der Rechnungslegung, B 700, Rz. 49 bis 69.

500 BAETGE/ZIESEMER/SCHMIDT in Baetge/Kirsch/Thiele, Bilanzrecht, § 252, Rz. 204; zur Berechnung solcher Teilabnahmen bzw. Teilabrechnungen sh. FREIDANK, DB 1989, S. 1197, 1201.

501 FREIDANK, DB 1989, S. 1197, 1203.

502 IASC, WPg 1979, S. 446, 448.

503 COENENBERG, Jahresabschluss und Jahresabschlussanalyse, S. 230.

Nachdem die einzelnen Vorgehensweisen zur Bilanzierung bzw. Erfassung von Gewinnen bei langfristigen Fertigungsaufträgen bzw. construction contracts dargestellt worden sind, stellt sich nun die Frage nach ihrer Zulässigkeit im Normensystem des HGB bzw. der IFRS.

a) Behandlung langfristiger Fertigungsaufträge nach dem HGB

Im HGB finden sich keine expliziten Regelungen für die Bilanzierung von langfristigen Fertigungsaufträgen.[504] Daher ist auf die allgemein gültigen Grundsätze zurückzugreifen. Besondere Relevanz im Rahmen der langfristigen Fertigungsaufträge erhalten die Prinzipien der Vorsicht und der Realisation: So dürfen nach dem strengen Realisationsprinzip des HGB Gewinne nur und erst dann berücksichtigt werden, wenn sie am Abschlussstichtag realisiert sind, § 252 Abs. 1 Nr. 4 Hs. 2 HGB. Eine Anwendung der PoC-Methode und eine kalkulatorische Teilabrechnung wären wegen der ergebniswirksamen Vereinnahmung nicht realisierter Gewinne also grundsätzlich mit dem Handelsbilanzrecht unvereinbar. Gleiches würde für die Selbstkostenaktivierung und die modifizierte PoC-Methode gelten; diese sehen sowohl eine Aktivierung von Vertriebskosten zur Erlangung des Auftrages als auch eine Aktivierung von Forschungskosten vor, obwohl diesbezüglich ausdrückliche Ansatzverbote bestehen, vgl. § 255 Abs. 2 S. 4 HGB.[505] Somit wäre nach den han-

504 Insbesondere die Problematik der Teilgewinnrealisierung im Bereich der langfristigen Auftragsfertigung hat nach wie vor keine einheitliche Lösung gefunden; vgl. hierzu bereits bspw. BFH, Urteil v. 24.01.2008 – V R 87/06 in BStBl. II 2008, S. 428 m.w.N. zu der ständigen Rechtsprechung des BFH; ELLROTT/BRENDT in Beck'scher Bilanzkommentar HGB, § 255, Rz. 457; KRANZ, Aspekte der Immobilienbilanzierung, S. 154.

505 So auch TIEDCHEN in MüKo AktG, § 252 HGB, Rz. 66; BAETGE/KIRSCH/THIELE, Bilanzen, S. 373 f.; KRAWITZ, DStR 1997, S. 886, 890; a. A.: ELLROTT/BRENDT in Beck'scher Bilanzkommentar, § 255, Rn. 459, 7. Auflage, die eine Erhöhung der Herstellungskosten bis zu den anteiligen Selbstkosten entgegen § 255 Abs. 2 S. 4 HGB erlauben, wenn absehbar ist, dass aus dem langfristigen Fertigungsauftrag kein Verlust resultiert und dieser sich über mehr als zwei Geschäftsjahre erstreckt; dabei wird der mögliche Ansatz der Zwischenwerte nur mit dem Hinweis auf das allgemeine Vorsichtsprinzip begründet; diese Begründung erscheint indes zweifelhaft, da ein solcher Ansatz allenfalls in den engen Grenzen des § 252 Abs. 2 HGB möglich wäre; sh. auch MARX/LÖFFLER, Beck'sches Handbuch der Rechnungslegung, B 700, Rz. 44. Die noch von ELLROTT/BRENDT, A.A.O., vertretene Ansicht wurde mithin in der 8. Auflage von GROTTEL/PASTOR in Beck'scher Bilanzkommentar, § 255, Rn. 459 als „[i]m Ergebnis nicht praktikabel" aufgegeben; wiederum a.A.: KRANZ, Aspekte der Immobilienbilanzierung, S. 254, der eine Gewinnrealisation entsprechend dem Fertigungsfortschritt im nationalen Recht de lege lata für „geradezu geboten" hält.

delsbilanzrechtlichen Vorschriften zwingend die Completed Contract-Methode anzuwenden, sofern es nicht vorher zu einer echten Teilabnahme des langfristigen Fertigungsauftrages durch den Auftraggeber kommt; diesbezüglich ist jedoch zu erwähnen, dass die echte Teilabnahme zumindest in der Praxis kaum von Relevanz ist, da es dem Auftragnehmer regelmäßig nicht gelingen wird, das Gesamterfüllungsrisiko des langfristigen Fertigungsauftrages vertraglich auszuschließen.[506]

Die Schlussfolgerung der ausschließlichen Anwendbarkeit der Completed Contract-Methode im HGB ist allerdings kritisch zu hinterfragen: Denn durch die hiermit einhergehende Anhäufung von Zwischenverlusten in den Perioden der Leistungserstellung und dem anschließenden Ausweis eines geballten Gewinnes in der Periode der Abnahme werden Periodenergebnisse des Unternehmens nicht entsprechend ihres wirtschaftlichen Erfolges wiedergegeben.[507] Vielmehr erfolgt eine Informationsverzerrung[508], die der Informationsfunktion des Jahresabschlusses zuwiderläuft und das in § 264 Abs. 2 S. 1 HGB geforderte, den tatsächlichen Verhältnissen entsprechende Bild der Vermögens-, Finanz- und Ertragslage des Unternehmens auf „verheerende"[509] Art und Weise modifiziert.

Gerade in einem solchen Kontext ist zu prüfen, ob ein Ausnahmefall i. S. v. § 252 Abs. 2 HGB gegeben ist, der ein Abweichen von dem strengen Realisationsprinzip begründen und somit die Anwendung einer anderen Methode zur Bilanzierung langfristiger Fertigungsaufträge erlauben würde.[510] Dem ist aber der Gesetzgeber in seiner Begründung zum BilMoG entschieden entgegengetreten. Dort heißt es:

> *„Aufgrund des Realisationsprinzips ist eine Umsatz- und Gewinnrealisierung bei langfristiger Auftragsfertigung erst in dem Zeitpunkt zulässig, in dem die Hauptleistung vollständig erbracht wurde. [...] Darüber hinaus wird vorgeschlagen, die nicht aktivierungsfähigen Kosten und anteiligen Gewinne in einer ausschüttungsgesperrten Bilanzierungshilfe zu erfassen. Berücksichtigt man, dass eine rechtliche Zahlungsverpflichtung regelmäßig erst mit der Ab-*

---

506 GROTTEL/PASTOR in Beck'scher Bilanzkommentar, § 255, Rn. 461; ähnlich KÜTING/BAUER/HESS U.A., DStR 2008, Beihefter zu DStR 47, S. 81, 85, die handelsrechtlich auf eine „nicht teilbare Leistung" abstellen.

507 MARX/LÖFFLER, Beck'sches Handbuch der Rechnungslegung, B 700, Rz. 30; so auch KRAWITZ, DStR 1997, S. 886, 888; MANSCH in HWRP, Langfristige Fertigung, Sp. 1449.

508 COENENBERG, Jahresabschluss und Jahresabschlussanalyse, S. 226.

509 MOXTER in FS Kropff, Fehlentwicklungen im Rechnungslegungsrecht, S. 511.

510 Einen Ausnahmefall i.S.v. § 252 Abs. 2 HGB bejahend WINKELJOHANN/BÜSSOW in Beck'scher Bilanzkommentar, § 252, Rn. 72; ADLER/DÜRING/SCHMALTZ, § 252 HGB, Rn. 87.

nahme des Werkes entsteht, besteht gegenwärtig kein Raum für eine Änderung der handelsbilanziellen Abbildung von langfristigen Fertigungsaufträgen".[511]

Demzufolge ist in einem HGB-Abschluss sowohl eine erfolgsneutrale als auch eine erfolgswirksame Bilanzierung bzw. Ausweisung von Gewinnen im Rahmen von langfristigen Fertigungsaufträgen ausgeschlossen.[512] Es ist daher zwingend die Completed Contract-Methode anzuwenden, sofern nicht ausnahmsweise eine echte Teilabnahme vorliegen sollte.[513]

b) Behandlung der construction contracts nach IFRS

Die Bilanzierung der construction contracts nach den IFRS ist in IAS 11 geregelt. Wie bereits eingangs am Rande erwähnt,[514] knüpft IAS 11 an keine Mindestvertragslaufzeit bzw. Auftragsabwicklungsdauer (zu denken wäre an eine langfristige oder periodenübergreifende Fertigung) an;[515] der Zielsetzung (objective) von IAS 11 ist allerdings zu entnehmen, dass auf Grund der Natur der Tätigkeit bei construction contracts das Datum, an dem die Tätigkeit begonnen wird, und das Datum, an dem sie beendet wird, in der Regel in verschiedene Bilanzierungsperioden fallen. Somit betreffen auch die construction contracts nach IAS 11 mindestens zwei Berichtsperioden.[516]

Nach IAS 11.3 ist ein Fertigungsauftrag definiert als ein Vertrag über die kundenspezifische Fertigung einzelner Gegenstände oder einer Anzahl von Gegenständen, die hinsichtlich Design, Technologie und Funktion oder hinsichtlich ihrer endgültigen Verwendung aufeinander abgestimmt oder voneinander abhängig sind. Wesentliches Merkmal der con-

---

511 BT-Drucksache 16/10067 v. 30.07.2008, S. 38.

512 Vgl. ROSSMANITH/FUNK/EHA, KoR 2010, S. 307, 316; BAETGE/KIRSCH/THIELE, Bilanzen, S. 374 ff.; KRAWITZ, DStR 1997, S. 886, 892; Marx/Löffler, Beck'sches Handbuch der Rechnungslegung, B 700, Rz. 44 und 85; GROTTEL/PASTOR in Beck'scher Bilanzkommentar, § 255, Rz. 462; MANSCH in HWRP, Langfristige Fertigung, Sp. 1450; TIEDCHEN in MüKo AktG, § 252 HGB, Rz. 66.

513 Vgl. a.a.O., Fn. 512; a.A.: KÜTING/BAUER/HESS U.A., DStR 2008, Beihefter zu DStR 47, S. 81, 85, die eine Selbstkostenaktivierung entgegen § 255 Abs. 2 S. 4 HGB bevorzugen; so auch ADLER/DÜRING/SCHMALTZ, § 246 HGB, Rn. 198; ferner WINKELJOHANN/BÜSSOW in Beck'scher Bilanzkommentar, § 252, Rn. 72; KÜTING/BAUER/HESS U.A., DStR 2008, Beihefter zu DStR 47, S. 81, 87 bevorzugen wohl sogar eine Anwendung der PoC-Methode für den HGB-Abschluss.

514 Vgl. oben, Fn. 490.

515 Vgl. BUHLEIER, MüKo Bilanzrecht IFRS, IAS 11, Rz. 16.

516 REINHART, RIW 1999, S. 417 f.

struction contracts ist mithin die kundenspezifische Projektierung[517], die nach deutschen Rechtsvorschriften sowohl Gegenstand eines Werk- bzw. Werklieferungsvertrages i. S. d. §§ 631 ff. und 651 ff. BGB als auch eines Dienstvertrages i. S. d. § 611 ff. BGB sein kann, vgl. IAS 11.5.[518] Dabei unterscheidet das IASB idealtypisch nochmals zwischen Festpreisverträgen (fixed price contract) und Kostenzuschlagsverträgen (cost plus contract), IAS 11.3. Während bei einem fixed price contract ein fester Preis bzw. ein festgelegter Preis pro Output-Einheit vereinbart wird, werden bei einem cost plus contract dem Auftragnehmer die abrechenbaren oder festgelegten Kosten zuzüglich eines prozentualen oder absoluten Gewinnaufschlags vergütet, IAS 11.3.

Erfüllt ein Sachverhalt die Definition eines construction contracts, führt dies regelmäßig zu einem Bilanzansatz von assets und liabilities, sofern die allgemeinen, im Conceptual Framework niedergelegten Kriterien erfüllt sind, vgl. CF.4.44, 4.46.[519] Abweichend vom Conceptual Framework regelt IAS 11 jedoch eine spezielle Art der Gewinnrealisierung bei construction contracts: Ist das Ergebnis eines solchen verlässlich zu schätzen, sind nach IAS 11.22 die in Verbindung mit dem construction contract entstehenden Auftragserlöse und Auftragskosten entsprechend dem Leistungsfortschritt am Abschlussstichtag jeweils als Erträge und Aufwendungen zu erfassen. Die Voraussetzungen, die an die Verlässlichkeit gestellt werden, hängen wiederum von dem zugrunde gelegten construction contract ab:

Das Ergebnis eines fixed price contract kann gemäß IAS 11.23 verlässlich geschätzt werden, wenn:

- die gesamten Auftragserlöse verlässlich bewertet werden können,
- es wahrscheinlich ist, dass der wirtschaftliche Nutzen aus dem Vertrag zufließt

---

517 Das IDW gibt für das Vorliegen einer kundenspezifischen Projektierung i.S.v. IAS 11.3 folgende Anhaltspunkte vor: 1. Begrenzte Anzahl der insgesamt gefertigten Vermögenswerte. 2. Komplexität der gefertigten Vermögenswerte. 3. Exklusivität der gefertigten Vermögenswerte. 4. Kundenspezifische und aufwändige Planung und Entwicklung. Vgl. IDW, RS HFA 2, Rn. 1, einsehbar in WPg 2005, S. 1402, 1403.

518 RIESE in Beck'sches IFRS Handbuch, § 9, Rz. 8 f.

519 IAS 11 enthält bis auf das in IAS 11.21 geregelte Nachaktivierungsverbot für in Vorperioden als Aufwand verrechnete Auftragserlangungskosten, wenn der Fertigungsauftrag in einer späteren Periode eingeht, keine von den Regeln des Conceptual Frameworks abweichenden Aktivierungskriterien; sh. BUHLEIER in MüKo Bilanzrecht IFRS, IAS 11, Rz. 28. Zu den Aktivierungskriterien des Conceptual Framework sh. oben, S. 56 ff.

- die noch anfallenden Kosten und der Grad der erreichten Fertigstellung am Abschlussstichtag verlässlich bewertet werden können und
- die Auftragskosten eindeutig bestimmt und verlässlich bewertet werden können, so dass die bislang entstandenen Auftragskosten mit früheren Schätzungen verglichen werden können.

Die Voraussetzungen für die verlässliche Schätzung des Ergebnisses bei cost plus contracts sind wegen des geringeren Risikos für den Auftragnehmer weniger streng:[520]

- Es muss lediglich wahrscheinlich sein, dass der wirtschaftliche Nutzen aus dem Vertrag zufließt und
- die Auftragskosten müssen eindeutig bestimmt sowie verlässlich bewertet werden können, und zwar unabhängig davon, ob sie gesondert abrechenbar sind.

Die verlässliche Ermittlung des Ergebnisses (outcome) eines construction contracts führt zu der zwingenden Anwendung der PoC-Methode, IAS 11.25, 11.22.[521] Dabei stehen dem Unternehmer auch in den IFRS zur Berechnung des periodengerechten Gewinnes bzw. zur Ermittlung des Fertigstellungsgrades verschiedene Verfahren zur Verfügung, vgl. IAS 11.30. In der Praxis dominiert jedoch die sog. cost to cost-Methode; diese setzt die bis zum Stichtag angefallenen Auftragskosten ins Verhältnis zu den am Stichtag geschätzten gesamten Auftragskosten, vgl. 11.30.[522]

Ist eine verlässliche Schätzung des Ergebnisses nicht möglich, findet die modifizierte PoC-Methode Anwendung, sofern ein Gewinn zu erwarten ist. Die GuV-wirksame Vereinnahmung der Erträge wird also auf die Höhe der angefallenen Fertigungskosten des Auftrages beschränkt.[523] Somit kommt es bei der Bilanzierung von construction contracts nach IFRS mindestens zu einer Erfassung der Erträge als Umsatzerlöse; darüber hinaus ermöglicht die Anwendung der PoC-Methode die ergebniswirksame Vereinnahmung eines noch nicht am Absatzmarkt realisierten Gewinnes. Denn die handelsbilanzrechtlich zwingend zu befol-

---

520 Vgl. COENENBERG, Jahresabschluss und Jahresabschlussanalyse, S. 233.

521 RIESE in Beck'sches IFRS Handbuch, § 9 Rz. 33; HAYN/HOLD in Wiley Handbuch IFRS, Abschn. 9, Rz. 135.

522 LÜDENBACH, IFRS, S. 204; so auch MEYER/BISCHOFF, ST 2009, S. 110, 111. Von der cost to cost-Methode zu unterscheiden sind die efforts expended-Methode, die eine Begutachtung der erbrachten Leistungen erfordert, und die units of work performed-Methode, die eine Vollendung des physischen Teils des Auftragswerks ins Verhältnis zu der vereinbarten Gesamtleistung setzt, IAS 11.30.

523 COENENBERG, Jahresabschluss und Jahresabschlussanalyse, S. 234.

gende Completed Contract-Methode ist nach den IFRS zumindest nicht mehr zulässig.[524]

Erwähnt werden soll noch die in der Literatur zuweilen geäußerte Kritik, dass die Voraussetzungen für eine verlässliche Schätzung des Ergebnisses dem Bilanzierenden große Ermessensspielräumen bzw. sogar bilanzpolitische faktische Wahlrechte einräumen.[525] Branchenkonventionen, das Stetigkeitsprinzip sowie Angabepflichten im Anhang begrenzen die Ermessensspielräume jedoch und lassen sie faktisch ins Leere laufen.[526]

c) Zwischenergebnis

Die im Bereich der langfristigen Fertigungsaufträge bzw. construction contracts voneinander abweichenden Realisationsprinzipien von HGB und IFRS führen zu einer temporären Verschiebung bzgl. der Vereinnahmung von Gewinnen in den jeweiligen Bilanzierungssystemen: Das vom Gläubigerschutz geprägte und dem Zwecke der Ausschüttungsbemessung dienende HGB entscheidet sich konsequenterweise für eine Gewinnrealisierung erst im Zeitpunkt der Fertigung und Abnahme, nimmt damit allerdings „verheerende“[527] Informationsverzerrungen in Kauf. Die alleinige Informationsfunktion der IFRS dagegen ermöglicht eine Gewinnrealisierung bereits im Zeitpunkt der verlässlichen Schätzung des Ergebnisses und beseitigt damit diese Informationsverzerrungen. Gravierende bilanzielle Auswirkungen sind hierdurch indes nicht zu beobachten. So ergab eine Studie von *Coenenberg u.a.* auf Basis von 154 deutschen börsennotierten Unternehmen, die im Geschäftsjahr 2005 bzw. 2005/2006 ihre Konzernrechnungslegung verpflichtend umgestellt haben, dass die Forderungen aus Lieferung und Leistung (hier erfolgt nach h. M. der Ausweis langfristiger Fertigungsaufträge)[528] im Durchschnitt um le-

524 Hayn/Hold, Wiley Handbuch IFRS, Abschn. 9, Rz. 135.

525 Vgl. LÜDENBACH in Haufe IFRS Kommentar, § 18, Rz. 38; POTTGIEßER/VELTE/WEBER, KoR, S. 310, 313.

526 BUHLEIER in MüKo Bilanzrecht IFRS, IAS 11, Rz. 55; vgl. hierzu auch bereits die allgemeinen Ausführungen oben, Dritter Abschnitt: § 1 III., insb. S. 54.

527 Vgl. MOXTER in FS Kropff, Fehlentwicklungen im Rechnungslegungsrecht, S. 511

528 BUHLEIER, MüKo Bilanzrecht IFRS, IAS 11, Rz. 183; KRAWITZ, DStR 1997, 886, 893; a.A.: BUSSE VON COLBE/SEEBERG, zfbf Sonderheft 43/1999, S. 79, nach denen „Aufträge in Bearbeitung“ zwingend in einem gesonderten Posten unter den Vorräten auszuweisen sind. Dieser Ansicht ist nicht zu folgen, da IAS 2 (Vorräte) Sachverhalte des IAS 11 explizit ausklammert, vgl. IAS 2.2(a), und zudem in IAS 11 keine Stütze findet.

diglich 2,24 % zunahmen.[529] Für den Anstieg ist die Anwendung der PoC-Methode und die damit einhergehende frühere Realisierung von Gewinnen verantwortlich.[530]

Verluste aus langfristigen Fertigungsaufträgen bzw. construction contracts werden übrigens nach beiden Bilanzierungssystemen mit Hilfe von Rückstellungen erfasst; hierauf wird sogleich noch genauer eingegangen werden.[531]

2. Immaterielle Vermögensgegenstände und intangible assets

Immaterielle Vermögensgegenstände bzw. intangible assets – also körperlich nicht fassbare Vermögensgegenstände und assets – haben in den vergangenen Jahren eindrucksvoll an Bedeutung gewonnen.[532] Dies ist auf den gegenwärtigen Wandel von produzierenden Industriegesellschaften hin zu Dienstleistungs- und Wissensgesellschaften zurückzuführen,[533] und spiegelt sich selbstredend in den Bilanzen der Unternehmen wider: So ergab eine Umfrage des Wirtschaftsprüfungs- und Beratungsunternehmens *KPMG* aus dem Jahre 2007, dass ca. ein Viertel aller befragten Unternehmen davon ausgehen, der Wertanteil immaterieller Güter an ihrem Gesamtvermögen betrage bereits 40 % oder mehr.[534] Und in den USA betrug der Anteil immaterieller Güter am Marktwert S&P 500 schon im Jahre 2005 bemerkenswerte 79,7 %.[535]

Diese Entwicklung wird folgerichtig auch von den Bilanzierungssystemen in zunehmendem Maße berücksichtigt: Bspw. sah das vom

529 COENENBERG/FRANK/THI U.A., KoR 2011, S. 133, 139; zur Studie vgl. Fn. 406.

530 COENENBERG/FRANK/THI U.A., KoR 2011, S. 133, 139; ebenfalls zu einem höheren Gewinnausweis nach IFRS führte die in den IFRS nicht gegebene Möglichkeit, die nach HGB zulässige *pauschale Wertberichtigung auf Forderungen* zu übernehmen.

531 Vgl. für die nach HGB zu bildende Rückstellung für drohende Verluste aus schwebenden Geschäften KOZIKOWSKI/ROSCHER in Beck'scher Bilanzkommentar, § 253, Rz. 524; für die IFRS BUHLEIER in MüKo Bilanzrecht IFRS, IAS 11, Rz. 158 ff; zur Bilanzierung von Rückstellungen sh. sogleich, S. 116 ff.

532 Vgl. ARBEITSKREIS „Immaterielle Werte im Rechnungswesen" der Schmalenbach-Gesellschaft für Betriebswirtschaft e.V., DB 2001, S. 989, 995; BISSINGER/DORNAUER/SCHNEEMANN, CFB 2010, S. 240, 256.

533 COENENBERG, Jahresabschluss und Jahresabschlussanalyse, S. 175; vgl. auch SEIDEL/GRIEGER/MUSKE, BB 2009, S. 1286.

534 Ferner schätzen ca. zwei Drittel der Unternehmen den Anteil immaterieller Güter am Gesamtvermögen auf bis zu 20 %; KPMG, Patente, Marken, Verträge, Kundenbeziehungen – Werttreiber des 21. Jahrhunderts, S. 21.

535 Im Vergleich zu einem Anteil von lediglich 16,8 % im Jahre 1975; sh. KPMG, Patente, Marken, Verträge, Kundenbeziehungen – Werttreiber des 21. Jahrhunderts, S. 34.

Vorsichtsprinzip dominierte HGB in der Fassung bis zum 29.05.2009 noch ein Aktivierungsverbot für selbst geschaffene, d.h. nicht entgeltlich erworbene und damit „nicht als realisiert anzusehende" immaterielle Vermögensgegenstände vor (vgl. § 248 Abs. 2 HGB a.F.). Aufgrund der progressiven Kritik, im Zeitalter von Wissen und Technologie würde diese Form der Bilanzierung zu einer Verzerrung des den tatsächlichen Verhältnissen entsprechenden Bildes der Vermögens- und Ertragslage führen,[536] ist durch das BilMoG jedoch zumindest ein Aktivierungswahlrecht für selbst geschaffene immaterielle Vermögensgegenstände des Anlagevermögens im HGB kodifiziert worden (vgl. § 248 Abs. 2 HGB n.F.). In den IFRS wiederum widmen sich gleich zwei Standards (IAS 38 und IFRS 3) detailliert der Bilanzierung von intangible assets.

Dabei ergeben sich Differenzen zwischen HGB und IFRS gerade im Bereich der *selbst geschaffenen* immateriellen Vermögenswerte, da diese – im Gegensatz zu den *entgeltlich erworbenen* immateriellen Vermögenswerten – weder ihre Verkehrsfähigkeit noch ihre Bewertbarkeit am Markt unter Beweis gestellt haben und dementsprechend der Ausgangspunkt für ihren Ansatz und ihre Bewertung fehlt.[537] Im Folgenden sollen daher primär die Unterschiede zwischen HGB und IFRS im Bereich der *selbst geschaffenen* immateriellen Vermögenswerte konkret dargestellt werden.

a) Immaterielle Vermögensgegenstände nach HGB

Der Tradition kontinentaleuropäischer Rechnungslegung entsprechend verzichtet das BilMoG auf ausführliche Regelungen zur Bilanzierung immaterieller Vermögensgegenstände.[538] Der vom privaten DRSC entwickelte DRS 12 enthält zwar sowohl eine Definition[539] als auch Regelungen zu Ansatz, Bewertung und Berichterstattung für immaterielle Ver-

---

536 Vgl. HENNRICHS, ZGR 2000, S. 627, 640; VELTE/SEPETAUZ, BC 2010, S. 349; COENENBERG, Jahresabschluss und Jahresabschlussanalyse, S. 176; KÜTING/ULRICH, DStR 2001, S. 1000, 1004.

537 Vgl. SCHÜLKE, DStR 2010, S. 992.

538 HENNRICHS, DB 2008, S. 537, 538; so auch KUHNER in Wysocki/Schulze-Osterloh/Hennrichs (Hrsg.), HdJ, Abt. II/1, Rz. 11; ferner FASSELT/BRINKMANN in Beck'sches Handbuch der Rechnungslegung, B 211, Rz. 1; sowie MARX/DALLMANN in Baetge/Kirsch/Thiele (Hrsg.), Bilanzrecht, § 266, Rz. 42.

539 Nach DRS 12.7 sind immaterielle Vermögenswerte alle identifizierbaren, in der Verfügungsmacht des Unternehmens stehenden, nicht monetären Vermögenswerte ohne physische Substanz, welche für die Herstellung von Produkten oder das Erbringen von Dienstleistungen, die entgeltliche Überlassung an Dritte oder für die eigene Nutzung verwendet werden können.

mögensgegenstände; DRS 12 ist allerdings – ohne auf die Frage seiner verpflichtenden Anwendung[540] eingehen zu müssen – aufgrund einer umfassenden Überarbeitung außer Kraft gesetzt worden.[541] Daher ist für eine Erfassung immaterieller Vermögensgegenstände auf Hinweise im HGB selbstzurückzugreifen. Diese lassen sich im Wesentlichen der Gliederungssystematik des § 266 HGB entnehmen. So gibt § 266 Abs. 2 A. I HGB zunächst vier Arten immaterieller Vermögensgegenstände des Anlagevermögens vor:

1. Selbst geschaffene gewerbliche Schutzrechte und ähnliche Rechte und Werte,
2. entgeltlich erworbene Konzessionen, gewerbliche Schutzrechte und ähnliche Rechte und Werte sowie Lizenzen an solchen Rechten und Werten,
3. den Geschäfts- oder Firmenwert, sowie
4. geleistete Anzahlungen.

Zudem ergibt sich aus § 266 Abs. 2 A. II. Nr. 1 und III. Nr. 3 HGB, dass bspw. grundstücksgleiche Rechte und Beteiligungen trotz ihrer Eigenschaft als *immaterielle* Vermögensgegenstände nicht als solche auszuweisen sind. Immaterielle Vermögensgegenstände des Anlagevermögens i.S.d. HGB können demnach nur solche *Vermögensgegenstände* sein, „die körperlich nicht fassbar sind, dauernd dem Geschäftsbetrieb zu dienen bestimmt sind und nicht den Finanzanlagen oder ausnahmsweise den Sachanlagen zuzurechnen sind".[542]

Grundvoraussetzung für die Aktivierung eines immateriellen Vermögensgegenstandes im HGB-Abschluss ist allerdings – wie der Name schon sagt – stets die Klassifizierung des fraglichen Gutes als *Vermögensgegenstand*[543] (arg. e. § 246 Abs. 1 S. 1 HGB).[544] Die Definition des *immateriellen Vermögensgegenstandes* hängt also maßgeblich von der Definition des *Vermögensgegenstandes* ab.[545] Somit setzt die Aktivierung eines imma-

540 Die DRS sind grundsätzlich lediglich im Rahmen eines HGB-Konzernabschlusses zu beachten.

541 Vgl. DRÄS 4 v. 05.01.2010, Präambel, S. 2.

542 BAETGE/KIRSCH/THIELE, Bilanzen, S. 244; vgl. zum Begriff der imateriellen Vermögensgegenstände auch BALLWIESER in MüKo HGB, § 247, Rz. 18 ff; ferner KOZIKOWSKI/F. HUBER in Beck'scher Bilanzkommentar, § 247, Rz. 372 ff.

543 Vgl. zum Vermögensgegenstand oben, S. 56 ff.

544 HENNRICHS, DB 2008, S. 537, 538; BT-Drucksache 16/10067 v. 30.07.2008, S. 50; ebenso FASSELT/BRINKMANN in Beck'sches Handbuch der Rechnungslegung, B 211, Rz. 3.

545 Sh. zur Definition des Vermögensgegenstandes oben, S. 56 ff.

teriellen Vermögensgegenstandes (so wie die eines Vermögensgegenstandes) insbesondere seine Einzelverwertbarkeit[546] voraus. Unternehmensspezifische immaterielle Werte, die nicht losgelöst vom Unternehmen verwertbar sind, stellen mithin keine immateriellen Vermögensgegenstände i.S.d. HGB dar.[547] Dies führt dazu, dass Werttreiber wie Kundenstämme, auf Besonderheiten des Unternehmens zugeschnittene Web-Seiten, unternehmensspezifische Betriebs- oder Nutzungsrechte, Anlagekonzepte, günstige Arbeitsverträge, Mitarbeiterfähigkeiten u.ä. nicht separat ansatzfähig sind.[548]

Daneben dürfen trotz ihrer selbstständigen Verwertbarkeit selbst geschaffene Marken, Drucktitel, Verlagsrechte, Kundenlisten oder vergleichbare immaterielle Vermögensgegenstände des Anlagevermögens nicht in der Bilanz angesetzt werden.[549] Das hat der Gesetzgeber explizit in § 248 Abs. 2 S. 2 HGB geregelt und stellt eine weitere Ausprägung des Vorsichtsprinzips dar. Denn diesen Posten ist gemein, dass ihre Herstellungskosten nicht zweifelsfrei von den auf den Geschäfts- oder Firmenwert[550] entfallenden Ausgaben abgegrenzt – d.h. selbstständig bewertet – werden können bzw. eine alternative Zurechnung möglich ist.[551] Nicht zweifelsfrei zurechenbare Aufwendungen sind aber bereits im Rahmen der materiellen Vermögensgegenstände sofort als Aufwand zu erfassen;[552] für immaterielle Vermögensgegenstände kann daher nichts anderes gelten.

---

546 Sh. zur Einzelverwertbarkeit von Vermögensgegenständen bereits oben, S. 57.

547 CLAUSSEN/CREZELIUS/HENNRICHS u.a., BB 2008, S. 152, 157; COENENBERG, Jahresabschluss und Jahresabschlussanalyse, S. 177; so auch KUHNER in Wysocki/Schulze-Osterloh/Hennrichs (Hrsg.), HdJ, Abt. II/1, Rz. 11 m.w.N.; BAETGE/KIRSCH/THIELE, Bilanzen, S. 157 m.w.N.; a.A. hingegen KROPFF in Geßler/Hefermehl/Eckardt u.a. (Hrsg.), AktG, § 149, Rz. 47, der auf das Kriterium der abstrakten Einzelveräußerbarkeit abstellen; ähnlich TIEDCHEN, Der Vermögensgegenstand im Handelsbilanzrecht; wiederum a.A. ADS, § 246, Rz. 28, die auf das Merkmal der Einzelvollstreckbarkeit zurückgreifen; so auch noch SCHULZE-OSTERLOH in Baumbach/Hueck (Hrsg.), GmbHG, 18. Auflage, § 42, Rz. 77.

548 HENNRICHS, DB 2008, S. 537, 538; CLAUSSEN/CREZELIUS/HENNRICHS, BB 2008, S. 152, 158.

549 Das HGB übernimmt die Bilanzierungsverbote des IAS 38.63 nahezu wörtlich; vgl. hierzu GROS, DK 2008, S. 466, 475; BAETGE/KIRSCH/THIELE, Bilanzen, S. 248.

550 Zum Geschäfts- oder Firmenwert vgl. unten, S. 110 ff.

551 BT-Drucksache 16/10067 v. 30.07.2008, S. 50; vgl. diesbezüglich auch KUßMAUL in Handbuch der Rechnungslegung, § 246, Rz. 10; ferner BAETGE/KIRSCH/THIELE, Bilanzen, S. 242; COENENBERG, Jahresabschluss und Jahresabschlussanalyse, S. 177.

552 Vgl. ebd.

Liegen abstrakte (Klassifizierung als Vermögensgegenstand) und konkrete (kein Fall des § 248 Abs. 2 S. 2 HGB) Aktivierungsfähigkeit des immateriellen Vermögensgegenstandes vor, sind diese grundsätzlich vollständig zu aktivieren (Aktivierungspflicht), § 246 Abs. 1 S. 1 HGB. Das gilt hingegen nur für *entgeltlich erworbenen* immaterielle Vermögensgegenstände; denn § 248 Abs. 2 S. 1 HGB räumt dem Bilanzierenden explizit ein Aktivierungswahlrecht für *selbst geschaffene* immaterielle Vermögensgegenstände ein. Die noch im Regierungsentwurf zum BilMoG geplante Pflicht zur Aktivierung sämtlicher immaterieller Vermögensgegenstände wurde somit nicht zuletzt aufgrund der Finanzkrise – und der damit einhergehenden Kritik am fair value und an der Aktivierungspflicht kaum messbarer Werte -[553] in letzter Sekunde durch ein Aktivierungswahlrecht verdrängt, vgl. § 248 Abs. 2 HGB n.F.

Die immateriellen Vermögensgegenstände nach HGB sind mit ihren AHK zu bewerten (§ 253 Abs. 1 S. 1 i.V.m. § 255 HGB) und ggf. planmäßig oder außerplanmäßig abzuschreiben.[554] Lediglich bei den selbst geschaffenen immateriellen Vermögensgegenständen ist zu beachten, dass nur die bei dessen Entwicklung anfallenden Aufwendungen nach § 255 Abs. 2 HGB angesetzt werden dürfen, vgl. § 255 Abs. 2a S. 1 HGB. Forschungskosten dürfen hingegen nicht in die Herstellungskosten einbezogen werden, § 255 Abs. 2a S. 4 HGB.

b) *Intangible assets nach IFRS*

Die im Conceptual Framework genannten Definitions- und Ansatzkriterien der assets werden für intangible assets in IAS 38.8 und 38.13-23 konkretisiert und um das Kriterium der Identifizierbarkeit ergänzt.[555] So definiert IAS 38.8 den intangible asset als identifizierbaren (identifiable), nicht monetären asset ohne physische Substanz. Neben den allgemeinen asset-Kriterien der Verfügungsmacht und des Zufließens eines künftigen wirtschaftlichen Nutzens[556] ist demnach das Kriterium der Identifizierbarkeit für intangible assets konstituierend.

553 Vgl. PETERSEN/ZWIRNER, KoR 2009, Beihefter 1 zu KoR 5, S. 1, 4.

554 Vgl. zur Abschreibung und außerplanmäßigen Abschreibung bereits oben, S. Dritter Abschnitt: § 1 V.

555 BAETGE/KIRSCH/THIELE, Bilanzen, S. 291; für die einzelnen Ansatzkriterien sh. THEILE in Heuser/Theile (Hrsg.), IFRS Handbuch, Rz. 1020 bis 1070.

556 Vgl. hierzu bereits oben, S. 58 ff.

Die Identifizierbarkeit – in IAS 38.11-12 geregelt – dient der unerlässlichen Abgrenzung eines intangible asset vom allgemeinen goodwill.[557] Nach IAS 38.12 ist ein asset identifizierbar, wenn er vom Unternehmen separierbar (separable) ist (d.h. vom Unternehmen getrennt und verkauft werden kann), IAS 38.12(a), oder aus einem vertraglichen oder gesetzlichen Recht entsteht, vgl. IAS 38.12(b). Im Vergleich zum HGB ergeben sich diesbezüglich Unterschiede in gleich zweierlei Hinsicht:

- Zum Einen ist die in IAS 38.12(a) geforderte Separierbarkeit nicht mit der Einzelverwertbarkeit nach HGB gleichzusetzen.[558] Nach IAS 38.12(a) S. 2 (ferner IAS 38.36 und IFRS 3.B33 S. 2) ist ein asset bereits dann separierbar, wenn er entweder einzeln *oder in Verbindung mit einem Vertrag, einem Vermögenswert oder einer Schuld* (either individually or together with a related contract, identifiable asset or liability) verwertet[559] werden kann. Die Einzelverwertbarkeit wird also in den IFRS gerade nicht gefordert; vielmehr genügt die Verwertbarkeit zusammen mit einer Gruppe anderer assets und liabilities. Daher können die nach HGB aufgrund ihrer fehlenden Einzelverwertbarkeit nicht aktivierungsfähigen Werttreiber wie Kundenstämme, auf Besonderheiten des Unternehmens zugeschnittene Web-Seiten, günstige Arbeitsverträge und Auftragsbestände u.ä. in den IFRS oftmals separat angesetzt werden (vgl. hierzu die illustrativen Beispiele in IFRS 3).
- Zum Anderen ist ein asset bereits dann identifizierbar, wenn er aus einem vertraglichen oder anderem gesetzlichen Recht entsteht. Eine weitergehende Separierbarkeit des fraglichen asset wird in IAS 38.12(b) nicht gefordert. Daher sind bspw. auf Verträgen beruhende günstige Kundenbeziehungen[560], Leasingverträge, Auftragsbestände

---

557 COENENBERG, Jahresabschluss und Jahresabschlussanalyse, S. 184; vgl. auch BÖCKING/WIEDERHOLD in MüKo Bilanzrecht IFRS, IAS 38, Rz. 14; SCHEINPFLUG in Beck'sches IFRS Handbuch, § 4, Rz. 6.

558 HENNRICHS, DB 2008, S. 537, 539; SCHRUFF/HAAKER in Wiley Handbuch IFRS, Abschn. 11, Rz. 22; a.A. aber DÖRNER/NEUBERT, IRZ 2008, S. 449, 453, nach denen die handelsrechtliche (abstrakte) Aktivierungskonzeption weiter sein soll als als diejenige nach IFRS, da IAS 38.57 einen konkreten Aktivierungszeitpunkt von Entwicklungskosten vorschreiben würde; dies wiederum würde jedoch dazu führen, dass das Ermessen des nach IFRS Bilanzierenden im Vergleich zum HGB erheblich reduziert sein soll.

559 Verwerten bedeutet in diesem Zusammenhang bspw. vermieten, verpachten, tauschen, vertreiben oder lizenzieren, vgl. IAS 38.12(a).

560 Eingehend zu Kundenbeziehungen BISSINGER/DORNAUER/SCHNEEMANN, CFB 2010, S. 240, 256; BAETGE/KEITZ in Rechnungslegung nach IFRS, Teil B, IAS 38, Rz. 22; THEILE in Heuser/Theile (Hrsg.), IFRS Handbuch, Rz. 1070.

und das Humankapital[561] aktivierbar, selbst wenn sie aufgrund von Bedingungen nicht getrennt von dem erworbenen Unternehmen verwertet werden dürfen; sogar günstige Arbeitsverträge dürfen nach IFRS 3.B37 wegen ihrer Vertragsbezogenheit gesondert als intangible asset in einem IFRS-Abschluss aktiviert werden.[562]

Den Bilanzierungssystemen HGB und IFRS gemein ist wiederum, dass ein ausdrückliches Ansatzverbot für selbst geschaffene Markennamen, Drucktitel, Verlagsrechte, Kundenlisten sowie ihrem Wesen nach ähnliche Sachverhalte besteht, IAS 38.63. Ferner unterscheiden die IFRS ebenfalls zwischen erworbenen und selbst hergestellten intangible assets: Ist das Ansatzerfordernis des wahrscheinlich zukünftigen Nutzens gemäß IAS 38.21(a) bei erworbenen intangible assets stets (always) erfüllt (vgl. IAS 38.33), stellt IAS 38.57 für die Aktivierung selbst geschaffener intangible assets zusätzliche Voraussetzungen auf, die zudem kumulativ erfüllt sein müssen. Hierzu gehören:

a) die technische Realisierbarkeit bis zur Markt- oder Gebrauchsreife;
b) die Absicht, den intangible asset weiterzuentwickeln und selbst zu nutzen bzw. zu vermarkten;
c) die Fähigkeit, den intangible asset selbst zu nutzen bzw. zu vermarkten;
d) die Erläuterung der Art und Weise, in welcher der intangible asset zukünftige wirtschaftliche Nutzen generiert (bspw. durch den Nachweis eines Marktes für den asset bzw. dessen output oder bei interner Nutzung durch den Nachweis der Brauchbarkeit für das Unternehmen);
e) die Verfügbarkeit adäquater technischer, finanzieller und anderer Mittel zum Abschluss der Entwicklung und zur Vermarktung bzw. Nutzung; sowie
f) die Fähigkeit des Unternehmens, die dem intangible asset zurechenbaren Ausgaben während der Entwicklungsphase verlässlich (reliably) bestimmen zu können.

---

561 Als Humankapital bezeichnet man Fähigkeiten, Fertigkeiten und Wissen, das in Personen verkörpert ist sowie durch Erfahrung, Ausbildung und Weiterbildung erlangt ist. Zur Aktivierungsfähigkeit vgl. HENNRICHS, DB 2008, S. 537, 539; BAETGE/KEITZ in Rechnungslegung nach IFRS, Teil B, IAS 38, Rz. 22; BÖCKING/WIEDERHOLD in MüKo Bilanzrecht IFRS, IAS 38, Rz. 11.

562 HENNRICHS, DB 2008, S. 537, 539; FÖRSCHLE/DEUBERT in Beck'scher Bilanzkommentar, § 301, Rz. 427.

Forschungskosten sind – ebenfalls wie im HGB – nicht zu berücksichtigen, vgl. IAS 38.54. Diesen Gemeinsamkeiten zum Trotz existieren jedoch weitere Unterschiede: Im Gegensatz zum HGB *sind* (Aktivierungspflicht) intangible assets im IFRS-Abschluss anzusetzen, falls abstrakte und konkrete Aktivierbarkeit[563] vorliegen. Dabei erfolgt ihre Bewertung zwar grundsätzlich zu AHK (IAS 38.24), die ggf. in den Folgeperioden um planmäßige oder außerplanmäßige Abschreibungen gemindert werden. Nach IAS 38.75 dürfen intangible assets im Rahmen der Folgebewertung hingegen auch auf Basis der Neubewertungsmethode (revaluation model) und damit zum fair value bewertet werden.

c) Zwischenergebnis

Die Divergenz zwischen immateriellen Vermögensgegenständen und intangible assets erscheint auf den ersten Blick beträchtlich. Bestätigung findet dies in der zuvor erwähnten Studie von *Coenenberg u.a.*, nach der das immaterielle Vermögen (ohne den separat zu behandelnden Geschäfts- oder Firmenwert) im Zuge einer Umstellung der Rechnungslegung von HGB auf IFRS im Mittel um 43,41 % zugenommen hat.[564] Ursächlich hierfür war im Wesentlichen die Aktivierung von Entwicklungskosten für immaterielle Vermögenswerte.[565] Dabei ist jedoch zu beachten, dass die Studie lediglich die Rechnungslegung im Geschäftsjahr 2005 bzw. 2005/2006 berücksichtigt; das HGB sah zu diesem Zeitpunkt (vgl. § 248 Abs. 2 a.F.) noch ein Aktivierungsverbot für selbst geschaffene immaterielle Vermögensgegenstände vor.

So wird vielfach schon davon ausgegangen, dass im Bereich des immateriellen Vermögens bei den theoretisch denkbaren Unterschieden die praktischen Gemeinsamkeiten zwischen IFRS und HGB überwiegen.[566] Das scheint ein Blick auf die nach IAS 38.75 mögliche Folgebewertung der intangible assets auf Basis der Neubewertungsmethode zu bestätigen: Gemäß IAS 38.75 S. 2 setzt deren Anwendungsmöglichkeit die Existenz eines aktiven Marktes voraus – in der Praxis sollte dies daher zu ei-

563 So muss der asset vom goodwill unterscheidbar sein, vom Unternehmen kontrolliert werden, ein Nutzenzufluss wahrscheinlich sein und seine AHK verlässlich ermittelt werden, vgl. IAS 38.11 bis 38.21b.

564 COENENBERG/FRANK/THI U.A., KoR 2011, S. 133, 137.

565 COENENBERG/FRANK/THI U.A., KoR 2011, S. 133, 137, 138.

566 Vgl. die Äußerungen bei LÜDENBACH, IFRS, S. 81; ferner SEIDEL/GRIEGER/MUSKE, BB 2009, S. 1285, 1290; a.A. KESSLER, PiR 2010, S. 33, 39, der zudem auf eine gewisse Branchenabhängigkeit hinweist.

ner Beschränkung auf seltene Einzelfälle führen.[567] Ferner eröffnet die Abgrenzung der Forschung- von den Entwicklungskosten aufgrund der Benutzung unbestimmter Rechtsbegriff und Beurteilungsspielräumen zwar in beiden Bilanzierungssystemen enorme Gestaltungspotentiale[568] bzgl. des Ansetzens und des Bewertens der immateriellen Vermögensgegenstände bzw. der intangible assets (in den IFRS spricht man von einem faktischen Aktivierungswahlrecht); mit einer einheitlichen Ausübung ist jedoch wohl zu rechnen.

Gerade durch die zuletzt genannten Gestaltungspotentiale werden allerdings enorme Unsicherheiten geschaffen. Zutreffend stellen Norton und Kaplan bspw. fest: „Wer den Nutzen immaterieller Werte messen kann, hat den heiligen Gral des Rechnungswesens gefunden".[569] Eine anderweitige Handhabung des immateriellen Vermögens (bspw. ein erneutes Aktivierungsverbot)[570] ist indes vor dem Hintergrund der zunehmenden Bedeutung immaterieller Vermögenswerte und der Informationsfunktion des Jahresabschlusses als nicht mehr zeitgemäß anzusehen. So überrascht es nicht, dass der deutsche Gesetzgeber den mit dem immateriellen Vermögen behafteten Unsicherheiten und der damit einhergehenden Gefährdung des Gläubigerschutzes anderweitig entgegengetreten ist: Wegen der regelmäßig nicht eindeutig zurechenbaren Herstellungskosten und des hohen Bedenkens hinsichtlich ihrer künftigen Nutzungsdauer wurden selbst geschaffene immaterielle Vermögensgegenstände des Anlagevermögens im HGB mit einer Ausschüttungssperre versehen, vgl. § 268 Abs. 8 S. 1 HGB.[571] Fraglich bleibt nur, warum der Gesetzgeber zur Reduzierung eines weiteren Wahlrechts und für eine zusätzliche Harmonisierung mit den IFRS keine Aktivierungspflicht für selbst geschaffene immaterielle Vermögenswerte vorgesehen hat, wenn der Posten unter Gläubigergesichtspunkten ohnehin nicht ausgeschüttet werden darf.[572]

---

567 SEIDEL/GRIEGER/MUSKE, BB 2009, S. 1285, 1289; ferner COENENBERG, Jahresabschluss und Jahresabschlussanalyse, S. 188; BAETGE/KEITZ in Rechnungslegung nach IFRS, Teil B, IAS 38, Rz. 111.

568 Vgl. bspw. KÜTING/ELLEMANN, DStR 2010, S. 1300, 1305; VELTE, BC 2010, S. 349, 350.

569 KAPLAN/NORTON, Harvard Business Manager 5/2004.

570 Gefordert u.a. von KÜTING/ELLEMANN, DStR 2010, S. 1300, 1306.

571 BT-Drucksache 16/10067 v. 30.07.2008, S. 49 f.

572 HENNRICHS, Protokoll Nr. 122 des deutschen Bundestages v. 17.12.2008, wies zwar zu Beginn der soeben zitierten öffentlichen Anhörung zum BilMoG darauf hin, dass die Rechnungslegung durch die vorgesehene Aktivierungspflicht für immaterielle Vermögensgegenstände erheblich komplexer werden würde und dass dies gerade die mittelständlichen Unternehmen eventuell überfordern könne; darüber hinaus sprach HENN-

3. Geschäfts- oder Firmenwert und goodwill

Auch die Bilanzierung des Geschäfts- oder Firmenwertes (vgl. § 246 Abs. 1 S. 4 HGB) bzw. des goodwill gewinnt in den Bilanzen der Unternehmen zunehmend an Bedeutung: Um die voranschreitende Globalisierung und die hiermit einhergehenden Herausforderungen des internationalen Wettbewerbs zu bestehen sind viele Unternehmen bemüht, ihre Positionierung am Markt durch strategische Unternehmensübernahmen neu zu justieren.[573] Dabei werden oftmals Kaufpreise gezahlt, die den Marktwert respektive die Marktkapitalisierung des zu übernehmenden Unternehmens im Erwerbszeitpunkt bei weitem übersteigen.[574] Der gezahlte Mehrwert, der sich bei der Rekordübernahme von Mannesmann durch Vodafone auf unvorstellbare 350 Mrd. DM belief,[575] wird in der Bilanz durch den sog. derivativen Geschäfts- oder Firmenwert (GoF) bzw. goodwill repräsentiert.

Der derivative GoF bzw. goodwill stellt mittlerweile die dominierende Teilkomponente des gesamten immateriellen Vermögens dar. So ergab eine Studie[576], dass bei 87 von 133 untersuchten Konzernabschlüssen kapitalmarktorientierter Unternehmen aus dem Jahre 2008 der GoF zu

---

RICHS, ebd., in diesem Zusammenhang Objektivierungsprobleme an, die im Falle der Implementierung einer Aktivierungspflicht für immaterielle Vermögensgegenstände ohnehin zu einem faktischen Wahlrecht führen würden; dies – so HENNRICHS, ebd., – würden schließlich auch die Erfahrungen mit IAS 38 belegen; mithin sei sich für ein Aktivierungswahlrecht auszusprechen. Diese Gründe finden sich in dem Gesetzesentwurf der Bundesregierung zum BilMoG allerdings nicht wieder. So lautet die mit LÜDENBACH/HOFFMANN, StuB 2009, S. 287, 292 zutreffend als „lapidar" festgestellte Begründung des Gesetzgebers: „Der Ausschuss erachtet es, ebenso wie der Bundesrat, als ausreichend [!], anstelle einer Aktivierungspflicht ein Aktivierungswahlrecht vorzusehen." Zitat bei BT-Drucksache 16/12407 v. 24.03.2009, S. 85; ähnlich kritisch SCHMITTMANN in Hoeren/Sieber/Holznagel (Hrsg.), Handbuch Mutlimedia-Recht, Teil 26.2, Rz. 42, der von einer nicht „nachvollziehbaren Begründung" spricht.

573 Vgl. KÜTING/KOCH, StuB 2003, S. 49; ähnlich KÜMPEL, DBW 2002, Nr. 2, S. 15.

574 KÜTING/KOCH, StuB 2003, S. 49; KÜTING, DStR 2010, S. 1855.

575 Vgl. KÜTING, KoR 2001, S. 185, 196. Bei der Fusion von DaimlerChrysler ergab sich „immerhin" ein gesondert auszuweisender goodwill von ca. 60 Mrd. DM, vgl. a.a.O.

576 Die Studie von PROF. DR. KARLHEINZ KÜTING findet sich in DStR 2009, S. 1863 – 1864. Der Nachfolger für das Geschäftsjahr 2009, der jedoch hauptsächlich den negativen Geschäfts- oder Firmenwert behandelt, ist abgedruckt in DStR 2010, S. 1855 – 1862. Im Zeitvergleich zu den letzten drei Jahren haben sich allerdings nur geringfügige Änderungen ergeben, vgl. KÜTING, DStR 2010, S. 1855, 1859.

mehr als 50 % des immateriellen Vermögens beigetragen hat.[577] Bei dem im Nikkei 225 gelisteten Unternehmen Olympus überstieg der bilanzierte derivative goodwill mit einem Wert von Y 168 Mrd. sogar die net assets i.H.v. Y 151 Mrd.[578]

Neben diesem derivativen GoF bzw. goodwill existiert noch ein sog. originärer – also selbst geschaffener – GoF bzw. goodwill, der im Laufe der Unternehmenstätigkeit durch den stetigen unternehmensinternen Auf- und Ausbau von wirtschaftlich immateriellen Werten entsteht;[579] er ergibt sich aus der Differenz zwischen Unternehmens- und Substanzwert.[580] Da der originäre GoF bzw. goodwill jedoch nicht durch einen Kaufpreis vergütet und damit nicht durch eine Markttransaktion objektiviert worden ist, besteht nach allen Rechnungslegungssystemen ein Aktivierungsverbot.[581] Dementsprechend können sich die folgenden Ausführungen auf den derivativen GoF bzw. goodwill beschränken.

a) Geschäfts- oder Firmenwert nach HGB

Das HGB bezeichnet in § 246 Abs. 1 S. 4 Hs. 1 HGB den Unterschiedsbetrag, um den die für die Übernahme eines Unternehmens bewirkte Gegenleistung den Wert der einzelnen Vermögensgegenstände des Unternehmens abzüglich der Schulden im Zeitpunkt der Übernahme übersteigt, als entgeltlich erworbenen (derivativen) Geschäfts- oder Firmenwert. Dabei hebt § 246 Abs. 1 S. 4 Hs. 2 HGB ausdrücklich hervor, dass der Unterschiedsbetrag lediglich als zeitlich begrenzt nutzbarer Vermögensgegenstand *gilt*. Dem Wortlaut nach stellt der GoF somit keinen Vermögensgegenstand dar. Im Rahmen eines entgeltlichen Erwerbs wird

577 KÜTING, DStR 2009, S. 1863, 1864; hierbei muss allerdings beachtet werden, dass die Ausführungen zum Konzernabschluss nicht in Gänze auf den Einzelabschluss übertragen werden können: So erfolgt bei einem sog. share deal (das Unternehmen wird durch Erwerb der alleinigen oder mehrheitlichen Beteiligung erworben) ein Ausweis des Erwerbs im Einzelabschluss nur im Finanzanlagevermögen; im Konzernabschluss werden durch die Kapitalkonsolidierung die Finanzanlagen durch die ihnen zugrunde liegenden Vermögensgegenstände und Schulden ersetzt (asset deal), wobei der Ansatz grundsätzlich mit dem fair value zum Zeitpunkt der erstmaligen Konsolidierung erfolgt; vgl. COENENBERG, Jahresabschluss und Jahresabschlussanalyse, S. 181, 672 ff.

578 Vgl. hierzu MCLANNAHAN/WHIPP in FTE v. 10.11.2011, S. 16, Olympus figures fail to hide pressures.

579 BAETGE/KIRSCH/THIELE, Bilanzen, S. 245.

580 ADLER/DÜRING/SCHMALTZ, § 255, Rz. 257.

581 KÜTING, DStR 2009, 1863; vgl. § 246 Abs. 1 S. 4 HGB und IAS 38.48.

die Aktivierung eines Vermögensgegenstandes allerdings qua gesetzlicher Fiktion erlaubt.[582]

Der auf diese Art und Weise aktivierte GoF ist in der Regel innerhalb von 5 Jahren planmäßig abzuschreiben (vgl. Art. 37 Abs. 2 S. 2 i.V.m. Art. 34 Abs. 1 Buchstabe a der Vierten Richtlinie 78/660/EWG des Rates vom 25. Juli 1987). Eine längere individuelle betriebliche Nutzungsdauer ist nur gestattet, sofern dies im Anhang angegeben und nachvollziehbar begründet wird, vgl. §§ 253 Abs. 3, 285 Nr. 13 HGB.

Daneben ist der GoF ggf. außerplanmäßig abzuschreiben, wenn sein beizulegender Wert voraussichtlich dauerhaft unter dem fortgeführten Buchwert liegt, vgl. § 253 Abs. 3 S. 3 HGB; in diesem Zusammenhang ist zudem § 253 Abs. 5 S. 2 HGB zu beachten, der – im Gegensatz zum allgemein gültigen Wertaufholungsgebot gemäß § 253 Abs. 5 S. 1 – ein explizites Wertaufholungsverbot für den GoF vorsieht. Das Verbot beruht auf der Annahme, dass eine spätere Werterholung zwar durchaus mit einem Wegfall der Gründe für die außerplanmäßige Abschreibung gerechtfertigt werden kann; wahrscheinlicher ist allerdings die Schaffung eines zusätzlichen und damit originären GoF durch die Geschäfts- oder Betriebstätigkeit des erwerbenden Unternehmens; die Aktivierung eines solchen Wertes verstößt jedoch gegen das Aktivierungsverbot des § 246 Abs. 1 S. 4 HGB, der gerade den entgeltlichen Erwerb des GoF voraussetzt.[583]

Noch zu erwähnen ist, dass ein negativer GoF[584] im HGB-Einzelabschluss – und damit entgegen den Regelungen des HGB-Konzernabschlusses (vgl. § 301 Abs. 3 HGB) – grundsätzlich nicht ansatzfähig ist.[585]

---

582 Vgl. hierzu auch BT-Drucksache 16/10067 v. 30.07.2008, S. 47 f.; die mit der Entgeltlichkeit einhergehende Objektivierung erlaubt zudem die Aktivierung von selbst geschaffenen immateriellen Werten, die bis dahin nach den Regeln des § 248 Abs. 2 S. 2 HGB bzw. IAS 38.63 einem Bilanzierungsverbot unterlagen; vgl. COENENBERG, Jahresabschluss und Jahresabschlussanalyse, S. 181. Für Beispiele separat vom goodwill zu bilanzierender immaterieller assets vgl. IFRS 3.A.B.

583 KOZIKOWSKI/ROSCHER/SCHRAMM in Beck'scher Bilanzkommentar, § 253, Rz. 676.

584 Ein negativer GoF ergibt sich, wenn das zu Zeitwerten bewertete Reinvermögen den Kaufpreis der Anteile übersteigt, vgl. KÜTING, DStR 2010, S. 1855.

585 Eine Ausnahme ergibt sich aus folgendem Sachverhalt: In der Regel sind bei dem Auftreten eines negativen GoF zunächst die zu Zeitwerten übernommenen Aktiva so weit zu kürzen, dass der Saldo der übernommenen Aktiva und Passiva dem gezahlten Kaufpreis entsprechen würde. Ausgenommen von dieser Kürzung sind allerdings liquide Mittel, die nicht gemindert werden dürfen, so dass in diesem Fall ein negativer GoF passiviert werden müsste. Sh. BAETGE/KIRSCH/THIELE, Bilanzen, S. 250; so auch PUSECKER/SCHRUFF, BB 1996, S. 735, 742; für einen *Ausgleichsposten* sprechen sich aus KOZIKOWSKI/HUBER in Beck'scher Bilanzkommentar, § 247, Rz. 407 m.w.N.; a.A.

b) Goodwill nach IFRS

Die Bilanzierung des goodwill nach den IFRS ist im Wesentlichen in den Standards IFRS 3[586] und IAS 36 geregelt. IFRS 3, der dem goodwill ausdrücklich Vermögenswertcharakter zuspricht,[587] definiert diesen im Appendix (IFRS 3.A) als asset, der die künftigen wirtschaftlichen Nutzenzuflüsse aus anderen bei einem Unternehmenszusammenschluss erworbenen assets repräsentiert. Aus einem Umkehrschluss zu IAS 38 ergibt sich zudem, dass die im goodwill anzusetzenden Werte nicht einzeln identifizierbar und damit separat aktivierbar sein dürfen,[588] da dies bereits zum eigenständigen Ansatz eines intangible asset führen würde (vgl. ferner IFRS 3.A, IAS 36.81). Demzufolge ist der goodwill im Bereich der Wertminderungen auch nicht als einzelner asset sondern als zahlungsmittelgenerierende Einheit[589] (bzw. kumulierte assets) i.S.d. IAS 36 anzusehen, IFRS 3.B63(a) i.V.m. IAS 36.80[590]

Die Ermittlung des goodwill erfolgt analog zum HGB als Restgröße aus der Kaufpreisallokation (vgl. IFRS 3.32) – und nicht etwa durch eine denkbare eigenständige Ermittlung des ihm beizulegenden fair value.[591]

Grundlegende Divergenzen zwischen HGB und IFRS ergeben sich erst im Rahmen der Folgebewertung, die im Bilanzierungssystem der IFRS aufgrund des Verweises von IFRS 3.B63(a) auf IAS 36 umfangreich und komplex geregelt ist: Nach IAS 36 ist der goodwill als intangible asset mit unbegrenzter (indefinite) Nutzungsdauer anzusehen. Demzufolge ist ei-

---

SIEGEL/BAREIS, BB 1993, S. 1477, 1485, die einen negativen GoF für nicht begründbar halten.

586 IFRS 3 ist primär bei der Konzernrechnungslegung anzuwenden. Der Standard kann allerdings auch im Einzelabschluss Anwendung finden, sofern ein Unternehmenszusammenschluss durch Kauf der einzelnen Nettovermögenswerte (asset deal) erfolgt, also nicht zu einer Mutter-Tochter-Beziehung führt bzw. durch Kauf der Anteile (share deal) erfolgt ist, IFRS 3.1 und 3.7; COENENBERG, Jahresabschluss und Jahresabschlussanalyse, S. 188.

587 PELLENS/FÜLBIER/GASSEN/SELLHORN, Internationale Rechnungslegung, S. 759.

588 Vgl. ASCHFALK-EVERTZ, WiSu 2009, S. 500.

589 Unter einer zahlungsmittelgenerierenden Einheit versteht man die jeweils kleinste identifizierbare Gruppe von assets, die Mittelzuflüsse aus ihrer fortgesetzten Nutzung erzeugt. Dabei sind die Mittelzuflüsse weitestgehend unabhängig von den Mittelzuflüssen anderer assets oder Gruppen von Vermögenswerten, IAS 36.6; ausführlich BARTELS/JONAS in Beck'sches IFRS Handbuch, § 27, Rz. 86 bis 120.

590 Vgl. BARTELS/JONAS in Beck'sches IFRS Handbuch, § 27, Rz. 25; KÜTING, BB 2011, S. 1195, 1198.

591 ASCHFALK-EVERTZ, WiSu 2009, S. 500, 501; PELLENS/FÜLBIER/GASSEN/SELLHORN, Internationale Rechnungslegung, S. 759.

ne im HGB-Abschluss vorzunehmende planmäßige Abschreibung über die zu erwartende Nutzungsdauer im IFRS-Regelwerk nicht zulässig. An deren Stelle tritt vielmehr ein im Grunde genommen jährlich vorzunehmender Wertminderungstest (impairment test).[592] Der impairment test sieht einen Vergleich des hypothetisch erzielbaren Verkaufspreises für das Unternehmen (bzw. der zahlungsmittelgenerierende Einheit, dem der goodwill angehört, da letzterem Cashflows nicht direkt zugeordnet werden dürfen, vgl. IAS 36.90, 36.22 und 36.66) mit dessen Buchwert vor, vgl. IAS 36.90. Als erzielbarer Verkaufspreis ist dabei der höhere Betrag aus einem aus dem Markt abgeleiteten und dem aufgrund von Ertragswertberechnungen ermittelten Unternehmenswert anzusehen, IAS 36.6. In diesem Zusammenhang ist allerdings zu beachten, dass ein Markt für Unternehmensverkäufe zumeist nicht existieren wird. Die Folgebewertung des nur außerplanmäßig abzuschreibenden goodwill (sog. impairment-only approach) wird somit regelmäßig auf subjektive Ertragswertberechnungen zu stützen sein.

Die Anwendung des impairment-only approach ist darüber hinaus vor dem Hintergrund eines weiteren Aspektes kritisch zu beäugen: Fortlaufende Investition des Unternehmers führen in der Regel zu einer unentwirrbaren Vermischung von derivativem und originärem goodwill; hierdurch entsteht die Möglichkeit, Wertverluste des außerplanmäßig abzuschreibenden derivativen goodwill durch Wertsteigerungen des originären goodwill zu kompensieren. Die Folge wäre die Aktivierung eines originären goodwill quasi durch die Hintertür.[593] Das Ansetzen eines originären goodwill ist jedoch auch nach den IFRS verboten ist, vgl. IAS 38.48; nur aus diesem Grunde existiert schließlich das in IAS 36.124 verankerte Wertaufholungsverbot für einen einmal wertgeminderten goodwill sowie das Zuschreibungsverbot des nach der Neubewertungsmethode bewerteten goodwill.[594]

Dennoch überwiegen nach Ansicht des IASB die Vorteile des impairment-only approach. So seien insbesondere die planmäßigen Abschreibungen des goodwill über seine geschätzte künftige Nutzungsdauer von

---

592 KÜTING/EICHENLAUB, BB 2011, S. 1195, 1198; BUSCH/ZWIRNER, IRZ 2011, S. 310, 311; MUGLER/ZWIRNER, IRZ 2011, S. 373; KÜTING, ST 2007, S. 220, 225.

593 Vgl. HENNRICHS in FS Schaumburg, Steuerzentrierte Rechtsberatung, S. 367, 373; BRÖSEL/ZWIRNER, BFuP 2009, S. 190, 203; ferner PELLENS/FÜLBIER/GASSEN/SELLHORN, Internationale Rechnungslegung, S. 767.

594 Vgl. BUSCH/ZWIRNER, IRZ 2011, S. 310, 311; ASCHFALK-EVERTZ, WiSu 2009, S. 500, 502.

Willkür geprägt; damit können diese aber für die Adressaten der Rechnungslegung keine entscheidungsrelevanten Informationen darstellen.[595]

In Übereinstimmung mit dem HGB ist indes die Bilanzierung des negativen goodwill geregelt, der unter gewöhnlichen Gegebenheiten in den IFRS ebenfalls nicht auftreten kann, da pessimistische Zukunftserwartungen als Ursache für einen negativen goodwill abgelehnt werden (vgl. IFRS 3.34 ff.). Pessimistische Zukunftserwartungen sind vielmehr bereits regelmäßig bei der Bewertung der assets und liabilities zu berücksichtigen, IFRS 3.36. Ein darüber hinaus verbleibender passivischer Unterschiedsbetrag – der bspw. aus einem Zwangsverkauf entstehen kann – ist sofort erfolgswirksam als Ertrag zu realisieren, vgl. IFRS 3.34.

c) Zwischenergebnis

Die obigen Ausführungen deuten bereits auf enorme Unsicherheiten hin, die mit der Bilanzierung des GoF bzw. goodwill einhergehen: Einerseits ist die grundsätzlich innerhalb von 5 Jahren vorzunehmende planmäßige Abschreibung des GoF – zumindest nach Ansicht des IASB – von Willkür geprägt. Andererseits impliziert der im Rahmen der Folgebwertung des goodwill lediglich einmal jährlich durchzuführende impairment-only approach aufgrund der regelmäßig durchzuführenden subjektiven Ertragswertberechnung erhebliche Ermessensspielräume; insofern kann es sogar zu der Aktivierung eines originären goodwill kommen. So verwundert es nicht, dass der GoF bzw. goodwill betriebswirtschaftlich mitunter als „Phantomgröße"[596] bezeichnet wird. Dabei ist gerade der GoF bzw. goodwill als Schlüsselgröße der Bilanzanalyse zu betrachten, kann er doch die Aussagen zur Unternehmenslage maßgeblich bestimmen:[597]

- Die Aktivierung eines GoF bzw. goodwill und seine planmäßige bzw. nur außerplanmäßige Abschreibung führt zu einem hohen bilanzpolitischen Gestaltungspotential.[598]

595 Vgl. diesbezüglich PELLENS/FÜLBIER/GASSEN/SELLHORN, Internationale Rechnungslegung, S. 767.

596 KÜTING, DStR 2010, S. 1855 ,1856; KÜTING/PETER, DB 2009, S. S. 2053, 2057.

597 Vgl. HENNRICHS in FS Schaumburg, Steuerzentrierte Rechtsberatung, S. 367, 374; für das HGB sh. ferner KÜTING, DStR 2010, S. 1855, 1856.

598 Vgl. ROTH in Petersen/Zwirner (Hrsg.), BilMoG, Teil III.2.a); KÜTING, DStR 2008, S. 1396, 1400.

- Der GoF bzw. goodwill stellt ein heterogenes Bewertungskonglomerat dar, dessen Aufgliederung in sich unterscheidende und klar zu identifizierende Komponenten nahezu unmöglich ist.[599]
- Zumindest in der Konzernbilanz ist der GoF bzw. goodwill von großer Bedeutung und hat mitunter „gigantische Dimensionen angenommen"[600].

Diesen bedeutenden Unwägbarkeiten zum Trotz ist der aktivierungspflichtige GoF selbst im gläubigerschützenden HGB nicht mit einer Ausschüttungssperre versehen worden, vgl. § 268 Abs. 8 HGB.[601]

4. Rückstellungen und provisions

Als Teil des Fremdkapitals stellen Rückstellungen bzw. provisions Kapitalbeträge dar, die in absehbarer Zukunft benötigt werden, um Verpflichtungen des Unternehmens gegenüber Dritten abzudecken, und – in Abgrenzung zum Eigenkapital – dem Unternehmen nur zeitlich begrenzt zur Verfügung stehen.[602] Die Praxis nutzt die Instrumente der Rückstellungen bzw. provisions intensiv zur Risikovorsorge.[603] Zudem sind die Volumina der Rückstellungen bzw. provisions unter finanzwirtschaftlichen Gesichtspunkten von herausragender Bedeutung, da sie mitunter die Innenfinanzierung eines Unternehmens verbessern und seinen cashflow erhöhen können.[604]

Der Umfang der Rückstellungen bzw. provisions wird entscheidend von der Zielsetzung und dem Zweck des Jahresabschlusses beeinflusst: Soll die Bilanz das Vermögen eines Unternehmens ausweisen, das den Gläubigern zur Befriedigung ihrer Ansprüche zur Verfügung steht (stati-

---

599 KÜTING, DStR 2010, S. 1855, 1856; vgl. hierzu auch GOLLNOW/HIMMEL, IRZ 2011, S. 185, 191.

600 So belief sich der goodwill der Deutschen Telekom im Geschäftsjahr 2005 auf 18.375,000 Mio. Euro; Zitat von KÜTING, ST 2007, S. 220, 225 f.; sh. hierzu auch bereits oben, S. 110 f.

601 Kritisch hierzu auch VELTE/KÖSTER, BBK 2009, S. 959, 963; PETERSEN/ZWIRNER/FROSCHHAMMER, KoR 2010, S. 334, 336.

602 Vgl. COENENBERG, Jahresabschluss und Jahresabschlussanalyse, S. 407.

603 Vgl. HERZIG/KÖSTER in Wysocki/Schulze-Osterloh/Hennrichs (Hrsg.), HdJ, Abt. III/5, Rz. 2.

604 So kann der massive Zufluss von Rückstellungsgegenwerten zur Finanzierung von Investitionen eingesetzt werden; sh. HERZIG/KÖSTER in Wysocki/Schulze-Osterloh/Hennrichs (Hrsg.), HdJ, Abt. III/5, Rz. 2; kritisch hierzu DORALT, DB 1998, S. 1357 f.; diesem widersprechend MERKERT/KOTHS in DB 1998, S. 1937 ff.

sche Bilanztheorie)[605], sind sämtliche Verpflichtungen des Unternehmens aufzunehmen, die das Haftungsvermögen schmälern (statische Rückstellungsinterpretation);[606] sieht man den Zweck hingegen primär in der periodengerechten Erfolgsermittlung (dynamische Bilanztheorie)[607], umfassen die Rückstellungen darüber hinaus auch reine Aufwandsrückstellungen, die nicht zu Verbindlichkeiten gegenüber Dritten führen (dynamische Rückstellungsinterpretation).[608]

a) Rückstellungen nach HGB

Das HGB enthält – wie gewohnt – keine Definition des Postens *Rückstellungen*. In § 249 HGB findet sich lediglich eine abschließende Aufzählung der handelsrechtlich zulässigen Rückstellungsarten, vgl. § 249 Abs. 2 S. 1 HGB; die Nennung von Rückstellungen für „unterlassene Aufwendungen für Instandhaltung, die im folgenden Geschäftsjahr innerhalb von drei Monaten, oder für Abraumbeseitigungen, die im folgenden Geschäftsjahr nachgeholt werden“ (§ 249 Abs. 1 Nr. 1 HGB) lässt jedoch bereits erkennen, dass der deutsche Gesetzgeber sowohl der statischen als auch der dynamischen Rückstellungsbegründung folgt.[609]

Der Inhalt des Bilanzpostens *Rückstellungen* ist folgerichtig aus den allgemeinen Bilanzierungsprinzipien – insbesondere aus dem Vollständigkeitsgebot (§246 Abs. 1 HGB), dem Realisationsprinzip sowie dem Imparitätsprinzip (§252 Abs. 1 Nr. 4 HGB) – abzuleiten.[610] Eine einheitliche Begriffsbestimmung erscheint indes wegen des unterschiedlichen Charakters von Rückstellungen mit Schuldcharakter auf der einen Seite und Aufwandsrückstellungen auf der anderen Seite (vgl. § 249 HGB) proble-

605 Sh. zur statischen Bilanztheorie bereits oben, S. 18 ff.; KLEINDIEK in Staub (Hrsg.), HGB, § 249, Rz. 7.

606 COENENBERG, Jahresabschluss und Jahresabschlussanalyse, S. 419; SCHEFFLER in Beck'sches Handbuch der Rechnungslegung, B 233, Rz. 1; BAETGE/KIRSCH/THIELE, Bilanzen, S. 408; HERZIG/KÖSTER in Wysocki/Schulze-Osterloh/Hennrichs (Hrsg.), HdJ, Abt.III/5, Rz. 23.

607 Sh. zur dynamischen Bilanztheorie bereits oben, S. 18 ff.

608 COENENBERG, Jahresabschluss und Jahresabschlussanalyse, S. 420; HERZIG/KÖSTER in Wysocki/Schulze-Osterloh/Hennrichs (Hrsg.), HdJ, Abt.III/5, Rz. 24; BAETGE/KIRSCH/THIELE, Bilanzen, S. 408 f.

609 Vgl. COENENBERG, Jahresabschluss und Jahresabschlussanalyse, S. 420; BAETGE/KIRSCH/THIELE, Bilanzen, S. 408 f.; MAYER-WEGELIN/KESSLER/HÖFER in Handbuch der Rechnungslegung, § 249, Rz. 17 bis 19.

610 SCHEFFLER in Beck'sches Handbuch der Rechnungslegung, B 233, Rz. 9; ähnlich HENNRICHS in MüKo AktG, § 249 HGB, Rz. 29.

matisch.[611] Allgemein und in Abgrenzung zu den Verbindlichkeiten kann allerdings festgehalten werden, dass Rückstellungen Passivposten sind, die solche Wertminderungen der Berichtsperiode als Aufwand zurechnen, die durch zukünftige Handlungen bedingt werden und deshalb bezüglich ihres Eintretens oder ihrer Höhe nach ungewiss sind.[612] Des Weiteren können folgende Ansatzkriterien für die unterschiedlichen Rückstellungsarten aufgestellt werden:

- Rückstellungen für ungewisse Verbindlichkeiten sind zu passivieren, wenn eine sichere oder wahrscheinliche Verpflichtung gegenüber einem Dritten am Bilanzstichtag rechtlich oder wirtschaftlich verursacht ist und der Bilanzierende mit einer Inanspruchnahme ernsthaft rechnen muss.[613]
- Rückstellungen für drohende Verluste aus schwebenden Geschäften mit Dritten sind anzusetzen, wenn aufgrund konkreter Anhaltspunkte das zu antizipierende Risiko vorhersehbar im Entstehen begriffen und damit generell vorhersehbar ist.[614]
- Aufwandsrückstellungen stellen hingegen eine Verpflichtung des bilanzierenden Kaufmanns gegen sich selbst dar, der er sich nicht entziehen kann, wenn er seinen Geschäftsbetrieb fortführen will.[615] Den Aufwandsrückstellungen liegt demzufolge – und in Abgrenzung zu den anderen Rückstellungen – keine rechtliche oder wirtschaftliche Verpflichtung gegenüber einem Dritten zugrunde. Erwähnenswert in diesem Zusammenhang ist, dass die Bildung von Aufwandsrückstellungen durch das BilMoG drastisch reduziert worden ist; dennoch sind Rückstellungen für Instandhaltungsmaßnahmen sowie für Ab-

---

611 HERZIG/KÖSTER in Wysocki/Schulze-Osterloh/Hennrichs (Hrsg.), HdJ, Abt.III/5, Rz. 6; vgl. auch MAYER-WEGELIN/KESSLER/HÖFER in Handbuch der Rechnungslegung, § 249, Rz. 19.

612 COENENBERG, Jahresabschluss und Jahresabschlussanalyse, S. 421; BAETGE/KIRSCH/THIELE, Bilanzen, S. 415; MAYER-WEGELIN/KESSLER/HÖFER in Handbuch der Rechnungslegung, § 249, Rz. 17; HERZIG/KÖSTER in Wysocki/Schulze-Osterloh/Hennrichs (Hrsg.), HdJ, Abt. III/5, Rz. 5 bis 6.

613 SCHEFFLER in Beck'sches Handbuch der Rechnungslegung, B 233, Rz. 10; ähnlich SCHUBERT, Der Ansatz von gewissen und ungewissen Verbindlichkeiten, S. 301; BALLWIESER in MüKo HGB, § 249, Rz. 10.

614 BAETGE/KIRSCH/THIELE, Bilanzen, S. 448; ausführlich hierzu MAYER-WEGELIN/KESSLER/HÖFER in Handbuch der Rechnungslegung, § 249, Rz. 182 bis 228; HENNRICHS in MüKo AktG, § 249 HGB, Rz. 91 ff.

615 SCHEFFLER in Beck'sches Handbuch der Rechnungslegung, B 233, Rz. 10; ähnlich HERZIG/KÖSTER in Wysocki/Schulze-Osterloh/Hennrichs (Hrsg.), HdJ, Abt.III/5, Rz. 337.

raumbeseitigungen nach wie vor zulässig, vgl. § 249 Abs. 1 S. 2 Nr. 1 HGB.[616]

Eine bestimmte Wahrscheinlichkeitsprognose bzgl. des Eintretens der Rückstellungen (etwa mehr als 50 %) wird vom deutschen Gesetzgeber nicht gefordert. Vielmehr genügen zunächst stichhaltige *Gründe* für die Greifbarkeit und Konkretisierbarkeit einer Verpflichtung.[617] In Konkretisierung hierzu stellte der BFH, der aufgrund seiner Rechtsprechung zum Steuerbilanzrecht den insofern übereinstimmenden handelsbilanzrechtlichen Rückstellungsbegriff maßgeblich prägt,[618] indes fest, dass eine Rückstellung nur dann passiviert werden dürfe, wenn „mehr Gründe für als gegen eine Inanspruchnahme sprechen".[619]

Des Weiteren lässt sich auch hinsichtlich des Passivierungszeitpunktes von Rückstellungen dem HGB lediglich eine lückenhafte Kodifizierung entnehmen.[620] Nach der Ansicht des BFH ist allerdings im Bereich der ungewissen Verbindlichkeiten zumindest im Steuerbilanzrecht entweder auf den Zeitpunkt ihres rechtlich wirksamen Entstehens *oder* auf die wirtschaftliche Verursachung abzustellen.[621] Sollten die maßgeblichen

---

616 Vgl. hierzu COENENBERG, Jahresabschluss und Jahresabschlussanalyse, S. 423, 441 f.; MERKT in Baumbach/Hopt (Hrsg.), HGB, § 249, Rz. 27 m.w.N., auch zu der alten Rechtslage.

617 Vgl. HEBESTREIT/SCHRIMPF-DÖRGES in Beck'sches IFRS-Handbuch, § 13, Rz. 195; PAWELZIK/THEILE in Heuser/Theile (Hrsg.), IFRS Handbuch, Rz. 3430.

618 Sh. hierzu BFH, Urteil v. 04.12.1980 – IV B 35/80 in BB 1981, S. 474.

619 Vgl. zum Grundsatz der Passivierungspflicht einer Rückstellung, wenn „mehr *Gründe* für als gegen eine Inanspruchnahme" sprechen: BFH v. 18.12.2001, VIII R 27/00 in DStR 2002, S. 444, 446; bzgl. einer „ernsthaften Inanspruchnahme" vgl. BFH v. 10.11.1993, I B 122/93 in DStR 1994, S. 129,130; ferner BFH v. 17.12.1998, IV R 21/97 in DStR 1999, S. 451 ff. Zwar wird diese Rechtsprechung z.T. im Sinne einer mathematischen 51 % Wahrscheinlichkeit verstanden; vgl. hierzu bspw. SENGER/BRUNE in MüKo Bilanzrecht IFRS, IAS 37, Rz. 37; ELLROTT/KRÄMER in Beck'scher Bilanzkommentar, § 249, Rz. 336; SCHUBERT, Der Ansatz von gewissen und ungewissen Verbindlichkeiten, S. 304, spricht insofern auch von einer herrschenden Ansicht in Judikatur und Schrifttum. Bei näherer Betrachtung stellt der BFH indes nicht primär auf eine mathematisch-statische Prozentgröße ab, sondern „auf ein juristisches Beweismaß unter Berücksichtigung der besseren oder zahlreicheren Gründe und Begründungen"; sh. hierzu LÜDENBACH/HOFFMANN, KoR 2003, S. 5, 6, m.w.N.; für das Zitat ebd.; vgl. auch, MOXTER, DStR 2004, S. 1057, 1058, der bereits eine Eintrittswahrscheinlichkeit von 25 % genügen lässt; so auch, BALLWIESER in MüKo HGB, § 249, Rz. 13; ähnlich ADLER/DÜRING/SCHMALTZ, International, Abschn. 18, Rz. 306.

620 Sh. hierzu bereits MOXTER, zfbf 1995, S. 311.

621 BFH, Urteil v. 27.06.2001 – I R 45/97 in DB 2001, S. 1698.

Zeitpunkte auseinanderfallen, sei der frühere entscheidend.[622] Einer in der Literatur verbreiteten Ansicht, die in „analoger" Anwendung des Realisationsprinzips Ausgaben in das Jahr verlagern will, in welchem die Einnahmen zufließen, aus denen die Ausgaben gedeckt werden sollen,[623] trat der BFH in erster Linie mit dem Hinweis auf das Gebot imparitätischer Behandlung entgegen. Dem würde es nämlich widersprechen, den Ausweis von Risiken und Verlusten erst mit der Realisierung der damit zu erzielenden Erträge vorzusehen.[624] Dies hat bspw. Auswirkungen auf langfristige Entsorgungs- und Wiederherstellungsverpflichtungen. So ist die rechtliche Verpflichtung des § 7 Abs 3 i.V.m. Abs. 2 Nr. 3 AtG zum vollständigen späteren Abbau eines Kernkraftwerkes bereits im Zeitpunkt der Inbetriebnahme des Reaktors begründet. Eine Zuordnung zu den Erträgen aus der Stromproduktion, die erst während der Nutzungsdauer des Kernkraftwerkes entstehen, kommt damit also nicht in Betracht.[625] Betriebswirtschaftliche Grundsätze wie das machting principle haben keine Bedeutung.[626] Im Falle der Entsorgungs- und Wiederherstellungsverpflichtungen erfolgt daher bspw. nach der Ermittlung des Gesamtrekultivierungsaufwands eine Verteilung des Aufwands über die Laufzeit der jeweiligen Rückstellung, die – ohne Veränderung des Buchwertes des betroffenen Vermögensgegenstandes – erfolgswirksam in den jeweiligen Folgeperioden ratierlich aufzufüllen ist.[627] Für den Passivierungszeitpunkt von Rückstellungen relevant ist zudem ein weiterer vom BFH aufgestellter Grundsatz, der besagt, dass für eine zwar faktisch bzw. rechtlich entstandene, aber zukunftsbezogene Verbindlichkeit eine Rückstellung erst dann gebildet werden darf, wenn diese hinreichend konkretisiert ist.[628] Darüber hinaus hat der BFH sowohl die Steuer- als auch (zwangsläufig) die Handelsbilanz durch zahlreiche weitere Einzelfälle

622 BFH, Urteil v. 27.06.2001 – I R 45/97 in DB 2001, S. 1698, 1699; vgl. auch KOZIKOWSKI/SCHUBERT in Beck'scher Bilanzkommentar, § 249, Rz. 34.

623 Vgl. bspw. NAUMANN, WPg 1991, S. 529, 536; BAETGE/KIRSCH/THIELE, Bilanzen, S. 415.

624 BFH, Urteil v. 27.06.2001 – I R 45/97 in DB 2001, S. 1698, 1700.

625 So aber wiederum BAETGE/KIRSCH/THIELE, Bilanzen, S. 415; NAUMANN, WPg 1991, S. 529, 536.

626 BFH, Urteil v. 27.06.2001 – I R 45/97 in DB 2001, S. 1698, 1700; WINNEFELD, Bilanz-Handbuch, D. VIII, Rz. 966; kritisch MOXTER, zfbf 1995, S. 311, 312 f.

627 MOXTER, zfbf 1995, S. 311, 312; ADS, § 253, Rz. 212, 240; SENGER/BRUNE in MüKo Bilanzrecht IFRS, IAS 37, Rz. 182; ADLER/DÜRING/SCHMALTZ, International, Abschn. 18, Rz. 308; a.A. hingegen SIEGEL, BFuP 1994, S. 1, 16 f., der sich für eine Passivierung der jeweiligen Rückstellung in voller Höhe ausspricht.

628 BFH, Urteil v. 10.12.1992 – XI R 34/91; WINNEFELD, Bilanz-Handbuch, D. VIII, Rz. 966.

geprägt. Im Folgenden soll daher ein kurzer, fallbezogener Überblick über die vom BFH auferlegten Passivierungsverbote einzelner Rückstellungsarten gegeben werden. So unterliegen

- künftige Erfolgsprämien gegenüber Arbeitnehmern;[629]
- Nachbetreuungsleistungen von Optikern und Hörgeräteverkäufern;[630]
- künftige Ausgleichsschulden gegenüber Handelsvertretern gem. § 89b HGB vor Beendigung des Vertragsverhältnisses;[631]
- künftige Beiträge an den Pensionssicherungsverein[632] (für die jedoch handelsbilanzrechtlich eine Rückstellung gebildet werden darf)[633];
- künftige Beiträge zur gesetzlichen Unfallversicherung;[634] sowie
- künftige Beiträge an den Garantiefonds der Banken[635]

einem Passivierungsverbot. Schwankungsrückstellungen zum Ausgleich von Schwankungen im Schadenverlauf künftiger Jahre unterliegen hingegen nach der Rechtsprechung des BFH und in Übereinstimmung mit § 341h HGB keinem Ansatzverbot und sind infolgedessen zu passivieren, sofern „insbesondere" die in § 341h HGB genannten Voraussetzungen gegeben sind.[636]

Die Bewertung der Rückstellungen erfolgt gemäß § 253 Abs. 1 S. 2 HGB in Höhe des nach vernünftiger kaufmännischer Beurteilung notwendigen Erfüllungsbetrages; hiermit einher geht die zwingende Berücksichtigung künftiger Preis- und Kostensteigerungen (oder ggf. entsprechender Preis- und Kostensenkungen).[637] Rückstellungen mit einer Restlaufzeit von mehr als einem Jahr sind ferner mit dem ihrer Restlaufzeit entsprechenden durchschnittlichen Marktzinssatz der vergangenen sieben Geschäftsjahre abzuzinsen, § 253 Abs. 2 S. 1 HGB.

Essentielle Besonderheiten ergeben sich bei der Bewertung von – dem Grunde nach als Rückstellungen für ungewisse Verbindlichkeiten gemäß § 249 Abs. 1 HGB S. 1 Alt. 1 zu passivierenden – Pensionsverpflichtungen[638]: Sofern sich deren Höhe ausschließlich nach dem beizulegenden

---

629 BFH, Urteil v. 18.06.1980 – I R 72/76 in BStBl. II 1980, S. 741.

630 BFH, Urteil v. 10.12.1992 – XI R 34/91 in BStBl. II 1994, S. 158.

631 BFH, Beschluss v. 04.12.1980 – IV B 35/80 in BStBl. II 1981, S 266.

632 BFH, Urteil v. 13.11.1991 – I R 102/88 in BB 1992, S. 603.

633 Vgl. hierzu etwa RHIEL in Haufe IFRS Kommentar, § 22, Rz. 93 m.w.N.

634 BFH, Urteil v. 24.04.1968 – I R 50/67 in BStBl. II 1968, S. 544.

635 BFH, Urteil v. 13.11.1991 – I R 102/88 in BB 1992, S. 603.

636 BFH, Urteil v. 12.06.1968 – I 278/63.

637 Vgl. BT-Drucksache 16/10067 v. 30.07.2008, S. 36.

638 Der Begriff der „Pensionsverpflichtungen" ist mit dem der „Altersversorgungspflichten" deckungsgleich, vgl. BERTRAM/HARTH in Haufe HGB Kommentar, § 253, Rz. 69.

Zeitwert von Wertpapieren i.S.d. § 266 Abs. 2 A. III. 5 HGB bestimmt, sind Rückstellungen hierfür mit dem beizulegenden Zeitwert (§ 255 Abs. 4 HGB) der Wertpapiere anzusetzen, falls ein garantierter Mindestbetrag überstiegen wird, § 253 Abs. 1 S. 3 HGB. Diesbezüglich räumt § 253 Abs. 2 S. 1 HGB dem Bilanzierenden zudem die Möglichkeit ein, Pensionsrückstellungen pauschal mit dem durchschnittlichen Marktzinssatz abzuzinsen, der sich bei einer angenommenen Restlaufzeit von 15 Jahre ergibt.

Zur Ermittlung der Pensionsrückstellungswerte und der erforderlichen Zuführungen finden sich im HGB erneut keine Angaben. Es herrscht vielmehr Methodenfreiheit.[639] Anerkannt waren und sind die Gegenwartswertmethode sowie die Teilwertmethode.[640] Beide Methoden sehen eine gleichmäßige Verteilung der zu erwartenden Pensionszahlungen auf die Perioden vor Eintritt des Versorgungsfalles vor und unterscheiden sich nur bzgl. des erstmaligen Ansatzes der Pensionsrückstellung (Zusage der Pension bei der Gegenwartsmethode bzw. Diensteintritt des Arbeitnehmers bei der Teilwertmethode).[641] In der Praxis wurde aufgrund der steuerrechtlich ausschließlich zulässigen Teilwertmethode aus Praktikabilitätsgründen zumeist der steuerrechtliche Wert nach § 6a Abs. 3 EStG angesetzt;[642] mittlerweile ist jedoch eine Verschiebung hin zur projected unit credit method (PUC-method) nach IFRS zu beobachten,[643] die mangels expliziter Regelung im HGB ebenfalls als zulässig erachtet wird.[644] Die PUC-method geht davon aus, dass in jedem Dienstjahr ein zusätzlicher Teil des endgültigen Leistungsanspruchs erdient wird, IAS 19.65. Als erdient gilt aber in der Regel nur derjenige Teil der er-

---

639 Vgl. PAWELZIK/THEILE in Heuser/Theile, IFRS Handbuch, Rz. 3600.

640 COENENBERG, Jahresabschluss und Jahresabschlussanalyse, S. 432; WINNEFELD, Bilanz-Handbuch, E. XII, Rz. 1637; SCHEFFLER in Beck'sches Handbuch der Rechnungslegung, B 233, Rz. 205; ähnlich BAETGE/KIRSCH/THIELE, Bilanzen, S. 431, die aber zudem auf die Methode der laufenden Einmalprämien (projected unit credit method) hinweisen.

641 COENENBERG, Jahresabschluss und Jahresabschlussanalyse, S. 432.

642 SEEMANN in Beck'sches IFRS-Handbuch, § 26, Rn. 134; vgl. die Studie von GASSEN/PIERK/WEIL, DB 2011, S. 1061 ff., nach der 59 von 92 Unternehmen im Geschäftsjahr 2008 die Teilwertmethode i.S.d. § 6a Abs. 3 EStG nutzten; vgl. a.a.O., S. 1064.

643 GASSEN/PIERK/WEIL, DB 2011, S. 1061, 1064. So bewerteten im Geschäftsjahre 2009 bereits 52 von 92 Unternehmen nach der PUC-method – im Vergleich zu 6 von 92 im Geschäftsjahre 2008; vgl. zur PUC-Methode sogleich in den provisions nach IFRS.

644 Vgl. bspw. BAETGE/KIRSCH/THIELE, Bilanzen, S. 444; THIELE/KAHLING in Baetge/Kirsch/Thiele (Hrsg.), Bilanzrecht, § 253, Rz. 157; HÖFER in Handbuch der Rechnungslegung, § 249, Rz. 681.

reichbaren Pensionsleistungen, der dem Verhältnis von der am Stichtag abgeleisteten Dienstzeit zu der beim jeweiligen Leistungsbeginn erreichbaren Dienstzeit entspricht.[645] Der Aufwand wird somit nicht gleichmäßig über die Dienstzeit verteilt, sondern entspricht dem tatsächlichen Aufwand, der für den Versorgungsberechtigten in dem jeweiligen Jahr anfällt. Es kommt also – im Gegensatz zur Teilwertmethode – zu einer unterschiedlichen Verteilung des Versorgungsaufwands auf die Dienstzeit des Berechtigten, die nach der PUC-method anfangs deutlich geringer ist.[646]

Darüber hinaus besteht im HGB ein Saldierungsgebot für Pensionsverpflichtungen mit ihrem Planvermögen, sofern dieses dem Zugriff aller Gläubiger entzogen ist und ausschließlich der Erfüllung von Schulden dient, § 246 Abs. 2 S. 2 HGB. Dabei ist zu beachten, dass das Planvermögen nach § 253 Abs. 1 S. 4 HGB mit seinem beizulegenden Zeitwert zu bewerten ist. Zugleich stellt dies die einzige auf der Aktivseite vorzunehmende fair value Bewertung im allgemeinen Teil des HGB dar.[647] Sollte der Zeitwert des Planvermögens den Barwert[648] des Erfüllungsbetrages der zugehörigen Pensionsverpflichtungen übersteigen, ist der Überschuss gesondert als „Aktiver Unterschiedsbetrag aus der Vermögensverrechnung" in der Bilanz auszuweisen, vgl. §§ 246 Abs. 2 S. 3 und 266 Abs. 2 E. HGB.[649] Dieser Unterschiedsbetrag ist konsequenterweise gemäß § 268 Abs. 8 S. 3 HGB mit einer Ausschüttungssperre versehen worden.

Zu beachten ist ferner das in Art. 28 EGHGB eingeräumte Passivierungswahlrecht für Altzusagen sowie für mittelbare Versorgungszusagen und pensionsähnliche Verpflichtungen, sofern der Pensionsberechtigte seinen Rechtsanspruch vor dem 1. Januar 1987 erworben hat bzw. ein sich zuvor Erworbener lediglich erhöht.[650]

---

645 HEGER/WEPPLER in Wysocki/Schulze-Osterloh/Hennrichs (Hrsg.), HdJ, Abt. III/7, Rz. 226.

646 Vgl. WIELENBERG/BLECHER in MüKo Bilanzrecht IFRS, IAS 19, Rn. 28 bis 38; BUETTNER/LORSON/ MELCHER, KoR 2009, S. 461, 466 Abb. 2, 467; BORST, VW 2010, S. 665 ff., Abb. 1.

647 Vgl. PRYSTAWIK, DB 2010, S. 345. Die fair value Bewertung von Finanzinstrumenten des Handelsbestandes nach § 340e HGB findet sich in den ergänzenden Vorschriften für Kredit- und Finanzdienstleistungsinstituten.

648 Zum Begriff des Barwertes vgl. bereits Fn. 132.

649 Vgl. GASSEN/PIERK/WEIL, DB 2011, S. 1061 f.; NOODT in Haufe HGB Kommentar, § 246, Rn. 117; SCHEFFLER in Beck'sches Handbuch der Rechnungslegung, B 233, Rz. 264.

650 Sh. hierzu ELLROTT/RHIEL in Beck'scher Bilanzkommentar, § 249, Rz. 167.

Daneben ist zu bemerken, dass allgemein ein weiteres Beibehaltungswahlrecht für die mit dem BilMoG entfallenen Rückstellungsarten besteht, vgl. Art. 67 Abs. 3 EGHGB.[651]

b) Provisions nach IFRS

Provisions sind im Bilanzierungssystem der IFRS als Teil der liabilities anzusehen, vgl. CF.4.19. Ihre Bilanzierung ist im Wesentlichen in IAS 37 geregelt. Darüber hinaus finden sich jedoch zahlreiche Sonderregelungen (bspw. für construction contracts, vgl. IAS 11.22 bzw. 11.32 i.V.m. 11.36, oder für Leistungen an Arbeitnehmer, vgl. IAS 19) in anderen Standards.

In Übereinstimmung zum HGB definiert IAS 37.7 provisions allgemein als liabilities, die bezüglich ihrer Fälligkeit oder ihrer Höhe nach ungewiss sind.[652] Unterschiede ergeben sich allerdings bereits aus den in IAS 37.14 vorzufindenden zusätzlichen Ansatzkriterien, die sich an der liability-Definition des Conceptual Framework[653] orientieren. Danach ist eine provision nur dann zu passivieren, wenn

a) einem Unternehmen aus einem Ereignis der Vergangenheit eine gegenwärtige Verpflichtung (present obligation) rechtlicher oder faktischer Art entstanden ist,
b) der Abfluss von Ressourcen mit wirtschaftlichem Nutzen zur Erfüllung dieser Verpflichtung wahrscheinlich (probable) ist, und
c) eine verlässliche Schätzung (reliable estimate) der Höhe der Verpflichtung möglich ist.

Die nach Buchstabe a) erforderliche gegenwärtige Verpflichtung rechtlicher oder faktischer Art (vgl. IAS 37.17) betrifft immer eine andere (d.h. dritte) Partei, IAS 37.20; nach § 249 S. 2 Nr. 1 HGB zu passivierende Innenverpflichtungen in Form von Aufwandsrückstellungen sind damit nach IAS 37 unzulässig.[654] Zu beachten ist jedoch, dass sich Innenver-

---

651 Ausführlich hierzu HOPT in Baumbach/Hopt (Hrsg.), HGB, Art. 67 EGHGB, Rz. 1 bis 7; ELLROTT in Beck'scher Bilanzkommentar, Art. 67 EGHGB, Rz. 15.

652 Für die Qualifikation als provision und in Abgrenzung zu den liabilities wird mithin eine gewisse Unsicherheit bzw. Schätzung (estimation) vorausgesetzt, CF.4.19; vgl. auch SENGER/BRUNE in MüKo Bilanzrecht IFRS, IAS 37, Rz. 11; KEITZ/WOLLMERT/OSER U.A. in Rechnungslegung nach IFRS, IAS 37, Rz. 14.

653 Vgl. hierzu bereits oben, S. 62 f.

654 Vgl. HAYN/HOLD-PAETSCH in Wiley Handbuch IFRS, Abschn. 4, Rz. 33 und 139; MERKT in Baumbach/Hopt (Hrsg.), HGB, § 249, Rz. 49; BALLWIESER in MüKo HGB, § 249, Rz. 85.

pflichtungen in Einzelfällen zu Außenverpflichtungen wandeln können,[655] bspw. durch Mitteilung eines Restrukturierungsplans gemäß IAS 37.72.[656]

Das unter b) aufgeführte Kriterium der Wahrscheinlichkeit (probability) des Nutzenabflusses ist nach IAS 37.23 erst dann erfüllt, wenn mehr Gründe für einen Ressourcenabfluss sprechen als dagegen (more likely than not). Im Gegensatz zu den bloß stichhaltigen *Gründen* für die Existenz einer Verpflichtung nach HGB muss nach IFRS also eine mögliche Inanspruchnahme des Unternehmens zu 50 % oder mehr erfolgen.[657] Ein darunter liegender Wert führt lediglich zur Angabe einer Eventualverbindlichkeit im Anhang, sofern der Abfluss von Ressourcen nicht unwahrscheinlich (mehr als 5 %)[658] ist.

Hinsichtlich des Aktivierungszeitpunktes einer provision enthält IAS 37 hingegen keine explizite Regelung. Eine Rückstellung ist daher zu dem Zeitpunkt zu bilden, an dem die zuvor dargestellten Ansatzkriterien erstmals kumulativ erfüllt sind.[659] Dies ergibt sich auch aus einem Umkehrschluss zu IAS 37.30. Hiernach sind Eventualschulden regelmäßig daraufhin zu überprüfen, ob ein Abfluss von Ressourcen mit wirtschaftlichem Nutzen wahrscheinlich geworden ist; ist dies der Fall, so ist die als Eventualschuld dargestellte Verpflichtung als Rückstellung auszuweisen, IAS 37.30 S. 3.[660]

Unterschiede zum nationalen Recht ergeben sich hinsichtlich des Aktivierungszeitpunktes bspw. im Rahmen der langfristigen Entsorgungs- und Wiederherstellungspflichten. So ist nach der Ermittlung des Gesamtrekultivierungsaufwands der erforderliche Aufwand für die Entsor-

---

655 HEBESTREIT/SCHRIMPF-DÖRGES in Beck'sches IFRS-Handbuch, § 13, Rz. 37.

656 Für Restrukturierungsverpflichtungen im Einzelnen vgl. SCHEFFLER in Beck'sches Handbuch der Rechnungslegung, B 233, Rz. 665 bis 668; SENGER/BRUNE in MüKo Bilanzrecht IFRS, IAS 37, Rz. 151 bis 162.

657 So auch HERZIG/KÖSTER in Wysocki/Schule-Osterloh/Hennrichs (Hrsg.), HdJ, Abt. III/5, Rz. 68; LÜDENBACH/HOFFMANN, KoR 2003, S. 5; a.A. wohl PAWELZIK/THEILE in Heuser/Theile, IFRS Handbuch, Rz. 3431, die auch das Kriterium der Wahrscheinlichkeit nach HGB mit mehr als 50 % auslegen. Dies wird vom BFH aber m.E. gerade nicht gefordert, vgl. hierzu bereits oben, Fn. 617 m.w.N.

658 RUHNKE, Rechnungslegung nach IFRS und HGB, S. 576; für eine 10 % Grenze sh. PILHOFER, Rückstellungen im internationalen Vergleich, S. 116.

659 SENGER/BRUNE in MüKo Bilanzrecht IFRS, IAS 37, Rz. 45; KEITZ/WOLLMERT/OSER U.A. in Rechnungslegung nach IFRS, IAS 37, Rz. 28; ADLER/DÜRING/SCHMALTZ, International, Abschn. 18, Rz. 30.

660 SENGER/BRUNE in MüKo Bilanzrecht IFRS, IAS 37, Rz. 45; vgl. hierzu auch HEBESTREIT/SCHRIMPF-DÖRGES in Beck'sches IFRS-Handbuch, § 13, Rz. 20; PAWELZIK/THEILE in Heuser/Theile (Hrsg.), IFRS-Handbuch, Rz. 3435.

gungs- und Wiederherstellungspflichten zunächst abzuzinsen; hieran anschließend ist der ermittelte Barwert als Anschaffungs- bzw. Herstellungskostenbestandteil zu aktivieren und – um die Erfolgsneutralität zu gewährleisten – zugleich eine Rückstellung zu passivieren; in den Folgeperioden erfolgt sodann eine Abschreibung des Anschaffungs- bzw. Herstellungskostenbestandteils bei gleichzeitiger Aufzinsung der Rückstellung.[661]

Weitere Differenzen im Vergleich zur nationalen Bilanzierung ergeben sich im Zusammenhang mit den einzelnen Rückstellungsarten, die oben unter Zugrundelegung der BFH-Rechtsprechung dargestellt worden sind und hier wieder aufzugreifen sind:

- So sind künftige Erfolgsprämien gegenüber Arbeitnehmern nach IFRS zu passivieren, sofern die allgemeinen Passivierungskriterien des Conceptual Framework (CF.4.4 ff.) erfüllt sind, IAS 19.17, 21;[662]
- Nachbetreuungsleistungen von Optikern und Hörgeräteverkäufern sind zu passivieren, da es sich um eine Verpflichtung aus einem Vergangenheitsereignis handelt, dem sich das Unternehmen nicht entziehen kann.[663]
- künftige Ausgleichsschulden gegenüber Handelsvertretern gem. § 89b HGB dürfen vor Beendigung des Vertragsverhältnisses hingegen auch nach den IFRS nicht passiviert werden, da kein Vergangenheitsereignis i.S.d. IAS 37.19 bzw. 19 vorliegt;[664]
- künftige Beiträge an den Pensionssicherungsverein sind indes – erneut im Gegensatz zum Steuerbilanzrecht, aber in Übereinstimmung zum Handelsbilanzrecht – grundsätzlich mit ihrem Ratenzahlungsbarwert zu passivieren, vgl. IAS 37.45 ff.;[665]

---

661 Sh. ADLER/DÜRING/SCHMALTZ, International, Abschn. 18, Rz. 116 und 117; SENGER/BRUNE in MüKo Bilanzrecht IFRS, IAS 37, Rz. 182.

662 Vgl. hierzu WIELENBERG/BLECHER in MüKo Bilanzrecht IFRS, IAS 19, Rz. 13 f.; zur möglichen Passivierung von Erfolgsprämien im Bereich des Profifussballs LÜDENBACH/HOFFMANN, DB 2004, S. 1442, 1446 f.; zu den allgemeinen Passivierungskriterien des Conceptual Framework sh. bereits oben, S. 62 f.

663 HOFFMANN in Haufe IFRS Kommentar, § 21, Rz. 175; a.A. aber KEITZ/WOLLMERT/OSER U.A. in Rechnungslegung nach IFRS, Teil B, IAS 37, Rz. 185, die eine Passivierungspflicht ablehnen, da die Nachbetreuungsleistung vertraglich vereinbart sei und folglich einen Teil des Verkaufserlöses darstelle.

664 Vgl. KEITZ/WOLLMERT/OSER U.A. in Rechnungslegung nach IFRS, Teil B, IAS 37, Rz. 177; HOFFMANN in Haufe IFRS Kommentar, § 21, Rz. 175; SENGER/BRUNE in MüKo Bilanzrecht IFRS, IAS 37, Rz. 135 f.

665 RHIEL in Haufe IFRS Kommentar, § 22, Rz. 93.

- Beiträge wie bspw. diejenigen zur gesetzlichen Unfallversicherung oder solche an den Garantiefonds der Banken stellen indes in Übereinstimmung zur Steuer- und Handelsbilanz auch nach den IFRS keine provision dar. Die diesbezüglichen Determinanten sind hinsichtlich ihrer Höhe und Fälligkeit am Abschlussstichtag regelmäßig soweit konkretisiert, dass keine provision, sondern eine accrual auszuweisen sein dürfte.[666]
- Schwankungsrückstellungen dürfen indes erneut im Gegensatz zur Steuer- und Handelsbilanz nicht passiviert werden, da diese nach den IFRS die Ansatzvoraussetzungen einer Stichtagsverbindlichkeit verfehlen und ihre Passivierung infolgedessen im Widerspruch zu dem Conceptual Framework steht, IFRS 4.BC89.[667]

Dabei ist nach c) die provision mit dem Betrag anzusetzen, der die bestmögliche Schätzung (best estimate) der Ausgabe darstellt, IAS 37.36. Dieser Betrag wird in der Regel niedriger ausfallen als der nach vernünftiger und kaufmännischer Beurteilung notwendige Erfüllungsbetrag. Hierfür wird nicht zuletzt das im HGB dominierende Vorsichtsprinzip Sorge tragen.[668] Die Pflicht zur Anpassung der provision (IAS 37.59) besteht hingegen ebenso wie die generelle Abzinsungspflicht (IAS 37.45) auch nach IFRS. Die Abzinsung erfolgt allerdings nicht wie im HGB zu Durchschnittszinssätzen, sondern zu einem der Fristigkeit entsprechenden Marktzinssatz, IAS 37.47.

Den im HGB zu den ungewissen Verbindlichkeiten i.S.d. § 249 Abs. 1 HGB Alt. 1 gehörenden Pensionsverpflichtungen widmen sich die IFRS ausführlich in einem separaten Standard, vgl. IAS 19 ‚Employee benefits'. Erwähnenswert ist, dass der Standard selbst die Bildung von provisions für leistungsorientierte Pläne (defined benefit plans)[669] in IAS 19.48 als *komplex* bezeichnet. Grund hierfür ist neben ihrer Bewertung anhand von versicherungsmathematischer Annahmen, mit denen versicherungsma-

---

666 So wohl auch SIGLOCH/WEBER in Michalski (Hrsg.), GmbHG, Anh. §§ 41 – 42a, Rz. 991; SENGER/BRUNE in MüKo Bilanzrecht IFRS, IAS 37, Rz. 110.

667 HOMMEL/LÖW in MüKo HGB, § 341h, Rz. 35; SCHLÜTER/BONIN in Beck'sches IFRS-Handbuch, § 40, Rz. 23; NGUYEN/GROSCHE, IRZ 2011, S. 525, 529 f.; GEIB/HAMMERS in MüKo Bilanzrecht IFRS, IFRS 4, Rz. 32.

668 Vgl. HEBESTREIT/SCHRIMPF-DÖRGES in Beck'sches IFRS-Handbuch, § 13, Rz. 200.

669 Leistungsorientierte Pläne sind von den in IAS 19.43 ff. geregelten beitragsorientierten Plänen (defined contribution plans) abzugrenzen. Letztere sind wie nach HGB nach IAS 19.43 *einfach* zu bilanzieren, da diesbezüglich abgeführte Beträge als Aufwand und Auszahlung der jeweiligen Periode zu erfassen sind; die Notwendigkeit einer provision entfällt. Vgl. LÜDENBACH, IFRS, S. 242.

thematische Gewinne und Verluste einhergehen können, die Notwendigkeit zur Diskontierung, IAS 19.48.

Der Ansatz der provisions für die defined benefit plans ergibt sich aus der Differenz zwischen dem Barwert der künftigen Leistungen an die Arbeitnehmer und den für die Erfüllung dieser Leistungen vorgesehenen Vermögenswerten (Planvermögen bzw. plan assets), IAS 19.54. Wie im HGB besteht also ein Saldierungsgebot der provisions mit den plan assets, das ebenfalls zum fair value zu bewerten ist (IAS 19.102 ff) und bei Vorliegen eines Überschusses als Aktivposten auszuweisen ist (IAS 19.58). Die zur Ermittlung der Pensionsrückstellungswerte und der erforderlichen Zuführungen nach HGB anzuwendende Gegenwartswertmethode bzw. Teilwertmethode ist nach IFRS hingegen nicht mehr zulässig.[670] Vielmehr ist das Verfahren laufender Einmalprämien (projected unit credit method oder PUC-method) zwingend anzuwenden, IAS 19.50(b), 19.64 ff.[671]

Noch erwähnt werden soll, dass nach IAS 19.120-125 für defined benefit plans umfangreiche Angabepflichten im Abschluss vorgesehen sind – im Gegensatz zu den nur wenigen Angaben bspw. bei der Anwendung des Passivierungswahlrechts nach Art. 28 EGHGB im HGB-Abschluss.

c) Zwischenergebnis

Die Divergenzen zwischen HGB und IFRS im Bereich der Rückstellungen bzw. provisions scheinen immens zu sein. Dies ist nicht zuletzt den verschiedenen Eckpfeilern der Bilanzierungssysteme – dem Vorsichtsprinzip nach HGB auf der einen und dem true and fair view nach IFRS auf der anderen Seite – geschuldet, die den Begriff der Rückstellungen bzw. provisions bedeutend prägen. Umso erstaunlicher ist es, dass die aufgezeigten theoretisch möglichen Unterschiede zwischen HGB und IFRS in der Praxis nur zu geringen Abweichungen führen.[672] Das kann im Grunde genommen auch der oben erwähnten Studie von *Coenenberg u.a.*[673] entnommen werden. Diese zeigt zwar einen Rückgang der Rückstellungen ohne Pensionsverpflichtungen (sonstige Rückstellungen) von 29,91 %

---

670 SEEMANN in Beck'sches IFRS-Handbuch, § 26, Rn. 50; vgl. auch WIELENBERG/BLECHER in MüKo Bilanzrecht IFRS, IAS 19, Rz. 28 ff.; RHIEL in Haufe IFRS Kommentar, § 22, Rz. 26 bis 27.

671 BAETGE/KIRSCH/THIELE, Bilanzen, S. 454; DRIESCH/SENGER/BEIERSDORF in Beck'sches IFRS-Handbuch, § 46, Rz. 112; zur PUC-method sh. bereits oben, S. 122.

672 Sh. LÜDENBACH, IFRS, S. 252; a.A. insofern aber wohl TANSKI, IRZ 2009, S. 367, 371.

673 Vgl. zur Studie Fn. 406.

auf.[674] Zu beachten ist allerdings, dass sich die Studie auf das Geschäftsjahr 2005 und damit auf das HGB a.F.[675] bezieht; die dargelegten Hauptgründe für den Rückstellungrückgang – die fehlende Möglichkeit zum Ansatz umfangreicher Aufwandsrückstellungen nach IFRS und eine nicht vorzunehmende Abzinsung der Rückstellungen nach HGB – sind indes mit dem BilMoG weitestgehend entfallen. Damit werden sich die Unterschiede bei den sonstigen Rückstellungen auf den nach IFRS zugrunde zu legenden höheren Grenzwert für die Wahrscheinlichkeit einer Inanspruchnahme im Rahmen von Außenverpflichtungen und auf bestimmte Sachverhalte wie z.B. Urlaubsrückstellungen, die nach IFRS als Verbindlichkeiten auszuweisen sind, begrenzen.[676]

Wegen ihres Umfangs von den sonstigen Rückstellungen abzugrenzen und gesondert zu behandeln sind indes die Pensionsverpflichtungen bzw. die provisions für defined benefit plans. Diese stellten bereits nach HGB a.F. mit einem Anteil von 7,3 % an der Bilanzsumme respektive 9,7 % am Fremdkapital eine hohe wirtschaftliche Belastung für Unternehmen dar.[677] Mit dem BilMoG ergab sich für das Geschäftsjahr 2009 im Rahmen der freiwilligen Anwendung der BilMoG-Regelungen sogar eine nochmalige Erhöhung im Mittel um 24,9 % – respektive 2,1 % relativ zur Bilanzsumme;[678] mit einem weiteren Anstieg im Rahmen der verpflichtenden Umstellung im Geschäftsjahr 2010 ist also zu rechnen.[679] Damit kommt es durch die Umsetzung des BilMoG aber auch zu einer weitgehenden Angleichung von HGB und IFRS, da die IFRS aufgrund der niedrigeren Abzinsung[680] und der umfassenden Berücksichtigung versicherungsmathematischer Annahmen (IAS 19.64, 19.73) einen deutlich höheren Wert als nach HGB a.F. bzw. EStG ausgewiesen haben.[681] Die neue

---

674 Vgl. COENENBERG/FRANK/THI U.A. in KoR 2011, S. 133, 139.

675 Gemeint ist die Fassung des HGB bis zum 29.05.2009 und damit vor dem BilMoG.

676 COENENBERG/FRANK/THI U.A. in KoR 2011, S. 133, 139, 140.

677 Vgl. BUETTNER/LORSON/MELCHER, KoR 2009, S. 461.

678 GASSEN/PIERK/WEIL, DB 2011, S. 1061, 1066.

679 Vgl. ebenda; vgl. hierzu auch SEEMANN, Beck'sches IFRS-Handbuch, § 26, Rz. 137.

680 Zugrunde gelegt wurde ein Zinssatz von 6 % nach HGB (vgl. § 6a Abs. 3 EStG) gegenüber einem Zinssatz von 4,6 % im Mittel nach IFRS; vgl. COENENBERG/FRANK/THI U.A. in KoR 2011, S. 133, 139. Zum 31.08.2010 ergab sich eine Zinsreduktion auf 4,30 %. Der aktuelle Rechnungszins für die IFRS ist einsehbar unter: http://www.mercer.de/ articles/Rechnungszins. Eine Zinssatzreduktion um 10 Basispunkte erhöht die Pensionsverpflichtung im Schnitt näherungsweise um 1,87%; vgl. GASSEN/PIERK/WEIL, DB 2011, S. 1061, 1064.

681 LÜDENBACH, IFRS, S. 252; BUETTNER/LORSON/MELCHER, KoR 2009, S. 461, 463.

Vorgehensweise des HGB nach BilMoG ist daher grundsätzlich zu begrüßen.

Vor diesem Hintergrund und unter Beachtung der Ausschüttungssperre gemäß § 268 Abs. 8 S. 3 HGB stellen die Übergangsregelungen des Art. 28 (dessen Aufhebung noch im Referentenentwurf des BilMoG vorgesehen war)[682] und 67 EGHGB allerdings einen obskuren Fremdkörper dar. Das Passivierungswahlrecht für Altzusagen (Art. 28 EGHGB) sowie das Wahlrecht zur Streckung notwendiger Zuführungsbeträge (Art. 67 Abs. 1 S. 1 EGHGB) räumen den ökonomisch überschuldeten Unternehmen neben ihren erheblichen Ermessensspielräumen[683] die Möglichkeit ein, Ausschüttungen an die Eigentümer aus Gewinnrücklagen vorzunehmen, obwohl diese unter Berücksichtigung der vollen Zuführungseffekte längst aufgebraucht wären;[684] so weisen Beispielrechnungen von *Buettner, Lorson und Melcher* bei Anwendung der Streckung auf eine Senkung des Jahresergebnisses um lediglich 7,5 % anstelle von bedeutend höheren 47,1 % hin.[685] Die im EGHGB eingeräumten Wahlrechte sollten daher ersatzlos gestrichen werden.

Die Auswirkungen von latenten Steuern, die bspw. im Bereich des Planvermögens, bei der Bewertung von Pensionsrückstellungen unter Verwendung eines anderen als in § 6a Abs. 3 S. 3 EStG steuerlich vorgeschriebenen Satzes von 6 % oder bei einer Abzinsung von Rückstellungen zu einem unterschiedlichen als in § 6 Abs. 1 Nr. 3a EStG festgelegten Zinssatz von 5,5 % entstehen können, werden sogleich behandelt.

5. Latente Steuern und deferred taxes

Latente Steuern bzw. deferred taxes entstehen, wenn Handels- bzw. IFRS-Bilanzgewinn und der als Bemessungsgrundlage für die Ertragsbesteuerung zu ermittelnde Steuerbilanzgewinn voneinander abweichen. Sie resultieren aus einer fiktiven Steuerschuld, die wiederum aufgrund eines nicht durch die steuerlichen Bilanzierungsvorschriften beeinflussten Handels- bzw. IFRS-Bilanzgewinnes entsteht.[686] Ihre Ermittlung erfolgt im Wesentlichen mittels zweier voneinander abweichender Konzepte:

682 Vgl. BilMoG RefE v. 08.11.2007, S. 203.

683 Vgl. WEINAND/OLDEWURTEL/WOLZ, KoR 2011, S. 161, 165.

684 GASSEN/PIERK/WEIL, DB 2011, S. 1061, 1065; FÜLBIER/GASSEN, DB 2007, S. 2605, 2610.

685 BUETTNER/LORSON/MELCHER, KoR 2009, S. 461, 468; bei Anwendung der PUC-method ergibt sich ein Wert von 8,5 % anstelle von 41,7 %.

686 Vgl. COENENBERG, Jahresabschluss und Jahresabschlussanalyse, S. 470.

1. Dem timing-Konzept, das GuV-orientiert ist und dementsprechend nur solche zeitlich (timing) begrenzten Bilanzierungs- und Bewertungsunterschiede zwischen Handels- bzw. IFRS-Bilanz und Steuerbilanz in die Steuerabgrenzung einbezieht, die sich sowohl in ihrer Entstehung als auch in ihrer Umkehrung GuV-wirksam verhalten.[687] Mit diesem Konzept wird eine periodengerechte Erfolgsermittlung bezweckt;[688] und
2. dem temporary-Konzept, das einen bilanzorientierten Ansatz wählt und grundsätzlich sämtliche Bilanzierungs- und Bewertungsdifferenzen miteinbezieht, die sich künftig steuerbelastend (Ansatz einer passiven latenten Steuer) oder -entlastend (Ansatz einer aktiven latenten Steuer) auswirken;[689] mit diesem Konzept wird die zutreffende Darstellung der Vermögenslage bezweckt.[690]

Demzufolge lässt sich die Aussage treffen, dass timing-Unterschiede zugleich temporary-Unterschiede darstellen; nicht alle temporary-Unterschiede führen hingegen auch zu timing-Unterschieden.[691]

Aktive latente Steuern bzw. deferred taxes können – neben den im Rahmen der Rückstellungen bereits genannten Entstehungsursachen – bspw. durch eine unterschiedliche Abschreibungsdauer des GoF bzw. goodwill[692], bei der Abzinsung von Verbindlichkeiten i.S.d. § 6 Abs. 1

---

687 COENENBERG, Jahresabschluss und Jahresabschlussanalyse, S. 472; vgl. ferner SPANHEIMER/SIMLACHER in Handbuch der Rechnungslegung, § 274, Rz. 8; SCHULZ-DANSO in Beck'sches IFRS-Handbuch, § 25, Rz. 215; KOZIKOWSKI/FISCHER in Beck'scher Bilanzkommentar, § 274, Rz. 8.

688 Vgl. KÜTING/SEEL, DB 2009, S. 922.

689 INDENKÄMPEN in MüKo Bilanzrecht IFRS, IAS 12, Rz. 42; weiterführend SPANHEIMER/SIMLACHER in Handbuch der Rechnungslegung, § 274, Rz. 9; BAETGE/KIRSCH/THIELE, Bilanzen, S. 547 f.

690 Vgl. KÜTING/SEEL, DB 2009, S. 922; INDENKÄMPEN in MüKo Bilanzrecht IFRS, IAS 12, Rz. 42.

691 Insbesondere sog. erfolgsneutral entstandene und sog. quasi-permanente – also vom zeitlichen Ausgleichspunkt nicht zuverlässig zu beurteilende – Wertunterschiede dürfen nach dem timing-Konzept nicht bilanziert werden; sh. KÜTING/SEEL, DB 2009, S. 922; SPANHEIMER/SIMLACHER in Handbuch der Rechnungslegung, § 274, Rz. 8; LÜDENBACH, IFRS, S. 267; zu den quasi-permanenten Wertunterschieden sh. BRIESE in Beck'sches Handbuch der Rechnungslegung, B 235, Rz. 24 ff.

692 Nach KÜTING/WIRTH/DÜRR, WPg 2006, S. 345, 354 weichen goodwill und steuerlicher Firmenwert „in der Regel" voneinander ab; für latente Steuern auf einen *erstmaligen* GoF ist aufgrund eines sog. *Zirkelschlusses* nach IAS 12.15(a) und 12.21 hingegen ein Bilanzierungsverbot vorgesehen; hierzu auch INDENKÄMPEN in MüKo Bilanzrecht IFRS, IAS 12, Rz. 109 bis 118; COENENBERG, Jahresabschluss und Jahresabschlussanalyse, S. 774; ausführlich zur Passivierung latenter Steuern auf den GoF KÜTING, PETER,

Nr. 3 EStG zu einem anderen als in diesem festgelegten Zinssatz von 5,5 % (gleiches gilt i.Ü. natürlich auch für Forderungen) sowie durch eine Angleichung der Herstellungskosten hervorgerufen werden; passive latente Steuern entstehen insbesondere durch den Ansatz immateriellen Vermögens im HGB bzw. IFRS-Abschluss, aufgrund der Passivierung von Fremdkapitalzinsen sowie der Bewertung von Vorräten nach der Fifo-Methode.[693]

a) Latente Steuern nach HGB

Die Bilanzierung latenter Steuern spielte im HGB a.F. nur eine untergeordnete Rolle. Dies war – neben dem Grundsatz der Maßgeblichkeit[694] (vgl. § 5 Abs. 1 S. 1 EStG) – im Wesentlichen der umgekehrten Maßgeblichkeit[695] (vgl. § 5 Abs. 1 S. 2 EStG a.F.) geschuldet, mit der es ermöglicht wurde, steuerlich motivierte Bewertungen in den handelsrechtlichen Abschluss zu übernehmen.[696] Zudem folgte das HGB a.F. dem im Vergleich zum temporary-Konzept restriktivem timing-Konzept.

Durch das BilMoG wurde allerdings sowohl die umgekehrte Maßgeblichkeit abgeschafft als auch das temporary-Konzept in § 274 HGB – zugleich die Regelungsnorm der latenten Steuern für den Einzelabschluss –

DB 2009, S. 2053ff., der sich gegen ein Ansatzverbot ausspricht und zur Ermittlung der passiven latenten Steuer beim goodwill ein Iterationsverfahren zur Behebung des Zirkelschlusses heranzieht. Für Divergenzen zwischen HGB- und IFRS-Einzelabschluss im Bereich der latenten Steuern beim GoF bzw. goodwill, deren Darstellung den Rahmen dieser Arbeit aufgrund der (noch) ungeklärten Bilanzierung (so steht § 274 HGB, der die Bilanzierung latenter Steuern für den Einzelabschluss vorgibt, aufgrund einer fehlenden vergleichbaren Regelung in Widerspruch zu §§ 306 S. 3 i.V.m. 301 HGB, die die Bilanzierung latenter Steuern im Konzernabschluss betreffen) sprengen würde: KÜTING, PETER, DB 2009, S. 2053, 2061; ELPRANA, Darstellung und kritische Würdigung der Konzernbilanzierung latenter Steuern nach IAS 12, S. 86 ff.

693 Vgl. Coenenberg, Jahresabschluss und Jahresabschlussanalyse, S. 487; ausführlich zur Verursachung und Bildung latenter Steuern KOZIKOWSKI/FISCHER, Beck'scher Bilanzkommentar, § 274, Rz. 20 bis 52.

694 Vgl. zum Grundsatz der Maßgeblichkeit oben, S. 32 f.

695 Vgl. zum Grundsatz der umgekehrten Maßgeblichkeit oben, S. 32 f.

696 Vgl. GOLDSCHMIDT/MEYDING-METZGER/WEIGEL, IRZ 2010, S. 63, S. 64 f.

verankert.[697] Mit einer deutlichen Zunahme der latenten Steuern im HGB-Abschluss muss also gerechnet werden.[698]

Aufgrund des temporary-Konzeptes *sind* passive latente Steuern in der HGB-Bilanz in § 266 Abs. 3 E HGB nun anzusetzen, wenn

1. Vermögensgegenstände oder aktive Rechnungsabgrenzungsposten nur in der Handelsbilanz angesetzt oder höher bewertet werden als in der Steuerbilanz, oder
2. Schulden oder passive Rechnungsabgrenzungsposten nur in der Steuerbilanz angesetzt oder höher bewertet werden als in der Handelsbilanz.[699]

Spiegelbildlich hierzu *können* (vgl. § 274 Abs. 1 S. 2 HGB) aktive latente Steuern in den HGB-Abschluss aufgenommen werden (§266 Abs. 2 D HGB), wenn

1. Vermögensgegenstände, aktive Rechnungsabgrenzungsposten oder derivative Geschäfts- oder Firmenwerte nur in der Steuerbilanz angesetzt oder höher bewertet werden als in der Handelsbilanz, oder
2. Schulden oder passive Rechnungsabgrenzungsposten nur in der Handelsbilanz angesetzt werden oder höher bewertet werden als in der Steuerbilanz.[700]

Demnach besteht für den HGB-Abschluss ein explizites Aktivierungswahlrecht für aktive latente Steuern, vgl. § 274 Abs. 1 S. 2 HGB – im Gegensatz zur ausdrücklichen Passivierungspflicht für passive latente Steuern. Entscheidet sich der Bilanzierende für eine Aktivierung latenter Steuern, geht hiermit jedoch eine Ausschüttungssperre gemäß § 268 Abs. 8 S. 2 HGB in Höhe des Betrages einher, um den die aktiven latenten Steuern die passiven latenten Steuern übersteigen. Das ist im Wesentlichen der Unsicherheit der latenten Steuern hinsichtlich ihrer Realisier-

---

697 Hierzu REINER in MüKo HGB, § 274, Rz. 7; MERKT in Baumbach/Hopt (Hrsg.), HGB, § 274, Rz. 1.

698 KÜTING/SEEL, DB 2009, S. 922, 925; HERZIG/BRIESEMEISTER, DB 2009, S. 1; GOLDSCHMIDT/MEYDING-METZGER/WEIGEL, IRZ 2010, S. 63, S. 64 f.; THEILE/HARTMANN, DStR 2008, S. 2031 ff.

699 BAETGE/KIRSCH/THIELE, Bilanzen, S. 551; SPANHEIMER/SIMLACHER in Handbuch der Rechnungslegung, § 274, Rz. 20 und 23; COENENBERG, Jahresabschluss und Jahresabschlussanalyse, S. 477; KOZIKOWSKI/FISCHER, Beck'scher Bilanzkommentar, § 274, Rz. 20.

700 BAETGE/KIRSCH/THIELE, Bilanzen, S. 551; SPANHEIMER/SIMLACHER in Handbuch der Rechnungslegung, § 274, Rz. 20 und 23; COENENBERG, Jahresabschluss und Jahresabschlussanalyse, S. 477.

barkeit geschuldet. So formuliert der Gesetzgeber selbst in § 274 Abs. 1 S. 1 HGB, dass passive latente Steuern zu bilden sind, wenn die Differenzen zwischen den steuerlichen und handelsrechtlichen Wertansätzen sich in späteren Geschäftsjahren *voraussichtlich* abbauen (gleiches gilt i.Ü. gemäß der Formulierung in § 274 Abs. 1 S. 2 HGB für aktive latente Steuern).

Die Bewertung latenter Steuern kann wegen der Festlegung des § 274 Abs. 1 HGB auf das bilanzorientierte temporary-Konzept nur anhand der ebenfalls bilanzorientierten Verbindlichkeitsmethode (liability-method)[701] erfolgen.[702] Die liability method führt zur Einordnung der latenten Steuern *als* Verbindlichkeiten oder Vermögensgegenstände. Dementsprechend sind bspw. zukünftige Steuersätze zu berücksichtigen.[703] Eine Abzinsung hat hingegen zu unterbleiben; dies stellt § 274 Abs. 2 HGB ausdrücklich klar. Ferner bestimmt § 274 1 S. 4 HGB einen Planungshorizont von 5 Jahren für die nach dem BilMoG nun als latente Steueransprüche zu berücksichtigenden Verlustvorträge, Steuergutschriften und Zinsvorträge.

Zu erwähnen ist noch, dass nach § 274 Abs. 1 S. 3 HGB aktive und passive latente Steuern grundsätzlich saldiert auszuweisen sind – es bleibt den Unternehmern jedoch unbenommen, die auf saldierter Basis ermittelten latenten Steuern unsaldiert anzusetzen (Saldierungswahlrecht).[704]

b) Deferred taxes nach IFRS

Im Bilanzierungssystem der IFRS regelt IAS 12 die Bilanzierung von Ertragssteuern (income taxes) – und damit auch den Ansatz der deferred taxes. Ebenso wie das HGB n.F. orientiert sich IAS 12 dabei an dem tem-

---

701 Die bilanzorientierte liability method, die dem Grundgedanken der statischen Bilanztheorie entspricht, ist von der deferred method zu unterscheiden. Beide Methoden führen in der Regel zum gleichen Ergebnis. Unterschiede bestehen jedoch bei künftigen Steuersatzänderungen: Während die liability-method die Steuersatzänderung antizipiert, ist diese nach der deferred-method erst im Jahre der Änderung GuV-wirksam zu erfassen; vgl. BAETGE/KIRSCH/THIELE, Bilanzen, S. 556 ff.; COENENBERG/BLAUM/BURKHARDT in Rechnungslegung nach IFRS, Teil B, IAS 12, Rz. 33.

702 BAETGE/KIRSCH/THIELE, Bilanzen, S. 556; REINER in MüKo HGB, § 274, Rz. 51; ELPRANA in Heidel/Schall (Hrsg.), Nomos Kommentar HGB, § 274, Rz. 46.

703 Vgl. COENENBERG, Jahresabschluss und Jahresabschlussanalyse, S. 491; REINER in MüKo HGB, § 274, Rz. 51; ferner MERKT in Baumbach/Hopt, HGB, § 274, Rz. 6.

704 Vgl. hierzu SPANHEIMER/SIMLACHER in Handbuch der Rechnungslegung, § 274, Rz. 48; KOZIKOWSKI/FISCHER in Beck'scher Bilanzkommentar, § 274, Rz. 15; LOITZ, DB 2009, S. 913, 918.

porary concept (vgl. IAS 12.15), mit dem gleichermaßen die Anwendung der liability-method einhergeht. Bezüglich der Ermittlung und Bewertung einer aktiven oder passiven deferred tax kann daher grundsätzlich auf die Regelungen des HGB verwiesen werden. So ist bspw. die Diskontierung von deferred taxes nach IAS 12.54 nicht gestattet. Wiederum zu beachten ist jedoch, dass der Ansatz einer aktiven deferred tax nur unter der Voraussetzung ihrer probability erfolgen darf (vgl. IAS 12.24), also wenn der Anspruch „more likely than not" ist.[705] Dies entspricht zwar grundsätzlich der hinreichenden oder erwarteten Wahrscheinlichkeit nach HGB – jedoch ist in einem HGB-Abschluss stets das Vorsichtsprinzip mit zu berücksichtigen.[706]

Konsequenterweise *ist* ein latenter Steueranspruch in den IFRS nach IAS 12.24 zu bilanzieren; im Gegensatz zum HGB besteht demnach eine Bilanzierungspflicht für aktive latente Steuern. Ferner bedürfen deferred taxes für Verlustvorträge lediglich einer detaillierten Prognose ihres künftig wahrscheinlich zu versteuernden Einkommens;[707] ein Planungshorizont von 5 Jahren – wie er im HGB angenommen wird – ist mangels entsprechender Regelegung in den IFRS nicht vorgesehen. Vielmehr sind die individuellen Gegebenheiten des Unternehmens miteinzubeziehen. Ein weitergehender Planungshorizont wird allerdings auch mit den IFRS schwer zu vereinbaren sein, da es in diesem Falle wohl an der probability des künftig zu versteuernden Einkommens fehlen wird.[708]

Des Weiteren sind die deferred taxes nach IFRS in der Regel unsaldiert auszuweisen, vgl. IAS 12.71.[709] Erneut als sehr umfangreich zu bezeichnen sind zudem die zusätzlichen Angaben, die IAS 12 postuliert.[710] So

705 Vgl. SCHULZ-DANSO, Beck'sches IFRS-Handbuch, § 25, Rz. 52; zur „more likely than not"-Regelung vgl. oben, S. 59 und Fn. 348 und 349.

706 Vgl. LOITZ, DB 2010, S. 2177, 2179; WOLZ, DB 2010, S. 2625, 2627.

707 Vgl. KIRSCH in Beck'sches Handbuch der Rechnungslegung, B 235, Rz. 233 f.

708 Vgl. SCHÄFER/SUERMANN, DB 2010, S. 2742, 2747. SCHULZ-DANSO in Beck'sches IFRS-Handbuch, § 25, Rz. 74, der den Planungshorizont auf bis zu 5 Jahre ansetzt; COENENBERG/BLAUM/BURKHARDT in Rechnungslegung nach IFRS, Teil B, IAS 12, Rz. 87 gehen aufgrund des in Deutschland generell unbegrenzten Verlustvortrages sogar von einem grundsätzlichen Aktivierungsverbot aus.

709 Eine Saldierung darf nur dann erfolgen, wenn die rechtlichen Voraussetzungen für eine Aufrechnung gegeben sind und beabsichtigt ist, entweder den Ausgleich auf Nettobasis herbeizuführen, oder gleichzeitig mit der Realisierung des betreffenden Vermögenswerts die dazugehörige Verbindlichkeit abzulösen. Vgl. COENENBERG/BLAUM/BURKHARDT in Rechnungslegung nach IFRS, Teil B, IAS 12, Rz. 111; INDENKÄMPEN in MüKo Bilanzrecht IFRS, IAS 12, Rz. 31.

710 Vgl. LÜDENBACH, IFRS, S. 280.

sind nach IAS 12.79 alle Hauptbestandteile des Steuerertrags getrennt anzugeben (vgl. IAS 12.80, 12.81).

c) Zwischenergebnis

Die im Bereich der latenten Steuern bzw. deferred taxes auftretenden „fundamentalen Unterschiede“[711] zwischen HGB a.F. und IFRS haben sich durch das BilMoG drastisch reduziert. Eine weitergehende Annäherung ist von dem deutschen Gesetzgeber aufgrund der Schaffung eines Aktivierungswahlrechts für aktive latente Steuern (§ 274 Abs. 1 S. 2 HGB) und der Aufnahme eines Saldierungswahlrechts für latente Steuern (§ 274 Abs. 1 S. 3 HGB) leider versäumt worden. Dabei verwundert diese Vorgehensweise vor dem Hintergrund der Zielsetzung des BilMoG, Wahlrechte abzuschaffen und bilanzpolitische Spielräume zu vermindern, umso mehr;[712] schließlich wird ohne den Ansatz latenter Steuern die Ertrags- und Vermögenslage des Unternehmens unzutreffend dargestellt.[713] Doch ist mit *Hennrichs* auf die Risiken und Komplikationen, die sich aus einer Aktivierungspflicht für aktivie latente Steuern ergeben, hinzuweisen:

- So nehmen zum einen aktive latente Steuern erwartete Steuerentlastungen vorweg. Damit leben aktive latente Steuern aber „von der Hoffnung auf künftige Erträge.“ Bleiben diese Erträge aus, sind die ersehnten Verrechnungen nicht (mehr) möglich. Die Folge sind notwendige Abschreibungen, mit denen die bereits in Gang gesetzte Abwärtsspirale des Unternehmens verschärft wird;[714] und

711 So SCHULZ-DANSO in Beck'sches IFRS-Handbuch, § 25, Rz. 222, zur alten Rechtslage.

712 Vgl. KÜTING, DB 2009, S. 913, 925; WOLZ, DB 2010, S. 2625, 2627.

713 INDENKÄMPEN in MüKo Bilanzrecht IFRS, IAS 12, Rz. 38; KANITZ in Römermann (Hrsg.), Münchener Anwaltshandbuch GmbH-Recht, §16, Rz. 161; ähnlich wohl auch REINER in MüKo HGB, § 274, Rz. 4; KÜTING/WIRTH, BB 2003, S. 623 ff.; kritisch aber bspw. KÜTING, Protokoll Nr. 122 des deutschen Bundestages v. 17.12.2008, S. 13.

714 HENNRICHS, Protokoll Nr. 122 des deutschen Bundestages v. 17.12.2008, S. 3; für das Zitat sh. ebd.; für Aufsehen sorgten diesbezüglich insbesondere Abschreibungen des Automobilkonzerns General Motors. Dieser musste im dritten Quartal 2007 einen Rekordverlust von 38,6 Mrd. USD aufgrund von Abschreibungen auf aktive latente Steuern ausweisen, da ein „weniger positiver Ausblick auf die künftige Geschäftssituation eine Nutzung der Tax Assets auf mittlere Sicht nicht wahrscheinlich erschienen [liess]“; vgl. hierzu KLEIBOLD, ST 2008, S. 39, 41; ferner Bloomberg, Bericht v. 07.11.2007, abrufbar unter http://www.bloomberg.com/apps/ news?pid=newsarchive&sid=a7_H.c9Sn4Iw.

- zum anderen ist der Kosten-Nutzen-Aufwand gerade bei kleinen und mittleren Unternehmen fraglich, da latente Steuern nur mit einem „erheblichen Aufwand“ zu ermitteln sind.[715]

Dennoch vermag der eingeschlagene Weg des Gesetzgebers aufgrund der Schaffung der zuvor erwähnten Wahlrechte nicht zu überzeugen – letztlich wird gerade hierdurch die Vergleichbarkeit der Abschlüsse gefährdet. Eine generelle Aktivierungspflicht oder aber – insbesondere vor dem Hintergrund des Kosten-Nutzen-Aufwandes bei kleinen und mittleren Unternehmen – ein generelles Aktivierungsverbot für aktive latente Steuern sowie die Streichung des Saldierungswahlrechts wären demnach zu begrüßen.

6. Finanzinstrumente, financial instruments und Repo 105/108-Geschäfte

Dass die Bilanzierung – oder besser gesagt die „Nicht-Bilanzierung“ – von Repo 105/108-Geschäften die derzeitige globale Finanzkrise zumindest mitverursacht und darüber hinaus wesentlich zu ihrer Zuspitzung beigetragen hat, wurde bereits in der Einleitung veranschaulicht.[716] Im Zusammenhang mit der Bilanzierung von Finanzinstrumenten ist indes nochmals die grundlegende Bedeutung der Repo 105/108-Geschäften hervorzuheben. Schließlich stellte die Insolvenz der Investmentbank Lehman Brothers, die durch die Ausbuchung solcher Repo 105/108-Geschäfte ihre Bilanzsumme im zweiten Quartal 2008 um $ 50,38 Mrd. (respektive 7 %) verminderte,[717] den Höhepunkt der derzeitigen globalen Finanzkrise dar. Dabei wurde die mit den Repo 105/108-Geschäften einhergehende Liquiditätsverschleierung (mit deren Hilfe Geschäftspartner, Investoren, Aufsichtsbehörden und Gläubiger in die Irre geführt worden sind) nur durch ein geschicktes gegeneinander Ausspielen national divergierender Bilanzierungssysteme ermöglicht.

Darüber hinaus wurde aber auch die Bilanzierung von Finanzinstrumenten bzw. financial instruments generell in Frage gestellt.[718] Auslöser

---

715 HENNRICHS, Protokoll Nr. 122 des deutschen Bundestages v. 17.12.2008, S. 3; für das Zitat sh. ebd.; ähnlich KÜTING, Protokoll Nr. 122 des deutschen Bundestages v. 17.12.2008, S. 13, der zudem kritisierte, dass mit der Erfassung latenter Steuern enormes bilanzpolitisches Gestaltungspotential einherginge.

716 Vgl. oben, S. 3 ff.

717 Vgl. GROẞFELD, RIW 2010, S. 504, 506; SELLHORN, DB 2010, S. 2117.

718 WENK, IRZ 2010, S. 205.

hierfür war insbesondere die angelsächsische und nach IFRS verbreitete Folgebewertung von financial instruments zum fair value.[719] Diese Vorgehensweise zwang das IASB im Zuge der Finanzkrise zu einer „Nacht-und-Nebel-Aktion", in der die Folgebewertung der financial instruments unter Umgehung des due process rückwirkend zu fortgeführten Anschaffungskosten (amortised costs) zugelassen werden musste;[720] binnen zwei Tagen wurden diese Änderungen zudem von der EU endorsed – um den Kollaps der europäischen Finanzmärkte zu verhindern.[721]

Aufgrund der Bedeutung der Repo 105/108-Geschäfte und der Finanzinstrumente bzw. financial instruments für die Finanzkrise drängt sich die Frage nach ihrer Bilanzierung im HGB- bzw. IFRS-Abschluss also förmlich auf.

a) Finanzinstrumente und Repo 105/108-Geschäfte nach HGB

Im HGB sucht man vergeblich nach einem geschlossenen System von Regelungen zur Erfassung und Bewertung von Finanzinstrumenten.[722] So hat der deutsche Gesetzgeber bisher vor allem mit seiner Abwesenheit geglänzt und dem Schrifttum sowie der Bilanzierungspraxis das Feld überlassen.[723] Infolgedessen richtet sich die Bilanzierung von Finanzinstrumenten im HGB im Wesentlichen nach den allgemeinen Regelungen (also insb. Anschaffungskosten-, Vorsichts-, Realisations- und Niederstwertprinzip) und den GoB – es kann daher auf die allgemeinen Ausführungen verwiesen werden.[724] Mit dem BilMoG wurde lediglich die Spezialregelung des § 254 HGB eingeführt, der die Bildung einer Bewertungseinheit und damit sogar die Durchbrechung des Vorsichts- und Realisationsprinzips vorsieht, wenn Vermögensgegenstände, Schulden, schwebende Geschäfte oder mit hoher Wahrscheinlichkeit erwartete Transaktionen zum Ausgleich gegenläufiger Wertänderungen oder Zahlungsströme aus dem Eintritt vergleichbarer Risiken mit Finanzinstrumenten zusammengefasst werden und die gegenläufigen Wertänderun-

---

719 Vgl. zum fair value und der hiermit einhergehenden Kritik bereits oben, S. 74 ff.

720 HECKER/KLEIN-WIELE, WPg 2011, S. 151; so auch THEILE, BBK 2009, S. 21; SCHILDBACH, DStR 2008, S. 2381; IASB, Reclassification of Financial Assets, October 2008.

721 Vgl. hierzu Verordnung (EG) Nr. 1004/2008 der Kommission vom 15. Oktober 2008.

722 OERTZEN in Beck'sches IFRS-Handbuch, § 3, Rn. 264; COENENBERG, Jahresabschluss und Jahresabschlussanalyse, S. 242, 283 und 296.

723 BIEKER, KoR 2011, S. 167; für Kreditinstitute vgl. jedoch 340e Abs. 3 HGB.

724 Vgl. zum Ansatz S. 55 ff; zur Bewertung S. 65 ff.; zur Folgebewertung S. 72 ff.; COENENBERG, Jahresabschluss und Jahresabschlussanalyse, S. 242 ff., 283 ff., 296 ff.

gen oder Zahlungsströme sich ausgleichen (sog. 1:1 hedging)[725]. Diese „Neuregelung“ ist jedoch – zumindest was den Bereich des Mirco-Hedging anbelangt – bestenfalls als Klarstellung einer seit spätestens Mitte der 90er Jahre unstrittigen Bilanzierungspraxis anzusehen.[726]

Ist das Finanzinstrument hingegen zu Spekulations- oder Handelszwecken erworben worden, sind – wie bei den derivativen Finanzinstrumenten – Gewinne aufgrund des Realisationsprinzips grundsätzlich nicht zu beachten; Verluste sind hingegen durch Bildung einer Rückstellung nach § 249 Abs. 1 S. 1 HGB zu antizipieren.[727]

Repo 105/108-Geschäfte, wie sie von Lehmen Brothers unter Anwendung englischen Rechts vorgenommen wurden, sind aufgrund ihrer vertraglichen Bestimmung zur Rückübertragung zumindest äquivalenter Wertpapiere im HGB als Wertpapierleihen zu qualifizieren.[728] Wertpapierleihen wiederum sind handelsbilanzrechtlich als Sachdarlehen i.S.d. §§ 607 ff. BGB zu bilanzieren.[729] Im Falle der Repo 105/108-Geschäfte hätte der Darlehensgeber also den Gegenstand zum Buchwert auszubuchen und eine diesem entsprechende Darlehensforderung bzw. das entsprechende Zahlungsmittel einzubuchen.[730] Da das Wertpapier insofern allerdings nach wie vor in der Bilanz erfasst wird, ist eine Bilanzverkürzung bspw. durch die Tilgung einer anderen Verbindlichkeit mit dem für das ausgebuchte Wertpapier erhaltenen Zahlungsmittels – wie es im Falle Lehman Brothers geschehen ist – in einem HGB-Abschluss nicht

---

725 Das hedging (Risikoreduktion) ist von der speculation (bewusste Risikoübernahme) zu unterscheiden.

726 BIEKER, KoR 2011, S. 167, 168; so führt der Gesetzgeber selbst aus, dass die Vorschrift der „gesetzlichen Verankerung der im Schrifttum als Grundsätze ordnungsgemäßer Bilanzierung eingestuften bilanziellen Abbildung von Bewertungseinheiten“ diene, vgl. BR-DRUCKSACHE 344/08 v. 23.05.2008, S. 124; sh. hierzu auch BALLWIESER in MüKo HGB, § 254, Rz. 1, der darauf hinweist, dass die Vorschrift darüber hinaus Bewertungseinheiten im Bereich der Makro-Hedges erzwingen würde – eine Vorgehensweise, die früher speziell bei Kreditinstituten sehr umstritten gewesen ist.

727 Vgl. COENENBERG, Jahresabschluss und Jahresabschlussanalyse, S. 285; BAETGE/KIRSCH/THIELE, Bilanzen, S. 337; eine Ausnahme besteht wiederum für Kreditinstitute, vgl. § 340e Abs. 3 HGB.

728 Vgl. SELLHORN, DB 2010, S. 2117, 2120; so auch FREITAG in Staudinger, BGB, § 607, Rz. 22; a.A. BERGER in MüKo HGB, § 607, Rz. 8 m.w.N., der von einem Wertpapierpensionsgeschäft i.S.d. § 340b HGB ausgeht.

729 HENNRICHS in MüKo AktG, § 246, Rz. 154; FÖRSCHLE/USINGER in Beck'scher Bilanzkommentar, § 254, Rz. 120; SEILER/KNIEHASE in Schimanski/ Bunte/Lwowski (Hrsg.), Bankrechts-Handbuch, § 104, Rz. 50; BERGER in MüKo BGB, § 607, Rz. 6.

730 Vgl. für die Bilanzierung einer Wertpapierleihe bspw. HENNRICHS in MüKo AktG, § 246, Rz. 154; MERKT in Baumbach/Hopt (Hrsg.), HGB, § 246, Rz. 21.

möglich.[731] Das nachstehende, stark vereinfachte Buchungsbeispiel soll dies verdeutlichen:

„Zahlungsmittel" an „Besicherte Verbindlichkeiten 10".

Das Repo-Geschäft wird in die Bilanz aufgenommen. Es kommt es zu einer Bilanzverlängerung.

„Andere Verbindlichkeiten" an „Zahlungsmittel 10".

Das erhaltene Zahlungsmittel wird zur Tilgung einer anderen Verbindlichkeit genutzt. Zum Stichtag ergibt sich dennoch eine unveränderte Bilanzsumme, da das Wertpapier (in verändertert Form) nach wie vor in der Bilanz ausgewiesen wird. Der Verschuldungsgrad des Unternehmens kann mithin nicht gesenkt werden.

Für eine bessere Vergleichbarkeit soll zudem die Vorgehensweise der damaligen Investmentbank Lehman Brothers dargestellt werden:

„Zahlungsmittel" an „Wertpapier 10".

Das Wertpapier wird im Rahmen eines Aktivtausches aus der Bilanz ausgebucht.

„Andere Verbindlichkeiten" an „Zahlungsmittel 10".

Mit dem erhaltenen Zahlungsmittel wird eine andere Verbindlichkeit getilgt; es kommt zu einer Verringerung des Verschuldungsgrades.

b) Financial instruments und Repo 105/108-Geschäfte nach IFRS

Die Bilanzierung der financial instruments ist durch IAS 32, IAS 39, IFRS 7 und IFRS 9 (der verpflichtend erst ab dem 01.01.2015 anzuwenden ist, dessen Endorsement[732] seitens der EU jedoch noch aussteht)[733] äußerst komplex und teilweise sogar widersprüchlich geregelt.[734] Nach IAS 32.11 ist ein financial instrument ein Vertrag, der gleichzeitig bei dem einen Unternehmen zu einem financial asset und bei dem anderen Unternehmen zu einer financial liability oder einem equity instrument führt;[735] dem folgend stellt IAS 39.14 klar, dass ein financial asset oder eine finan-

---

731 Vgl. SELLHORN, DB 2010, S. 2117, 2120 f.

732 Vgl. zum Endorsement-Verfahren oben, S. 46 f.

733 Das Endorsement ist z.Z. „postponed"; vgl. EU Endorsement status report, 28 March 2013, einsehbar unter: http://www.efrag.org/WebSites/UploadFolder/1/CMS/Files/Endorsement%20status%20report/EFRAG_Endorsement_Status_Report_28_March_2013.pdf; hierzu auch PWC, IFRS 9, Klassifizierung und Bewertung finanzieller Vermögenswerte, S. 2; LÖW in Heuser/Theile (Hrsg.), IFRS Handbuch, Rz. 2649.

734 BIEKER, KoR 2011, S. 167; für eine Übersicht der Bilanzierung von originären Finanzinstrumenten nach IFRS sh. COENENBERG, Jahresabschluss und Jahresabschlussanalyse, S. 256 f.

735 Ausführlich hierzu MENTZ in MüKo Bilanzrecht IFRS, IAS 32, Rz. 23 bis 43.

cial liability nur dann in der Bilanz aufzunehmen ist, wenn das Unternehmen Vertragspartei des financial instrument wird.

Der Ansatz, die Bewertung und der Ausweis der financial instruments hängen im Wesentlichen von der Klassifizierung in eine der von IAS 39.9 aufgeführten vier Kategorien ab.[736] Diese unterscheiden sich wie folgt:

a) In der Kategorie „erfolgswirksam zum beizulegenden Zeitwert" (at fair value through profit or loss) sind Wertschwankungen GuV-wirksam zu erfassen, vgl. IAS 39.55(a).
b) In der Kategorie „bis zur Endfälligkeit zu haltende Finanzinvestitionen" (held-to-maturity investments) ist eine Bewertung mit den fortgeführten Anschaffungskosten unter Anwendung der Effektivzinsmethode vorzunehmen, vgl. IAS 39.46(b).
c) In der Kategorie „Kredite und Forderungen" (loans and receivables) erfolgt die Bewertung wie bei c), vgl. IAS 39.46(a).
d) In der Kategorie „zur Veräußerung verfügbare finanzielle Vermögenswerte" (available-for-sale financial assets) ist zwar zum fair value zu bewerten, die Wertschwankungen werden hier allerdings im sonstigen Ergebnis (OCI) erfasst und dementsprechend im Eigenkapital in einer Rücklage ausgewiesen, vgl. IAS 39.55(b).

Eine ausführliche Darstellung der Bewertungskategorien soll an dieser Stelle unterbleiben.[737] Zum Einen würde es den Rahmen dieser Arbeit sprengen; zum Anderen sieht der ab dem 01.01.2015 verpflichtend anzuwendende IFRS 9 – sein Endorsement durch die EU vorausgesetzt – eine Reduzierung der financial assets auf nur noch zwei Bewertungskategorien vor: den fair value sowie die fortgeführten Anschaffungskosten (amortised costs).[738] Dabei darf eine Bewertung zu amortised costs nur noch erfolgen, wenn

---

736 Sh. hierzu ADLER/DÜRING/SCHMALTZ, International, Abschn. 3a, Rz. 153, 154; BAETGE/KIRSCH/THIELE, Bilanzen, S. 334; COENENBERG, Jahresabschluss und Jahresabschlussanalyse, S. 259.

737 Für einen Überblick sh. HECKER/KLEIN-WIELE, WPg 2011, S. 151, 153 ff; des Weiteren ausführlicher BAETGE/KIRSCH/THIELE, Bilanzen, S. 340 bis 351; VARAIN in MüKo Bilanzrecht IFRS, IAS 39, Rz. 267 bis 280. COENENBERG, Jahresabschluss und Jahresabschlussanalyse, S. 258 bis 271.

738 Vgl. ZIMMERMANN, KoR 2011, S. 297, 300; WIESE/SPINDLER, PiR 2010, S. 341, 342; LÖW in Heuser/Theile (Hrsg.), IFRS Handbuch, Rz. 2649; BERTRAM/KRAKUHN/SCHÜZ, IRZ 2012, S. 355, 356; KUHN, IRZ 2010, S. 103, 104 nimmt indes eine weitergehende (Unter-)Kategorisierung des fair value vor, in dem er zwischen der erfolgswirksamen und erfolgsneutralen Bewertung differenziert.

- der financial asset im Rahmen eines Geschäftsmodells gehalten wird, dessen Ziel das langfristige Halten des financial instruments zur Generierung von zukünftigen Cashflows ist, vgl. IFRS 9.4.1.2(a), und
- die zukünftigen Cashflows aus vertraglichen Zahlungsströmen bestehen, die zu festgelegten Zeitpunkten vereinnahmt werden und sich ausschließlich aus Zins- und Tilgungszahlungen auf den ausstehenden Nominalbetrag ergeben, vgl. IFRS 9.4.1.2.(b).

Die Umstellung auf IFRS 9 wird mithin zu einer generellen Ausweitung der fair value Bewertung führen. In diesem Zusammenhang ist ebenfalls zu erwähnen, dass IFRS 9.4.1.5 die sog. fair value option beinhaltet, nach der financial instruments, die zu amortised costs zu bewerten sind, mit ihrem fair value through profit or loss bilanziert werden dürfen (Wahlrecht), sofern hierdurch eine Ansatz- oder Bewertungsinkonsistenz beseitigt werden kann.

Ferner wird es den Bilanzierenden (nach wie vor) gestattet, eine Umklassifizierung der financial assets vorzunehmen, vgl. IFRS 9.4.4.1.[739] Ein weiteres Wahlrecht ist in der möglichen erfolgsneutralen Bewertung für Investitionen in Eigenkapitalinstrumente zu sehen, die nicht zu Handelszwecken gehalten werden, vgl. IFRS 9.5.7.1(b) i.V.m. 9.5.7.5;[740] denn grundsätzlich ist die Bewertung der financial instruments in der Kategorie fair value erfolgswirksam zu berücksichtigen, vgl. IFRS 9.5.7.1.

Die Zugangsbewertung der financial liabilities richtet sich ebenfalls entweder nach ihren amortised costs oder ihrem fair value; die Folgebewertung erfolgt hingegen regelmäßig zu amortised costs unter Verwendung der Effektivzinsmethode, vgl. IAS 39.47 (bzw. ab dem 01.01.2015 IFRS 9.5.3.1 i.V.m. 9.4.2.1 und 9.4.2.2.[741]

Sicherungsinstrumente (hedging instruments) sind in den IFRS nach IAS 39 generell mit ihrem fair value zu bewerten.[742] Im Unterschied zum HGB greifen die IFRS aber mangels Verrechnung mit dem zu sichernden Posten nicht in den Bilanzansatz der Finanzderivate ein, sondern in die Erfassung von Wertänderungen des Derivats oder in die Berücksichti-

---

739 Hierzu COENENBERG, Jahresabschluss und Jahresabschlussanalyse, S. 274; KUHN, IRZ 2010, S. 103, 109.

740 Vgl. ZIMMERMANN, KoR 2011, S. 297, 301; WIESE/SPINDLER, PiR 2010, S. 341, 343.

741 KROPP, KoR 2011, S. 225; COENENBERG, Jahresabschluss und Jahresabschlussanalyse, S. 274.

742 Eine Ausnahme besteht insofern für nicht-derivative Instrumente in Fremdwährung, die als Sicherungsinstrument gegen ein Währungsrisiko dienen; hierzu Varain in MüKo Bilanzrecht IFRS, IAS 39, Rz. 460.

gung der Wertänderung des gesicherten Geschäfts.[743] Liegt bspw. ein fair-value-hedge vor, ist bereits das Grundgeschäft nach den Regelungen des hedging instruments GuV-wirksam zum fair value zu bewerten, vgl. IAS 39.89; bei einem cashflow-hedge ist hingegen das Derivat nach den Regelungen des Grundgeschäfts GuV-neutral im Eigenkapital zu parken, vgl. IAS 39.95.[744] Die dargestellte Bilanzierung der hedging instruments wird allerdings durch IFRS 9 grundlegend modifiziert. So sollen zukünftig die Wertänderungen von Grundgeschäft und hedging instrument bei einem fair-value hedge – wie bei einem cashflow-hedge – ebenfalls GuV-neutral erfolgen; um eine deutliche Aufwertung des OCI zu erreichen, sollen zudem die Wertänderungen von Grundgeschäft und hedging instrument separat ausgewiesen werden.[745]

Bezüglich der Repo 105/108-Geschäfte wurde bereits in der Einleitung auf den Änderungsentwurf des IASB hingewiesen, nach dem die fragwürdigen Repo 105/108-Geschäfte – so wie in dem hierzu korrespondierenden amerikanischen FAS 140 – nicht (mehr) als Verkauf (sale) aufzufassen sind.[746] Eine IFRS-Bilanzverkürzung wäre demnach aufgrund der Erfassung des Wertpapiers in der Bilanz des Veräußerers nicht möglich.[747]

c) Zwischenergebnis

Unterschiede bei der Bilanzierung von Finanzinstrumenten bzw. financial instruments ergeben sich im Wesentlichen aus dem Ansatz bestimmter financial instruments mit ihrem fair value. So gibt die Studie von *Coenenberg u.a.*[748] als Ursache für den Anstieg der Finanzanlagen bei einer Umstellung von HGB auf IFRS im Mittel um 2,37 % ebenfalls den fair value an.[749]

---

743 BIEKER, KoR 2011, S. 218, 221; LÜDENBACH in Haufe IFRS Kommentar, § 28, Rz. 42.

744 Vgl. hierzu wiederum LÜDENBACH in Haufe IFRS Kommentar, § 28, Rz. 42.

745 Vgl. ausführlicher zu hedging instruments nach IFRS 9 WÜSTEMANN/BISCHOF, WPg 2011, S. 403, 407.

746 Vgl. IASB, Staff Paper, October 2009, S. 1, 14. Des Weiteren ist auf IAS 39.20(a) hinzuweisen, nach dem ein Unternehmen zu prüfen hat, ob bei wirtschaftlicher Betrachtung die Chancen und Risiken aus dem Wertpapier übertragen oder zurückbehalten wurden. Da Lehman Brothers jedoch für sämtliche Risiken aus den Wertpapiergeschäften einzustehen hatte, hätte ohnehin kein Abgang vorgelegen, vgl. IAS 39.A51(a); SELLHORN, DB 2010, S. 2117, 2123.

747 Vgl. SELLHORN, DB 2010, S. 2117, 2120 f.

748 Vgl. zur Studie bereits oben, Fn. 406.

749 Vgl. COENENBERG/FRANK/THI U.A., KoR 2011, S. 133, 138.

Repo 105/108-Geschäfte sind hingegen nach beiden Rechnungslegungssystemen – und in Übereinstimmung zu FAS 140 bzw. zu dem diesen abändernden SFAS 166 – nicht (mehr) als Verkauf bzw. (true) sale zu behandeln. Die von Lehman Brothers erfolgreich praktizierte Bilanzverkürzung wäre demnach nach allen dargestellten Bilanzierungssystemen nicht (mehr) möglich. Unschädlich wäre auch eine Ausgliederung der Vermögenswerte in sog. Zweckgesellschaften bzw. special purpose entities (SPE) mit Sitz in Länder, deren Bilanzierungssysteme Repo 105/108-Geschäfte als Verkauf bzw. (true) sale behandeln, denn die Zweckgesellschaft hätte im Rahmen der Konsolidierung einen Konzernabschluss nach HGB oder IFRS aufzustellen, aus dem das Repo 105/108-Gechäft grundsätzlich ersichtlich werden würde. Nur in den jeweiligen Einzelabschlüssen kann es nach wie vor zu Bilanzierungsschwierigkeiten kommen, die in diesem Zusammenhang kurz darzustellen sind.

d) Exkurs: Zweckgesellschaften bzw. special purpose entities

Bei einer Zweckgesellschaft handelt es sich – allgemein formuliert – um ein Unternehmen, das von dem sog. Investor mit einer eng begrenzten und genau definierten Geschäftstätigkeit zu Gunsten und im Auftrag des Initiators gegründet bzw. ausgestaltet wird, vgl. SIC 12.1, 12.2 bzw. IFRS 10 sowie IFRS 12.B22.[750] Typische Zweckgesellschaften dienen der Verwirklichung von Leasing- und Finanzierungsgeschäften, aber auch der Verbriefung von Finanzinstrumenten (sog. asset-backed-securities-Transaktionen).[751] Dabei hat die Gründung eines solchen Unternehmens und die damit einhergehende Ausgliederung der Geschäftstätigkeit bzw. Auslagerung der Vermögenswerte und Schulden in der Regel bilanzpolitische Hintergründe, die auf eine beabsichtigte bilanzneutrale Finanzierung (off balance sheet) abzielen.[752]

750 WATRIN/HOEHNE/LAMMERT in MüKo Bilanzrecht IFRS, IAS 27, Rz. 54; die in den einzelnen Standards festgelegten Kriterien, die oftmals (aber nicht notwendigerweise ausschließlich) unabhängig voneinander oder kollektiv das Vorliegen einer Zweckgesellschaft zu begründen vermögen, sind (a) beschränkte Aktivität („Autopilot), (b) enge Zwecksetzung, (c) geringe Eigenkapitalaustattung und (d) Finanzierung über Verbriefung (asset-backed); vgl. hierzu THEILE/PAWELZIK in Heuser/Theile (Hrsg.), IFRS Handbuch, Rz. 5035; BUSCH/ZWIRNER, IRZ 2012, 373, 374.

751 Vgl. ZWIRNER/BUSCH, IRZ 2011, S. 7, 8.

752 WATRIN/HOEHNE/LAMMERT in MüKo Bilanzrecht IFRS, IAS 27, Rz. 54; THEILE/PAWELZIK in Heuser/Theile (Hrsg.), IFRS Handbuch, Rz. 5021; SCHÄFER/KUHNLE, die bilanzielle Behandlung von Zweckgesellschaften, S. 18; HERMANN/POTTHAST, DStR 2011, S. 685.

Das prominenteste Beispiel für die Nutzung solcher off balance sheet SPE's war Enron Corp., das Risiken und Schulden in einer Größenordnung von ca. 15 Mrd. $ mit Hilfe von SPE's verlagerte;[753] aber auch Lehman Brothers soll sich zu seiner Finanzierung Zweckgesellschaften bedient haben – das konnte indes bis heute nicht abschließend geklärt werden.[754]

Daneben wurde die enorme praktische Bedeutung von Zweckgesellschaften durch die kontroversen Diskussionen über deren Einbeziehungen in die HGB bzw. IFRS-Konzernabschlüsse offenkundig.[755] So verankerte der deutsche Gesetzgeber – sozusagen als Lehre aus den Erfahrungen mit der Finanzkrise – erst in der letzten Phase des parlamentarischen Beratungsprozesses zum BilMoG eine explizite Pflicht zur Konsolidierung von Zweckgesellschaften im HGB-Konzernabschluss, vgl. § 290 Abs. 2 Nr. 4 HGB.[756] Das IASB wiederum stellte – ebenfalls im Zusammenhang mit der Finanzkrise – Mängel hinsichtlich der Transparenz der Konzernabschlüsse vor allem im Rahmen der Bilanzierung und Offenlegung von Risiken bei Zweckgesellschaften fest. Als Reaktion hierauf veröffentlichte das IASB am 12.05.2011 den Standard IFRS 10 ‚Consolidated Financial Statements', der den gleichnamigen IAS 27 und SIC 12 ‚Special Purpose Entities' ab dem 01.01.2013 in wesentlichen Teilen abändern und ersetzen wird und eine Pflicht zur Konsolidierung von Zweckgesellschaften vorsieht.[757]

Während die Bilanzierung von Zweckgesellschaften nach HGB und IFRS zumindest auf der theoretischen Normebene für den Konzernabschluss geklärt zu sein scheint,[758] ergeben sich für den Einzelabschluss

---

753 HOFFMANN, DB 2002, S. 1169, 1172.

754 GROẞFELD, RiW 2010, S. 504, 510; vgl. insb. den Artikel von STORY/DASH in NYT v. 12.04.2010, A1 zur „Nicht-Bilanzierung" der Hudson Castle Corp., an der Lehman Brothers zwar nur 25 % hielt, durch Angestellte allerdings die tatsächliche Kontrolle ausübte.

755 Vgl. zu den Diskussionen für das HGB bspw. BUSSE VON COLBE/SCHURBOHM-EBNETH, BB 2008, S. 98, 102; PETERSEN/ZWIRNER, DB 2008, S. 2093 ff.; STIBI/FUCHS, KoR 2008, S. 97, 99; KÖHLER/STRAUCH, WPg 2008, S. 189, 190; für die IFRS sh. ERCHINGER/MELCHER, DB 2011, S. 1229.

756 Sh. hierzu GELHAUSEN/DEUBERT/KLÖCKER, DB 2010, S. 2005; ferner GATTUNG/M. KEẞLER in Heidel/Schall (Hrsg.), Nomos Kommentar HGB, § 290, Rz. 1.

757 Vgl. hierzu ERCHINGER/MELCHER, DB 2011, S. 1229; BUSCH/ZWIRNER, IRZ 2012, S. 373, 375.

758 So können gerade im Rahmen der praktischen Rechtsanwendung eine Fülle von Zweifelsfragen verbleiben; vgl. hierfür bspw. RÜHL/ALTHOFF, KoR 2012, S. 553, 561 f. m.w.N.; HERMANN/POTTHAST, DStR 2011, S. 685, 698; in dem neu vorgestellten IFRS 10 werden hingegen weiterführende Regelungen zur Bilanzierung von Zweckgesell-

weitreichende Ungereimtheiten: Denn in einem Einzelabschluss ist die Zweckgesellschaft regelmäßig nicht auszuweisen. Dies ist der Tatsache geschuldet, dass der Initiator gewohntermaßen nur eine geringe (oder sogar gänzlich fehlende) Kapitalbeteiligung an der Zweckgesellschaft hält;[759] da § 271 HGB – im Gegensatz zu § 290 Abs. 2 Nr. 4 HGB – jedoch nicht darauf abstellt, ob der Initiator bei wirtschaftlicher Betrachtung die Chancen und Risiken der Zweckgesellschaft trägt, kann die Zweckgesellschaft im Einzelabschluss nicht als Beteiligung ausgewiesen werden.[760] Demzufolge können Risiken nach wie vor aus dem HGB-Einzelabschluss ausgegliedert werden.

Inwiefern für diese Risiken (sowohl im Einzelabschluss als auch im Konzernabschluss) Rückstellungen zu bilden wären, ist fraglich: Während der Finanzkrise wurde zumindest eine Inanspruchnahme des Initiators, der u.a. Subprime-Kredite[761] an Zweckgesellschaften ausgliederte und sie mit anderen Krediten bündelte, aufgrund der guten Ratings als unwahrscheinlich eingestuft. Der Ansatz einer Rückstellung unterblieb daher in den meisten Fällen – auch in einem vom Vorsichtsprinzip geprägten HGB-Abschluss.[762]

Insofern wird das Ziel des Initiators – eine bilanzneutrale Finanzierung – zumindest im Einzelabschluss erreicht. Damit bleibt aber zugleich unklar, welche „Bomben"[763] in der Bilanz liegen – oder aber neben der Bilanz geparkt werden. Daher verwundert es nicht, dass sich Stimmen in Wissenschaft und Praxis mehren, die rechtliche Folgen wie eine Aus-

---

schaften zur Verfügung gestellt, die eine in der Praxis im Vergleich zu IAS 27 zuweilen auftretende uneinheitliche Auslegung beseitigen sollen; hierzu ZÜLCH/ERDMANN/POPP, KoR 2011, S. 583, 593; so auch GLANDER/BLECHER, KoR 2011, S. 467, 475; als nachteilig dürfte sich indes die durch IFRS 10 eintretende Erhöhung der Komplexität auswirken, die vor allem aufgrund der detaillierten und allgemein gehaltenen Regelungen in der Application Guidance zu erwarten sein wird. Ob daher mit Hilfe der neuen Vorschriften die vom IASB verfolgten Ziele einer höheren Konsistenz sowie Transparenz hinsichtlich der in einen Konzernabschluss eingebundenen Zweckgesellschaften zu erreichen ist, bleibt abzuwarten; sh. hierfür auch ZÜLCH/ERDMANN/POPP, KoR 2011, S. 583, 593.

759 Vgl. WATRIN/HOEHNE/LAMMERT in MüKo Bilanzrecht IFRS, IAS 27, Rz. 56.

760 Vgl. WOHLGEMUTH in Pelka/Niemann (Hrsg.), Jahres- und Konzernabschluss, C, Rz. 70; OERTZEN in Beck'sches IFRS-Handbuch, § 10, Rz. 69; SCHÄFER/KUHNLE, die bilanzielle Behandlung von Zweckgesellschaften, S. 25.

761 Vgl. zum Begriff der Subprime-Kredite bereits oben, Fn. 15; allgemein zur Finanzkrise S. 1 ff.

762 Vgl. KÜMPEL/PIEL, DStR 2009, S. 1222, 1223; so wohl auch HOFFMANN/LÜDENBACH, DB 2007, S. 2213.

763 SLAHOR/WEBER, ZInsO 2009, S. 2313, 2316.

schüttungs- und Steuerbemessung zukünftig an den Konzernabschluss knüpfen wollen.[764] Neben der Aufklärung konzernweiter Risiken hat der Konzernabschluss nämlich weitergehende bzw. weitreichende Vorteile.[765] Konsequenterweise erfolgt bereits gegenwärtig die Ermittlung der Eigenmittelausstattung von Institutsgruppen und Finanzholdinggruppen i.S.d. §§ 10a Abs. 1, 1 KWG unter Berücksichtigung des Konzernabschlusses, vgl. § 10a Abs. 7 KWG.

Das erscheint vor dem Hintergrund zunehmend global operierender Unternehmen mit zahlreichen Verflechtungen im In- und Ausland sinnvoll. So konstatiert Scheffler, dass heute „fast jedes große oder mittelständische Unternehmen in einen Konzern eingebunden"[766] ist. Des Weiteren führt Theisen aus, dass „rund 90 % der deutschen Aktiengesellschaften [...] in Konzern- oder konzernähnlichen Verbindungen mit anderen Gesellschaftern stehen"[767]. Ferner drängen Banken bei der Kreditvergabe bereits immer stärker auf die Vorlage eines u.U. „freiwillig" erstellten Konzernabschlusses.[768] Ob auch in Deutschland anstelle des Einzelabschlusses in Zukunft der Konzernabschluss zur Ermittlung eines ausschüttbaren Betrages bzw. zur Bemessung der Steuer herangezogen werden könnte oder sogar sollte, wäre aufgrund des Umfangs und der Komplexität des Themas indes in einer eigenständigen Arbeit zu erörtern.

---

764 Vgl. COENENBERG, Jahresabschluss und Jahresabschlussanalyse, S. 609; PELLENS in Elschen (Hrsg.), Unternehmenssicherung und Unternehmensentwicklung, S. 161 ff.; ausführlich bereits SCHILDBACH, WPg 1993, S. 53 bis 63 (Teil I) und S. 94 bis 98 (Teil II); GOLLNICK, Gewinnverwendung im Konzern, S. 171 bis 198; HINZ, Konzernabschluss und Ausschüttungsregelung, S. 47 bis 51; vgl. zur „faktischen Ausschüttungsbemessungsfunktion" des Konzernabschlusses unten, S. 261.

765 Vgl. zur diesbezüglich relevanten potentiellen Rücklagenbildung im Konzern bereits THOMAS, ZGR 1985, S. 365 ff.; dem widersprechend aber GESSLER, AG 1985, S. 257 ff.

766 SCHEFFLER, Konzernmanagement, S. V.

767 THEISEN, Der Konzern, S. 21; vgl. KÜTING/GRAU/SEEL, DStR 2010, Beihefter zu DStR 22, S. 35, 50.

768 KÜTING/GRAU/SEEL, DStR 2010, Beihefter zu DStR 22, S. 35, 50; so auch LANGSEDER in Beck'sches Handbuch der GmbH, § 9, Rz. 142; BOOS/FISCHER/SCHULTE-MATTLER, KWG, § 18, Rz. 46, weisen sogar darauf hin, dass ein Kreditinstitut bei einer Kreditvergabe an eine Konzerngesellschaft den Konzernabschluss grundsätzlich zu erwirken hat.

7. Weitere Unterschiede zwischen HGB und IFRS

Neben den bereits aufgezählten Differenzen existieren weiterführende Unterschiede zwischen HGB und IFRS vor allem in den Bereichen der Rechnungslegung in Hochinflationsländern (vgl. IAS 29), der aktienbasierten Vergütungen (vgl. für die IFRS den IFRS 2),[769] der Unternehmenszusammenschlüsse (IFRS 3) und der zur Veräußerung gehaltenen langfristigen Vermögenswerte und aufgegebenen Geschäftsbereiche (vgl. für die IFRS den IFRS 5). Des Weiteren ergeben sich sogar in den nach HGB ungeregelten Sektionen des Leasings[770] und der Verbrauchsfolgefiktion[771] Differenzen. An dieser Stelle soll allerdings aufgrund ihrer nur untergeordneten Relevanz für den ausschüttbaren Betrag auf die Ausführungen in den jeweiligen Fußnoten verwiesen werden.

8. Eigenkapital und equity

Bereits oben wurde erläutert, dass der Posten Eigenkapital bzw. equity bilanziell als Differenz von Vermögen und Fremdkapital definiert ist und demzufolge eine Residualgröße darstellt, die im Wesentlichen von den Definitionen des Fremdkapitals (Schulden bzw. liabilities) und des Vermögens (Vermögensgegenstände bzw. assets) determiniert wird.[772] Daher beeinflussen die in diesem Abschnitt aufgeführten Differenzen von HGB und IFRS das Eigenkapital nach HGB bzw. das equity nach IFRS auf unterschiedliche Art und Weise: Ein niedrigerer Ansatz bzw. eine geringere (Folge-)Bewertung auf der Aktivseite oder ein höherer Ansatz bzw. eine höhere (Folge-)Bewertung auf der Passivseite im HGB-Abschluss führt zu einem im Vergleich zu den IFRS niedrigeren Ausweis des Eigenkapitals – et vice versa.

---

769 So wird handelsrechtlich diskutiert, ob Mitarbeiteraktienoptionen weiterhin erfolgsneutral oder – im Wesentlichen der angelsächsischen Sichtweise folgend – erfolgswirksam behandelt werden sollen. Sh. LÜDENBACH, IFRS, S. 219. Zumindest der BFH hat sich in seinem Urteil v. 25.08.2010, I R 103/09, in BB 2011, S. 241 ff. für eine erfolgsneutrale Ausgabe ausgesprochen.

770 In den IFRS ist das Leasing in IAS 17 ausführlich geregelt. Das HGB hingegen orientiert sich auch nach dem BilMoG an den Leasing-Erlassen des BMF, die jedoch nicht vollständig mit IAS 17 übereinstimmen; HENNRICHS, WPg 2011, S. 861, 869.

771 So wird das Lifo-Verfahren im HGB-Abschluss als zulässig erachtet. In einem IFRS-Abschluss ist es indes gemäß IAS 2 verboten; vgl. COENENBERG, Jahresabschluss und Jahresabschlussanalyse, S. 223.

772 Vgl. hierzu bereits oben, Dritter Abschnitt: § 1 IV. 3.

Die bereits in Bezug genommene Studie von *Coenenberg u.a.*[773] bringt im Zuge der Rechnungslegungsumstellung von HGB auf IFRS einen Anstieg des Eigenkapitals im Mittel um sagenhafte 22,79 % zu Tage.[774] Hierbei ist zwar die in den IFRS vorgesehene Möglichkeit, bestimmte, noch nicht durch externe Transaktionen realisierte Gewinne erfolgsneutral als Rücklage im Eigenkapital unter dem Posten OCI[775] aufzunehmen, zu berücksichtigen – denn der im OCI ausgewiesene Betrag stünde wohl aufgrund seines Rücklagencharakters ohnehin nicht für eine Ausschüttung zur Verfügung. Auch ohne Einbeziehung des OCI ergibt sich allerdings ein nur wenig veränderter Anstieg des Eigenkapitals in Höhe von 22,02 %.[776]

VII. Fazit

Die bisherigen Ausführungen enthüllen fundamentale Differenzen zwischen einem HGB- und einem IFRS-Abschluss. Bereits die Eckpfeiler der beiden Bilanzierungssysteme – das Gläubigerschutzprinzip des HGB auf der einen und der true and fair view der IFRS auf der anderen Seite – divergieren.[777] Darüber hinaus unterscheiden sich die Definitionen der übergeordneten Abschlussposten – die Vermögensgegenstände und Schulden im HGB bzw. die assets und liabilities in den IFRS.[778] Diese Inkongruenzen setzen sich freilich in den einzelnen Abschlussposten fort und vertiefen sich sogar noch durch diese: So stehen dem IFRS-Bilanzierenden bspw. mit der PoC-method, dem Ansatz bzw. der (Folge)-Bewertung zum fair value und dem revaluation model gleich mehrere Bilanzinstrumente zur Verfügung,[779] mit denen nicht durch externe Transaktionen realisierte Gewinne in der Bilanz ausgewiesen werden können – eine Vorgehensweise, die dem „gläubigerschützenden HGB" grundsätzlich fremd ist.

So überrascht es nicht, dass bei einer Studie[780] zur Rechnungslegungsumstellung von HGB auf IFRS der Gesamterfolg (comprehensive income)

773 Vgl. zur Studie Fn. 406.
774 Vgl. COENENBERG/FRANK/THI U.A., KoR 2011, S. 133, 140.
775 Vgl. genauer zum OCI bereits oben, S. 29.
776 Vgl. COENENBERG/FRANK/THI U.A., KoR 2011, S. 133, 140.
777 Sh. hierzu S. 41 f.
778 Sh. zu den unterschiedlichen Definitionen oben, Dritter Abschnitt: § 1 IV.
779 Zu den verschiedenen Bilanzposten sh. oben, Dritter Abschnitt: § 1 VI.
780 Vgl. zur Studie erneut Fn. 406.

bzw. das Periodenergebnis gemäß GuV beträchtlich um 27,81 % bzw. 26,94 % zugenommen hat.[781] Ein weiterer Anstieg dieser Kennzahlen ist zudem zu erwarten, sieht das HGB n.F. im Vergleich zum HGB a.F. doch einen signifikant höheren Betrag von Rückstellungen für Pensionsverpflichtungen vor.[782]

Dabei hat diese signifikante Erhöhung des Gesamterfolges bzw. Periodenergebnisses unmittelbare Auswirkungen auf den ausschüttbaren Betrag nach IFRS, der bei einer Umstellung folgerichtig nach dem Rechnungslegungssystem der IFRS ungleich höher wäre als derjenige des HGB. In diesem Zusammenhang drängt sich aber unmittelbar die Frage auf, inwiefern dieser erhöhte ausschüttbare Betrag – der nicht durch externe Transaktionen realisierte Gewinne erheblichen Umfangs enthalten kann und damit der Ungewissheit unterliegt, ob die ausgewiesenen Gewinne überhaupt jemals am Absatzmarkt realisierbar sind – gerade unter den Gesichtspunkten des Gläubigerschutzes ausgeschüttet werden sollte bzw. dürfte. Denn insbesondere vor dem Hintergrund der in Deutschland vorherrschenden Haftungsbeschränkung von AGs auf das Gesellschaftsvermögen (vgl. § 1 Abs. 1 S. 2 AktG)[783] und des mit Wirksamwerden eines ordnungsgemäßen Gewinnverwendungsbeschluss grundsätzlich unentziehbaren Dividendenanspruches[784] der Aktionäre erscheint die Konstellation mehr als bedenklich: schließlich kann in Extremsituationen eine übermäßige Ausschüttung sogar den Fortbestand eines Unternehmens gefährden.

Demzufolge kann das ausschließliche Abstellen auf einen unbereinigten IFRS-Abschluss zur Ausschüttungsbemessung für Deutschland keine Lösung sein.[785] Dennoch ist erneut auf das Folgende hinzuweisen:

---

781 Vgl. COENENBERG/FRANK/THI U.A., KoR 2011, S. 133, 137, 140.

782 Vgl. hierzu bereits oben, S. 129.

783 Für die GmbH gilt das Gesagte entsprechend, vgl. § 13 Abs. 2 GmbHG.

784 Vgl. hierzu BAYER in MüKo AktG, § 58, Rz. 115; KROPFF in MüKo AktG, § 174, Rz. 38.

785 HENNRICHS, BFuP 2008, S. 415, 424; DERS., DK 2008, S. 42, 50; DERS., StuW 2005, S. 256, 259; so auch ZÜLCH/GÜTH/STAMM, WPg 2011, S. 709, 713; KÜTING/LAUER, DB 2011, S. 1985, 1990; HAAKER, DStR 2010, S. 663, 665, 667; MAYER, DStR 2009, S. 129, 131; HAAG, DStR 2010, S. 2320, 2321; LUTTERMANN, FAZ v. 26.02.2007, Nr. 48 S. 20; SCHOLZ, Kapitalerhaltung durch Solvenztests, S. 217; dem zustimmend: FUCHS/STIBI, BB 2007, S. 93, 98; MAUL/LANFERMANN/RICHARD, AG 2010, S. 279; GROS, DK 2008, S. 466, 476; ARBEITSKREIS BILANZRECHT, BB 2002, S. 2372, 2375; EKKENGA, AG 2006, S. 389, 397; eingehend MERSCHMEYER, die Kapitalschutzfunktion des Jahresabschlusses, S. 267 ff.; SCHÖN, ZGR 2000, S. 706, 736; SCHILDBACH in Ebke/Luttermann/Siegel (Hrsg.), Internationale Rechnungslegungsstandards, S. 119, 134, 144; a.A.: vgl. anstelle vieler KPMG, Feasibility Study on Capital Maintenance – Main Report, S. 1 ff.

- Die derzeitige „Dreifachbilanzierung" (HGB, Steuerbilanz und IFRS-Abschluss) verursacht zusätzliche – und mitunter beachtliche – externe und interne Kosten bei den Unternehmen.[786]
- Seit dem Wegfall der Deutschland AG kämpfen heimische Unternehmen vermehrt um Investoren aus der ganzen Welt. Dabei stehen sie in direkter Konkurrenz zu den ausländischen Unternehmen. Der vom Vorsichtsprinzip geprägte HGB-Abschluss führt – im Vergleich zu einem IFRS-Abschluss – aber regelmäßig zu einem niedrigeren Gewinnausweis. Eine schlechtere Unternehmensbewertung und höhere Zinsen sind die Folge.[787] Dies wiederum schadet der Wettbewerbsfähigkeit deutscher Unternehmen.
- Mit dem BilMoG erfolgte bereits eine erste Anpassung des HGB an die IFRS. Das bedeutet zwar nicht, dass bei Auslegungsfragen oder Lükken des HGB bereits ein obligatorischer interpretatorischer Rückgriff auf die IFRS erfolgen darf;[788] eine Auslegung des HGB unter Heranziehung der IFRS erscheint jedoch möglich, „wenn und soweit die IFRS-Lösungen im nationalen Kontext überzeugen"[789]. So ist insbesondere im Bereich der Zweckgesellschaften durch den Verweis des BilMoG Gesetzgebers auf SIC 12[790] eine „Patenschaft" bzw. „Vorbildfunktion"[791] der IFRS zu beobachten, die – unter Beachtung des Wort-

786 Vgl. HENNRICHS, DK 2008, S. 42, 43; PELLENS/SELLHORN, ZGR 2006, Sonderheft 17, S. 451, 464; VETTER, Verhandlungen des 66. DJT 2006, S. P 110 geht sogar von beachtlichen Zusatzkosten aus; vgl. insofern auch die Ausführungen des italienischen Gesetzgebers zur Ablehnung zweier Bilanzen nach IFRS und Italian civil code bei COLOMBO, ECFR 2007, S. 553, 556: „too expensive"; anders aber etwa die Einschätzungen von EKKENGA, AG 2006, S. 389, 396 f.; PELLENS/FÜLBIER, ZGR 2000, S. 572, 589 f.

787 So sinkt die Risikoprämie einer Unternehmensanleihe bei einer Umstellung auf IFRS um durchschnittlich 37,54 %, vgl. KIEFER/SCHORN, ZfB 2009, S. 335, 352; FREIBERG, PiR 2011, S. 172; vgl. auch FAZ v. 02.08.2004, Nr. 177, S. 16, IFRS fassen Fuß im Mittelstand; oben, S. 10; a.A. aber HAAKER, PiR 2011, S. 171.

788 Sh. HENNRICHS, DB 2008, S. 537, 538; HENNRICHS/PÖSCHKE, DK 2009, S. 532, 536; DIES. in Fink/Schultze/Winkeljohann (Hrsg.), S. 47, 55; MOXTER, WPg 2009, S. 7, 10 bezeichnet eine Auslegungshilfe der IFRS für die GoB gar als „verwegen"; anders hingegen die Autoren FÜLBIER/GASSEN, DB 2007, S. 2605, 2612, die von einer „quasi verbindlichen Auslegung" sprechen; THEILE in Heuser/Theile (Hrsg.), IFRS Handbuch, Rz. 158, möchte sich die „einigermaßen gesicherten Erkenntnisse der IFRS in diesen und anderen Fragen zunutze machen"; KÖSTER, BB 2007, S. 2791 spricht sogar von einer künftigen Auslegungsgrundlage der IFRS für das HGB.

789 HENNRICHS, DB 2008, S. 537, 538; vgl. hierzu auch ausführlich HENNRICHS., WPg 2011, S. 861 ff.; HENNRICHS/PÖSCHKE, DK 2009, S. 532 ff.

790 Vgl. hierzu den Verweis in BT-Drucksache 16/12407 v. 24.03.2009, S. 83.

791 GELHAUSEN/DEUBERT/KLÖCKER, DB 2010, S. 2005, 2007; ZWIRNER/KÜNKELE, KoR 2009, S. 639, 648.

lautes und der GoB – eine teleologische Auslegung des § 290 Abs. 2 Nr. 4 HGB durch die Regelung des SIC 12 erlaubt.[792] Mit weiteren derartigen Annäherungen des HGB an die IFRS ist aufgrund der voranschreitenden Globalisierung zu rechnen. Die „Eigenständigkeit" des HGB ist daher für die Zukunft ohnehin in Frage zu stellen.

- Die gegenwärtigen Bilanzskandale rund um Enron Corp. und Lehman Brothers offenbaren die Verwundbarkeit der national eigenständigen Bilanzierungssysteme, mit denen ein gezieltes gegeneinander Ausspielen durch zunehmend global operierende Unternehmen erleichtert wird.
- Ein international vergleichbarer true and fair view (der freilich nicht nur den Investoren, sondern auch den Gläubigern zugute kommen würde) ist nur durch eine internationale Vereinheitlichung der national divergierenden Bilanzierungssysteme zu erreichen.
- Bereits jetzt nutzen 17 der 27 EU-Staaten[793] die IFRS erfolgreich zur Bemessung von Ausschüttungen.[794]

Infolgedessen muss der Frage nachgegangen werden, ob die IFRS nicht unter Zuhilfenahme weiterer Maßnahmen einen den deutschen Aspekten des Gläubigerschutz- und Vorsichtsprinzips Rechnung tragenden ausschüttbaren Betrag generieren können – sprich wie die möglichen Ausschüttungen des IFRS-Abschlusses auf ein zulässiges Maß beschränkt werden können. Schließlich nehmen auch 7 der 17 EU-Staaten[795], die den IFRS-Abschluss zum Zwecke von Ausschüttungen nutzen, zusätzliche Modifikationen an dem nach IFRS ermittelten Gewinn vor, mit denen die unrealisierte Erträge ausdrücklich eliminiert werden sollen.[796]

Im Folgenden ist daher ein „System zu bereiten", mit dessen Hilfe sich der IFRS-Gewinn derart modifizieren lässt, dass dieser auch in Deutsch-

792 HENNRICHS, WPg 2011, S. 861, 868; HENNRICHS/PÖSCHKE, DK 2009, S. 532, 538; GLANDER/BLECHER, KoR 2011, S. 467, 468; KÜTING/MOJADADR, FS Seicht, Rechnungslegung, S. 73, 85.

793 Darunter Bulgarien, Zypern, Tschechien, Dänemark, Estland, Finnland, Griechenland, Irland, Italien, Lettland, Litauen, Malta, die Niederlande, Polen, Portugal, die Slowakei, Slowenien und das UK. Für eine weltweite IFRS-Adoption vgl.: http://www.pwc.com/us/en/issues/ifrs-reporting/country-adoption.

794 Vgl. KPMG, Feasibility Study on Capital Maintenance – Main Report, S. 1; sh. auch EUROPEAN COMMISSION, Implementation of the IAS Regulation (1606/2002) in the EU and EEA.

795 Hierzu gehören Dänemark, Griechenland, Irland, Malta, die Niederlande und das UK.

796 Vgl. KPMG, Feasibility Study on Capital Maintenance – Main Report, S. 1.

land zur Bemessung von Ausschüttungen herangezogen werden kann – unter Wahrung des deutschen Gläubigerschutz- und Vorsichtsprinzips.

§ 2 Lösungsansätze für eine Ausschüttungsbemessungsgrundlage nach IFRS

In Wissenschaft und Praxis sind bereits mehrere Lösungsansätze diskutiert worden, mit denen Ausschüttungen auf der Grundlage eines nach IFRS ermittelten Gewinnes ermöglicht werden (sollen). Prinzipiell kann zwischen dem company-option-approach, dem Solvenztest und den Ausschüttungssperren unterschieden werden.

I. Der company-option-approach

Der company-option-approach wird von dem Leitgedanken getragen, dem sog. board of directors[797] (Management) die Entscheidungsmacht darüber aufzubürden, inwieweit der in einem IFRS-Abschluss ausgewiesene Gewinn für Ausschüttungszwecke als realisiert anzusehen ist. Der Vorschlag sieht also keine bilanzielle Modifizierung des nach IFRS ermittelten Gewinns vor; vielmehr steht allein dem board of directors die ganze Spannweite von der Ausschüttung des unrealisierten IFRS-Gewinns bis hin zur Verwendung des konservativsten, bspw. nach den Vorschriften des HGB ermittelten und damit vorsichtigen Bilanzgewinnes zur Verfügung.[798] Der erweiterte Ermessensspielraum des Managements wird – neben der ohnehin bereits existierenden Haftung für solvenzgefährende Ausschüttungen wegen schuldhafter Pflichtverletzung –[799] lediglich durch die Aufnahme einer zusätzlichen Treuepflicht (fiduci-

797 Das board of directors ist das anglo-amerikanische, vom monistischen System der Unternehmensführung geprägte Leitungs- und Kontrollgremium eines Unternehmens. Es vereint die Funktionen des bspw. in deutschen AGs vorzufindenden Vorstands und des Aufsichtsrates (sog. dualistische System der Unternehmensführung). Vgl. zu einer aktuellen Befragung des in Deutschland diskutierten Übergangs vom dualistischen auf das monistische System der Unternehmensführung DB 2010, Heft 14, S. M14.

798 Vgl. GROTTKE, KoR 2009, S. 261, 265.

799 Für die AG vgl. BANK in Haftung von Unternehmensorganen, Kap 6. B, Rz. 136 ; STROHN, NZG 2011, S. 1161, 1168; für die GmbH ALTMEPPEN in Roth/Altmeppen (Hrsg.), GmbHG, § 64, Rz. 78; GRIBBOHM, DStR 1991, S. 248, 249; insofern erwähnenswert ist zudem die Regelung des § 31 Abs. 6 GmbHG, nach der ein Geschäftsführer

ary duty) beschränkt. Mit deren Hilfe wäre zu entscheiden, inwiefern Anpassungen des IFRS-Gewinnes vorzunehmen wären, um nur den *realisierten Gewinn* für Ausschüttungen bereitzustellen. Hiermit einher würde wohl grundsätzlich die von dem board of directors vorzunehmende Einschätzung gehen, ob die aktuelle und zukünftige cashflow-Situation die Ausschüttung der ermittelten Beträge zulässt. Es wäre mithin ein zusätzlicher, von dem board of directors zu erstellender Solvenztest[800] zur Einschätzung der künftigen Finanzlage erforderlich.[801] Dessen Umfang wäre indes wiederum nur vom Management zu bestimmen.

Der company-option-approach wird derzeit in Schweden und – ohne die Verwendung der Treuepflicht – im Bundesstaat der Vereinigten Staaten von Amerika Delaware zur Bemessung von Ausschüttungen verwendet.[802] Für Deutschland könnte in Erwägung gezogen werden, den nach IFRS ermittelten Gewinn dem Vorstand (§§ 76 ff. AktG) zur Verfügung zu stellen. Dieser könnte unter Berücksichtigung einer im Gesetz zu verankernden Treuepflicht sowie einem gesetzlich verpflichtend vorzunehmenden Solvenztest den als realisiert anzusehenden ausschüttbaren Betrag bestimmen. Der auf diese Art und Weise ermittelte Betrag wäre anschließend durch den Aufsichtsrat (§§ 95 ff. AktG) zu überprüfen. Sodann könnte die derzeit übliche Verwendung des Jahresüberschusses gemäß § 58 AktG zur Anwendung gelangen.

Inwieweit der company-option-approach allerdings das deutsche Gläubiger- und Vorsichtsprinzip zu wahren vermag, erscheint zweifelhaft.

- So ist die Beschränkung der Dividende mittels einer nur dem Vorstand und Aufsichtsrat auferlegten Treuepflicht mit erheblichen Unsicherheiten behaftet: Da mit einer Konkretisierung durch den Gesetzgeber

---

den Gesellschaftern gegenüber unmittelbare haftet, sofern er schuldhaft entgegen dem Verbot zur Auszahlung von Stammkapital Ausschüttung vorgenommen oder veranlasst hat; vgl. hierzu auch FEY in Beck'sches Steuer- und Bilanzrechtslexikon, Haftung des Geschäftsführers, Rz. 10.

800 Ausführlich zum Solvenztest sogleich auf S. 156 ff.

801 BRINKMANN/RILLING, Accounting 6/2008, S. 11, 12; KPMG, Feasibility Study on Capital Maintenance – Main Report, S. 10, 397, die im Text den solvency test zwar lediglich als zusätzliche Möglichkeit angegeben („could"), in der Tabelle allerdings von seiner Notwendigkeit („necessary") ausgehen. Anders hingegen die Rechtslage in dem Bundestaat Delaware. Dort ist ein Solvenztest zwar weit verbreitet, gesetzlich aber nicht vorgeschrieben ist; vgl. hierzu MAUL/LANFERMANN/RICHARD, AG 2010, S. 279, 283.

802 Vgl. hierzu KPMG, Feasibility Study on Capital Maintenance – Main Report, S. 10, 397.

aufgrund des abstrakt gehaltenen HGBs nicht zu rechnen ist,[803] wäre die Treuepflicht erst über Jahre hinweg mit Hilfe der Rechtsprechung zu konkretisieren. Bis zu diesem Zeitpunkt würden sich Vorstand und Aufsichtsrat jedoch durch das „wenig präzise Instrument der Treuepflicht"[804] in einer Art Grauzone befinden und sich womöglich vermehrt Schadensersatzansprüchen klagender Gläubiger, aber auch klagender Aktionäre ausgesetzt sehen.

- Fraglich ist, ob eine gegen die Treuepflicht verstoßende ausgekehrte Dividende aufgrund des grundsätzlich unentziehbaren Dividendenanspruches[805] zurückgefordert werden könnte. Dies käme – von einer Nichtigkeit des Jahresabschlusses einmal abgesehen – wohl nur dann in Betracht, wenn durch die Ausschüttung das Grundkapital oder die gesetzliche Rücklage angegriffen werden würden.[806] Insofern könnte es also zu einer nicht unerheblichen Gläubigergefährdung kommen.
- Der mit der Treuepflicht einhergehende Solvenztest verspricht wenig Aufklärung, unterliegt doch die Aufstellung und der Umfang desselben dem Einflussbereich des Vorstands und Aufsichtsrates selbst. Des Weiteren wird noch zu klären sein, inwieweit ein Solvenztest dem Gläubigerschutz überhaupt gerecht werden kann.[807]
- Ferner ist aufgrund der mittelbaren Abhängigkeit des Vorstands von der Hauptversammlung[808] im Zweifel eher mit einer gesellschafterbevorzugenden und damit höheren als mit einer gläubigerschützenden und damit niedrigeren Dividende zu rechnen.
- Letztlich besteht die Gefahr, dass der im company-option-approach gegebene Ermessensspielraum zur Ausschüttung nicht realisierter Gewinne vollständig zu Lasten der Gläubiger ausgenutzt werden könnte.[809]

---

803 Vgl. zur Systematik des HGB und dessen Abstraktheit bereits oben, S. 23 ff und S. 41 f. Daneben stellt sich auch die Frage, ob die Beschränkung der Dividende mittels Treuepflicht überhaupt einer Konkretisierung durch den Gesetzgeber zugänglich ist, da hierfür insbesondere die Umstände des Einzelfalles zu berücksichtigen sein dürften.

804 DRYGALA in KöKo AktG, § 58, Rz. 104.

805 Vgl. hierzu bereits oben, S. 150.

806 Vgl. ausführlicher zur Problematik der Bestandskraft des Dividendenanspruches und den widerstrebenden Gläubigerinteressen BAYER in MüKo AktG, § 58, Rz. 115 ff.

807 Hierzu ausführlich unten auf S. 183 ff.

808 Die Hauptversammlung wählt zwar nicht den Vorstand, aber den Aufsichtsrat, der wiederum den Vorstand wählt, vgl. §§ 101 Abs. 1 i.V.m. 84 Abs. 1 AktG; darüber hinaus wird der Vorstand von der Hauptversammlung entlastet, vgl. § 120 AktG.

809 Vgl. hierzu GROTTKE, KoR 2009, S. 261, 265.

Unter Berücksichtigung dieser Gegebenheiten ist der company-option-approach gerade vor der Zielsetzung, den nach IFRS ermittelten Gewinn in einen dem deutschen Gläubigerschutz- und Vorsichtsprinzip Rechnung tragenden ausschüttbaren Betrag zu verwandeln, abzulehnen.

II. Der Solvenztest

Mit Hilfe eines Solvenztests soll überprüft werden, ob das ausschüttende Unternehmen trotz bzw. nach Zahlung einer Dividende über ausreichend liquide Mittel verfügt, um seine zukünftigen Verbindlichkeiten bei Fälligkeit zu zahlen, so dass eine mangelnde Zahlungsfähigkeit bzw. Insolvenz vermieden wird.[810] Im Gegensatz zu den bisher dargestellten Regelungen der bilanziellen Kapitalerhaltung,[811] in denen Ansatz-, Bewertungs- und Gewinnermittlungsvorschriften die Höhe der zulässigen Ausschüttungen bestimmen,[812] basiert die Ermittlung des ausschüttbaren Betrages mit Hilfe des Solvenztests also auf einer zukunftsorientierten Cashflow-Prognose. Dabei scheint unter den Anhängern nur die Grundstruktur des liquiditätsorientierten Solvenztests geklärt zu sein: Gegenüberzustellen sind die Einzahlungs- und Auszahlungspotentiale für den Planungszeitraum. Während die Einzahlungspotentiale die vorhandene sowie die aus dem operativen Geschäft, aus der Investitionstätigkeit und den Finanzanlagen erwartete Liquidität umfassen, zählen zu den Auszahlungspotentialen alle erwarteten Liquiditätsabgänge wie z.B. Auszahlungen für Material sowie Personal.[813] Die konkrete Implementierung und auch Ausgestaltung des Solvenztests in das derzeitige System ist jedoch unter seinen Verfechtern umstritten: So konnte bis dato nicht geklärt werden, welche Wahrscheinlichkeitsschwelle für die Einbeziehung künftiger Zahlungsströme maßgeblich sein soll, ob eine imparitätische

---

810 HENNRICHS, DK 2008, S. 42, 43; vgl. ferner MAUL/LANFERMANN/RICHARD, AG 2010, S. 279, 280; ARNOLD, DK 2007, S. 118, 120; vgl. des Weiteren die folgenden Ausführungen zu den internationalen Erfahrungen mit dem Solvenztest als Instrument zur Ausschüttungsrestriktion auf S. 165 ff.

811 Vgl. zum bilanziellen Gewinnbegriff oben, S. 17 ff.

812 Vgl. BAETGE/BREMBT, WPg 2011, S. 572, 573; PELLENS/BRANDT/RICHARD, BB 2006, S. 2021, 2022.

813 HENNRICHS, DK 2008, S. 42, 47; zur abzulehnenden Beurteilung der Liquiditätslage anhand von Kennzahlen sh. PELLENS/CRASSELT/SELLHORN, zfbf 2007, S. 264, 273. Bemängelt wird in diesem Zusammenhang insbesondere die hierzu erforderliche statische Analyse von Vergangenheitsdaten, die eine *zukünftige* Unternehmensentwicklung nicht wiederspiegeln könnten.

Betrachtungsweise der Einzahlungs- und Auszahlungspotentiale zu erfolgen hat, oder welcher Planungshorizont (im Gespräch sind 12, 18, 24, 36, 60 oder sogar unbegrenzte Monate) bei der Erstellung des Solvenztests zu berücksichtigen ist.[814]

Innerhalb der EU hat der Solvenztest jüngst für erheblichen Gesprächsstoff gesorgt: Dies war der aufkeimenden Diskussion einer möglichen Reform der zweiten Richtlinie 77/91/EWG des Rates vom 13.12.1976 und deren Änderungsrichtlinie 2006/68/EG des Europäischen Parlaments und Rates vom 06.12.2006 zur Umgestaltung des bisherigen Gläubigerschutzsystems mittels bilanzieller Kapitalerhaltung geschuldet.[815] Die vorgeschlagenen Reformierungsmodelle sehen übergreifend die Implementierung von Solvenztests vor. Als Begründung wird im Wesentlichen ein verbesserter Gläubigerschutz angegeben. Aufgrund ihrer Relevanz in Bezug auf den Gläubigerschutz sollen daher insbesondere die Vorschläge der drei Arbeitsgruppen „*High Level*-Group" / „*Winter*-Group", „*Rickford*-Group" und „*Lutter*-Group"[816] erörtert werden. Anschließend wird der Frage nachgegangen, ob das beste, eventuell erst zu entwickelnde Modell einen IFRS-Gewinn in einen dem deutschen Gläubigerschutz entsprechenden Betrag umwandeln kann.

1. Model 1: „High Level Group" / „Winter-Group" (on equal terms)

Bereits im September 2001 hat die europäische Kommission eine hochrangige Gruppe von Experten auf dem Gebiet des Gesellschaftsrechts („*High Level Group of Company Law Experts*") unter Leitung ihres Vorsitzenden *Jaap Winter* eingesetzt, um „Empfehlungen über moderne gesellschaftsrechtliche Rahmenbedingungen in Europa" zu erarbeiten. Der am 4. November 2002 vorgelegte Abschlussbericht[817] sah u.a. eine Neuaus-

---

814 Vgl. hierzu HENNRICHS, DK 2008, S. 42, 47; WÜSTEMANN/BISCHOF/KIERZEK, BB 2007, BB-Special 5, S. 13, 16, attestieren dem Solvenztest daher allenfalls einen geringen „Reifegrad"; vgl. diesbezüglich auch HAAKER, ZGR 2010, S. 1055, 1088.

815 Vgl. hierzu LANFERMANN/RÖHRICHT, DStR 2009, S. 1216, 1219 ff.; DIES., BB 2007, BB-Special 5, S. 8 f.

816 Als vierte Arbeitsgruppe ist die „Dutch-Group" zu erwähnen. Deren Vorschläge sind allerdings weitestgehend durch diejenigen der anderen drei Arbeitsgruppen abgedeckt. Weiterführend zur „Dutch-Group" KPMG, Feasibility Study on Capital Maintenance – Main Report, S. 297 – 305.

817 Der Abschlussbericht der hochrangigen Gruppe von Experten auf dem Gebiet des Gesellschaftsrechts über moderne gesellschaftsrechtliche Rahmenbedingungen in Europa,

richtung der derzeitigen Kapitalaufbringung und -erhaltung durch das „Konzept des Mindestnennbetrags“[818] in der EU vor; denn das bestehende System sei so „grundlegend und schwerwiegend“ zu kritisieren, dass eine Alternative für einen effizienteren Schutz der Gläubiger und Aktionäre ausgearbeitet werden müsse.[819] Insbesondere der geringe Mindestnennbetrag, der nur einen Bruchteil des Vermögens einer Gesellschaft betragen könne, würde den Gläubigern bestenfalls einen geringen Schutz bieten.[820]

Infolgedessen spricht sich die *High Level*-Group für die Entwicklung einer angemessenen Solvenzprüfung aus. Hiermit könnten sowohl die Interessen der Gläubiger als auch die der Aktionäre besser geschützt werden.[821] Das Konzept der angemessenen Solvenzprüfung würde dabei auf zwei unterschiedlichen Kontrollen beruhen:

a) Mittels einer Prüfung der Bilanz oder des Nettovermögens, anhand derer kontrolliert wird, ob die Aktiva die Passiva abzüglich des Eigenkapitals übersteigen, und
b) durch eine Liquiditätsprüfung bzw. eines Vergleichs des Umlaufvermögens mit den kurzfristigen Verbindlichkeiten, der ein Planungszeitraum von 12 Monaten zugrunde gelegt wird.

Die konkrete Ausgestaltung der Kontrollmechanismen lässt die *High Level*-Group bewusst offen; vielmehr spricht sie sich für weitere empirische Untersuchungen aus.[822] Empfohlen wird lediglich die Implementierung einer Liquiditätsmarge zur Stärkung der Kontrollmechanismen.[823] Darüber hinaus soll im Rahmen der Liquiditätsprüfung eine sog. Solvenzbescheinigung von der Unternehmensleitung ausgestellt werden, in der die Zulässigkeit der Ausschüttung ausdrücklich bestätigt wird; Zu-

---

i.F. HIGH LEVEL GROUP, a Modern Regulatory Framework, ist einsehbar unter: http://ec.europa.eu/internal_market/company/docs/modern/report_de.pdf.

818 HIGH LEVEL GROUP, a Modern Regulatory Framework, S. 13, 84; vgl. zur derzeitigen Kapitalaufbringung und -erhaltung bereits im Wesentlichen bereits oben, S. 17 ff., und unten, S. 187 ff.

819 HIGH LEVEL GROUP, a Modern Regulatory Framework, S. 87.

820 HIGH LEVEL GROUP, a Modern Regulatory Framework, S. 94; MÜLBERT/BIRKE, EBOR 2002, S. 695, 732.

821 HIGH LEVEL GROUP, a Modern Regulatory Framework, S. 94.

822 So führt die High Level Group selbst aus: „Wir sind überzeugt, dass Mechanismen geschaffen werden können, mit denen diese Ziele [des Gläubiger- und Aktionärsschutzes] besser verwirklicht werden.“ [...] „Weitere Untersuchungen [...] sind nötig.“ HIGH LEVEL GROUP, a Modern Regulatory Framework, S. 94, 100.

823 HIGH LEVEL GROUP, a Modern Regulatory Framework, S. 16, 95.

widerhandlungen sollen mit entsprechenden Strafsanktionen, wie dies bspw. im Falle einer Pflichtverletzung des Vorstandes bei Verlust, Überschuldung oder Zahlungsunfähigkeit der AktG in §§ 401 i.V.m. 92 Abs. 1 AktG vorgesehen ist, geahndet werden.[824]

Zusammenfassend lässt sich feststellen, dass die *High Level*-Group eine parallele Anwendung des derzeitigen Bilanztests und eines neu einzuführenden Solvenztests favorisiert (on equal terms). Das Konzept des Mindestnennbetrags, dessen einzige Funktion in der Abschreckung leichtfertiger Neugründungen bestehe, solle zwar beibehalten, aber auch nicht angehoben werden.[825] Welche Bilanzierungsregeln die *High Level* Group für angemessen hält, bleibt indes offen; gleiches gilt für eine eventuelle Berücksichtigung des Grundsatzes der Unternehmensfortführung. Ungewiss bleibt ferner, ob der Bilanztest auf Basis des Einzel- oder Konzernabschlusses durchgeführt werden soll.

Somit wäre zu klären, ob die IFRS durch einen Solvenztest, der neben die grundsätzlich obligatorische Bilanzprüfung treten würde, einen dem deutschen Gläubigerschutz entsprechenden ausschüttbaren Betrag generieren könnten. Bevor diese Frage jedoch beantwortet wird, sollen zunächst die anderen Solvenztestmodelle veranschaulicht werden.

2. Model 2: „Rickford-Group" (solvency test predominance)

Auf Initiative des britischen Accounting Standards Board und des Company Law Centre at the British Institute of International and Comparative Law wurde im Mai 2003 als Reaktion auf den *High-Level*-Group Abschlussbericht eine interdisziplinäre Kommission unter Leitung von *Jonathan Rickford*[826] gegründet. Diese sollte sich ebenfalls mit einer Reform des europäischen Kapitalerhaltungssystems beschäftigen.

Der bereits im April 2004 veröffentlichte und der EU-Kommission vorgelegte Rickford-Group Abschlussbericht[827] stellt die Wirksamkeit des bestehenden Kapitalaufbringungs- und Kapitalerhaltungskonzepts unter Gläubigergesichtspunkten grundlegend in Frage. In der Zusammenfassung wird es gar als „incomplete, dysfunctional, avoidable and un-

824 HIGH LEVEL GROUP, a Modern Regulatory Framework, S. 16, 95 f.
825 HIGH LEVEL GROUP, a Modern Regulatory Framework, S. 88, 98.
826 John R. Rickford war bereits ein Mitglied der High Level Group.
827 Der Abschlussbericht der Interdisciplinary Group on Capital Maintenance edited by Jonathan Rickford, i.F. RICKFORD, Reforming Capital, ist einsehbar in EBLR 2004, S. 919 ff.

successful as a harmonization measure" bezeichnet.[828] Zur Beseitigung dieses Zustands wird die Abschaffung des Mindestnennbetrags und somit die Aufhebung der zweiten EG-Richtlinie 77/91/EWG des Rates vom 13.12.1976 verlangt.[829] An die Stelle des Mindestnennbetrags soll – als Kernstück der neuen Kapitalaufbringung und -erhaltung – ein zweistufiger Solvenztest (two part solvency test) treten. Dieser soll vorsehen, dass die Gesellschaft nach Ansicht der Unternehmensleitung

1. unmittelbar nach erfolgter Ausschüttung in der Lage sein muss, ihre Schulden zu tilgen (remain able to pay its debts), und
2. unter der Prämisse der Unternehmensfortführung über ausreichend Ressourcen verfügt, um die im nächsten Jahr anfallenden Verbindlichkeiten zu begleichen (will have sufficient resources as a going concern to be able to meet its liabilities as they fall due for the following year).[830]

Außerdem soll das board of directors (bzw. Vorstand und Aufsichtsrat) zu der Aufstellung eines sog. certificate of solvency verpflichtet werden. In diesem wäre zu bestätigen, dass „for the reasonably foreseeable future, taking account of the company's expected prospects in the ordinary course of business, it can reasonably be expected to meet its liabilities".[831] Dabei sollen „prospective and contingent liabilities" und „normal trading assets, including future and contingent ones [...] but not extraordinary transactions" Berücksichtigung finden -[832] also sowohl Eventual- und künftige Verbindlichkeiten als auch Eventual- und künftige Vermögenswerte.[833] Ein gewisses Maß an Vorsicht (prudence) sei jedoch stets zu beachten.

Die *Rickford*-Group propagiert zwar ebenfalls einen zusätzlichen Bilanztest (balance sheet net assets test), der Ausschüttungen nur erlaubt, wenn die Summe der Vermögenswerte die Summe der Verbindlichkeiten übersteigt. Gleichzeitig wird allerdings dessen beschränkte Aussagekraft bemängelt: Angeblich führe insbesondere die Berücksichtigung fast ausschließlich vergangenheitsbezogener Informationen zu einer Inflexibilität

828 RICKFORD, Reforming Capital, S. 947.
829 So heißt es in dem Abschlussbericht: „The abolition of the rules on capital raising will therefore be clearly and wholly advantageous for the UK". Sh. RICKFORD, Reforming Capital, S. 987.
830 RICKFORD, Reforming Capital, S. 921.
831 RICKFORD, Reforming Capital, S. 979.
832 RICKFORD, Reforming Capital, S. 979, 995.
833 PELLENS/JÖDICKE/RICHARD, DB 2005, S. 1393, 1397 f.

und Außerachtlassung der zwingend zu berücksichtigenden Liquidität des Unternehmens.[834] Daher dürften Ausschüttungen gleichwohl unternommen werden, wenn allein der Solvenztest ein positives Ergebnis liefert (solvency test predominance); zusätzlich hat in diesem Fall das board of directors allerdings die Gründe für das alleinige Zugrundelegen des Solvenztests gesondert anzugeben.[835]

Verstöße bei der zusätzlichen Begründung im Falle eines negativen Bilanztests sowie der Aufstellung bzw. Nutzung eines Zertifikates sollen mit wirkungsvollen Sanktionen (effective sanctions) aufgrund eines Verstoßes gegen pflichtgemäßes Verhalten geahndet werden.[836] Selbst die Aktionäre sollen nach dem Vorschlag der *Rickford*-Group bei Verschulden verpflichtet werden, unrechtmäßig erhaltene Auszahlungen an die Gesellschaft zurückzuzahlen.[837] Eine Prüfung des Solvenztests durch einen Abschlussprüfer wird aufgrund der hiermit einhergehenden Belastung und Unzweckmäßigkeit indes abgelehnt.

Nach Ansicht der *Rickford*-Group ist das von ihr vorgeschlagene Modell nicht nur einfacher und weniger kostspielig, sondern auch bezüglich des Gläubigerschutzes effektiver. Darüber hinaus würde hiermit eine evidentere und rationalere Basis bzgl. der Harmonisierung des europäischen Kapitalmarktes erreicht werden.[838]

3. Model 3: „Lutter-group" (IFRS solvency add-on)

Die Kritik des Rickford-Reports am derzeitigen System veranlasste eine „Gruppe von deutschen Kennern des Rechts der Kapitalgesellschaften aus Wissenschaft und Praxis" mit Beteiligung ausländischer Kolleginnen und Kollegen unter Leitung von *Marcus Lutter* dazu, den „Sinn und Nutzen des festen Kapitals und seiner einzelnen Elemente" genauer zu untersuchen.[839] Die *Lutter*-Group legte ihren Abschlussbericht[840] im Jahre 2006 vor. In diesem ist zwar die Beibehaltung des Mindestnennkapitals

834 Vgl. RICKFORD, Reforming Capital, S. 975.
835 RICKFORD, Reforming Capital, S. 980.
836 RICKFORD, Reforming Capital, S. 980, 995.
837 RICKFORD, Reforming Capital, S. 981; vgl. PELLENS/JÖDICKE/RICHARD, DB 2005, S. 1393, 1398.
838 RICKFORD, Reforming Capital, S. 987.
839 LUTTER, ZGR 2006, Sonderheft 17, Vorwort.
840 Vgl. hierzu LUTTER, ZGR 2006, Sonderheft 17, das (feste Grund-)Kapital der Aktiengesellschaft in Europa – Zusammenfassung der Überlegungen des Arbeitskreises „Kapital in Europa", S. 1 ff.

vorgesehen; in Übereinstimmung mit der Rickford-Group spricht allerdings auch sie sich für eine Neuordnung des Gläubigerschutzes aus.[841] Begründet wird dies insbesondere mit der aktuellen Pflicht zur „Dreifachbilanzierung" (IFRS-, HGB- und Steuerbilanz), die den Unternehmen aus Zeit- und Kostengründen nicht mehr zuzumuten wäre.[842]

Daher wird empfohlen, Ausschüttungen auf Basis eines IFRS-Abschlusses zuzulassen. Indes wird zeitgleich hieran kritisiert, dass aufgrund der veränderten Prinzipien der Realisation und Imparität die Gefahr der Ausschüttung reiner Buchgewinne bestünde.[843] Um dem entgegenzuwirken wird – in Anlehnung an die Ergebnisse der *High-Level*-Group / *Winter*-Group – die Einführung eines zusätzlichen Solvenztests empfohlen, der im Unterschied zum Rickford-Report jedoch neben die derzeitigen Kapitalaufbringungs- und Kapitalerhaltungsmechanismen treten würde (IFRS solvency add-on); denn dem alleinigen Abstellen auf einen Solvenztest stünden vor allem zwei Gründe entgegen:

1. Die Abschaffung des Mindestnennbetrags würde eine Ausschüttung der Einlagen an die Gesellschafter erlauben; und
2. die fehlende Prüfung des Solvenztests durch einen Abschlussprüfer führe bei einem Verstoß zur alleinigen Haftung der Aktionäre bzw. des Managements. Hierbei wäre jedoch zu beachten, dass die persönliche Haftung der Aktionäre bei einer am Kapitalmarkt orientierten Gesellschaften „tunlichst vermieden" werden sollte; eine Haftung des Managements für die ausgeschüttete Summe würde indes außer Verhältnis zur Vergütung stehen.[844]

Der Planungshorizont des zusätzlichen Solvenztests wird von der *Lutter*-Group auf einen Zeitraum von ein bis maximal zwei Jahre festgelegt. Des Weiteren wird dessen obligatorische Prüfung durch einen Abschlussprüfer sowie ein abschließendes Testat verlangt.[845] Im Falle der Unrichtigkeit des Solvenztests soll der Vorstand im Rahmen der Grundsätze ordnungsgemäßer Unternehmensführung haften.[846]

---

841 PELLENS/JÖDICKE/SCHMIDT, DK 2007, S. 427, 431.

842 LUTTER, ZGR 2006, Sonderheft 17, S. 1, 10.

843 LUTTER, ZGR 2006, Sonderheft 17, S. 1, 10, 14.

844 LUTTER, ZGR 2006, Sonderheft 17, S. 1, 10 f.

845 VEIL, ZGR 2006, Sonderheft 17, S. 91, 107; PELLENS/JÖDICKE/SCHMIDT, DK 2007, S. 427, 431. LUTTER merkt indes an, dass die Prüfung des Solvenztests durch den Abschlussprüfer möglicherweise zeitaufwendiger und teurer als das ganze System des Kapitals wäre; vgl. LUTTER, ZGR 2006, Sonderheft 17, S. 1, 11.

846 VEIL, ZGR 2006, Sonderheft 17, S. 91, 110.

4. Weiterführende Solvenztestmodelle

Ausgehend von diesen drei „Grundmodellen" wurden in der Wissenschaft weiterführende Ausgestaltungen sowie Konkretisierungen von Solvenztestmodellen entwickelt, die sich allerdings nur noch im Detail unterscheiden.[847] So knüpft bspw. der im September 2006 vorgelegte Reformvorschlag des *IDW*[848] eng an den *Lutter*-Report an. Im Unterschied zu diesem sieht das *IDW* jedoch keine zwingende Notwendigkeit zur Beibehaltung bestimmter Mindestkapitalregeln vor. Vielmehr sollte die Festlegung eines geeigneten Mindestkapitals in das Ermessen des jeweiligen Unternehmens gestellt werden.[849] Darüber hinaus spricht sich das *IDW* im Rahmen des Solvenztests für einen konkreten Planungshorizont von 12 Monaten aus.[850] Zudem wird die Veröffentlichung des Solvenztests strikt abgelehnt, um die vertraulichen Daten der Unternehmen zu schützen.[851]

Auch die im Januar 2008 veröffentlichte und vielbeachtete „Feasibility Study on an Alternative to the Capital Maintenance Regime established by the Second Company Law Directive 77/91/EEC of 13 December 1976" von *KPMG*[852] enthält zahlreiche Ausformungen und Vorschläge zur Implementierung eines Solvenztests in das derzeitige Kapitalaufbringungs- bzw. Kapitalerhaltungssystem. Diese lehnen sich zwar weitestgehend an die drei Grundmodelle an; dennoch finden sich einige beachtenswerte Konkretisierungen:

---

847 Vgl. hierzu bspw. JUNGMANN, ZGR 2006, S. 638, 659 ff; NAUMANN, DK 2007, S. 422, 426 f.; PELLENS/JÖDICKE/SCHMIDT, DK 2007, S. 427, 431 ff.; BÖCKING/DUTZI, DK 2007, S. 435, 439 f.; FUCHS/STIBI, BB 2007, S. 19, 24 und FUCHS/STIBI, BB 2007, S. 93, 97 f.; LANFERMANN/RICHARD, AR 2008, S. 39, 40 f.; MAUL/LANFERMANN/RICHARD, AG 2010, S. 279, 290 f.; zum „insolvency test" vgl. auch MACEY/ENRIQUES, Cornell Law Review 86, 2000 – 2001, S. 1166, 1185, 1203; MÜLBERT/BIRKE, EBOR 2002, S. 695, 698 ff. In den Aufsätzen mal nachschauen über Solvenztest.

848 Vgl. hierzu die Presseinformation IDW 8/06 v. 11. September 2006, Vorschläge des IDW zur Neukonzeption der Kapitalerhaltung und Ausschüttungsbemessung, i.F. IDW 8/06, Reformvorschlag, einsehbar unter: http://idw.de/idw/download/Presseinfo_08_06.pdf?id=412900.

849 IDW 8/07, Reformvorschlag, S. 4.

850 IDW 8/06, Reformvorschlag, S. 6; PELLENS/JÖDICKE/SCHMIDT, DK 2007, S. 427, 431.

851 IDW 8/06, Reformvorschlag, S. 6.

852 Vgl. KPMG, Feasibility Study on Capital Maintenance – Main Report, Contract ETD/2006/IM/F2/71, einsehbar unter: http://ec.europa.eu/internal_market/company/docs/capital/feasbility/study_en.pdf.

- Bspw. sieht Model 3 – „on equal terms“ eine Abschaffung des gesetzlichen Mindestkapitals und die Einführung eines zweistufigen Ausschüttungstests bestehend aus „balance sheet test“ und „solvency test“ vor. Als zusätzliches Schutzelement sieht *KPMG* die zwingende Einführung einer „solvency margin“ vor, dessen exakte Höhe noch zu bestimmen sei.[853] Damit entspricht dieses model prinzipiell dem „*High-Level*-Group-Report“ / „*Winter*-Group-Report“.
- Model 2 – „IFRS solvency add-on“ verlangt einen verpflichtenden Solvenztest für diejenigen EU-Unternehmen, die bereits IFRS-Einzelabschlüsse erstellen. Daneben sollen jedoch die Regelungen der zweiten EG-Richtlinie 77/91/EWG des Rates vom 13.12.1976 bestehen bleiben. Die konkrete Ausgestaltung des Solvenztests solle durch die EU oder deren einzelne Mitgliedstaaten erfolgen. Der Solvenztest selbst sei durch ein Zertifikat zu bestätigen und einem Abschlussprüfer vorzulegen.[854] Demzufolge stimmt dieses Model im Wesentlichen mit den Ergebnissen des Abschlussberichts der *Lutter*-Group überein.
- Model 4 – „solvency test predominance“ spricht sich für die Abschaffung des gesetzlichen Mindestkapitals aus. Dieses solle durch einen zweistufigen Ausschüttungstest, den „balance sheet test“ und den „solvency test“, ersetzt werden. Ausschüttungen wären hingegen auch bei Vorliegen eines negativen „balance sheet test“ möglich, solange nur der „solvency test“ bestätige, dass die Ausschüttungen gerechtfertigt seien. Dementsprechend lehnt sich dieses Model stark an den „*Rickford*-Group-Report“ an.

Darüber hinaus werden in der Feasibility Study von *KPMG* konkrete Vorschläge für die Ausgestaltung des Solvenztests in den jeweiligen Modellen gegeben, die mal mehr und mal weniger präzise auszufallen haben:[855]

- Model 1 – „Leave it to the companies“ sieht für den Inhalt des Solvenztests keine verpflichtenden Regelungen vor. Gesetzlich verankert werden soll lediglich eine Treuepflicht des Managements, mit deren

853 KPMG, Feasibility Study on Capital Maintenance – Main Report, S. 401; LUTTER, ZGR 2006, Sonderheft 17, weist darauf hin, dass die Aktiva die Passiva um ca. 10 bis 20 % übersteigen müssten, um als Puffer zu dienen, warnt aber zugleich vor einer übersteigerten Bindung der Erträge.

854 KPMG, Feasibility Study on Capital Maintenance – Main Report, S. 400.

855 Vgl. KPMG, Feasibility Study on Capital Maintenance – Main Report, S. 408, „more or less precise“.

Hilfe festzustellen ist, ob überhaupt bzw. in welchem Umfang der Solvenztest durchzuführen ist.[856]

- Model 2 – „Current ratios" fordert einen Vergleich der kurzfristigen Vermögenswerte mit den kurzfristigen Schulden auf der Basis geprüfter Jahresabschlüsse. Der Vorschlag sieht allerdings keine prospektive Zukunftsbetrachtung vor, so dass substantielle zukünftige Entwicklungen absichtlich außer Acht gelassen werden könnten.[857]
- Model 3 – „Short term projection" spricht sich bzgl. der Prognose- und Aussagefähigkeit des Solvenztests für einen Planungszeitraum von 12 Monaten aus. Aufgrund der mit der Prognose einhergehenden Unsicherheit und Unverlässlichkeit könne der Test mit einem Zertifikat des Managements belegt werden. Zudem wären langfristige Verpflichtungen zu berücksichtigen.[858]
- Model 4 – „Mid term projection" unterscheidet sich von der „Short term projection" nur bzgl. des Planungszeitraums, der mit drei bis fünf Jahren angegeben wird. Bereits in der Studie wird indes kritisiert, dass ein derart langer Prognosehorizont an die Grenzen der Vorhersagefähigkeit stoßen würde.[859]

5. Internationale Erfahrungen mit dem Solvenztest als Instrument zur Ausschüttungsrestriktion

Der Solvenztest wird international seit vielen Jahren respektive Jahrzehnten als Instrument der Ausschüttungsrestriktion genutzt: Bspw. wird ein Solvenztest in Neuseeland seit rund 15 Jahren, in Kaliforniern sogar seit über 70 Jahren verlangt. Neben der Erfüllung des Solvenztests ist eine Ausschüttung jedoch oftmals von dem Bestehen eines zusätzlichen Bilanztests abhängig: In Kalifornien wird bspw. ein US-GAAP-Bilanztest[860] und in Australien ein IFRS-Bilanztest[861] gefordert. Liberaler erweisen sich nur die Ausschüttungsrestriktionen in Neuseeland und Delaware; in diesen Ländern bzw. Bundesstaaten kann das board of directors für die Zwecke der Ausschüttungsbemessung von den testierten

856 KPMG, Feasibility Study on Capital Maintenance – Main Report, S. 408.

857 Sh. hierzu auch BRINKMANN/RILLING, Accounting 6/2008, S. 13.

858 KPMG, Feasibility Study on Capital Maintenance – Main Report, S. 409.

859 Vgl. KPMG, Feasibility Study on Capital Maintenance – Main Report, S. 409; BRINKMANN/RILLING, Accounting 6/2008, S. 13.

860 Vgl. zum US-GAAP Bilanztest sogleich, S. 167 f.

861 Vgl. zur Rechtslage in Australien KPMG, Feasibility Study on Capital Maintenance – Main Report, S. 258 f.

Abschlüssen abweichen und eine Neubewertung der Aktiva und Passiva vornehmen.[862]

Aufgrund ihrer Bewährung in der Praxis soll im Folgenden das Zusammenspiel von Solvenztest und zusätzlichen Ausschüttungsrestriktionen in Kalifoniern, Delaware, Australien, Neuseeland und Großbritannien kurz dargestellt werden, um anschließend zu prüfen, ob sich ein dargestelltes System auch für Deutschland eignen würde.

a) Die Ausschüttungsrestriktionen in Kalifornien

Als einziger Bundesstaat der Vereinigten Staaten von Amerika gibt Kalifornien konkrete Regelungen vor, mit denen der maximal ausschüttbare Betrag eines Unternehmens zu ermitteln ist.[863] Aufgrund des Verweises in § 114 California Corporation Code (CCC) ist der Ausgangspunkt dabei stets eine nach den US-GAAP aufgestellte Bilanz. Im Gegensatz zu Deutschland ist somit in Kalifornien der Konzernabschluss die Grundlage der Ermittlung des ausschüttbaren Betrages (vgl. § 114 CCC).

Da in Kalifornien ein Mindesteigenkapital seit 1977 nicht mehr erforderlich ist,[864] wird die Ausschüttungsrestriktion mit Hilfe verschiedener Testverfahren und einer strengen Haftung sichergestellt:

(1) Equity Insolvency Test

Notwendige Voraussetzung für eine Ausschüttungsmaßnahme in Kalifornien ist zunächst das Bestehen des „equity insolvency test"[865], § 501 CCC.[866] Hiernach haben Ausschüttungen zu unterbleiben, wenn das Unternehmen nach der vorzunehmenden Ausschüttung wahrscheinlich nicht mehr in der Lage ist, seine Verbindlichkeiten bei Fälligkeit zu begleichen. An erster Stelle steht damit ein typischer Solvenztest. Erwähnenswert ist, dass auch beim equity insolvency test konzernspezifische Risiken zu berücksichtigen sind, vgl. § 501 CCC.

---

862 KPMG, Feasibility Study on Capital Maintenance – Main Report, S. 258, 258 und 261; vgl. darüber hinaus auch LANFERMANN/RICHARD, AR 2008, S. 39, 40.

863 PELLENS/BRANDT/RICHARD, DB 2006, S. 2021, 2023.

864 Vgl. zur Abschaffung des legal capital-Konzepts ACKERMANN/STERRETT, UCLA Law Review 1976, S. 1052, 1055.

865 ACKERMANN/STERRETT, UCLA Law Review 1976, S. 1052, 1057; MAUL/LANFERMANN/RICHARD, AG 2010, S. 279, 287.

866 PELLENS/BRANDT/RICHARD, DB 2006, S. 2021, 2023.

(2) Retained Earnings Test

Erfüllt das Unternehmen den equity insolvency test, dürfen Ausschüttungen vorgenommen werden, solange deren vorgeschlagene Summe die in der Vergangenheit einbehaltenen Gewinne (retained earnings) nicht überschreitet, vgl. § 500(a) CCC. Diese Ausschüttungsrestriktion wird als „retained earnings test"[867] bezeichnet.

(3) Balance Sheet Test

Sollten indes keine retained earnings existieren oder der vorgeschlagene auszuschüttende Betrag die retained earnings übersteigen, kann dennoch eine Ausschüttung erfolgen, wenn die in § 500(b) CCC kodifizierten Bilanztests kumulativ erfüllt werden:

1) Der quantitive solvency test bestimmt, dass nach erfolgter Ausschüttung die Summe der Vermögenswerte mindestens 125 % der Schulden und damit die verbleibende Eigenkapitalquote mindestens 20 % betragen muss, § 500(b)(1) CCC.[868] Im Rahmen des quantitive solvency test sind zudem einige Besonderheiten zu beachten: So sind von der Summe der Vermögenswerte der goodwill, die Forschungs- und Entwicklungskosten und die Abgrenzungsposten abzuziehen; als Begründung wird aufgeführt, dass der quantitive solvency test nur die Vermögenswerte mit einbeziehen solle, die das Unternehmen im fiktiven Liquidationsfall mit hoher Wahrscheinlichkeit liquidieren und somit auch realisieren könne § 500(b)(2) CCC. Von der Summe der Schulden sind die latenten Steuern und die Abgrenzungsposten zu subtrahieren; hierfür wird dargelegt, dass die Berücksichtigung dieser Posten den Liquidationswert des Unternehmens verfälschen und ausschließlich aus Gründen der periodengerechten Erfolgsermittlung in der Bilanz erscheinen würden und nicht etwa, weil sie eine unmittelbare zukünftige Zahlungsverpflichtung darstellen würden, § 500(b)(2) CCC.
2) Als zweiter Bilanztest ist gemäß § 500(b)(2) CCC ein „liquidity test" vorgeschrieben. Mit diesem soll überprüft werden, ob das Umlauf-

---

867 Vgl. zum „retained earnings test" ACKERMANN/STERRETT, UCLA Law Review 1976, S. 1052, 1063.

868 Vgl. ACKERMANN/STERRETT, UCLA Law Review 1976, S. 1052, 1060; MAUL/LANFERMANN/RICHARD, AG 2010, S. 279, 281; PELLENS/BRANDT/RICHARD, DB 2006, S. 2021, 2023.

vermögen nach erfolgter Ausschüttung die kurzfristigen Verbindlichkeiten deckt.

(4) Haftungsmaßnahmen im Rahmen von unzulässigen Ausschüttungen

Ferner sind im CCC detaillierte Haftungsregelungen kodifiziert. Im Falle einer unrechtmäßigen Ausschüttung haften die directors der Gesellschaft zum Nutzen der anspruchsberechtigten Gläubiger grundsätzlich in Höhe des Betrages, der illegal an die Aktionäre ausgeschüttet worden ist, vgl. §§ 309, 316 i.V.m. 500-503 CCC. Darüber hinaus haften allerdings auch die Aktionäre bei Erhalt unzulässiger Ausschüttungen der Gesellschaft zum Nutzen der klagebefugten Gesellschafter, wenn diese von Tatsachen Kenntnis erlangt haben, die auf die Illegalität der Ausschüttung hindeuteten, §§ 309, 316 i.V.m. 500-503 CCC.[869]

b) Die Ausschüttungsrestriktionen in Delaware

Das Ausschüttungsregime im Bundesstaat der Vereinigten Staaten Delaware orientiert sich im Wesentlichen an den Prinzipien des Liberalismus und der Deregulierung.[870] Zum Zwecke der Ausschüttungsrestriktion sind zwei alternative Testverfahren vorgesehen: Der „surplus test" und der „net profit test", vgl. § 170 Delaware General Corporation Law (DGCL). Im Rahmen des surplus tests (§170(a)(1) DGCL) sind – wie in Europa üblich – Ausschüttungen nur dann zulässig, wenn die Nettovermögenswerte (also die Vermögenswerte abzüglich der Schulden) das Grundkapital übertreffen, § 154 DGCL. Ein wesentlicher Unterschied zu der europäischen Rechtslage besteht jedoch darin, dass in Delaware ein gesetzliches Mindestgrundkapital nicht vorgesehen ist. Die Einlage der Aktionäre kann somit theoretisch jederzeit im surplus platziert und somit auch jederzeit an die Aktionäre ausgeschüttet werden.

Des Weiteren ist das board of directors zur Ermittlung des ausschüttbaren Betrages in Delaware nicht an ein gesetzlich vorgeschriebenes Ausschüttungsregime gebunden.[871] Das Unternehmen ist bei der Durchfüh-

---

869 Sh. auch PELLENS/BRANDT/RICHARD, DB 2006, S. 2021, 2024; grundlegend ACKERMANN/STERRETT, UCLA Law Review 1976, S. 1052, 1059 ff.

870 Vgl. MAUL/LANFERMANN/RICHARD, AG 2010, S. 279, 282; MAUL/RICHARD, S:R 2008, S. 169.

871 Nach wie vor von herausragender Bedeutung hierfür ist die Entscheidung des Delaware Supreme Court in der Sache Klang versus Smith's Food & Drug Centers, Delaware Supreme Court 11. September 1997, Inc. 702 A.2d 150, einsehbar unter: http://caselaw.

rung des surplus test also nicht an seine eigene Bilanz gebunden. Dies wird hauptsächlich mit der Vergangenheitsbezogenheit der Bilanz begründet, die nicht notwendigerweise den aktuellen Wert der Vermögenswerte und Schulden reflektiere.[872] Das board of directors darf deshalb zur Ermittlung des ausschüttbaren Betrages eine Neubewertung der Aktiva und Passiva unter Zugrundelegung ihrer fair values vornehmen. Die Folge ist der Ausweis unrealisierter Gewinne, die infolgedessen ausgeschüttet werden können bzw. dürfen. Darüber hinaus können nach dem alternativen net profit test (§ 170(a)(2) DGCL) Gewinne des aktuellen und des vorhergehenden Jahres sogar dann ausgeschüttet werden, wenn kein surplus erreicht werden konnte.

Erstaunlich ist, dass ein Solvenztest in Delaware nicht explizit vorgeschrieben ist; der Gläubigerschutz wird vorrangig durch Haftungsregeln, insolvenzrechtliche Vorschriften und privatvertragliche Vereinbarungen (sog. covenants) erreicht.[873] Dennoch haftet das board of directors neben einem vorsätzlichen oder fahrlässigen Verstoß gegen die gesetzliche Ausschüttungsrestriktion des § 174(a) DGCL ebenfalls wegen eines nicht oder mangelhaft aufgestellten Solvenztest nach den Vorschriften der Verletzung allgemeiner Sorgfaltspflichten. Daher wird der ausschüttbare Betrag in der Unternehmenspraxis zumeist aus einem geprüften US-GAAP-Abschluss abgeleitet und einem Solvenztest unterzogen.[874]

c) Die Ausschüttungsrestriktionen in Australien

Auch der Australian Corporations Act 2001 (ACA 2001) sieht im Allgemeinen kein gesetzliches Mindestnennkapital vor. Ein solches kann jedoch in den Gesellschaftsverträgen der einzelnen Unternehmen festgelegt werden. Für die Zwecke der Ausschüttungsrestriktion nimmt das Mindestnennkapital indes keinen signifikanten Stellenwert ein.[875] So dürfen Ausschüttungen grundsätzlich bereits dann vorgenommen werden,

findlaw.com/de-supreme-court/1493190.html. Das Gericht hatte zu entscheiden, ob ein Aktienrückkauf, der zu einem negativen Eigenkapital führte, gegen den surplus test gemäß § 160 DGCL verstieß. Das Gericht hat dies verneint. Aufgrund der Ähnlichkeit von § 160 DGCL und § 170 DGCL wird die Gerichtsentscheidung auf Dividendenzahlungen analog angewandt; vgl. auch EISENBERG, Corporations and other Business Associations, S. 1255 ff.

872 Vgl. MAUL/LANFERMANN/RICHARD, AG 2010, S. 279, 283.

873 MAUL/LANFERMANN/RICHARD, AG 2010, S. 279, 282.

874 KPMG, Feasibility Study on Capital Maintenance – Main Report, S. 258.

875 KPMG, Feasibility Study on Capital Maintenance – Main Report, S. 217, 222.

wenn die Vermögensgegenstände die Schulden übersteigen (Bilanztest auf der Grundlage eines geprüften Jahresabschlusses, vgl. Sect. 301 ACA 2001) und das Unternehmen nach der Zahlung der Dividende noch in der Lage ist, seine Gläubiger zu befriedigen (Solvenztest), Sect. 254T(1) ACA 2001. Im Übrigen sind weitere Richtlinien des australischen Case Law zu beachten: Bspw. ist eine Zahlungsunfähigkeit (insolvency) zu vermeiden; und bei dem auszuschüttenden Betrag muss es sich um vom Unternehmen erwirtschaftete Erträge (profits) handeln.[876]

Bedeutend ist, dass die Definition der Vermögensgegenstände und Schulden zwar in den Händen des Australian Accounting Standards Board (AASB) liegt, vgl. Sect. 254T(2) i.V.m. Sect. 9 ACA 2001; das AASB hat hingegen frühzeitig die sog. Australian equivalents to International Financial Reporting Standards (A-IFRS) entwickelt. Die A-IFRS sind bereits für Geschäftsjahre ab dem 1. Januar 2005 anzuwenden.[877] Sie lehnen sich eng an die IFRS an, unterscheiden sich jedoch in einigen Bereichen auch von diesen.[878]

Im Falle eines unrechtmäßig ausgeschütteten Betrages haftet nach australischem Recht in erster Linie das für die Feststellung der Dividende verantwortliche Board of Directors in Höhe des über den Erträgen liegenden Betrages. Darüber hinaus scheint zudem eine Haftung der Aktionäre nicht ausgeschlossen zu sein. Sie kommt zumindest dann in Betracht, wenn die Aktionäre von der Unrechtmäßigkeit der Ausschüttung positive Kenntnis hatten.[879]

Festzuhalten ist damit, dass der ausschüttbare Betrag in Australien auf der Grundlage eines *IFRS-Abschlusses* und mit Hilfe eines *Bilanz- und Solvenztests*[880] ermittelt wird; flankiert wird dieses System durch eine zusätzliche Haftung des Board of Directors bzw. der Aktionäre. Eine solche Vorgehensweise erscheint auch für Deutschland denkbar. Bevor jedoch hierauf genauer eingegangen wird, sollen abschließend noch die Rechtsordnungen in Neuseeland und Großbritannien betrachtet werden. Denn

---

876 Vgl. genauer zu dem case law KPMG, Feasibility Study on Capital Maintenance – Main Report, S. 222 f.

877 DELOITTE, A-IFRS vs. IFRS, S. 1; KPMG, Feasibility Study on Capital Maintenance – Main Report, S. 224.

878 Zu den Unterschieden von A-IFRS und IFRS vgl. PWC, AIFRS, NZ IFRS and IFRS – similar but not the same, S. 2 ff., einsehbar unter: http://www.pwc.com/en_NZ/nz/ifrs/pwcanzifrs1.pdf; DELOITTE, A-IFRS vs. IFRS, S. 2 ff., einsehbar unter: http://www.iasplus.com/au/0509differences.pdf.

879 Vgl. KPMG, Feasibility Study on Capital Maintenance – Main Report, S. 224.

880 Vgl. hierzu auch JUGELI, WiRo 2009, S. 75, 78, Fn. 12.

insbesondere Neuseeland dient als Beleg dafür, dass die Umstellung von einem dem heutigen deutschen Recht vergleichbaren Kapitalschutzsystem auf ein Solvenztestsystem möglich ist.[881]

d) Die Ausschüttungsrestriktionen in Neuseeland

Das neuseeländische Gesellschaftsrecht wurde im Jahre 1993 umfassend reformiert und ist seitdem im New Zealand Companies Act 1993 (NZCA 1993) normiert. Als zentrale Norm für alle wesentlichen Kapitalmaßnahmen wurde in Section 4 ein Solvenztest kodifiziert, der für die rechtmäßige Auszahlung von Geld- oder Sachdividenden, beim Erwerb eigener Aktien, für finanzielle Unterstützung des Aktienerwerbs sowie für Kapitalherabsetzungen anzuwenden ist.[882] Dabei bestimmt der Solvenztest, dass die soeben aufgeführten Maßnahmen nur vorgenommen werden dürfen, wenn die unmittelbare Bedienung der Schulden nicht gefährdet wird, vgl. Sec. 4(1)(a) NZCA 1993, und das Eigenkapital nicht negativ wird bzw. unter die gesetzlichen Mindestanforderungen fällt, vgl. Sec. 4(1)(b) NZCA 1993.

Demnach ist in Neuseeland zum Zwecke von Ausschüttungen und anderen Kapitalmaßnahmen eine zweistufige Prüfung vorzunehmen: Ein Liquidity Test, der die Zahlungsfähigkeit der Gesellschaft nach Vornahme der Kapitalmaße sicherstellt, sowie ein Balance Sheet Test, der als Grundlage die bereits verfügbaren Bilanzen nach den New Zealand equivalents to IFRS (NZ IFRS) nutzt, vgl. Sec 4(2) i.V.m. 10 NZCA 1993.[883] Wie die A-IFRS lehnen sich die NZ IFRS – wie der Name bereits vermuten lässt – zwar direkt an die IFRS an; in einigen Bereichen ergeben sich jedoch – ebenso wie in den A-IFRS – partielle Unterschiede.[884]

Auch in Neuseeland ist im Rahmen des Solvenztests eine Bescheinigung von der Geschäftsleitung auszustellen, in der diese versichert, dass die Gesellschaft nach der Kapitalmaßnahme den Solvenztest bestehen wird und in der sie die Gründe für ihre Ansicht darstellen muss, vgl. für Ausschüttungen Sec. 52(2), (3) NZCA 1993. Ein Verstoß der Geschäftsleitung im Rahmen des Solvenztests führt gemäß Sec. 373(1) NZCA 1993

---

881 JUNGMANN, ZGR 2006, S. 638, 649.

882 JUNGMANN, ZGR 2006, S. 638, 650.

883 KPMG, Feasibility Study on Capital Maintenance – Main Report, S. 242.

884 Zu den Unterschieden vgl. PWC, AIFRS, NZ IFRS and IFRS – similar but not the same, S. 2 ff., vgl. Fn. 878; DELOITTE, NZ IFRS and NZ GAAP, S. 4 ff., einsehbar unter: http://www.deloitte.com/assets/Dcom-NewZealand/Local%20Assets/Documents/IFRS-comparison-doc(2).pdf.

entweder zu einem Bußgeld oder – bei positiver Kenntnis der Unzulässigkeit der Ausschüttung – gemäß Sec 374(4)(c) NZCA 1993 sogar zu einer Haftstrafe von bis zu fünf Jahren.

Zudem existiert in Sec. 56(2) NZCA 1993 eine persönliche Haftung der Geschäftsführer in Höhe des Betrages, mit dem die Gesellschaft bei ihrem gegen die Gesellschafter gerichteten Rückzahlungsverlangens ausfällt; Voraussetzung hierfür ist jedoch, dass keine Gründe gegeben waren, die darauf schließen ließen, dass die Gesellschaft nach der Kapitalmaßnahme solvent bleiben würde. Darüber hinaus kann die Gesellschaft nach Sec. 56(1) NZCA 1993 eine Ausschüttung, die den solvency test nicht erfüllt, grundsätzlich von den Gesellschaftern zurückfordern.

Trotz der Bedeutung des Solvenztests für die Ausschüttungsbemessung sind die Vorgaben des geltenden Rechts unpräzise: Es ist weder festgelegt, welche zukünftigen Einnahmen und Ausgaben zu berücksichtigen sind (in der Literatur wird lediglich ein Planungshorizont von einem Jahr oder einem Business Cycle *präferiert*)[885], noch, wie die Solvenzbescheinigung im Einzelnen auszugestalten ist.[886] Das führt dazu, dass sich die Praxis im Rahmen der Zertifizierung von Dividenden auf die Wiedergabe des bloßen Gesetzeswortlauts beschränkt.[887]

e) Die Ausschüttungsrestriktionen in Großbritannien

Das britische Gesellschaftsrecht ist erst neulich durch den UK Companies Act 2006 (UKCA 2006) umfassend reformiert worden. Obwohl dem bis dahin geltenden UKCA 1985 Solvenzbescheinigungen nicht fremd waren,[888] ist im Bereich der Ausschüttungsbemessung auf die Einführung eines Solvenztests gänzlich verzichtet worden.[889] Gründe für die Entscheidung des Gesetzgebers sind den Gesetzgebungsmaterialien nicht zu entnehmen. Verwunderlich ist dies aber insbesondere vor dem Hintergrund der Kritik der englischen Regierung, die sich kurz zuvor dem Er-

---

885 Vgl. JUNGMANN, ZGR 2006, S. 638, 651 und WEISS, DK 2007, S. 109, 112 m.w.N.

886 So gibt selbst der vom neuseeländischen Institute for Directors herausgegebene Leitfaden lediglich den Gesetzeswortlaut wieder, vgl. PWC, Directors' Responsibilities 2003, S. 19, einsehbar unter pwc.com/images/nz/eng/ins-sol/publ/pwc_dr_2003.pdf.

887 Sh. WEISS, DK 2007, S. 115.

888 Vgl. bspw. Sec. 657 UKCA 1985, nach dem für effektive Kapitalherabsetzungen ein „solvency statement" vorliegen muss, in dem jeder director versichert, dass das Unternehmen in der Lage ist, die Schulden innerhalb eines Jahres nach der Kapitalherabsetzung zu bezahlen.

889 Vgl. JUNGMANN, ZGR 2006, S. 638, 658.

gebnis der britischen Rickford-Group angeschlossen hatte und von der europäischen Kommission mit Nachdruck die Aufhebung der zweiten EG-Richtlinie 77/91/EWG des Rates vom 13.12.1976 und anstelle dessen die Einführung eines Solvenztests verlangte -[890] eine Vorgehensweise, die wenig konsequent erscheint.

Ausschüttungen in Großbritannien dürfen somit nach wie vor erst dann erfolgen, wenn es sich hierbei um „profits available for the purpose" (den Bilanzgewinn bzw. den realisierten Gewinn) handelt, Sec. 830 UKCA 2006.[891] Die Ermittlung dieses „realisierten Gewinnes" richtet sich derzeit nach dem Technical Release 01/09, der von dem Institute of Chartered Accountants of Scotland (ICAS) und dem Institute of Chartered Accountants in England and Wales (ICAEW) herausgegeben wird.[892] Der Technical Release 01/09 gibt zum Einen vor, dass der „realisierte Gewinn" mit Hilfe einer Überleitungsrechnung aus dem Jahresüberschuss zu bestimmen ist, und zum Anderen, welche Gewinne bzw. Verluste hierfür als realisiert anzusehen sind. Eine außergewöhnliche sowie zugleich diffizile Herausforderung stellte in diesem Zusammenhang die wahlweise Einführung der IFRS für den Einzelabschluss im Jahre 2004 dar: Die Anwendung des an die Vermittlung entscheidungsrelevanter Informationen ausgerichteten IFRS-Regelwerks ließ den Anpassungs- und Beratungsbedarf für die Bemessung des ausschüttungsfähigen Gewinns enorm ansteigen; so ist der Leitfaden inzwischen auf 131 Seiten angeschwollen.[893]

Auch in Großbritannien darf eine unrechtmäßig erlangte Ausschüttung von der Gesellschaft (notfalls mit Hilfe einer Klage) zurückgefordert werden, wenn der Empfänger von der Unrechtmäßigkeit wusste oder zumindest von dieser hätte Kenntnis haben können. Darüber hinaus besteht – aufgrund von case law – die Möglichkeit, die illegale Ausschüttung direkt von dem board of directors „einzutreiben".[894]

---

890 Vgl. LUTTER, ZGR 2006, Sonderheft 17, S. 1, 2.

891 Vgl. ausführlicher hierzu KPMG, Feasibility Study on Capital Maintenance – Main Report, S. 127 ff.

892 Der Leitfaden des ICAS/ICAEW, Technical Release 01/09, Guidance on the Determination of Realised Profits and Losses in the Context of Distributions under the Companies Act 2006 ist einsehbar unter: http://www.icaew.com/en/about-icaew/what-we-do/~/media/Files/Technical/technical-releases/tech-releases-2000-to-2010/TECH-01-09-Guidance-Realised-and-Distributed-Profits-under-the-Companies-Act-2006.ashx.

893 LANFERMANN/RÖHRICHT, DStR 2009, S. 1216, 1220.

894 Vgl. hierzu KPMG, Feasibility Study on Capital Maintenance – Main Report, S. 129.

f) Zwischenergebnis

Frappierend – wenn nicht sogar unverständlich – ist, dass selbst diejenigen Länder, die zur Beschränkung von Ausschüttungen einen Solvenztest einsetzen, auf dessen konkrete Ausgestaltung verzichten. Zumeist findet sich in den einzelnen Rechnungslegungsregimen nur eine spärliche Standardformulierung, nach der die Unternehmen im Anschluss an die Ausschüttung in der Lage sein müssen, ihre Verbindlichkeiten bei Fälligkeit und im Rahmen des normalen Geschäftsverlaufs zu zahlen.[895] Dies ist in erster Linie dem Umstand geschuldet, dass sowohl die Erstellung (also das „Ob") als auch die Aufstellung (also das „Wie") des Solvenztests regelmäßig im alleinigen Verantwortungsbereich des Managements liegen. Schließlich wird der Solvenztest in den zuvor dargestellten Ländern ohnehin nicht veröffentlicht; er ist – wenn überhaupt – mit einer certification (Solvenzbescheinigung) des board of directors zu belegen.[896]

So verwundert es nicht, dass in denjenigen Ländern, die einen Solvenztest vorsehen, oftmals zusätzlich privatvertragliche Vereinbarungen (covenants) eingesetzt werden, mit denen die Handlungsspielräume der Eigner nicht zuletzt bei Ausschüttungsentscheidungen eingeschränkt werden sollen. Zugegebenermaßen wird durch diese covenants generell ein größeres Maß an Flexibilität erreicht. Aufgrund ihrer individuellen Formulierung und ihrer Bezugnahme auf die konkrete Vertragssituation können sie letztlich sogar präzise auf das erwartete Kreditrisiko zugeschnitten werden.[897] In der Regel wird der Abschluss solcher privatrechtlicher Verträge allerdings nur den Großgläubigern mit entsprechender Verhandlungsmacht gelingen.[898] Diese werden im Ernstfall jedoch eher dazu neigen, die Vereinbarungen (kollusiv)[899] gegen vorzeitige Befriedigung der eigenen Ansprüche aufzulösen – mit der Folge, dass gerade die

---

895 Vgl. hierzu bspw. die Formulierungen in Australien, §§ 95A (1), 254T, 588G (1) ACA 2001; in Kalifornien, § 501 CCC; in Neuseeland, § 4 [1a] NZAC 1993; in den US-amerikanischen Model Business Corporations Act, § 6.40 (c) (1) MBCA; in Kanada, § 42 (a) Canada Business Corporations Act.

896 Eine solche certification ist bislang nur in Kanada, Australien und Neuseeland vorgesehen, sh. KPMG, Feasibility Study on Capital Maintenance – Main Report, S. 262.

897 KAHLE, WPg 2003, S. 262, 270.

898 WÜSTEMANN/BISCHOF/KIERZEK, BB 2007, BB-Special 5, S. 13, 15; ENGERT, ZHR 2006, S. 296, 305; HAAKER, ZGR 2010, S. 1055, 1080, spricht zudem von hohen Transaktionskosten beim Abschluss der Verträge.

899 Unter Kollusion ist hier sowohl das bewusste Bereichern zum Nachteil Dritter als auch das implizit ökonomisch logische Vorgehen zum eigenen Vorteil des Unternehmens zu verstehen.

übrigen Kleingläubiger genau dann schutzlos wären, wenn sie eines besonderen Schutzes bedürften.[900] Grundsätzlich ist daher eine gesetzliche Regulierung des Gläubigerschutzes zum Schutze von Minderheiten erforderlich.[901] Dies hat nicht zuletzt auch die Kritik am company-option-approach offenbart, der aufgrund der alleinigen Entscheidungsmacht des board of directors abzulehnen war. Sollte also ein Solvenztest für Deutschland in Betracht gezogen werden, wären zunächst Ausgestaltung und Durchführung desselben gesetzlich zu regeln.

Dabei zeigt bzgl. der Implementierung eines Solvenztestsystems in Deutschland der Blick auf die dargestellten unterschiedlichen Ausschüttungsrestriktionen, welche Fragen durch den Gesetzgeber zu normieren wären:

- Welcher Planungshorizont ist dem Solvenztest zu Grunde zu legen?
- Ist der Solvenztest oder bloß ein Zertifikat zu veröffentlichen?
- Bedarf der Solvenztest einer Zertifizierung durch einen Wirtschaftsprüfer?
- Welche Sanktionen sind an einen zu Unrecht ausgestellten Solvenztest bzw. an eine zu Unrecht ausgestellte Solvenzbescheinigung zu knüpfen?
- Wie ist ein Beurteilungsspielraum des Managements zu berücksichtigen?
- Ist bei Einbindung des Unternehmens in einen Konzern aufgrund der konzernspezifischen Gestaltungsmöglichkeiten und den damit einhergehenden Risiken ein zusätzlicher Solvenztest auf der Ebene des Konzerns erforderlich?
- Soweit eine Sicherheitsmarge für erforderlich gehalten wird: Wo und wie wäre dies zu implementieren und welcher Maßstab wäre hierfür heranzuziehen?

Diese Fragen aufgreifend soll nun im Folgenden ein Modell zur Implementierung eines Solvenztests aufgezeigt werden, das wohl am ehesten dem deutschen Gläubiger- und Vorsichtsprinzip entsprechen würde.

---

900 MERKT, ZGR 2004, 305, 314; WÜSTEMANN/BISCHOF/KIERZEK, BB 2007, BB-Special 5, S. 13, 15; weitere Ausführungen bei ENGERT, ZHR 2006, S. 296, 305 ff.; HENNRICHS in Henze/Hoffmann-Becking (Hrsg.), Gesellschaftsrecht 2003, S. 101, 127 f.; ähnlich auch PELLENS/CRASSELT/SELLHORN, zfbf 2007, S. 264, 268, die insbesondere Arbeitnehmer und Deliktsgläubiger als schutzwürdig ansehen; SCHÖN, ZGR 2000, S. 706, 727.

901 Vgl. stellvertretend bereits HEMMERDE, Insolvenzrisiko und Gläubigerschutz, S. 9; a.A. wohl LEUZ, Rechnungslegung und Kreditfinanzierung, S. 90.

6. Erarbeitung eines dem deutschen Gläubigerschutz- und Vorsichtsprinzip entsprechenden Solvenztests

Zuvörderst stellt sich die Frage, ob neben dem Solvenztest ein Bilanztest zur Ausschüttungsrestriktion benötigt wird. Dies wird bspw. von der Rickford-Group verneint: Aufgrund seiner reinen Vergangenheitsbezogenheit sei ein Bilanztest zum Zwecke der Ausschüttungsbegrenzung nur bedingt zu gebrauchen; er führe zu Inflexibilität und Außerachtlassung der zwingend zu berücksichtigenden Liquidität des Unternehmens.[902] Ausschüttungen wären demnach bereits dann zulässig, wenn nur ein Solvenztest bestanden werden würde.

Der skizzierten Kritik ist indes zu widersprechen. So sind auch in einem Bilanztest liquiditätsorientierte Schutzmechanismen zu berücksichtigen:[903] Dies ergibt sich bereits aus dem Grundsatz der Unternehmensfortführung gemäß CF.4.1 bzw. § 252 Abs. 1 Nr. 2 HGB sowie der Pflicht zur Aufstellung eines Lageberichts nach §§ 264 Abs. 1 S. 1 i.V.m. 289 HGB und der Bildung von Rückstellungen nach CF.4.19 bzw. § 249 HGB.[904] Darüber hinaus ist zu erwähnen, dass bereits de lege lata liquiditätsorientierte Solvenzprüfungen bei Ausschüttungen an die Gesellschafter durchzuführen sind: So verpflichten die §§ 93 Abs. 1 S. 1 i.V.m. 91 Abs. 2 bzw. 92 Abs. 2 AktG, 43 Abs. 1 GmbHG (vgl. ferner §§ 17 – 19 InsO) die Geschäftsführer im Rahmen ihrer allgemeinen Sorgfaltspflichten zur ständigen Solvenzüberwachung; gleiches gilt gemäß § 170 Abs. 2 S. 1 AktG bei der Vorlage des Bilanzgewinns an den Aufsichtsrat; und auch bei Ausschüttungsbeschlüssen und der Auszahlung der Dividende ist die Liquidität des Unternehmens sicherzustellen.[905] Im Rahmen einer IFRS-Bilanz sind die zukunfts- und zahlungsstromorientierten Posten sogar noch reichhaltiger vorhanden.[906] Eine reine Vergangenheitsbezogenheit kann der Bilanz demnach nicht unterstellt werden.

---

902 RICKFORD, Reforming Capital, S. 975; ähnlich PELLENS/JÖDICKE/RICHARD, DB 2005, S. 1393, 1395; LANFERMANN/RÖHRICHT, BB 2007, BB-Special 5, S. 8, 9; MICHELER, ZGR 2004, S. 324, 342.

903 HENNRICHS, DK 2008, S. 42, 45; DERS., ZGR 2008, S. 362, 367 ff; ähnlich KLEINDIEK, BB 2007, BB-Special 5, S. 2, 4 f.; BÖCKING/DUTZI, DK 2007, S. 435, 440; erwähnenswert auch die Äußerungen von JACKSON, TONY in FTE v. 26.09.2011, S. 21, the predictive power of balance-sheet analysis, der einer Bilanzanalyse „real predictive power" zusagt.

904 ARNOLD, DK 2007, S. 118, 121; HENNRICHS, DK 2008, S. 42, 43.

905 Vgl. hierzu HENNRICHS, DK 2008, S. 42, 44 bis 46; des Weiteren HENNRICHS, AG 2006, S. 698 ff.

906 HENNRICHS, DK 2008, S. 42, 44; vgl. zu den einzelnen Posten schon oben, S. 92 ff.

Ferner zeigt sich die Schwäche eines alleinigen Solvenztests gerade im Bereich der langfristigen Verbindlichkeiten. Dies ist dem (kurzen) Planungshorizont des Solvenztests von regelmäßig ein bis zwei Jahren geschuldet. Hiermit käme es aber insbesondere zur Außerachtlassung der langfristigen Pensionsverbindlichkeiten, die bereits im Jahre 2007 mit 7,3 % an der Bilanzsumme einen hohen wirtschaftlichen Belastungsfaktor für Unternehmen darstellten und durch das BilMoG sogar noch gestiegen sein sollten.[907]

Natürlich könnte dem mit einem längeren Planungshorizont entgegengewirkt werden. Je länger sich allerdings der Planungshorizont erstreckt, desto prognosebasierter und unsicherer wird der Solvenztest. Daher ist – wie in der ausländischen Praxis üblich – ein Planungshorizont von einem Jahr zu befürworten.[908] Zwar könnte noch in Erwägung gezogen werden, ein „Imparitätsprinzip" für den Solvenztest einzuführen, mit dessen Hilfe langfristige Verbindlichkeiten berücksichtigt werden könnten. Stellt man hingegen die erwarteten Liquiditätsabgänge eines Jahres *zuzüglich aller langfristigen Verbindlichkeiten* bloß den vorhandenen und erwarteten Liquiditätszugängen eines Jahres gegenüber, ist fraglich, ob der Betrag jemals ausreichen würde, um Ausschüttungen vornehmen zu können.

Zudem hätte ein alleiniger Solvenztest zur Folge, dass seitens des Managements auf den Aufbau von Ansatz- und Bewertungsspielräumen vollständig verzichtet werden könnte; in wirtschaftlich schwierigen Zeiten, die oftmals eine stockende Kreditvergabe seitens der Banken mit sich bringen, käme es dann aber in besonderem Maße auf eine gute Liquiditätsplanung an, mit deren Hilfe eine Insolvenz des Unternehmens verhindert und die finanziellen Engpässe überbrückt werden könnten.[909] Das erscheint jedoch vor dem Hintergrund des Gläubigerschutzes nicht tragbar zu sein.

---

907 Vgl. BUETTNER/LORSON/MELCHER, KoR 2009, S. 461; vgl. auch oben, S. 129.

908 Zur Anwendung von Solvenztests im Ausland vgl. bereits oben, S. 165 ff.; vgl. dementsprechend die Studie von KÖHLER/MARTEN/SCHLERETH, DB 2007, S. 2729, 2731, in der sich 62 % der befragten Unternehmen für einen Zeitraum von 12 Monaten aussprachen; dem ebenso zustimmend Arnold, DK 2007, S. 118, 123; ENGERT, ZHR 2006, S. 296, 328; PELLENS/JÖDICKE/RICHARD, DB 2005, S. 1393, 1400, die hingegen darüber hinaus eine zweite Phase fordern, in der die längerfristige Kapitalbedarfsplanung geprüft wird; PELLENS/SELLHORN, ZGR 2006, Sonderheft 17, S. 451, 485 verlangen indes einen Zeitraum von 24 Monaten. So auch SCHILDBACH in Ebke/Luttermann/Siegel (Hrsg.), Internationale Rechnungslegungsstandards, S. 119, 134.

909 Vgl. MAUL/LANFERMANN/RICHARD, AG 2010, S. 279, 291.

Dies wiederum führt zu dem Resultat, dass aufgrund der Nichtberücksichtigung langfristiger Verbindlichkeiten gerade unter Gläubigergesichtspunkten ein Bilanztest, der als zusätzliches Instrument neben den Solvenztest zu treten hat, für erforderlich gehalten wird.

Fraglich ist für diesen zusätzlichen Solvenztest dann lediglich, ob zumindest eine imparitätische Betrachtungsweise im Bereich der Einzahlungschancen und Auszahlungsrisiken erfolgen sollte. So könnten Einzahlungen an eine höhere Eintrittswahrscheinlichkeit geknüpft werden als Auszahlungen.[910] Einen konkreten Grenzwert hierfür wird es allerdings nicht geben,[911] so dass mit einer unbestimmten Formulierung wie z.B. „im Zweifel sind Einzahlungen nicht zu berücksichtigen" oder „Einzahlungen sind im Zweifel unter Berücksichtigung der Vorsicht anzusetzen und zu bewerten" gearbeitet werden müsste. Zumindest unter dem Aspekt des Gläubigerschutzes wäre eine solche Formulierung, die sich an das deutsche Vorsichts- oder Imparitätsprinzip anlehnen könnte, zu begrüßen. Denn insbesondere im Bereich der zukünftigen Einzahlungen aus dem Investitions- und Finanzierungsbereich eröffnen sich dem Management große Spielräume, die vollständig in seinem Ermessen liegen und einer Regulierung bedürfen.[912]

Daneben wäre der Solvenztest von der Geschäftsleitung (bei der AG Vorstand und Aufsichtsrat) mittels eines Zertifikates zu verifizieren. In diesem hätten Vorstand *und* Aufsichtsrat anzugeben,

1. dass sie im Rahmen ihrer obliegenden Treuepflicht der Meinung sind, die Gesellschaft habe den Solvenztest bestanden, und
2. welche Gründe für das Bestehen des Solvenztests gesprochen haben.

Das Zertifikat wäre mit den für die Einschätzung des Managements maßgeblichen Erwägungen zu veröffentlichen und würde gleichzeitig den Anknüpfungspunkt für die erforderlichen Haftungsregeln darstellen, da der Solvenztest selbst aufgrund der darin enthaltenen Informationen zum Schutze des Unternehmens nicht zu veröffentlichen wäre.[913]

---

910 Bejahend FUCHS/STIBI, BB 2007, BB-Special 5, S. 19, 22; PELLENS/CRASSELT/SELLHORN, zfbf 2007, S. 264, 279; HENNRICHS, DK 2008, S. 42, 47.

911 FUCHS/STIBI, BB 2007, BB-Special 5, S. 19, 22; kritisch auch GROTTKE, KoR 2009, S. 353, 355.

912 So sei daran gedacht, dass sich das Management zur Überbrückung eines Liquiditätsengpasses die erforderlich liquiden Mittel einfach leihen könnte, ggf. sogar von der eigenen Muttergesellschaft; PELLENS/CRASSELT/SELLHORN, zfbf 2007, S. 264, 278 ff.; VEIL, ZGR 2006, Sonderheft 17, S. 91, 99.

913 Vgl. hierzu bereits IDW 8/06, Reformvorschlag, S. 6.

Darüber hinaus hätten diejenigen Gesellschaften, die gemäß § 316 HGB oder § 6 PublG der Pflicht zur Prüfung des Jahresabschlusses und Lagegerichtes unterliegen, ihren Solvenztest einem Abschlussprüfer vorzulegen. Zwar wird eine solche Prüfung aufgrund der hiermit einhergehenden „Belastung und Unzweckmäßigkeit" zuweilen abgelehent.[914] Dem ist aber entgegenzuhalten, dass schon de lege lata Jahresabschluss und Lagebericht durch einen Abschlussprüfer zu prüfen sind, vgl. § 316 Abs. 1 HGB. Der Grund hierfür ist in den dominierenden „Interessen der Allgemeinheit" zu suchen.[915] Die sachverständige Prüfung des Jahresabschlusses und des Lageberichts stellt ein angemessenes sowie zugleich gebotenes Schutzinstrument für die Allgemeinheit dar.[916] Ihre Notwendigkeit ergibt sich aus der Trennung von Eigentum und Herrschaft (separation of ownership and control).[917] Insofern stellt sie gleichermaßen das Korrelat der beschränkten persönlichen Haftung der Gesellschafter dar.[918] Überträgt man diese Grundgedanken nun auf den Solvenztest, so muss gerade im Hinblick auf dessen Nichtveröffentlichung und mithin mangels des Informationszuganges der Gläubiger das berechtigte Interesse an einer Prüfung bzw. Kontrolle bejaht werden.[919]

Die Haftung von Vorstand und Aufsichtsrat sollte sich hingegen an das neuseeländische Recht[920] anlehnen und Geldstrafen bzw. Freiheitsstrafen von bis zu fünf Jahren für die vorsätzliche Nicht-Ausstellung bzw. vorsätzlich falsche Ausstellung eines Zertifikates für einen Solvenztest vorsehen. Daneben sollte eine persönliche Haftung der Geschäftsleitung in Höhe des Betrages, der über der rechtmäßigen Ausschüttung liegt, normiert werden. Im Übrigen könnte auf die bereits existenten Ha-

---

914 So bspw. RICKFORD, Reforming Capital, S. 974 f., 981.; ähnliche Einwände bei LUTTER, ZGR 2006, Sonderheft 17, S. 1, 11; vgl. ferner bereits oben, S. 161.

915 ZIMMER in Staub (Hrsg.), HGB, § 316, Rz. 3; BORMANN in MüKo HGB Bilanzrecht HGB, § 316, Rz. 1 weist diesbezüglich zwar auf einen mittlerweile vorherrschenden ganzen „Kanon von Funktionen" hin, sieht die Kontrollfunktion aber weiterhin im Mittelpunkt der Vorschrift; hierzu auch BORMANN, BB 2002, S. 190 ff.; MATTHEUS, ZGR 1999, S. 682, 686 f.; EBKE in MüKo HGB, § 316, Rz. 24 ff.

916 Vgl. für den Solvenztest VEIL, ZGR 2006, Sonderheft 17, S. 91, 107.

917 Zu den diesbezüglichen grundlegenden Thesen BERLE/MEANS, The Modern Corporation & Privat Property, S. 6 ff.; EBKE in MüKo HGB, § 316, Rz. 40; SCHATTKA, Die Europäisierung der Abschlussprüferhaftung, S. 14.

918 BAETGE/APELT, BFuP 1992, 393, 394; EBKE in MüKo HGB, § 316, Rz. 40.

919 VEIL, ZGR 2006, Sonderheft 17, S. 91, 107 f.; für eine Prüfung durch einen Abschlussprüfer auch PELLENS/JÖDICKE/SCHMIDT, DK 2007, S. 427, 431; LUTTER, ZGR 2006, Sonderheft 17, S. 1, 11; NAUMANN, DK 2007, S. 422, 427; KPMG, Feasibility Study on Capital Maintenance – Main Report, S. 400.

920 Vgl. zum neuseeländischen Solvenztest oben, S. 171 f.

funtgsregelungen des AktG bzw. GmbHG zurückgegriffen werden. Zu nennen wäre an dieser Stelle insbesondere § 93 Abs. 2 S. 1 i.V.m. Abs. 1 AktG: Würde ein Vorstandsmitglied seine Pflichten zur Aufstellung eines ordnungsgemäß aufgestellten Solvenztestes gegenüber der Gesellschaft vorsätzlich oder fahrlässig verletzen, so wäre er der Gesellschaft zum Ersatz des daraus entstandenen Schadens verpflichtet.[921] Dabei könnte das hiermit zunächst einhergehende „haftungsrechtliche Gespinst" in Form der Rechtsunsicherheit für das Management durch die zu § 93 AktG bislang ergangene Rechtsprechung des BGH zumindest partiell entkleidet werden.[922]

Eine Haftung der Aktionäre wäre ebenfalls für den Fall der positiven Kenntnis von der unrechtmäßigen Ausschüttung in Betracht zu ziehen – mit der Konsequenz des Fortfalls des Haftungsprivilegs der Gesellschafter.[923]

Des Weiteren sollte innerhalb eines Konzerns ein zusätzlicher Solvenztest auf Konzernebene durchgeführt werden. Dies ist zum Einen an Hand der zunehmenden Bedeutung von Konzernen zu begründen (über 95 % der börsennotierten Gesellschaften in Deutschland sind konzernverbunden – mit einer weiteren Zunahme von Unternehmensakquisitionen ist zudem aufgrund der Globalisierungs- und Konzentrationsstrategien vieler Unternehmen zu rechnen)[924]; zum Anderen ist auf die in Konzernen vorherrschenden Möglichkeiten zur Risikoverlagerung zu verweisen.[925] Als Maßstab für einen solchen Solvenztest auf Konzernebene

---

921 A.A. aber wohl VEIL, ZGR 2006, Sonderheft 17, S. 91, 110, der eine sanktionierende Schadensersatzpflicht „etablieren möchte"; ausführlich zu § 93 AktG SPINDLER in MüKo AktG, § 93.

922 Maßgeblich ist hiernach, dass der Vorstand denjenigen Sorgfaltsmaßstab an den Tag zu legen hat, den ein „ordentlicher Geschäftsmann in verantwortlich leitender Position bei selbstständiger treuhänderischer Wahrnehmung fremder Vermögensinteressen einzuhalten hat", hierzu BGH, Urteil v. 20.02.1995 – II 143/93 in NJW 1995, S. 1290; HÜFFER in Hüffer (Hrsg.), AktG, § 93, Rz. 4 m.w.N.; SPINDLER in MüKo AktG, § 93, Rz. 20.

923 Für den Grundsatzgedanken „eine beschränkte Haftung ohne effektiven Kapitalschutz kann es vernünftigerweise nicht geben" und dem diesbezüglichen Fortfall des Haftungsprivilegs der Gesellschafter im Rahmen existenzvernichtender Eingriffe bei einer GmbH vgl. bereits grundlegend BGH, Urteil v. 17.09.2001 – II ZR 178/99 in BB 2001, S. 2233 ff. und BGH, Urteil v. 24.06.2002 – II ZR 300/00 in BB 2002, S. 1823 ff.; Zitat von HENNRICHS, StuW 2005, S. 256, 261.

924 PELLENS/JÖDICKE/RICHARD, DB 2005, S. 1393, 1394. COENENBERG/SCHULTZE in Busse von Colbe/Coenenberg/Kajüter u.a. (Hrsg.), Betriebswirtschaft für Führungskräfte, S. 339.

925 Vgl. hierzu bereits die Ausführungen zu den Zweckgesellschaften oben auf S. 144 ff.

könnte der die konzernspezifischen Risiken berücksichtigende „equity insolvency test" nach kalifornischem Recht dienen.[926]

Eine Solvenzmarge, wie sie bspw. im kalifornischen Recht zur Anwendung kommt, wäre m.E. allerdings abzulehnen. Das bloße Nichtbestehen des Solvenz- oder Bilanztests sollte bereits zur Unzulässigkeit der Ausschüttung führen. Zwar könnte in Betracht gezogen werden, eine zusätzlich zum Solvenztest zu bestehende Solvenzmarge zu implementieren, die sicherlich ein Mehr an Gläubigerschutz bieten würde, wohl aber auch über das gewünschte Ziel hinausschießen würde: Insbesondere das Festlegen einer fixen Schwelle ist mit großen Schwierigkeiten verbunden und würde ohnehin den individuellen Unternehmensinteressen nicht gerecht werden können. Diesbezüglich ist auch zu beachten, dass selbst nach kalifornischem Recht nicht in jedem Fall die Solvenzmarge eingehalten werden muss.

Die soeben aufgeführten Punkte wären – wie eingangs erwähnt – durch den Gesetzgeber zu normieren. Des Weiteren wäre die Verankerung einer gesetzlichen Treuepflicht (als Vorlage hierfür könnten bspw. die schwedischen Regelungen herangezogen werden) für Vorstand und Aufsichtsrat bzgl. des Inhalts des Solvenztests ratsam. Ferner wären zusätzliche Richtlinien aufzustellen, die bei der Erstellung des Solvenztests einen *mehrwertigen* Finanzplan[927] verlangen, in dem die zukünftigen Ein und Auszahlungen einer Planperiode zu erfassen wären. Dabei sollten die Zahlungsstromposten indirekt auf der Basis von Planbilanzen aufbauen, um Fehler und Manipulationen bei der Prognoseaufstellung zu reduzieren.[928] Bzgl. des Ansetzens und Bewertens der Posten innerhalb des Finanzplans könnten wiederum die §§ 246 ff. HGB herangezogen werden, wonach insbesondere der Grundsatz der Vollständigkeit und Stetigkeit sowie das Verrechnungsverbot anzuwenden wären.

Die Berücksichtigung der Posten sollte grundsätzlich anhand von Risikosimulationen (Monte-Carlo-Simulationen)[929] erfolgen. Eine Analyse

---

926 Vgl. hierzu bereits oben, S. 166.

927 Die Nachteile eines einwertigen Finanzplans kommen insbesondere bei der Berücksichtigung von zu akquirierenden Großaufträgen zu Tage: So können im Falle einer geringen Ausfallwahrscheinlichkeit von 10 % drohende Liquiditätsprobleme im Falle des tatsächlichen Ausbleibens des Großauftrages nicht angemessen berücksichtigt werden; vgl. hierzu GROTTKE, KoR 2009, S. 353, 356 f.; PELLENS/CRASSELT/SELLHORN, zfbf 2007, S. 264, 273; gegen eine auf Vergangenheitsdaten beruhende Beurteilung der Liquiditätslage anhand von Kennzahlen sh. bereits oben, Fn. 813.

928 SCHOLZ, Kapitalerhaltung durch Solvenztests, S. 221.

929 Für eine ausführlichere Erklärung der Monte-Carlo-Simulationen vgl. bereits BREALEY/MYERS/ALLEN, Principles of Corporate Finance, S. 278 ff.

erfolgt hier mit Hilfe einer großen Anzahl zufällig generierter Szenarien und beschränkt sich damit nicht auf rein subjektive Simulationen, wie dies bspw. bei der Szenario-[930] oder Sensitivitätsanalyse[931] der Fall wäre.[932] Insofern könnte von einem Bestehen des Solvenztests gesprochen werden, wenn die Ausfallwahrscheinlichkeit maximal 5 % beträgt.[933] Gerade in diesem Zusammenhang ist jedoch zu beachten, dass die Beschaffung der für die Risikosimulation notwendigen Informationen sehr aufwendig ist und in der Praxis nicht immer gelingen wird; zudem beruhen Risikosimulationen letztlich auf ähnlich subjektiven Einflüssen wie Szenario- und Sensitivitätsanalysen, da die angenommenen Wahrscheinlichkeitsverteilungen oftmals auf den Erfahrungen und Einschätzungen des Managements beruhen werden.[934] Das subjektive Element ist einem Solvenztest also – unabhängig von der jeweiligen Simulation – schlichtweg immanent. Dementsprechend sollte aus Vereinfachungsgründen eine (simple) Sensitivitätsanalyse zugelassen werden, wenn die Durchführung von Risikosimulationen aus Kostengründen unzumutbar ist.

Offen bleiben müsste indes – wie bereits eingeräumt – eine konkrete „Wahrscheinlichkeitsschwelle", mit der bestimmt wird, ab wann die Posten zu berücksichtigen wären. Gleiches gilt im Übrigen auch für eine geforderte „Ausschüttungsschwelle",[935] mit der vorgeschrieben werden könnte, ab wann eine Ausschüttung zulässig wäre. Die exakte prozentuale Festlegung solcher Schwellen dürfte nicht gelingen und wäre zudem wenig praktikabel.[936] Vielmehr sollte in diesen Bereichen auf einen Beurteilungsspielraum der Geschäftsleitung entsprechend den Grundsätzen der „Business Judgement Rule" abgestellt werden.

---

930 Bei der Szenarioanalyse erfolgt grundsätzlich eine weitere Einteilung in ein bestmögliches („best case") und schlechtmögliches („worst case") Szenario.

931 Im Rahmen einer Sensitivitätsanalyse werden über best case und worst case Szenarien hinaus Veränderungen wichtiger Einflussfaktoren wie bspw. der Verkaufspreise oder des Auftragseingangs untersucht; weitere Ausführungen finden sich bei BREALEY/MYERS/ALLEN, Principles of Corporate Finance, S. 271 ff.

932 PELLENS/CRASSELT/SELLHORN, zfbf 2007, S. 264, 276.

933 Vgl. hierfür PELLENS/CRASSELT/SELLHORN, zfbf 2007, S. 264, 277 mit weiteren Berechnungsbeispielen.

934 PELLENS/CRASSELT/SELLHORN, zfbf 2007, S. 264, 278; vgl. auch LIENAU, KoR 2008, S. 79, 86; bemerkenswert insofern aber die Studie von KÖHLER/MARTEN/SCHLERETH, DB 2007, S. 2729, 2732, in der mehr als die Hälfte der befragten Unternehmen angab, dass die Bestimmung der fälligen Verbindlichkeiten und der liquiden Mittel im Rahmen eines Solvenztests keine wesentlichen Schwierigkeiten bereiten würde.

935 So wohl bspw. FUCHS/STIBI, BB 2007, Special-5, S. 19, 23; dagegen: ENGERT, ZHR 2006, S. 296, 328.

936 Vgl. für die „Wahrscheinlichkeitsschwelle" FUCHS/STIBI, BB 2007, Special-5, S. 19, 21.

7. Zwischenfazit

Es stellt sich indes die Frage, ob der soeben skizzierte und bewusst sehr „gläubigerschützend" ausgestaltete Solvenztest als geeignetes Mittel dafür angesehen werden kann, um einen mit unrealisierten Gewinnen aufgebauschten accounting income nach IFRS in einen „gläubigerschützenden und damit ausschüttbaren Betrag" umzuwandeln. Denn dies ist gleich in mehrerlei Hinsicht zu bezweifeln:

Zwar wird zu Recht darauf hingewiesen, dass bereits im Jahre 1993 der vorgenommene Wechsel von dem Prinzip der Kapitalerhaltung durch das Konzept des Mindestnennbetrages auf einen Solvenztest erfolgreich durch Neuseeland demonstriert worden ist.[937] Es darf jedoch nicht verkannt werden, dass sich dort die Problematik um die zutreffende Definition des Gewinns durch die Einführung eines Solvenztests zunächst verschärft hat: Denn mit der Implementierung eines Solvenztests gehen zwangsläufig zahlreiche unbestimmte Rechtsbegriffe einher, die zuerst durch die Rechtsprechung konkretisiert werden müssen.[938] Bis dies geschehen ist, befinden sich allerdings nicht nur die Geschäftsleitung, sondern auch die Gläubiger sowie die übrigen am Unternehmen beteiligten Stakeholder in einer Art „rechtlicher Grauzone", in der weder die Zulässigkeit noch die Unzulässigkeit einer Ausschüttung nachgeprüft werden könnte.

Zu beachten sind daneben die hohen bürokratischen Kosten, die mit dem vollständigen Ersatz des bilanzorientierten Kapitalschutzsystems einhergehen würden.[939] So wäre sowohl bei jeder Überführung von Gesellschaftervermögen auf die Gesellschafter als auch im Falle eigenkapitalersetzender Gesellschafterdarlehen bei Darlehensrückzahlung und Zinszahlung ein Solvenztest durchzuführen.[940] Hinzu kämen kostenintensive und wenig praktikable Risikosimulationen (Monte-Carlo-Simulationen) für die Erstellung mehrwertiger Finanzpläne. Erwähnt werden müssen darüber hinaus Aufwendungen für kostspielige Versicherungen, die im Rahmen der Haftung von unrechtmäßig ausgeschütteten Beträgen für Vorstands- und Aufsichtsratsmitglieder abzuschließen wären, in der

---

937 So bspw. RICKFORD, Reforming Capital, S. 984.

938 Vgl. WEISS, DK 2007, S. 109, 118.

939 Vgl. hierzu BAETGE/BREMBT, WPg 2011, S. 572, 575; SCHILDBACH in Ebke/Luttermann/Siegel (Hrsg.), Internationale Rechnungslegungsstandards, S. 119, 134, 137 und 144.

940 ARBEITSKREIS BILANZRECHT, BB 2002, S. 2372, 2375.

Regel jedoch über gewisse Umwege von dem Unternehmen selbst und damit von den Anteilseignern getragen werden würden.

Diese insbesondere im Hinblick auf die Kosten-Nutzen-Relation entstehenden Nachteile könnten bzw. müssten jedoch *gegebenenfalls* zum Zwecke der Harmonisierung der Rechnungslegung in Kauf genommen werden. Schwerwiegender und ausschlaggebender sind indes die folgenden Kritikpunkte:

Die Einführung eines Solvenztests würde zu einer weiteren „Entobjektivierung" der Ausschüttungsbemessung führen, denn der in die Zukunft blickende Solvenztest verlangt ex ante Schätzungen des Managements für die ex post vorliegende Liquidität.[941] Hiermit geht allerdings ein erhöhter Wertungs- und Ermessensspielraum einher, der zugleich die Gefahr größerer Manipulationsmöglichkeiten und höherer Rechtsunsicherheit im Hinblick auf die Beurteilung der Zulässigkeit von Ausschüttungen birgt.[942] Legt man nun zugrunde, dass die IFRS aufgrund ihrer oftmals subjektiv zu ermittelnden Werte ohnehin an der Grenze der Objektivierung liegen,[943] erscheint eine Ausschüttungsbemessung mit Hilfe eines auf erneut subjektiven Werten basierenden Solvenztests mehr als zweifelhaft.

Letzten Endes sprach gegen die Ausschüttung von Gewinnen *allein* auf der Grundlage eines IFRS-Abschlusses jedoch die Tatsache, dass der IFRS-Abschluss nicht realisierte Gewinne erheblichen Umfangs enthalten kann.[944] Die Eliminierung dieser besonders unsicheren Gewinne – deren Ausschüttung grundsätzlich im Interesse aller Stakeholder[945] zu vermeiden ist – wird durch die Implementierung eines Solvenztests jedoch gerade nicht erreicht. So sind bspw. erhoffte Einzahlungen aus Erfindungen

---

941 KUHNER, ZGR 2005, S. 753, 778; GROTTKE, KoR 2009, S. 353, 361.

942 Zu dem im Vergleich zur Bilanzerstellung noch subjektiverem Solvenztest und den diesbezüglich eintretenden Schwierigkeiten hinsichtlich seiner Verlässlichkeit und Nachprüfbarkeit VETTER, Verhandlungen des 66. DJT 2006, S. P 103; HENNRICHS, StuW 2005, S. 256, 261; KLEINDIEK, Verhandlungen des 66. DJT 2006 S. P 58; PELLENS/SELLHORN, ZGR 2006, Sonderheft 17, S. 451, 472; KUHNER, ZGR 2005, S. 753, 778; PELLENS/JÖDICKE/RICHARD, DB 2005, S. 1393, 1395.

943 Vgl. zum Maßstab der Objektivierung in HGB und IFRS bereits oben, S. 23 ff., 36 ff. sowie 41 ff.

944 Sh. hierzu die Ausführungen oben, S. 149 ff.

945 Nach der „Stakeholder-Theorie" erscheint die Gesellschaft als eine Koalition aller mit der Gesellschaft in direkter Beziehung stehender Personen. Zu ihnen gehören sowohl Beschäftigte, Anteilseigner und die Unternehmensleitung als auch Kreditgeber, Kunden, Lieferanten, Arbeitnehmer und der Fiskus; vgl. COENENBERG, Jahresabschluss und Jahresabschlussanalyse, S. 1258.

und Entwicklungsposten, die in einer IFRS-Bilanz unter dem Posten intangible assets zu aktivieren sind, in einer Finanzplanung unter der Position erwartete betriebliche Einzahlungen wiederzufinden; ähnlich verhält es sich mit den in einem IFRS-Abschluss umfangreich genutzten und zu ihrem fair value angesetzten Bilanzposten, deren Werte bereits in der Bilanz mit dem erwarteten zukünftigen Nutzenzufluss zu aktivieren sind.[946] In einem Solvenztest werden diese *Ertragspotentiale* – ohne Berücksichtigung des bspw. deutschen Realisations- oder Imparitätsprinzips – lediglich durch ihre *Einzahlungspotentiale* ersetzt.[947] Darüber hinaus kann der Solvenztest auch nicht die – aufgrund der derzeitigen Bilanzierung des goodwill nach IFRS[948] mögliche – Ausweitung der ausschüttungsfähigen Zahlungsüberschüsse auf solche Beträge verhindern, die dem originären goodwill zuzuordnen sind.[949]

Ein zusätzlicher Solvenztest bringt daher kaum ein Mehr an Sicherheit – gerade vor dem Hintergrund, dass große Unternehmen bereits heute detaillierte Planungsrechnungen mehr oder weniger freiwillig[950] verwenden:[951] Das gilt zum Einen für die börsennotierten AGs, die nach IAS 7 und IFRS 7 eine Kapitalflussrechnung und damit das entsprechende Material für einen Solvenztest ohnehin zur Verfügung zu stellen haben;[952] zum Anderen betrifft dies aber in abgeschwächter Form ebenso die kleineren Unternehmen, die – wie bereits oben aufgezeigt – im Rahmen der Prüfung auf drohende Zahlungsunfähigkeit nach §§ 17 – 19 InsO zur Aufstellung eines detaillierten Finanzplans verpflichtet werden. So verwundert es nicht, dass der Beitrag eines zusätzlichen Solvenztests *zur Verbesserung des Gläubigerschutzes* jüngst an Hand eines Experimentes erschüttert werden konnte.[953] Vereinzelt wird dem Solvenztest daher sogar nur noch ein bloß „deklaratorischer Charakter"[954] zugewiesen.

---

946 HENNRICHS, DK 2008, S. 42, 50.

947 HENNRICHS, BFuP 2008, S. 415, 425.

948 Vgl. zum goodwill bereits oben, S. 113 ff.

949 HAAKER, DStR 2010, S. 663, 667; PELLENS/KEMPER/SCHMIDT, ZGR 2008, S. 381, 426.

950 Vgl. hierzu bereits die oben erwähnten bilanziellen, liquiditätsorientierten Schutzmechanismen auf S.

951 SCHOLZ, Kapitalerhaltung durch Solvenztests, S. 221; PELLENS/JÖDICKE/SCHMIDT, DK 2007, S. 427, 434.

952 HIRTE, Verhandlungen des 66. DJT 2006, S. P 23; PELLENS/JÖDICKE/RICHARD, DB 2005, S. 1393, 1401 verlangen gar die Anlehnung des Solvenztests an IAS 7.

953 Vgl. hierzu das Experiment von WATRIN/SCHOLZ, StuW 2008, S. 348 ff.

954 So BÖCKING/DUTZI, DK 2007, S. 435, 441; vgl. insofern auch HAAKER, DStR 2010, S. 663, 666, der dem Solvenztest bei all seiner Komplexität wenig Nutzen beimisst.

Festzuhalten ist nun nach alledem, dass ein Solvenztest (auch in Verbindung mit einem Bilanztest) die in einem IFRS-Abschluss ausgewiesenen unrealisierten Gewinne erheblichen Ausmaßes nicht zu eliminieren vermag – und daher den nach IFRS ermittelten accounting income nicht in einen das deutsche Gläubiger- und Vorsichtsprinzip wahrenden ausschüttbaren Betrag umwandeln kann.[955] Begründet werden kann dies mit den gleichen Argumenten, die bereits gegen den accounting income *ohne* Solvenztest angeführt worden sind,[956] da sich zumindest im Hinblick auf die ausgewiesenen unrealisierten Gewinnausschüttungspotentiale keine wesentlichen Unterschiede ergeben. Infolgedessen muss nach einem alternativen Lösungsansatz gesucht werden, der – eventuell aber in Kombination mit dem skizzierten Solvenztest – einen ausschüttbaren Betrag unter Anwendung der IFRS generieren kann.

III. Der regulator-option-approach / Ausschüttungssperren

Abstrakt veranschaulicht intendiert der regulator-option-approach eine durch Regulierungs-institutionen oder Standardsetter determinierte obligatorische Anpassung des jeweiligen Rechnungslegungsregimes für diejenigen Ansatz- und Bewertungsmethoden, die sich nicht für die Zwecke der Ausschüttung eignen.[957] Die Eliminierung der ausschüttungsunfähigen (also nicht realisierten bzw. als zu unsicher angesehenen) Gewinne aus der Bilanz bzw. dem ausschüttbaren Betrag würde in dieser Beziehung mit Hilfe von sog. Ausschüttungssperren erfolgen:

Ausschüttungssperren sind Instrumente des Kapitalschutzes.[958] Sie dienen dem Verbot der Aneignung fremden Vermögens – schließlich können Ausschüttungen, die zu einer Verschuldung führen bzw. diese vertiefen, nur noch auf Kosten der Gläubiger geleistet werden.[959] Im Gegensatz zu dem Konzept des Mindestnennkapitals beziehen sich die

---

955 Dem zustimmend HENNRICHS, BFuP 2008, S. 415, 425; DERS., ZGR 2008, S. 361, 368, 371; BAETGE/ BREMBT, WPg 2011, S. 572, 575; HAAKER, DStR 2010, S. 663, 666 f.; DERS., ZGR 2010, S. 1055, 1085 ff; GROTTKE, KoR 2009, S. 361; LUTTER, ZGR 2006, Sonderheft 17, S. 1, 9; MERSCHMEYER, die Kapitalschutzfunktion des Jahresabschlusses, S. 294; WATRIN, DB 2001, S. 933, 938; a.A. aber bspw.: LANFERMANN/RÖHRICHT, DStR 2009, S. 1216, 1222.

956 Vgl. hierzu bereits oben, S. 150 m.w.N.

957 KPMG, Feasibility Study on Capital Maintenance – Main Report, S. 399; BRINKMANN/ RILLING, Accounting 2008, S. 11, 12.

958 Vgl. KINDLER, MüKo BGB, IPR, IntGesR, Rz. 617.

959 BITTER, WM 2004, S. 2190, 2195.

Ausschüttungssperren hingegen allein auf die Erhaltung des jeweiligen *satzungsmäßigen* Kapitals.[960] Dabei fallen in den Bereich der Ausschüttungssperren im Interesse der Kapitalerhaltung unterschiedliche Maßnahmen. So handelt es sich selbst bei dem bereits oben dargestellten Solvenztest um eine (an die Liquidität anknüpfende) Ausschüttungssperre (im weiteren Sinne).[961] Zur Klärung des Begriffes soll daher im Folgenden zunächst ein Überblick der Ausschüttungssperren (ohne die Berücksichtigung des Solvenztests)[962] unter Heranziehung des nationalen sowie internationalen Rechts gegeben werden, ehe auf die konkrete Implementierung von Ausschüttungssperren (im engeren Sinne) zur Eliminierung nicht realisierter bzw. als zu unsicher angesehener Gewinne in einem IFRS-Abschluss eingegangen wird.

1. Ausschüttungssperren im nationalen Recht

Wesentlicher Bestandteil der nationalen Kapitalerhaltung bzw. des deutschen Gläubigerschutzprinzips im Rahmen der Haftungsbeschränkung von AG und GmbH (vgl. § 1 Abs. 1 S. 2 AktG und § 13 Abs. 2 GmbHG) ist die *bilanzielle Ausschüttungssperre.* Für ihre Feststellung sind vordergründig die bilanziellen *Verbindlichkeiten* den bilanziellen *Vermögensgegenständen* gegenüberzustellen. Ausschüttbar ist demnach nur ein sich aus Vermögensgegenständen abzüglich Verbindlichkeiten ergebender positiver Saldo; ein darüber hinausgehender (negativer oder neutraler) Betrag ist ausschüttungsgesperrt.

Nationale Besonderheiten ergeben sich insbesondere aufgrund des bei AGs und GmbHs zu erbringenden Grund- bzw. Stammkapitals. Mit diesen zusätzlichen bilanziellen Ausschüttungssperren sind – verallgemeinert – Ausschüttungen im Aktienrecht nur bis zur Grenze des Grundkapitals und im GmbH-Recht nur bis zur Grenze des Stammkapitals erlaubt, vgl. §§ 57, 62 AktG oder §§ 30, 31 GmbHG.[963] Als vorteilhaft respektive gläubigerschützend ist hierbei die (von dem obligatorisch zu erbringenden Mindestnennkapital einmal abgesehene) variable Ausgestaltung des Grund- bzw. Stammkapitals hervorzuheben, mit der frei-

960 ULMER, NJW 2004, S. 1201, 1209.

961 Vgl. zur liquiditätsorientierten Ausschüttungssperre VETTER, Verhandlungen des 66. DJT 2006, S. P 106.

962 Vgl. ausführlich zum Solvenztest bereits oben, S. 156 ff.

963 VETTER, Verhandlungen des 66. DJT 2006, S. P 96.

willig eine stärkere Vermögensbindung der Gesellschafter durch die Festsetzung eines höheren gezeichneten Kapitals erreicht werden kann.[964]

Des Weiteren wird gerade im Aktienrecht die bilanzielle Kapitalerhaltung durch weiterführende gesellschaftsrechtliche Vorschriften mit Ausschüttungssperrfunktionen flankiert:

1. So ist in § 57 Abs. 1 AktG kodifiziert, dass den Aktionären die Einlagen nicht zurückgewährt werden dürfen;
2. § 57 Abs. 3 AktG beschränkt die laufenden Ausschüttungen über die Grenze des Grundkapitals hinaus auf den *Bilanzgewinn*. Dieser leitet sich aus dem Jahresüberschuss[965] nach der GuV (zuzüglich eines eventuellen Gewinnvortrages sowie unter Addition der Entnahmen aus der Kapitalrücklage und den verschiedenen Gewinnrücklagen abzüglich eines eventuellen Verlustvortrages sowie den Einstellungen in die Gewinnrücklagen) ab, vgl. § 158 AktG;
3. nach § 150 Abs. 2 AktG sind 5 % des um einen Verlustvortrag aus dem Vorjahr geminderten Jahresüberschusses in eine gesetzliche Rücklage (vgl. § 150 Abs. 1 AktG) einzustellen, deren Auflösung nur in eingeschränktem Maße möglich ist (vgl. § 140 Abs. 3 und 4 AktG); und
4. § 256 Abs. 5 Nr. 1 AktG sieht sogar die Nichtigkeit des Jahresabschlusses bei einer Überbewertung von Bilanzposten vor.

Zu erwähnen sind ferner die in das Ermessen von Vorstand und Aufsichtsrat gelegten ausschüttungsbegrenzenden Regelungen des § 58 Abs. 2 AktG, nach dem bis zu 50 % des Jahresüberschusses in Rücklagen eingestellt werden dürfen, und des § 58 Abs. 2a AktG, der eine weitere Rücklagenbildung für Wertaufholungen bei Vermögensgegenständen sowie bei der Inanspruchnahme von steuerrechtlich abzugsfähigen Rücklagen in der Steuerbilanz vorsieht.

Darüber hinaus sind im Zusammenhang mit den nationalen Ausschüttungsrestritkionen die sich dem AktG beigesellenden handelsbilanzrechtlichen Vorschriften mit Ausschüttungssperrfunktion zu berücksichtigen:

5. Nach § 272 Abs. 1a HGB sind erworbene eigene Anteile in Höhe ihres Nennbetrages (oder – falls ein solcher nicht vorhanden ist – in Höhe ihres rechnerischen Wertes) offen vom gezeichneten Kapital abzusetzen. Außerdem ist in § 272 Abs. 1a S. 2 HGB geregelt, dass die Diffe-

---

964 VETTER, Verhandlungen des 66. DJT 2006, S. P 105; vgl. SCHÖN, ZGR 2000, S. 706, 726 ff.; DERS., DK 2004, S. 162, 166 ff.

965 Zum Jahresüberschuss vgl. im Wesentlichen bereits oben, S. 15 und S. 25.

renz zwischen Nennbetrag bzw. rechnerischem Wert und gezahlten Kaufpreis mit den frei verfügbaren Rücklagen zu verrechnen ist; bzgl. des Differenzbetrages ergibt sich somit eine Ausschüttungssperrwirkung. Bei AGs ist der mit dem gezeichneten Kapital verrechnete Betrag allerdings nicht ausschüttungsgesperrt, da hier nur auf das Vorhandensein eines Bilanzgewinns abzustellen ist (dieser erhöht bzw. vermindert sich bereits durch die nicht erfolgswirksame Absetzung vom gezeichneten Kapital); bei einer späteren Einziehung der Aktien ist nach § 237 Abs. 5 AktG jedoch grundsätzlich eine ausschüttungsgesperrte Kapitalrücklage zu dotieren.[966]
6. Gemäß § 272 Abs. 4 HGB ist für Anteile an einem herrschenden oder mit Mehrheit beteiligten Unternehmen eine Rücklage in Höhe des auf der Aktivseite der Bilanz für die Anteile an diesem Unternehmen angesetzten Betrages zu bilden; die Rücklage ist dabei aus Quellen zu bilden, die ansonsten für die Zwecke der Ausschüttung zur Verfügung stehen würden.
7. Und der vorsichtigen Jahresüberschussermittlung mit Hilfe des Vorsichtsprinzips sowie dessen Ausprägungen, dem Realisations- und Imparitätsprinzip, ist zumindest eine mittelbare Ausschüttungssperrfunktion einzuräumen.[967]

Des Weiteren ist das Folgende zu berücksichtigen: Während die handelsbilanzrechtlichen Ausschüttungssperren bei einem Rechnungslegungswechsel von HGB auf IFRS verloren gehen würden, blieben die im Gesellschaftsrecht respektive Aktiengesetz verankerten Ausschüttungssperren erhalten.[968]

Ein besonderes Augenmerk ist letztlich auf die durch das BilMoG in § 268 Abs. 8 HGB neu eingefügte handelsbilanzrechtliche „Ausschüttungssperre im engeren Sinne"[969] zu richten. Als handelsbilanzrechtliche Ausschüttungssperre würde diese zwar bei einer Umstellung der Ausschüttungsbemessung auf die IFRS ebenfalls keine Wirkung mehr entfalten. Es ist indes zu prüfen, inwiefern die Implementierung solch konkreter Ausschüttungssperren die jeweiligen nicht realisierten bzw. als zu

---

966 GELHAUSEN/FEY/KÄMPFER, Rechnungslegung und Prüfung nach dem BilMoG, § 272 HGB, Tz. 24.

967 HINZ in Beck'sches Handbuch der Rechnungslegung, B 100, Rz. 44.

968 Vgl. BÖCKING/DUTZI, DK 2007, S. 435, 439. Bzgl. Anpassungen im Bereich der §§ 64 GmbHG, 92 Abs. 2 und 3 AktG jeweils i.V.m. 19 InsO vgl. jedoch DRYGALA, ZGR 2006, S. 587, 594.

969 Im Folgenden wird der Begriff „Ausschüttungssperre" nur noch für Ausschüttungssperren im engeren Sinne bzw. i.S.d. § 268 Abs. 8 HGB verwendet.

unsicher angesehenen IFRS-Gewinne in einem IFRS-Abschluss reglementieren könnte. Bevor hierauf jedoch eingegangen wird, soll – um ein besseres Verständnis der Ausschüttungssperre zu erlangen – zunächst die Regelung des § 268 Abs. 8 HGB dargestellt werden.

a) Die Ausschüttungssperre gemäß § 268 Abs. 8 HGB

Wie bereits oben angedeutet ist es das Ziel des BilMoG, das HGB-Bilanzrecht zu einer dauerhaften und im Verhältnis zu den IFRS „vollwertigen, aber kostengünstigeren und einfacheren Alternative" weiterzuentwickeln.[970] Um dies zu erreichen war neben der Abschaffung zahlreicher Wahlrechte eine weitergehende Anhebung des damaligen als unzureichend[971] empfundenen Informationsniveaus vonnöten. So entschloss sich der Gesetzgeber dazu, neben dem Aktivierungswahlrecht für selbstgeschaffene immaterielle Güter des Anlagevermögens sowie für aktive latente Steuern auch eine Bewertung des Planvermögens zu seinem beizulegenden Zeitwert einzuführen. Diese nicht realisierten bzw. als zu unsicher angesehenen Posten bzw. Bewertungsmöglichkeiten standen indes in direktem Widerspruch zu dem zweiten Ziel des BilMoG: Die Eckpunkte des Bilanzrechts (namentlich die Ausschüttungsbemessung und die steuerliche Gewinnermittlung) und das bisherige System der GoB (und damit das bisherige Gläubigerschutz- und Vorsichtsprinzip) sollten nicht aufgegeben werden.[972] Zur Lösung dieses Dilemmas hat der Gesetzgeber daher die fragwürdigen Aktivposten mit Ausschüttungssperren versehen:

- So darf im Falle der Aktivierung selbst geschaffener immaterieller Vermögensgegenstände des Anlagevermögens nach § 248 Abs. 2 S. 1 HGB ein Gewinn nur ausgeschüttet werden, wenn die frei verfügbaren Rücklagen zuzüglich eines Gewinnvortrages und abzüglich eines Verlustvortrages (also das sog. freie Eigenkapital) die fragwürdige Bilanzposition abzüglich der hierfür gebildeten latenten Steuern übersteigen, § 268 Abs. 8 S. 1 HGB.

---

970 Vgl. BT-Drucksache 16/12407 v. 24.03.2009, S. 50; BT-Drucksache 16/10067 v. 30.07.2008, S. 1.

971 Der Gesetzgeber spricht im Rahmen des BilMoG von einer Stärkung der Informationsfunktion bzw. einer „besseren Information der Abschlussadressaten", vgl. BT-Drucksache 16/12407 v. 24.03.2009, S. 1, 87.

972 Vgl. BT-Drucksache 16/12407 v. 24.03.2009, S. 1; BT-Drucksache 16/10067 v. 30.07.2008, S. 1.

- Ein positiver Saldo aus aktiven latenten Steuern (vgl. § 274 Abs. 1 S. 2 HGB) abzüglich der passiven latenten Steuern ist gemäß § 268 Abs. 8 S. 2 HGB nur ausschüttbar, wenn die frei verfügbaren Rücklagen zuzüglich eines Gewinnvortrages und abzüglich eines Verlustvortrages mindestens den insgesamt angesetzten Beträgen entsprechen.
- Und nach § 268 Abs. 8 S. 3 HGB ist dessen S. 1 bei der Bewertung von Planvermögen zum Zeitwert i.S.d. § 246 Abs. 2 S. 2 HGB für denjenigen Betrag entsprechend anzuwenden, der über den historischen Anschaffungskosten liegt. Ein zum Zeitwert bewerteter Betrag darf also nur ausgeschüttet werden, wenn die frei verfügbaren Rücklagen zuzüglich eines Gewinnvortrages und abzüglich eines Verlustvortrages die fragliche Bilanzposition abzüglich der hierfür gebildeten latenten Steuern übersteigen.

Im Folgenden soll nun die Funktionsweise der Ausschüttungssperre erläutert werden. Anschließend werden Folgeprobleme dargestellt, die mit der Einführung der Ausschüttungssperre in das nationale Recht einhergegangen sind.

(1) Die Funktionsweise der nationalen Ausschüttungssperre

Wie bereits zuvor angedeutet dürfen im Falle einer Aktivierung nicht realisierter bzw. als zu unsicher angesehener Posten Gewinne nur ausgeschüttet werden, wenn das Unternehmen über freies Eigenkapital mindestens in der Höhe des jeweiligen angesetzten Aktivpostens verfügt, vgl. § 268 Abs. 8 HGB.[973] Dabei kann eine Erhöhung der frei verwendbaren Rücklagen zwar auch durch die Einstellung eines entsprechenden Anteils des Jahresüberschusses oder durch einen Gewinnvortrag in entsprechender Höhe erfolgen.[974] Generell dient die Ausschüttungssperre jedoch als Korrektiv zur bilanziellen Erfassung nicht realisierter bzw. als zu unsicher angesehener Posten: Sie heilt Verstöße gegen die bewährten Prinzipien des klassischen deutschen Bilanzrechts, indem ein Kapitalstock gebildet wird, mit dessen Hilfe potentiell zukünftige Verluste aus der Aktivierung der fragwürdigen Posten i.S.v. § 268 Abs. 8 HGB ausgeglichen werden können.[975]

---

973 Vgl. hierzu auch SIMON, NZG 2009, S. 1081, 1083.

974 LANFERMANN/RÖHRICHT, DStR 2009, S. 1216, 1217.

975 Vgl. hierzu KÜTING/LORSON/EICHENLAUB/TOEBE, GmbHR 2011, S. 1; des Weiteren PETERSEN/ZWIRNER/FROSCHHAMMER, KoR 2010, S. 334, 335.

Die Höhe der Ausschüttungssperre ermittelt sich grundsätzlich aus dem bilanziellen Ansatz der Vermögensgegenstände bzw. Sonderposten (bilanzorientierte Ausschüttungssperre)[976]. In diesem Zusammenhang unbedingt zu beachten ist indes die Bildung passiver latenter Steuern: Eine solche ist vonnöten, da in der Steuerbilanz eine Aktivierung selbst geschaffener immaterieller Wirtschaftsgüter des Anlagevermögens nach § 5 Abs. 2 EStG und eine Zeitwertbewertung von Wirtschaftsgütern nach § 6 Abs. 1 Nr. 1 und 2 EStG unzulässig ist. Um nun eine Doppelberücksichtigung zu vermeiden, ist nach dem Willen des Gesetzgebers jeweils nur auf den um die passive latente Steuer geminderten Betrag abzustellen, vgl. § 268 Abs. 8 S. 1 und 3 HGB.[977] Andernfalls würde die passive latente Steuer sowohl im Rahmen der Berechnung des Aktivüberhangs latenter Steuern als auch im Rahmen der Berechnung des fragwürdigen Postens nach § 268 Abs. 8 S. 1 bzw. S. 3 HGB den ausschüttungsgesperrten Betrag erhöhen.[978] Das kann freilich nicht gewollt sein.

Probleme bereitet diese Vorgehensweise nur im Falle eines Aktivüberhangs latenter Steuern nach § 268 Abs. 8 S. 2 HGB. Insofern sind die passiven latenten Steuern bereits in dem nach § 268 Abs. 8 S. 2 HGB ermittelten ausschüttungsgesperrten Überhang der aktiven latenten Steuern über die passiven latenten Steuern enthalten. Ein erneuter Abzug von dem in Frage stehenden Posten (bspw. von einem selbst geschaffenen immateriellen Vermögensgegenstand) würde zu einem um die passiven latenten Steuern zu niedrig ermittelten Betrag führen – es käme mithin zu einer (abermaligen) Doppelerfassung der in Rede stehenden passiven latenten Steuer. Die Folge wäre hier allerdings eine potentiell höhere Ausschüttung an die Anteilseigner.[979] Das steht natürlich mit der Intention

---

976 Dass es sich bei § 268 Abs. 8 HGB um eine bilanzorientierte Ausschüttungssperre handelt, geht bereits aus dem Gesetzeswortlaut hervor, wonach sich die ausschüttungsgesperrten Beträge grundsätzlich nach den jeweiligen Bilanzansätzen zu richten haben („[...]in der Bilanz ausgewiesen[...]"). Der BilMoG RegE sah hingegen noch eine erfolgsorientierte Ausschüttungssperre vor: Nach diesem hätten Ausschüttungen vorgenommen werden dürfen, sofern der „Gesamtbetrag der Erträge" nicht tangiert worden wäre; vgl. BT-Drucksache 16/10067 v. 30.07.2008, S. 8. Ausführlich zu dieser Entwicklung KEßLER, Pensionsverpflichtungen nach neuem HGB und IFRS, S. 243 ff.

977 Vgl. BT-Drucksache 16/12407 v. 24.03.2009, S. 50.

978 Vgl. SIMON, NZG 2009, S. 1081, 1083; KÜTING/SEEL, DB 2009, S. 922, 925.

979 Anlehnend an das Beispiel bei KÜTING/SEEL DB 2009, S. 922, 925 sei auf folgenden Sachverhalt hingewiesen: Die Aktivierung eines selbst geschaffenen immateriellen Vermögensgegenstandes i.H.v. 10 GE führt (bei einem angenommenen Steuersatz von 30 %) zu einer passiven latenten Steuer von 3 GE. Nach § 268 Abs. 8 S. 1 HGB würde sich diesbezüglich der ausschüttungsgesperrte Betrag auf 7 GE (10 – 3) belaufen. Da-

des Gesetzgebers, das Gläubigerschutz- und Vorsichtsprinzip zu wahren, in Widerspruch. Im Falle eines Aktivüberhangs ist daher § 268 Abs. 8 HGB teleologisch auszulegen – eine passive latente Steuer darf dementsprechend nicht noch einmal von dem in Frage stehenden Posten abgezogen werden.[980]

Gleiches muss im Übrigen für die Frage gelten, ob bei Vorliegen mehrerer ausschüttungsgesperrter Sachverhalte eine Einzel- oder Gesamtgegenüberstellung der ermittelten ausschüttungsgesperrten Beträge mit dem freien Eigenkapital zu erfolgen hat. Im Falle der Einzelgegenüberstellung, die angesichts grammatikalischer Auslegung des in die Sätze 1 bis 3 unterteilten § 268 Abs. 8 HGB grundsätzlich zu präferieren wäre, könnten Ausschüttungen vorgenommen werden, wenn lediglich der separate Posten von dem freien Eigenkapital gedeckt wären. Dies ist jedoch ebenfalls mit dem Gläubigerschutz- und Vorsichtsprinzip nicht zu vereinbaren.[981] Folglich ist eine Gesamtbetrachtung geboten.

Eine Veränderung der Bilanzposition „Jahresüberschuss" ist – ebenso wie eine Minderung der Bemessungsgrundlage für andere gesetzliche Rücklagen (bspw. § 150 Abs. 1 AktG) –[982] mit der Ausschüttungssperre hingegen nicht beabsichtigt. Das geht bereits aus der Formulierung des § 268 Abs. 8 HGB hervor, denn im Gegensatz zu anderen gesetzlichen Ausschüttungssperren wie bspw. § 150 Abs. 1 AktG oder § 272 Abs. 4 HGB enthält § 268 Abs. 8 HGB keinen bilanzgestützten Thesaurierungsmechanismus, mit dem der Gesellschaft aufgegeben wird, eine (gesetzli-

---

rüber hinaus sollen aktive latente Steuern i.H.v. 10 GE und passive latente Steuern i.H.v. 5 GE ermittelt worden sein. Dies führt dazu, dass gemäß § 268 Abs. 8 S. 2 HGB weitere 5 GE (10 – 5) ausschüttungsgesperrt sind. Somit ergäbe sich ein ausschüttungsgesperrter Betrag von 12 GE (7 + 5). Die passive latente Steuer auf den immateriellen Vermögensgegenstand wird jedoch doppelt berücksichtigt, da sie zum Einen den ausschüttungsgesperrten Betrag für den immateriellen Vermögensgegenstand mindert, zum Anderen aber auch in die insgesamt bestehende passive latente Steuer von 5 GE miteinbezogen ist. Ohne die Doppelberücksichtigung ergäbe sich somit ein höherer ausschüttungsgesperrter Betrag von 15 GE (7 + 3 + 5).

980 So auch ELLROTT/HUBER in Beck'scher Bilanzkommentar, § 268, Rz. 143; WENDHOLT/WESEMANN, DB 2009, Beilage 5, S. 64, 69; ZÜLCH/HOFFMANN, DB 2010, S. 909, 910; KÜTING/SEEL, DB 2009, S. 922, 925. Vgl. zu dem Grenzfall, in dem der Passivüberhang latenter Steuern kleiner ist als die Summe der passiven latenten Steuern, die mit ausschüttungsgesperrten Posten gemäß § 268 Abs. 8 S. 1 und 3 HGB in Verbindung stehen, und der diesbezüglich ebenfalls nicht zulässigen doppelten Berücksichtigung passiver latenter Steuern KÜTING/LORSON/EICHENLAUB/TOEBE, GmbHR 2011, S. 1, 5.

981 ZÜLCH/HOFFMANN, DB 2010, S. 909, 912.

982 Vgl. hierzu PETERSEN/ZWIRNER/FROSCHHAMMER, KoR 2010, S. 334, 337.

che) „Rücklage zu bilden".[983] Die nach § 268 Abs. 8 nicht ausschüttbaren Beträge sind demnach außerhalb der Bilanz zu sperren (außerbilanzielle Ausschüttungssperre). Dies hat freilich zur Folge, dass die ausschüttungsgesperrten Beträge nicht aus der Bilanz ersichtlich sind. Um dennoch die Transparenz des Jahresabschlusses zu gewährleisten ist im Anhang der Gesamtbetrag der ausschüttungsgesperrten Beträge sowohl anzugeben als auch in die nach § 268 Abs. 8 genannten Posten zu untergliedern, vgl. § 285 Nr. 28 HGB.

Seine Sperrwirkung entfaltet § 268 Abs. 8 HGB bereits bei der im Falle eines ausgewiesenen Bilanzgewinns gemäß § 170 Abs. 2 AktG obligatorischen Vorlage des Gewinnverwendungsvorschlags von Vorstand an Aufsichtsrat. Zu begründen ist dies mit der Tatsache, dass der Gewinnverwendungsvorschlag (nach Beschlussfassung des Aufsichtsrates) Grundlage für den Gewinnverwendungsbeschluss der Hauptversammlung ist; dieser Beschluss wiederum darf nur eine solche Gewinnverwendung enthalten, die von der Hauptversammlung aufgrund von Gesetz (respektive § 268 Abs. 8 HGB) und Satzung auch beschlossen werden darf.[984] Eine erst spätere Berücksichtigung der ausschüttungsgesperrten Beträge scheidet demnach also aus.

Die Ausschüttungssperre gilt zunächst nur für das Jahr ihrer Berechnung.[985] Da § 268 Abs. 8 HGB allerdings Bezug auf die jeweiligen Bilanzposten nimmt und auf die Summe der einschlägigen Posten abstellt, ist die Ausschüttungssperre in den Folgejahren in einer Nebenrechnung fortzuschreiben. Sowohl die ausschüttungsgesperrten Bilanzansäte als auch das freie Eigenkapital bilden einzelne Posten, die in den Folgejahren in die Berechnung nach § 268 Abs. 8 HGB mit ihren fortgeschriebenen Werten zu übernehmen sind –[986] neu aktivierte Posten oder durch Wertaufholungen vorgenommene Zuschreibungen (vgl. § 253 Abs. 5 S. 1 HGB) erhöhen und veräußerte Posten oder auf aktivierte Beträge vorge-

---

983 SIMON, NZG 2009, S. 1081, 1083; GELHAUSEN/ALTHOFF, WPg 2009, S. 584, 590 f.; ähnlich ferner LAAGE, WM 2012, S. 1322, 1323.

984 GELHAUSEN/ALTHOFF, WPg 2009, S. 584, 590; vgl. auch ADLER/DÜRING/SCHMALTZ, § 170 AktG, Rz. 22.

985 SIMON, NZG 2009, S. 1081, 1084.

986 PETERSEN/ZWIRNER/FROSCHHAMMER, KoR 2011, S. 437 f.; DIES., KoR 2010, S. 334, 335; LANFERMANN/RÖHRICHT, DStR 2009, S. 1216, 1218; SIMON, NZG 2009, S. 1081, 1084; GELHAUSEN/FEY/KÄMPFER, Rechnungslegung und Prüfung nach dem BilMoG, § 268 HGB, Rz. 20.

nommene Abschreibungen vermindern dementsprechend den ausschüttungsgesperrten Betrag.[987]

Flankiert wird die Vorschrift des § 268 Abs. 8 HGB durch eine Neufassung des § 301 S. 1 AktG. Hiernach ist der Höchstbetrag der Gewinnabführung bei Ergebnisabführungsverträgen auf den Jahresüberschuss (abzüglich eines Verlustvortrags aus dem Vorjahr und des Betrages, der nach § 300 AktG in die gesetzliche Rücklage einzustellen ist) vermindert um den nach § 268 Abs. 8 HGB ausschüttungsgesperrten Betrag begrenzt. Dabei sind die vorhandenen Rücklagen der abhängigen Gesellschaft mitzuberücksichtigen, da insofern die Abführungssperre nicht weiter gehen kann als die eigentliche Ausschüttungssperre i.S.d. § 268 Abs. 8 HGB.[988] Bemerkenswert in diesem Zusammenhang ist zudem, dass die Abführungssperre nach dem ausdrücklichen Wortlaut des § 301 S. 1 AktG auch für bereits bestehende Gewinnabführungsverträge gelten soll.

Das Motiv für die Abführungssperre ist das Folgende: Ergebnisabführungsverträge stellen zwar keine Ausschüttung im engeren Sinne dar. Wirtschaftlich gesehen entfalten sie wegen ihrer Kapitalentziehung allerdings eine vergleichbare Wirkung, so dass auch diesbezüglich die fraglichen Bilanzpositionen einer *Abführungssperre*[989] zu unterziehen sind.[990]

Eine Verletzung der in § 268 Abs. 8 HGB normierten Ausschüttungssperre führt aufgrund ihres primären Zwecks – dem Gläubigerschutz – gemäß §§ 134 BGB und 241 Nr. 3 AktG zur Nichtigkeit des Gewinnausschüttungsbeschlusses.[991] Jedoch wird sich die Nichtigkeit über den Regelungsmechanismus des § 139 BGB grundsätzlich nur auf den Betrag erstrecken, der unter Umgehung der Ausschüttungssperre ausgekehrt worden ist.[992] Des Weiteren können sich für die verantwortlichen und schuldhaft gehandelten Personen persönliche Regressansprüche insbesondere aus § 823 Abs. 2 BGB ergeben.

---

987 WULF/BOSSE in Haufe HGB Kommentar, § 268, Rz. 86; zu den angesprochenen Ab- bzw. Zuschreibungen vgl. KÜTING/LORSON/EICHENLAUB/TOEBE, GmbHR 2011, S. 1, 3 ff.; LAAGE, WM 2012, S. 1322, 1323.

988 Vgl. GELHAUSEN/ALTHOFF, WPg 2009, S. 629, 631.

989 Zum Begriff der Abführungssperre vgl. BT-Drucksache 16/10067 v. 30.07.2008, S. 53.

990 Vgl. KAYA/BORGWARDT, StuB 2010, S. 727, 728.

991 ELLROTT/KRÄMER in Beck'scher Bilanzkommentar, § 268, Rz. 151; LAAGE, WM 2012, S. 1322, 1326.

992 GELHAUSEN/ALTHOFF, WPg 2009, S. 584, 590; SIMON, NZG 2009, S. 1081, 1985; ähnlich wohl auch REINER, MüKo HGB, § 269, Rn. 17; a.A.: ELLROTT/KRÄMER in Beck'scher Bilanzkommentar, § 268, Rz. 151, die §§ 134 BGB und 241 Nr. 3 AktG anwenden und damit zu einer vollumfänglichen Nichtigkeit des Gewinnausschüttungsbeschlusses kommen; so auch MATSCHKE in BHR, § 269, Rn. 42; und ADS, § 269, Rz. 24.

(2) Folgeprobleme im Zusammenhang mit der nationalen Ausschüttungssperre

Die Einführung der Ausschüttungssperre in das HGB hat in Anbetracht fehlender gesetzgeberischer Vorgaben neben den bereits dargestellten Unklarheiten eine Vielzahl von weiteren Folgeproblemen hervorgebracht:

So ist gesetzlich nicht geregelt, ob der nach § 268 Abs. 8 HGB ausschüttungsgesperrte Betrag als Gewinnvortrag verbleibt oder ob seine Einstellung in die Gewinnrücklage beschlossen werden kann.[993] Auswirkungen hat diese Entscheidung in erster Linie bei einer Auflösung der ausschüttungsgesperrten Beträge in den Folgejahren: Ist der Betrag in eine Gewinnrücklage eingestellt worden, entscheiden die zuständigen Organe (im Regelfall des § 172 AktG also der Vorstand und Aufsichtsrat und nur im Ausnahmefall des § 173 AktG die Hauptversammlung) über deren Auflösung. Ist der Betrag demgegenüber als Gewinn auf neue Rechnung vorgetragen worden, unterliegt er bei Wegfall der Ausschüttungssperre als Teil des Bilanzgewinns automatisch der Entscheidungskompetenz der Hauptversammlung, § 174 AktG.[994] Zwar hatten Vorstand und Aufsichtsrat die Möglichkeit der Einstellung des Gewinns in eine andere Gewinnrücklage bereits bei der Erstellung des ursprünglichen Jahresabschlusses, da ausschüttungsgesperrte Beträge i.S.d. § 268 Abs. 8 HGB bei der Ermittlung der Obergrenze gemäß § 57 Abs. 2 AktG nicht vom Jahresüberschuss abzuziehen sind;[995] dennoch sollten m.E. Gewinne jeglicher Art stets den „gewöhnlichen Gewinnverwendungsweg" durchlaufen. Die ausschüttungsgesperrten Beträge sollten daher zunächst in die Gewinnrücklage eingestellt werden.[996] Die Entscheidung über eine

993 Hierzu GELHAUSEN/ALTHOFF, WPg 2009, S. 584, 591; PETERSEN/ZWIRNER/FROSCHHAMMER, KoR 2011, S. 437, 439; LAAGE, WM 2012, S. 1322, 1323.

994 Vgl. hierzu PETERSEN/ZWIRNER/FROSCHHAMMER, KoR 2010, S. 334, 338; bei einer GmbH ergibt sich dieses Problem aufgrund des abweichenden Kapitalschutzes nicht. Hier haben die Gesellschafter grundsätzlich die Möglichkeit, durch einen Entnahmebeschluss die in Vorjahren gebildeten Rücklagen aufzulösen; vgl. hierzu GELHAUSEN/ALTHOFF, WPg 2009, S. 584, 591; zur Auflösung der Rücklagen vgl. COENENBERG, Jahresabschluss und Jahresabschlussanalyse, S. 343.

995 Vgl. CAHN/V. SPANNENBERG in Spindler/Stilz (Hrsg.), AktG, § 58, Rz. 39.

996 Ähnlich wohl GELHAUSEN/ALTHOFF, WPg 2009, S. 584, 591; a.A. aber bereits GELHAUSEN/FEY/KÄMPFER, Rechnungslegung und Prüfung nach dem BilMoG, § 268 HGB, Rz. 56; vgl. ferner PETERSEN/ZWIRNER/FROSCHHAMMER, KoR 2011, S. 437, 439, die sowohl eine Einstellung in die anderen Gewinnrücklagen als auch einen Vortrag

etwaige Auflösung dieser Rücklage stünde in den Folgejahren somit im Ermessen derjenigen Organe, die regelmäßig über die Auf- und Feststellung des Jahresabschlusses entscheiden.[997] Hierdurch würde zugleich eine Harmonisierung bzgl. der Behandlung von ausschüttungsgesperrten Beträgen bei Ausschüttungssperre i.S.d. § 268 Abs. 8 HGB und Abführungssperre i.S.d. § 301 AktG erreicht werden.[998]

Zu klären ist ferner, ob die ermittelten Sperrbeträge im Rahmen von gewinnabhängigen Verpflichtungen der Gesellschaft zu berücksichtigen sind. Zu solchen Verpflichtungen zählen neben partiarischen Darlehen, stillen Beteiligungen, Genussrechten und Gewinnschuldverschreibungen auch erfolgsabhängige Vergütungen, die nicht zuletzt durch die Finanzkrise vermehrt in Verruf geraten sind. Eine undifferenzierte Lösung wird allerdings nicht möglich sein; vielmehr wird im konkreten Einzelfall eine Auslegung des Rechtsgeschäfts erforderlich sein. Hierbei wäre zu prüfen, ob das fragwürdige Rechtsgeschäft auf die den Gesellschaftern zur Verfügung stehenden Gewinnanteile oder auf die reine GuV-Größe des Jahresüberschusses abstellt.[999] Insofern erscheint aber eine sehr restriktive Auslegung geboten, denn gerade durch das Aktivierungswahlrecht der selbst geschaffenen immateriellen Vermögensgegenstände nach § 248 Abs. 2 S. 1 HGB kann sich ein bedeutender Jahresüberschusszuwachs ergeben, der nach dem Sinn und Zweck von § 268 Abs. 8 HGB zu thesaurieren ist. Und insbesondere im Bereich der erfolgsabhängigen Vergütungen eröffnen sich Konfliktpotentiale, wenn auf der einen Seite darüber zu entscheiden ist, ob von dem Aktivierungswahlrecht Gebrauch gemacht wird, auf der anderen Seite allerdings eine höhere Vergütung im Falle der Aktivierung winkt. Deshalb sollten die nach § 268 Abs. 8 HGB ermittelten Sperrbeträge im Rahmen von gewinnabhängigen Verpflichtungen grundsätzlich mitberücksichtigt werden.[1000]

---

für neue Rechnung für zulässig erachten; so auch LAAGE, WM 2012, S. 1322, 1323; SIMON, NZG 2009, S. 1081, 1084.

997 Vgl. hierzu ADS, § 58 AktG, Rz. 143; FÖRSCHLE/HOFFMANN in Beck'scher Bilanzkommentar, § 272, Rz. 275 ff.; GELHAUSEN/ALTHOFF, WPg 2009, S. 584, 591.

998 Sh. zur Behandlung von ausschüttungsgesperrten Beträgen bei der Abführungssperre sogleich, S. 198.

999 SIMON, NZG 2009, S. 1081, 1085.

1000 So wohl auch KÜTING/LORSON/EICHENLAUB/TOEBE, GmbHR 2011, S. 1, 9.

(3) Folgeprobleme im Zusammenhang mit der nationalen Abführungssperre i.S.d. § 301 AktG

Die soeben geschilderte Problematik, ob im Rahmen der nationalen Abführungssperre i.S.d. § 301 AktG die ausschüttungsgesperrten Beträge in eine Gewinnrücklage einzustellen oder als Gewinn vorzutragen sind, stellt sich hier nur bedingt. Grund hierfür ist das Wesen des Gewinnabführungsvertrages. Mit diesem verpflichtet sich ein Unternehmen, seinen „ganzen Gewinn an ein anderes Unternehmen abzuführen", § 291 Abs. 1 S. 1 Hs. 2 HGB. Folge dieser Abführungspflicht ist, dass der Gewinn, über dessen Verwendung generell die Hauptversammlung beschließen kann, überhaupt nicht mehr entsteht.[1001] Um allerdings einen ausschüttungsgesperrten Betrag als ausweistechnischen *Bilanzgewinn* vortragen zu können, bedürfte es aus formalen Gründen eines Gewinnverwendungsbeschlusses; um diese „eigentlich systemwidrige Beschlussfassung"[1002] zu vermeiden, sollte der ausschüttungsgesperrte Betrag daher bei Vorliegen eines Gewinnabführungsvertrages den Gewinnrücklagen zugeführt werden. Zu keiner anderen Lösung kommt man schließlich, wenn man den grundsätzlich möglichen und zulässigen Gewinnvortrag im Rahmen des § 301 AktG wie eine andere Gewinnrücklage behandelt und dementsprechend die für andere Gewinnrücklagen geltenden Regeln analog heranzieht.[1003] Des Weiteren würde sich bei einer Einstellung in eine andere Gewinnrücklage das Folgeproblem der Anerkennung einer steuerlichen Organschaft nach den §§ 14 ff. KStG erledigen, denn hierfür ist es erforderlich, dass die Organgesellschaft im Jahresabschluss keinen *Bilanzgewinn* mehr ausweist, vgl. R 60 Abs. 3 S. 2 KStR.

Fraglich im Zusammenhang mit der Abführungssperre ist indes, ob bei der Berücksichtigung der vorhandenen Rücklagen der abhängigen Gesellschaft auch das vorvertraglich gebildete freie Eigenkapital herangezogen werden darf bzw. muss. Dieses steht nämlich nicht nur dem anderen Vertragsteil, sondern ebenso den übrigen Aktionären zu; eine Ausschüttung könnte somit regelmäßig nur an (alle) Aktionäre erfolgen.[1004] Und zumindest der Wortlaut der §§ 301 S. 1 AktG i.V.m. 268 Abs. 8 HGB deutet auf eine diesbezügliche Einbeziehung hin. Es ist jedoch erneut auf den Telos der Norm(en) und daneben auf die systematische Stellung des

---

1001 ALTMEPPEN in MüKo AktG, § 291, Rz. 143.

1002 GELHAUSEN/ALTHOFF, WPg 2009, S. 629, 633.

1003 Sh. hierzu KOPPENSTEINER in KöKo AktG, § 301, Rz. 19; SIMON, NZG 2009, S. 1081, 1086.

1004 ALTMEPPEN in MüKo AktG, § 301, Rz. 24.

§ 301 AktG abzustellen: Eine Hinzuziehung der vorhandenen Rücklagen hätte zur Folge, dass der andere Vertragsteil eine sich durch die Aktivierung von ausschüttungsgesperrten Posten ergebende Eigenkapitalmehrung allein an sich abführen könnte – es käme mithin zu Verschiebungen in den Vermögenssphären von Vertragspartner und übrigen Aktionären.[1005] Dies ist allerdings mit der Kompetenz- und Vermögensordnung der §§ 301, 302 AktG nicht vereinbar.[1006] Hieran ändert auch die „Vermögensverschiebung" durch den Regelungsgedanken des § 302 AktG nichts, nach dem der andere Vertragsteil während der Vertragslaufzeit das Risiko der Werthaltigkeit der Aktivierung von fragwürdigen Posten trägt.[1007] Schließlich ist gerade dies gesetzlich geregelt und damit gewollt. Das vorvertraglich gebildete Eigenkapital darf demnach bei Gewinnabführungsverträgen nicht als vorhandene Rücklage i.S.d. § 268 Abs. 8 HGB berücksichtigt werden.

(4) Weitere Kritikpunkte an der nationalen Ausschüttungssperre

Die Einführung der Ausschüttungssperre in das HGB erfolgte freilich nicht ohne Kritik. So wird bemängelt, dass aus den de lege lata erforderlichen Anhangangaben gemäß § 285 Nr. 28 HGB nur ersichtlich wird, in welcher Höhe frei verwendbare Eigenkapitalbestandteile mindestens in der Bilanz verbleiben müssen, um eine Ausschüttung vornehmen zu können; nicht hervor geht allerdings, in welcher Höhe der ausgewiesene Bilanzgewinn tatsächlich ausschüttungsgesperrt ist.[1008] Hierfür wäre eine Aufgliederung der Kapitalrücklagen i.S.d. §§ 266 Abs. 3 A. II. bzw. 272 Abs. 2 HGB vonnöten,[1009] da ein darin enthaltener frei verwendbarer Teilbetrag aus Kapitalzuzahlung (§ 272 Abs. 2 Nr. 4 HGB) derzeitig nicht zu erkennen ist.[1010] Daher wird zu Recht gefordert, die Anhangangaben

---

1005 Sh. GELHAUSEN/ALTHOFF, WPg 2009, S. 629, 631.

1006 SIMON, NZG 2009, S. 1081, 1086; a.A.: GELHAUSEN/ALTHOFF, WPg 2009, S. 629, 631, die aufgrund des Wortlautes von § 301 S. 1 AktG i.V.m. § 268 Abs. 8 HGB in Kauf nehmen wollen.

1007 So aber wohl nochmals GELHAUSEN/ALTHOFF, WPg 2009, S. 629, 631.

1008 GELHAUSEN/ALTHOFF, WPg 2009, S. 584, 591; KÜTING/LORSON/EICHENLAUB/TOEBE, GmbHR 2011, S. 1, 7; SIMON, NZG 2009, S. 1081, 1087.

1009 Vgl. zur nicht erforderlichen Aufgliederung der Kapitalrücklagen bereits den Gesetzeswortlaut des § 272 Abs. 2 HGB, der im Singular formuliert: „Als Kapitalrücklage sind auszuweisen [...]"; eingehend auch KNORR/SEIDLER in Haufe HGB Kommentar, § 272, Rz. 215; ferner KÜTING/REUTER in Handbuch der Rechnungslegung, § 272, Rz. 66 f.; ferner IDW (Hrsg.), WP Handbuch I, F, Rz. 362.

1010 GELHAUSEN/ALTHOFF, WPg 2009, S. 584, 591.

bspw. durch die folgende – derzeit allerdings nur auf freiwilliger Basis vorzunehmende – Darstellung zu ergänzen:

Gesamtbetrag der ausschüttungsgesperrten Beträge i.S.d. § 268 Abs. 8 HGB			200
./.	frei verfügbare Eigenkapitalbestandteile		
-	Kapitalrücklagen i.S.d. § 272 Abs. 2 Nr. 4 HGB	40	
-	andere Gewinnrücklagen	30	
-	eventueller Gewinnvortrag aus dem Vorjahr bzw.	10	
./.	(bzw. eventueller Verlustvortrag aus dem Vorjahr)		
-	Jahresüberschuss des abgelaufenen Geschäftsjahres	20	– 100
=	ausschüttungsgesperrter Betrag i.S.d. § 268 Abs. 8 HGB, der nicht durch frei verfügbare Eigenkapitalteile gedeckt ist.[1011]		100

Ein nach diesem Schema positiv ermittelter Betrag würde den zu thesaurierenden Gewinn wiedergeben; ein negativer Betrag hingegen würde das Ausschüttungspotential darstellen. Zu erwägen ist freilich die Implementierung einer weitergehenden Erläuterungspflicht zu den zur Deckung vorhandenen frei verfügbaren Eigenkapitalbestandteilen in § 285 Nr. 28 HGB, möglichst durch Vorgabe der obigen Deckungsrechnung,[1012] so dass de lege ferenda der verpflichtende Ausweis des tatsächlich ausschüttungsgesperrten Bilanzgewinnes im Anhang erreicht wird.

Zudem wird kritisiert, dass die Fortschreibungen der Ausschüttungssperre für folgende Geschäftsjahre mit Hilfe einer Nebenrechnung zu einer deutlichen Komplexitätszunahme und einem nicht zu unterschätzenden Mehraufwand für die Unternehmen führe.[1013] Diesbezüglich ist jedoch zu konstatieren, dass der vom Gesetzgeber vorgenommene Spagat zwischen einer verbesserten *Informationsbilanz* und einer das deutsche Gläubiger- und Vorsichtsprinzip wahrenden *Ausschüttungsbi-*

1011 Schema in Anlehnung an KÜTING/LORSON/EICHENLAUB/TOEBE, GmbHR 2011, S. 1, 7; vgl. insofern aber auch das Schema bei GELHAUSEN/ALTHOFF, WPg 2009, S. 584, 591.

1012 GELHAUSEN/ALTHOFF, WPg 2009, S. 584, 591.

1013 PETERSEN/ZWIRNER/FROSCHHAMMER, KoR 2011, S. 437, 441; KÜTING/LORSON/EICHENLAUB/TOEBE, GmbHR 2011, S. 1, 10.

lanz schlichtweg nicht anders (bspw. mit Hilfe eines in der Sache abzulehnenden Solvenztests)[1014] hätte gelöst werden können – zumal der Anstieg nicht nur der Kosten sondern auch der Anforderungen bei der Erstellung eines handelsrechtlichen Jahresabschlusses mit Ausschüttungssperren allemal geringer ist als bei der Erstellung zweier unterschiedlicher Jahresabschlüsse (bspw. ein IFRS-Abschluss für die Informationsbereitstellung und ein HGB-Abschluss für die Ausschüttungsbemessung).

Wiederum fragwürdig ist allerdings die Beschränkung des § 268 Abs. 8 HGB auf selbst geschaffene immaterielle Vermögensgegenstände, aktive latente Steuern und das Planvermögen, das zum beizulegenden Zeitwert über seinen Anschaffungskosten bewertet wird. Denn in höchstem Maße unsicher ist auch die Aktivierung eines derivativen Geschäfts- oder Firmenwerts.[1015] Dies zeigt bereits der Gesetzeswortlaut des § 246 Abs. 1 S. 4 Hs. 2 HGB, der im Rahmen eines entgeltlichen Erwerbs die Aktivierung des Geschäfts- oder Firmenwerts nur qua gesetzlicher Fiktion erlaubt („*gilt* als zeitlich begrenzter Vermögensgegenstand").[1016] Zwar ist zuzugestehen, dass der Geschäfts- oder Firmenwert nach HGB – anders als der goodwill nach IFRS – als *zeitlich begrenzter* Vermögensgegenstand abzuschreiben ist und sich die aus seiner Aktivierung hervorgehenden Aktiverhöhungen nach § 266 Abs. 2 A. I. 2. HGB folglich mit der Zeit abbauen. Dennoch kommt es ab dem Zeitpunkt der Aktivierung des Geschäfts- oder Firmenwertes quasi zu einer dementsprechenden Eigenkapital- bzw. Jahresüberschusserhöhung, da der entsprechende Betrag zunächst nicht als Aufwand verbucht werden muss. Der für den Geschäfts- oder Firmenwert aktivierte Betrag sollte aufgrund seines mitunter enormen Ausmaßes[1017] sowie seiner erheblichen Unsicherheit daher ebenfalls mit einer Ausschüttungssperre versehen werden.

1014 Insofern kann auf die Ergebnisse zum Solvenztest oben auf S. 183 ff. verwiesen werden. Diese nehmen zwar nicht explizit Stellung zu dem handelsbilanzrechtlichen Jahresabschluss; sie gelten aber für diesen entsprechend.

1015 Vgl. HENNRICHS, ZHR 2006, S. 498, 508; VELTE/KÖSTER, BBK 2009, S. 959, 963; THEILE, BilMoG 2009, S. 137, § 268, Rz. 9, der ausführt, dass der GoF in der Werthaltigkeit weit unsicherer sein dürfte als selbsterstellte immaterielle Vermögensgegenstände.

1016 Vgl. hierzu auch BT-Drucksache 16/10067 v. 30.07.2008, S. 47 f.; die mit der Entgeltlichkeit einhergehende Objektivierung erlaubt zudem die Aktivierung von selbst geschaffenen immateriellen Werten, die bis dahin nach den Regeln des § 248 Abs. 2 S. 2 HGB bzw. IAS 38.63 einem Bilanzierungsverbot unterlagen; vgl. COENENBERG, Jahresabschluss und Jahresabschlussanalyse, S. 181. Für Beispiele bzgl. separat vom goodwill zu bilanzierender intangible assets vgl. IFRS 3.A.B.

1017 Vgl. zum Beispiel Olympus bzw. Mannesmann – Vodafone bereits oben, S. 110 f.

(5) Exkurs: Kritikpunkte im Zusammenhang mit der Ausschüttungssperre des § 340e Abs. 3 HGB

Kritik erntete darüber hinaus die (nur unvollkommene) Ausschüttungssperre für die von Kreditinstituten zu Handelszwecken erworbenen Finanzinstrumente, die zum beizulegenden Zeitwert über ihren Anschaffungskosten zu bewerten sind, vgl. §§ 340e Abs. 3 S. 1 i.V.m. 340 HGB.[1018] Auch hier ist einzuräumen, dass es sich bei Finanzinstrumenten des Handelsbestandes um jederzeit am Absatzmarkt *realisierbare* Vermögensgegenstände handeln mag. *Realisiert* sind sie hingegen gerade nicht. Im Falle von Marktverwerfungen ist sogar ein über die Anschaffungskosten hinausgehender Verlust nicht auszuschließen. Dies hat nicht zuletzt die derzeitige Finanzkrise erneut eindrucksvoll unter Beweis gestellt, in der gerade die Kreditinstitute hohe Abschreibungen auf ihre Finanzinstrumente vornehmen mussten.

Daher sollten nach dem Willen des Gesetzgebers die aus § 340e Abs. 3 S. 1 HGB entstehenden (aber bloß *realisierbaren*) Gewinne ebenfalls mit einer Ausschüttungssperre versehen werden. Der durch das BilMoG neu eingefügte § 268 Abs. 8 HGB kam hierfür indes nicht in Frage, da dieser auf Kredit- und Finanzdienstleistungsinstitute keine Anwendung findet.[1019] Es hätte sich zwar angeboten, eine vergleichbare Regelung (respektive Ausschüttungssperre) zu normieren. Der Gesetzgeber entschied sich jedoch dazu, mit § 340e HGB ein (unvollkommenes) Surrogat für § 268 Abs. 8 HGB zu schaffen: So verlangt § 340eAbs. 3 S. 1 HGB für die Bewertung von Finanzinstrumenten einen Risikoabschlag, der den Ausfallwahrscheinlichkeiten der realisierten Gewinne Rechnung zu tragen hat.[1020] Dabei ist der Risikoabschlag auf Basis der internen Risikosteuerung gemäß bankaufsichtlicher Vorgaben („value at risk") unter Anwendung von finanzmathematischen Vorgaben zu ermitteln (pauschaler value-at-risk-Abschlag).[1021] Flankiert wird die Vorschrift zudem von § 340e Abs. 4 HGB, der die Zuführung eines Betrages, der mindestens 10 % der Nettoerträge des Handelsbestands entspricht, in den Sonderposten „Fonds für allgemeine Bankrisiken" gemäß § 340g HGB vorsieht. Im Vergleich zu einer vollumfänglichen Ausschüttungssperre i.S.d. § 268

1018 Vgl. hierzu JESSEN/HAAKER, DStR 2009, S. 499 ff; NGUYEN/ROHLF, ZfgK 2011, S. 94 ff.; HELKE/WIECHENS/KLAUS, DB 2009, S. 30, 35.

1019 BT-Drucksache 16/10067 v. 30.07.2008, S. 95.

1020 Vgl. BT-Drucksache 16/10067 v. 30.07.2008, S. 95.

1021 Vgl. HELKE/WIECHENS/KLAUS, DB 2009, S. 30, 35.

Abs. 8 HGB sind Gewinne i.S.d. § 340e Abs. 3 HGB also nur mit einer pauschalen Ausschüttungssperre zu unterlegen.

In Frage gestellt wird aber bereits, ob ein pauschaler Risikoabschlag überhaupt mit den Grundsätzen des Gläubigerschutzes zu vereinbaren ist.[1022] Festzuhalten ist zumindest, dass mit einer pauschalen Berechnung ein – im Vergleich zu einer gemäß § 268 Abs. 8 HGB vollumfänglichen Ausschüttungssperre – ungleich höheres Risiko für die Gläubiger einhergeht, denn die unrealisierten Scheingewinne werden gerade nicht vollumfänglich gesperrt und können somit „nach der neuen Regelung ganz oder teilweise zur Ausschüttung gelangen".[1023] Gewinne i.S.d. § 340e Abs. 3 HGB sollten daher – in Anlehnung an § 268 Abs. 8 HGB – qua Gesetz wie folgt gesperrt werden: Bei Vermögensgegenständen i.S.v. § 340e Abs. 3 S. 1 HGB ist § 268 Abs. 8 S. 1 HGB auf den Betrag abzüglich der hierfür gebildeten passiven latenten Steuern entsprechend anzuwenden, der die Anschaffungskosten übersteigt.

b) Zwischenergebnis

Die nationale Ausschüttungssperre respektive die §§ 268 Abs. 8 bzw. 285 Nr. 28 HGB bedürfen weiterer Korrekturen: So sind bspw. de lege ferenda die Anhangangaben um ein (oben beispielhaft dargestelltes) Schema zu ergänzen, mit dessen Hilfe festgestellt werden kann, in welcher Höhe der ausgewiesene Bilanzgewinn tatsächlich ausschüttungsgesperrt ist; ferner ist die Ausschüttungssperre auf den derivativen Geschäfts- oder Firmenwert und die zu Handelszwecken gehaltenen Finanzinstrumente von Kredit- und Finanzdienstleistungsinstituten auszudehnen. Darüber hinaus sind konkretere Auslegungshilfen respektive Richtlinien wünschenswert.

Trotz alledem ist zu konstatieren, dass mit Hilfe der Ausschüttungssperre i.S.d. § 268 Abs. 8 HGB nicht realisierte bzw. als zu unsicher angesehene Posten erfolgreich außerbilanziell aus dem Jahresüberschuss eliminiert werden können. Dies haben bereits die Praxiserfahrungen mit der „alten Ausschüttungssperre" gemäß § 269 S. 2 HGB a.F.[1024] respektive

---

1022 So bspw. JESSEN/HAAKER, DStR 2009, S. 499, 502.

1023 NGUYEN/ROHLF, ZfgK 2011, S. 94, 100; so auch JESSEN/HAAKER, DStR 2009, S. 499, 505.

1024 Nach § 269 S. 2 HGB a.F. durften Gewinne, die im Rahmen der Aktivierung von Bilanzierungshilfen für Ingangsetzungs- oder Erweiterungsaufwendungen anfielen, nur insoweit ausgeschüttet werden, als dass nach der Ausschüttung jederzeit auflösbare Gewinnrücklagen in Höhe der angesetzten Beträge verblieben. § 269 S. 2 HGB a.F.

§ 274 Abs. 2 S. 3 HGB[1025] gezeigt -[1026] und aktuell deuten die Praxiserfahrungen mit der „neuen Ausschüttungssperre" gemäß § 268 Abs. 8 HGB ebenfalls darauf hin. Nicht zuletzt das Festhalten des Gesetzgebers an der mitunter als „Vorbild"[1027] bezeichneten „alten Ausschüttungssperre" spricht schließlich für ihren Erfolg. Insofern ist aber auch auf andere Rechtsregime zu verweisen, die auf „Ausschüttungssperren im engeren Sinne" zurückgreifen. Anzuführen sind vor allem die Rechnungslegungssysteme in Kaliforniern und Großbritannien, die diesbezüglich detaillierter dargestellt werden sollen.

2. Die Ausschüttungssperre(n) im kalifornischen Recht

Während die Ausschüttungsrestriktionen in Kalifornien bereits oben ausführlich dargestellt worden sind,[1028] sei an dieser Stelle nochmals erwähnt, dass im Rahmen des quantitive solvency tests (erster Bilanztest)[1029] nicht realisierte bzw. mit hoher Wahrscheinlichkeit nicht zu liquidierende Posten einer konkreten Ausschüttungssperre unterliegen (§ 500(b)(2) CCC). So sind beim quantitive solvency test von der Summe der Vermögenswerte der goodwill, die Forschungs- und Entwicklungskosten sowie die Abgrenzungsposten zu subtrahieren.

Es fällt umgehend auf, dass der kalifornische Gesetzgeber auch den goodwill aufgrund seiner mangelnden Realisierbarkeit bzw. Liquidierbarkeit mit einer Ausschüttungssperre versehen hat. Das steht freilich in direktem Widerspruch zu dem „vorsichtigen" deutschen Bilanzrecht, in dem auf eine Ausschüttungssperre für den Geschäfts- oder Firmenwert

---

wurde im Zuge des BilMoG ersatzlos gestrichen; vgl. BT-Drucksache 16/12407 v. 24.03.2009, S. 11.

1025 Gemäß § 274 Abs. 2 S. 3 HGB a.F. durften Gewinne im Falle einer Aktivierung latenter Steuern „nur ausgeschüttet werden, wenn die nach der Ausschüttung verbleibenden jederzeit auflösbaren Gewinnrücklagen zuzüglich eines Gewinnvortrags und abzüglich eines Verlustvortrags dem angesetzten Betrag mindestens entsprechen." § 274 Abs. 2 S. 3 HGB a.F. wurde im Zuge des BilMoG ersetzt.

1026 Zugegebenermaßen kam der Regelung des § 269 S. 2 HGB aufgrund ihres Anwendungsbereichs nur eine untergeordnete Bedeutung in der Praxis zu, da Unternehmen das Aktivierungswahlrecht für Ingangsetzungs- und Erweiterungsaufwendungen nur selten nutzten; vgl. LANFERMANN/RÖHRICHT, DStR 2004, S. 1216, 1217.

1027 Vgl. SALAMON, S:R 2009, S. 248; HAAKER, DStR 2010, S. 663, 665.

1028 Sh. hierzu oben, S. 166 ff.

1029 Kurz erwähnt sei nochmals, dass im Falle einer über die Gewinnrücklagen hinausgehenden Ausschüttung nach dem quantitive solvency test die verbleibende Eigenkapitalquote mindestens 20 % betragen muss.

verzichtet worden ist. In diesem Zusammenhang ist jedoch zu beachten, dass der goodwill nach US-GAAP (so wie nach IFRS) nicht mehr planmäßig über die Nutzungsdauer abzuschreiben ist, sondern lediglich einem jährlichen Werthaltigkeitstest zu unterziehen ist (impairment-only-approach).[1030] Gerade im Hinblick auf die potentiell mögliche „Nachaktivierung" eines derivativen goodwill geht hiermit natürlich ein noch höherer Unsicherheitsfaktor als mit einer planmäßigen Abschreibung des Geschäfts- oder Firmenwerts einher.[1031] Ob mit diesem Argument jedoch die Befreiung des Geschäfts- oder Firmenwerts von der nationalen Ausschüttungssperre zu rechtfertigen ist, darf bezweifelt werden.[1032]

3. Die Ausschüttungssperre(n) in Großbritannien

Ein grober Überblick der Ausschüttungsrestriktionen in Großbritannien war angesichts der Forderungen der englischen Regierung, die zweite EG-Richtlinie 77/91/EWG des Rates vom 13.12.1976 aufzuheben und anstelle dessen einen Solvenztest einzuführen, bereits im Kontext des Solvenztests zu geben.[1033] An dieser Stelle ist allerdings erneut auf den Technical Release 01/09 (Tech 01/09) einzugehen, der von dem Institute of Chartered Accountants of Scotland (ICAS) und dem Institute of Chartered Accountants in England and Wales (ICAEW) herausgegeben wird,[1034] und nach dem sich die Ermittlung des „realisierten Gewinnes" in Großbritannien richtet. Schließlich kann als Grundlage des „realisierten Gewinnes" nach Tech 01/09 auch ein nach den IFRS ermittelter Gewinn herangezogen werden.[1035] Es stellt sich mithin die Frage, ob für die Umstellung der Ausschüttungsbemessung von HGB auf IFRS – und für das hiermit einhergehende Erfordernis der Eliminierung nicht realisierter bzw. als zu unsicher angesehener Posten – nicht schlichtweg auf den

---

1030 Vgl. EPSTEIN/NACH/BRAGG, Wiley GAAP, S. 524; COENENBERG, Jahresabschluss und Jahresabschlussanalyse, S. 696.

1031 Vgl. zu den Unterschieden von Geschäfts- oder Firmenwert und goodwill und den Unsicherheiten, die mit dem impairment-only-approach einhergehen, oben, S. 115 ff.

1032 Kritisch zur fehlenden Ausschüttungssperre für den GoF bereits oben, S. 201 f.

1033 Vgl. hierzu oben, S. 172 ff.; JUNGMANN, ZGR 2006, S. 638, 658; LUTTER, ZGR 2006, Sonderheft 17, S. 1, 2.

1034 Der Leitfaden des ICAS/ICAEW, Technical Release 01/09, Guidance on the Determination of Realised Profits and Losses in the Context of Distributions under the Companies Act 2006 ist einsehbar unter: http://www.icaew.com/en/about-icaew/what-we-do/~/media/Files/Technical/technical-releases/tech-releases-2000-to-2010/TECH-01-09-Guidance-Realised-and-Distributed-Profits-under-the-Companies-Act-2006.ashx.

1035 ICAS/ICAEW, Tech 01/09 1.10, 1.11

Tech 01/09 zurückgegriffen werden könnte., bzw. ob nicht schlicht eine vergleichbare Regelung im nationalen Recht geschaffen werden könnte.

Der konzeptionelle Ansatz des Tech 01/09 entspricht nämlich im Wesentlichen der Ausschüttungssperre gemäß § 268 Abs. 8 HGB. Das mit Hilfe informationsorientierter Bilanzierungsvorschriften ermittelte Ergebnis (nach IFRS) wird außerhalb der Bilanz zum Schutze der Gläubiger um unrealisierte bzw. als zu unsicher empfundene Posten korrigiert.[1036] Im Gegensatz zur nationalen Ausschüttungssperre nach § 268 Abs. 8 HGB werden die fragwürdigen Posten aber nicht einzeln identifiziert und sodann mit einer Ausschüttungssperre versehen; vielmehr werden im Tech 01/09 abstrakte und konkrete Richtlinien aufgestellt, mit denen zu ermitteln ist, wann ein Gewinn bzw. Verlust unter Ausschüttungsgesichtspunkten überhaupt als realisiert gilt („fall to be treated as realised").[1037] So gibt bspw. Tech 01/09 3.6 vor, dass sich ein in die Neubewertungsrücklage eingestellter Betrag realisiert, „when the related asset is sold for ‚qualifying consideration'";[1038] und Tech 01/09 3.25 legt fest, dass ein „negative goodwill" (obwohl der Begriff im IFRS-Regelsystem nicht existiert) „should be treated as being realised in the periods in which the non-monetary assets are recovered, wether through depreciation or sale." Erstaunlicherweise kommt dabei auch im angelsächsischen Tech 01/09 dem Grundsatz der Vorsicht Bedeutung zu. So obliegt es – bspw. im Rahmen der Bewertung zum fair value – der Geschäftsleitung an Hand ihrer Treuepflicht zu prüfen, ob die Erträge trotz ihrer „Realisation" – oder genauer: aufgrund ihrer Behandlung als realisiert bzw. „treated as realised" – unter den Gesichtspunkten der Vorsicht ausgeschüttet werden sollten.[1039]

1036 Vgl. LANFERMANN/RÖHRICHT, DStR 2009, S. 1216, 1220.

1037 Während in ICAS/ICAEW, Tech 01/09 3. allgemeine Grundsätze zu finden sind, wann Gewinne bzw. Verluste realisiert sind, werden in den nachfolgenden Kapiteln spezielle Bilanzierungsprobleme aufgegriffen, die aufgrund der Bilanzierung zum fair value (Kapitel 4.), im Bereich des hedge accounting (Kapitel 5), im Zusammenhang mit der Bilanzierung von Finanzinstrumenten nach IAS 32 (Kapitel 6), bei Aktienprogrammen für Arbeitnehmer (Kapitel 7) und durch Aufwendungen für Altersversorgungspläne (Kapitel 8) auftreten. Darüber hinaus umfasst Kapitel 10 weitere Problembereiche, die gerade aufgrund der Bilanzierung nach IFRS zum Vorschein kommen; vgl. auch LANFERMANN/RÖHRICHT, DStR 2009, S. 1216, 1220; KPMG, Feasibility Study on Capital Maintenance – Main Report, S. 129, 372.

1038 Vgl. ICAS/ICAEW, Tech 01/09 3.6; das Kriterium der ‚qualifying consideration' wird in ICAS/ICAEW, Tech 01/09 3.11 genauer definiert.

1039 Vgl. ICAS/ICAEW, Tech 01/09 2.4, 2.5; für das hedge accounting ferner ICAS/ICAEW, Tech 01/09 5.16.

Während diese auf einer außerbilanziellen Überleitungsrechnung beruhende Vorgehensweise bei einer nur geringen Anzahl von zu korrigierenden Posten keine größeren bzw. essentiellen Schwierigkeiten hervorruft, so stößt sie bei zunehmender Reglementierung von unrealisierten bzw. als zu unsicher angesehenen Posten doch schnell an ihre Grenzen. Dies zeigen bereits die praktischen Erfahrungen mit der Ausschüttungssperre in Großbritannien: Wie schon erwähnt führte die wahlweise Einführung des IFRS-Regelwerks für den Einzelabschluss im Jahre 2004 zu einem signifikanten Anstieg der fragwürdigen Positionen. Infolgedessen hat sich auch der Anpassungs- und Beratungsbedarf für die Bemessung des ausschüttungsfähigen Gewinns vervielfacht. Der Tech 01/09 umfasst inzwischen beachtliche 131 Seiten – zugleich der ausschlaggebende Kritikpunkt gegen das britische Modell: Angesichts des hochkomplexen Regelwerks für die Berechnung des ausschüttungsfähigen Gewinns sind die Unternehmen vielfach überfordert und dementsprechend auf die Entwicklung hochspezialisierten Expertenwissens angewiesen.[1040] Die Folge sind zusätzliche – und in Einzelfällen mitunter erhebliche („significant")[1041] – Kosten. Mit jeder weiteren Reglementierung bzw. mit jedem Mehr an Abstraktheit der Standards erhöhen sich zudem diese Kosten;[1042] das ist gerade vor dem Hintergrund der sich erneut ausdehnenden Bewertung zum fair value kritisch zu sehen. Mithin verwundert es nicht, dass der Regelungsansatz der außerbilanziellen Ausschüttungssperre in Großbritannien teilweise als nicht mehr tragfähig für die Unternehmen erachtet wird.[1043]

Und in der Tat muss sich der britische Gesetzgeber die Frage gefallen lassen, ob ein zweiter, auf dem Gläubigerschutz- und Vorsichtsprinzip beruhender, aber schlicht gehaltener Abschluss nicht kostengünstiger wäre als die komplexe Berechnung eines „realisierten Gewinnes" auf der Grundlage eines IFRS-Abschlusses.

1040 Vgl. hierzu LANFERMANN/RÖHRICHT, DStR 2009, S. 1216, 1221; KÜTING/LORSON/EICHENLAUB/TOEBE, GmbHR 2011, S. 1, 10; PETERSEN/ZWIRNER/FROSCHHAMMER, KoR 2011, S. 437, 441.

1041 Vgl. hierzu KPMG, Feasibility Study on Capital Maintenance – Main Report, S. 133, 400.

1042 RICKFORD, EBOR 2006, S. 130, 170; LANFERMANN/RÖHRICHT, DStR 2009, S. 1216, 1221.

1043 So bspw. RICKFORD, 2006, EBOR, S. 170; DERS. Reforming Capital, S. 947.

4. Zwischenfazit

Mit Ausschüttungssperren im engeren Sinne können nicht realisierte bzw. als zu unsicher angesehene Posten erfolgreich außerhalb der Bilanz und zum Schutze der Gläubiger korrigiert bzw. eliminiert werden. Das belegen bereits die Erfahrungen Deutschlands mit § 268 Abs. 8 HGB (respektive 269 S. 2 HGB a.F.). Zumindest theoretisch müsste es demnach also grundsätzlich möglich sein, auch die IFRS mit Ausschüttungssperren zu versehen, um aus einem IFRS-Abschluss einen „realisierten Gewinn" zu ermitteln, der als Grundlage für die Ausschüttungsbemessung dienen kann.

Dass eine solche Vorgehensweise praktizierbar ist, zeigt der Blick auf die Rechtslage in Großbritannien. Eine genauere Betrachtung der Ausschüttungssperre in Großbritannien hat indes veranschaulicht, dass es ein Leichtes ist, über das gewünschte Ziel – die Harmonisierung der Rechnungslegung unter gleichzeitiger Wahrung der Kosten für die Unternehmen – hinauszuschießen. Dies mag einerseits dem vom britischen Gesetzgeber favorisierten „umgekehrten" Weg einer Ausschüttungssperre geschuldet sein. Anstelle fragwürdige Posten einzeln zu identifizieren und mit einer Ausschüttungssperre zu versehen, werden dort nämlich abstrakte und konkrete Regelungen aufgestellt, mit deren Hilfe zu ermitteln ist, wann ein Gewinn bzw. ein Verlust unter Ausschüttungsgesichtspunkten als realisiert gilt; hiermit geht zweifellos ein ungleich höherer Regelungsbedarf einher. Andererseits ist es aber natürlich auch dem an die Vermittlung entscheidungsrelevanter Informationen ausgerichteten IFRS-Regelwerk geschuldet. Dieses beinhaltet fragwürdige Posten in zunehmendem Maße; aufgrund der sich ausweitenden Bilanzierung von Posten zu ihrem fair value ist darüber hinaus sogar mit einem weiteren Anstieg zu rechnen. Das wiederum führt jedoch zu einem immer größer werdenden Anpassungs- und Beratungsbedarf eines IFRS-Abschlusses – falls und solange man an der ursprünglichen Gläubigerschutz- und Vorsichtsbilanz festhalten will.

Diese Darlegungen führen im Hinblick auf die Zielsetzung dieser Arbeit – einen IFRS-Abschluss anstelle des HGB-Abschlusses für die Bemessung einer Ausschüttungsgrundlage heranzuziehen – zu weitreichenden Folgeproblemen: Denn es ist erneut in Erinnerung zu rufen, dass bei einer Umstellung auf die IFRS zum Einen der nach HGB erreichte Gläubigerschutz im Großen und Ganzen gewahret werden soll bzw. muss (so war es nicht zuletzt dieser Punkt, der gegen die Anwendung eines unangepassten IFRS-Abschlusses als Ausschüttungsbemessungsgrundlage sprach).[1044] Zum Anderen ergibt eine Umstellung der Ausschüttungsbemessungsgrundlage von HGB auf IFRS indes wenig Sinn, wenn die Ermittlung eines „realisierten Gewinns" auf der Grundlage eines IFRS-Abschlusses sich umfangreicher und komplexer gestalten würde als ein eigenständig zu erstellender Abschluss nach HGB. Unter Kostengesichtspunkten würde dies nämlich lediglich dazu führen, dass die Unternehmen vom Regen in die Traufe geschickt werden würden.

IV. Zwischenergebnis

In diesem Kapitel wurde der Frage nachgegangen, ob die IFRS unter Zuhilfenahme weiterer flankierender Maßnahmen einen die Aspekte des deutschen Gläubigerschutz- und Vorsichtsprinzips wahrenden ausschüttbaren Betrag zu generieren vermögen.

Dabei wurde aufgezeigt, dass sich der company-option-approach hierfür nicht eignet. Aufgrund der alleinigen Entscheidungsmacht des Managements kann diesbezüglich nicht ausgeschlossen werden, dass der hiermit einhergehende Ermessensspielraum zur Ausschüttung unrealisierter Gewinne vollständig zu Lasten der Gläubiger ausgenutzt wird.[1045] Zwar würde (wohl) die generelle Einführung des company-option-approach auch in Deutschland zu einer Ausweitung privatvertraglicher Vereinbarungen (covenants) führen, mit denen der Gläubigerschutz zunächst gestärkt werden würde. Es wurde indes veranschaulicht, dass von solchen covenants in der Regel nur die Großgläubiger profitieren – denn zumeist wird nur ihnen ein entsprechender Vertragsabschluss gelingen. Damit liegt es jedoch zugleich in ihrer Hand, die Vereinbarungen im Ernstfall sogar kollusiv gegen die vorzeitige Befriedigung der eignenen Ansprüche aufzulösen – mit der Folge, dass die übrigen Kleingläubiger genau dann schutzlos wären, wenn sie eines besonderen Schutzes bedürften.[1046] Es ist daher zu konstatieren, dass ein effektiver (Minderheiten-) Gläubigerschutz stets einer – dem company-option-approach fehlenden – gesetzlichen Regulierung der zumindest in einem IFRS-Abschluss gegebenen Ausschüttungspotentiale bedarf.

Dieser „Grundsatz" ist freilich auf eine denkbare Implementierung eines IFRS-Solvenztests, der als zusätzlicher Schutzmechanismus neben die

1044 Vgl. hierzu bereits oben, S. 150 f.
1045 Vgl. oben, S. 155.
1046 So bereits oben, S. 175.

bilanzielle Kapitalerhaltung auf der Grundlage eines informationsorientierten IFRS-Abschlusses treten würde, zu übertragen. Die konkrete Festlegung der gesetzlichen Ausgestaltung des Solvenztests wäre aufgrund der derzeit existierenden mannigfaltigen Vorschläge in Wissenschaft und Praxis zugleich ein größeres Randproblem, dem sich entweder der nationale Gesetzgeber qua Gesetz oder die EU qua Verordnung stellen müsste. Das zentrale Problem der Implementierung eines Solvenztests für den IFRS-Abschluss besteht jedoch darin, dass der Solvenztest selbst – ähnlich wie die IFRS – auf zukunftsorientierten ex ante Prognosen und damit auf subjektiv gefärbten Werten beruht. So werden bei der Durchführung eines Solvenztests die in einem IFRS-Abschluss gegebenen *Ertragspotentiale* lediglich durch ihre *Einzahlungspotentiale* ersetzt.[1047] Eine Eliminierung der unrealisierten bzw. als zu unsicher angesehenen IFRS-Gewinne erfolgt damit aber gerade nicht. Infolgedessen bringt ein zusätzlicher Solvenztest unter Berücksichtigung des ohnehin obligatorisch durchzuführenden IFRS-Bilanztests kaum ein „Mehr an Gläubigerschutz". Als sein alleiniges effektives Mittel verbleibt die Haftung von Vorstand und Aufsichtsrat für die vorsätzlich falsche Ausstellung eines Solvenztestzertifikates. Diese Maßnahme vermag die Gläubiger aber nur bedingt zu schützen, da eine möglicherweise den Fortbestand des Unternehmens gefährdende Ausschüttung nicht verhindert werden kann, sondern bloß in das Ermessen von Vorstand und Aufsichtsrat gestellt wird. Folglich eignet sich auch ein IFRS-Solvenztest nicht, um den nach IFRS ermittelten Gewinn in einen den nationalen Aspekten des Gläubigerschutz- und Vorsichtsprinzips Rechnung tragenden ausschüttbaren Betrag umzuwandeln.

Schließlich wurde – unter dem Hinweis auf die Ausschüttungsrestriktion in Großbritannien – veranschaulicht, dass sich zur Erlangung der Zielsetzung dieser Arbeit die Implementierung von Ausschüttungssperren in die IFRS oder das HGB offeriert. Dabei haben die Ausführungen im dritten Abschnitt, § 1, „§ 1 Unterschiede zwischen HGB-Abschluss und IFRS-Abschluss" aufgezeigt, dass eine exakte Überleitung eines IFRS-accounting-income auf den HGB-Jahresüberschuss nicht möglich sein wird. Zu grundlegend sind die Divergenzen. Bereits die Definitionen der Vermögensgegenstände und assets unterscheiden sich. Darüber hinaus setzen sich die Inkongruenzen in den einzelnen Abschlussposten fort und vertiefen sich sogar noch durch diese. Eine vollumfängliche Überleitungsrechnung würde also bloß zu einer erheblichen Kostenbelastung

1047 Vgl. hierzu oben, S. 185.

für die Unternehmen führen, die gerade unter dem Gesichtspunkt der Kosten-Nutzen-Relation als nicht mehr tragfähig zu erachten ist (insofern kann erneut auf die derzeitigen Praxiserfahrungen mit der Ausschüttungssperre in Großbritannien verwiesen werden)[1048].

Neben der Frage der Implementierung von Ausschüttungssperren entweder im IFRS-Regelwerk oder auf nationaler Ebene im HGB stellt sich demnach die Crux, ein angemessenes Maß an Ausschüttungssperren zu finden: Es gilt, den Spagat zwischen einem ausreichenden Gläubigerschutz auf der einen Seite und der Vermeidung einer zweiten Schattenbilanz auf der anderen Seite zu bewältigen. Schließlich ist die potentielle Erstellung einer solchen Schattenbilanz zugleich der Hauptkritikpunkt, der gegen die Implementierung von Ausschüttungssperren angeführt wird.

Ehe sich allerdings detailliert mit diesem Einwand auseinanderzusetzen ist, muss in einem ersten Schritt geprüft werden, welche IFRS-Posten überhaupt zwingend mit einer Ausschüttungssperre zu versehen sind, um einen den Aspekten des Gläubigerschutz- und Vorsichtsprinzips Rechnung tragenden ausschüttbaren Betrag zu erhalten. Denn nur so kann in einem zweiten Schritt geklärt werden, ob die Implementierung der Ausschüttungssperren tatsächlich zu einer zweiten Schattenrechnung führen würde, die unter Aufwandsgesichtspunkten einer eigenständigen HGB-Bilanzierung in nichts nachstehen würde.

§ 3 Die Implementierung und Erarbeitung von Ausschüttungssperren in den IFRS und im HGB

Die Implementierung von Ausschüttungssperren für die Eliminierung nicht realisierter bzw. als zu unsicher angesehener Gewinne in einen IFRS-Abschluss könnte generell auf zwei Arten erfolgen: Wie die Betrachtung der Rechtslage in Deutschland, Kalifornien und Großbritannien aufgezeigt hat, könnten Ausschüttungssperren außerbilanziell den nach IFRS ermittelten Gewinn nachträglich um nicht realisierte Erfolgsbestandteile bereinigen und somit auf einen ausschüttungsfähigen Gewinn *überleiten* (IFRS-Überleitungsrechnung); sie könnten allerdings auch innerhalb eines IFRS-Abschlusses implementiert werden, indem nicht realisierte bzw. ausschüttungsungeeignete Beträge zwar – den Regeln der IFRS entsprechend – erfolgswirksam erfasst werden würden, durch eine

1048 Vgl. oben, S. 205 ff. und S. 172 ff.

zusätzliche Buchung jedoch auf einem für Ausschüttungen *gesperrten Unterkonto* der GuV zu separieren wären (IFRS-Sperrkonto).[1049] Beide Methoden sollen im Folgenden dargestellt werden.

I. Die IFRS-Überleitungsrechnung

Die elementare Funktionsweise der Überleitungsrechnung besteht darin, die bilanzielle Grundlage für die Anwendung von Kapitalschutzregeln derart zu modifizieren, dass ein Abfluss unrealisierter Gewinne verhindert oder zumindest eingeschränkt wird.[1050] Zur Erlangung dieses Ziels setzt das Konzept an einen entsprechenden Bilanzierungssachverhalt an, indem es nachträglich – und damit außerbilanziell – bestimmte, unter den Aspekten des Gläubigerschutzes besonders problematische Aktiv- bzw. Passivposten aus der Bilanz korrigiert.[1051] Dabei kann einerseits (nach dem Vorbild der deutschen Ausschüttungssperre) negativ vorgegeben werden, welche Posten als nicht realisiert gelten respektive welche Posten mit Hilfe der Überleitungsrechnung aus dem nach IFRS ermittelten Gewinn herausgerechnet werden müssen („negative Ausschüttungssperren); andererseits kann (unter Zugrundelegung der Rechtslage in Großbritannien) positiv geregelt werden, dass nur solche Posten Eingang in die Überleitungsrechnung finden, die tatsächlich als realisiert anzusehen sind („positive Ausschüttungssperren").

Die Erfahrungen mit der umfangreichen und komplexen „positiven Ausschüttungssperre" in Großbritannien haben indes aufgezeigt, dass mit der positiven Ausschüttungssperre eine signifikante Zunahme von Aufwand und Kosten verbunden sein kann. Die Grenze zu einer zweiten Schattenbilanz – deren Vermeidung ja gerade das Ziel ist – verschwimmt damit zusehends. Prinzipiell sollte der negativen Ausschüttungssperre daher der Vorzug eingeräumt werden – zumal eine Vorgehensweise, die Posten „negativ sperrt", präziser und vor allem kürzer zu sein scheint als eine „positive Ausschüttungssperre", die auflistet, welche Posten unter welchen Umständen als realisiert anzusehen sind. Dies gilt insbesondere dann, wenn keine vollumfängliche Überleitungsrechnung (bspw. auf den exakten Jahresüberschuss nach HGB) erfolgen soll, sondern bloß beson-

1049 Vgl. BAETGE/BREMBT, WPg 2011, S. 572, 575; ferner HENNRICHS, ZGR 2008, S. 361, 372 ff.

1050 MAUL/LANFERMANN/RICHARD, AG 2010, S. 279, 280.

1051 HENNRICHS, ZGR 2008, S. 361, 373.

ders unsichere Posten mit einer Ausschüttungssperre zu versehen sind. Dementsprechend soll im Folgenden lediglich die Implementierung von „negativen Ausschüttungssperre" untersucht werden, deren Funktionsweise bereits im Zusammenhang mit § 268 Abs. 8 HGB erörtert worden ist.[1052]

Die Aufgabe der Implementierung von Ausschüttungssperren für die IFRS könnte entweder von dem Standardsetter IASB oder von der EU (bspw. durch Veröffentlichung einer EU-Verordnung oder EU-Richtlinie, die an den total comprehensive income nach IFRS anknüpft, oder durch Schaffung von EU-IFRS, die lediglich die zusätzliche Generierung eines ausschüttbaren Betrages zur Aufgabe haben) wahrgenommen werden.[1053] Aufgrund ihrer Bedeutung und der Tatsache, dass selbst die IFRS einem Endorsement seitens der EU zu unterziehen sind, sollte jedoch zumindest die Festlegung der Ausschüttungssperren unter den Vorbehalt der Einwilligung der EU gelegt werden. Letztlich ist diesbezüglich allerdings zu beachten, dass die IFRS – und damit das IASB – die Ermittlung eines ausschüttbaren Betrages gar nicht zum Ziele haben. Daher erscheint es nur konsequent, sowohl die Implementierung von Ausschüttungssperren als auch deren Festlegung der EU aufzuerlegen.

Am Rande zu erwähnen ist ferner, dass durch die Implementierung von Ausschüttungssperren die europaweit durch die zweite Richtlinie 77/91/EWG des Rates vom 13.12.1976 und deren Änderungsrichtlinie 2006/68/EG des Europäischen Parlaments und Rates vom 06.12.2006 vorgegebenen Kapitalschutzregeln nach wie vor anzuwenden wären; sie würden lediglich auf das „bereinigte IFRS-Zahlenmaterial" zugreifen. Dieses wäre im Idealfall nicht mehr von einem informationsorientierten Periodisierungsprinzip, sondern von dem „Zahlungsstromgedanken und einem strengen Realisationsprinzip geprägt".[1054]

II. Das IFRS-Sperrkonto

Ebenso wie die IFRS-Überleitungsrechnung dient das IFRS-Sperrkonto der Bestimmung respektive Separierung noch nicht realisierter bzw. als zu unsicher angesehener Posten aus der IFRS-Bilanz. Im Gegensatz zur

---

1052 Zu den Ausschüttungssperren des § 268 Abs. 8 HGB vgl. oben, S. 190 ff.

1053 Zu der Frage, auf welcher Regulierungsebene Ausschüttungssperren implementiert werden sollten, vgl. sogleich S.237 ff.

1054 MAUL/LANFERMANN/RICHARD, AG 2010, S. 279, 280.

IFRS-Überleitungsrechnung korrigiert das IFRS-Sperrkonto die fragwürdigen Posten allerdings innerhalb des Jahresabschlusses. Erforderlich hierfür ist ein neu eingerichtetes Unterkonto in der – nach IFRS ohnehin anzufertigenden – Gesamtergebnisrechnung (statement of comprehensive income)[1055], vgl. IAS 1.81 ff. Auf diesem könnten sodann Geschäftsvorfälle, die nach den IFRS zwar erfolgswirksam und dementsprechend grundsätzlich ausschüttungserhöhend zu erfassen wären, allerdings als nicht realisiert bzw. als zu unsicher angesehen werden, buchmäßig separiert werden.[1056]

Folgerichtig würde das statement of comprehensive income (respektive die GuV) dann sowohl das Ergebnis nach IFRS als auch – *separat* – die nicht realisierten bzw. als zu unsicher angesehenen Gewinne ausweisen. Letztere könnten sodann vollständig oder partiell mit einer Ausschüttungssperre versehen werden, wobei deren Festlegung in den IFRS aufgrund ihrer Bedeutung erneut durch die EU (und nicht durch den privaten Standardsetter IASB) erfolgen sollte.

1. Zulässigkeit eines IFRS-Sperrkontos

Es ist hingegen fraglich, ob die Einrichtung eines zusätzlichen Sperrkontos in dem statement of comprehensive income überhaupt zulässig ist. Schließlich wäre hiervon die Gliederung der Gesamtergebnisrechnung betroffen. In diesem Zusammenhang ist indes erneut darauf hinzuweisen, dass eine dem § 275 HGB vergleichbare Gliederung in den IFRS nicht existiert.[1057] Zudem erlauben die IAS 1.83 ff. explizit die Bildung ergänzender Untergliederungen in der Gesamtergebnisrechnung sowie

---

1055 Aus der bereits dargestellten Differenzierung des Erfolges in GuV-wirksame und GuV-neutrale Eigenkapitalveränderungen (vgl. oben, S. 29) resultieren in den IFRS zwei unterschiedliche Möglichkeiten der Erfolgsdarstellung: zum Einen durch zwei getrennte Rechenwerke (two-statement approach), die sich aus einer gesonderten GuV (income statement) sowie einer Überleitung vom Gewinn zum Gesamtergebnis mit Ausweis der Bestandteile des sonstigen Ergebnisses (statement of comprehensive income) zusammensetzt, vgl. IAS 1.81(b), oder zum Anderen in einer einzigen Gesamtergebnisrechnung (single statement approach bzw. single statement of comprehensive income), vgl. IAS 1.81(a). Im HGB scheidet eine solche Differenzierung aufgrund der dort fehlenden Existenz von direkt im Eigenkapital zu vereinnahmenden Erfolgsbestandteilen (sog. OCI, vgl. S. 29) freilich aus. Hier ist die GuV sowohl Ergebnis- als auch Gesamtergebnisrechnung; vgl. COENENBERG, Jahresabschluss und Jahresabschlussanalyse, S. 583.

1056 HENNRICHS in MüKo Bilanzrecht IFRS, Einf., Rz. 55; DERS., BFuP 2008, S. 415, 425.

1057 Vgl. hierzu bereits oben, S. 52.

(falls erstellt) der GuV, „when such presentation is relevant to an understanding of the entity's financial performance", vgl. IAS 1.85. Der separate Ausweis nicht realisierter bzw. als zu unsicher angesehener Erträge dürfte den Informationswert der Rechnungslegung aber sogar erhöhen:[1058] Schließlich wäre der „IFRS-Ertrag" nach wie vor unverändert in der GuV ausgewiesen; darüber hinaus (also obendrein) würde die Einrichtung eines IFRS-Sperrkontos dazu führen, dass auf einen Blick erkennbar wird, inwiefern dieser „IFRS-Ertrag" mit fragwürdigen Beträgen angereichert worden ist – eine Information, die nicht nur den Gläubigern des Unternehmens, sondern allen Stakeholdern zugute kommen sollte.

Zugleich stellt diese Informationsanreicherung den fundamentalen Vorteil gegenüber einer Implementierung von Ausschüttungssperren außerhalb des IFRS-Abschlusses dar – denn hiermit würden nur die tatsächlich ausschüttungsgesperrten Beträge ausgewiesen werden.

2. Funktionsweise eines IFRS-Sperrkontos

Das IFRS-Sperrkonto ähnelt im Wesentlichen der im IFRS-Regelwerk vorzufindenden Neubewertungsrücklage: Es ist in die IFRS-Rechnungslegung integriert und separiert von vornherein bestimmte Beträge buchmäßig.[1059] Dennoch existieren wesentliche Unterschiede:

- Im Rahmen der Neubewertungsrücklage werden Wertsteigerungen in der Regel erfolgsneutral in eine *Bilanz*-Rücklage eingestellt.[1060] Im Falle des Abgangs des assets wird die Neubewertungsrücklage erneut erfolgsneutral in die Gewinnrücklage umgegliedert, vgl. IAS 16.39, 38.78. Eine erfolgswirksame Auflösung – die zum Ausweis eines zutreffenden Totalerfolges führen würde – ist nach h.M. durch den Wortlaut des IAS 16 respektive 38 nicht gedeckt.[1061] Buchungen im Zusammenhang mit der Neubewertungsrücklage laufen also „an der GuV vorbei".[1062]

1058 HENNRICHS, ZGR 2008, S. 361, 378.

1059 HENNRICHS, BFuP 2008, S. 415, 425; allgemein zur Neubewertungsrücklage oben, S. 90.

1060 Dies gilt freilich nur für Wertsteigerungen, die über den Anschaffungskosten (abzgl. eventueller Abschreibungen) liegen; Wertsteigerungen bis zur Höhe früher vorgenommener Wertminderungen sind nach IAS 16.39 GuV-wirksam zu berücksichtigen; COENENBERG, Jahresabschluss und Jahresabschlussanalyse, S. 172.

1061 Vgl. LÜDENBACH, IFRS, S. 116; COENENBERG, Jahresabschluss und Jahresabschlussanalyse, S. 172.

1062 HENNRICHS, ZGR 2008, S. 361, 376.

- Das IFRS-Sperrkonto hingegen knüpft an die IFRS-*GuV* (bzw. das statement of comprehensive income) an. Dementsprechend würde es von vornherein nur solche Geschäftsvorfälle aufnehmen, die nach IFRS erfolgswirksam zu erfassen wären;[1063] erfolgsneutrale Vorgänge würden keine Berücksichtigung finden. Die Sperrkonto-Buchungen würden zunächst „durch die GuV"[1064] geleitet, mit Hilfe einer Zusatzbuchung aber auf einem Unterkonto separiert werden. Die hierauf gebuchten und zugleich leicht identifizierbaren Beträge könnten sodann mit Hilfe von hieran anknüpfenden Ausschüttungssperren den ausschüttbaren Betrag mindern. Im Falle der tatsächlichen Ertragsrealisation wäre – neben der eigentlichen Abgangsbuchung – lediglich der realisierte Ertrag von dem Sperrkonto auf das Oberkonto zu buchen. Die Folge der zuletzt genannten Buchung wäre die Ausschüttbarkeit des nun realisierten Ertrages.

Das nachstehende Beispiel[1065] soll die Funktionsweise des IFRS-Sperrkontos verdeutlichen:

Im Jahre x1 erwirbt das Unternehmen Y ein Finanzinstrument zu 100 GE. Dieses soll „erfolgswirksam zum beizulegenden Zeitwert" (at fair value through profit or loss) zu bewerten sein. Im Jahre x2 soll der fair value für das Finanzinstrument 130 GE betragen. Da nach IAS 39.55(a) Wertschwankungen bei at fair value through profit or loss kategorisierten Finanzinstrumenten grundsätzlich GuV-wirksam zu erfassen sind, wäre die Werterhöhung als Ertrag (profit) zu verbuchen:

„Financial asset at fair value through profit or loss" an „profit 30".

Um den Betrag buchmäßig zu separieren, wäre eine zweite Buchung erforderlich, die den Ertrag auf das IFRS-Sperrkonto verbucht:

„Profit" an „IFRS-Sperrkonto 30".

Damit bleibt die Neubewertung des Finanzinstrumentes – wie nach IFRS gefordert – zwar erfolgswirksam; dennoch ist der über die Anschaffungskosten hinausgehende Ertrag buchmäßig separiert und leicht identifizierbar auf einem besonderen IFRS-Unterkonto (dem IFRS-Sperrkonto) vorzufinden. Der auf das IFRS-Sperrkonto gebuchte Ertrag könnte anschließend mit einer an das Sperrkonto anknüpfenden Ausschüttungssperre versehen werden.

Wird das Finanzinstrument sodann veräußert, würde dies nochmals zu einer doppelten (quasi spiegelbildlichen) Buchung führen. Mit der Buchung:

„Kasse" an „financial asset at fair value through profit or loss 130"

1063 HENNRICHS, BFuP 2008, S. 415, 425.

1064 HENNRICHS, ZGR 2008, S. 361, 376.

1065 Anlehnend an HENNRICHS, ZGR 2008, S. 361, 376, 378.

verschwindet das Finanzinstrument zunächst planmäßig aus der IFRS-Bilanz. Um jedoch den zuvor auf dem IFRS-Sperrkonto gesperrten Betrag zu „realisieren" bzw. einer Ausschüttung unterziehen zu können, ist zugleich eine zweite Buchung erforderlich:

„IFRS-Sperrkonto" an „profit 30"

mit der die Ausschüttbarkeit des realisierten Ertrages gewährleistet wird.

Zugegebenermaßen werden durch die Einrichtung eines IFRS-Sperrkontos einmalige Anpassungsvorgänge erforderlich: So wäre zunächst eine Anpassung der Software vonnöten;[1066] zudem müssten die Erträge der nicht realisierten bzw. als zu unsicher angesehen Posten ggf. unter Rückrechnung auf ihre historische Anschaffungswerte einzeln separiert und sodann auf dem Sperrkonto verbucht werden. Im Zeitalter der EDV-gestützten Buchführung dürfte dies allerdings keine größeren Probleme bereiten.[1067] Insbesondere die historischen Anschaffungskosten sind heute „problemlos auf Knopfdruck" reproduzierbar.[1068]

Das IFRS-Sperrkonto scheint mithin eine einfache sowie unkomplexe Vorgehensweise zur Separierung der (noch) nicht realisierten bzw. als zu unsicher angesehenen Posten aus dem IFRS-Abschluss darzustellen. Auch die hieran anknüpfenden Ausschüttungssperren könnten wohl problemlos von der EU in ein EU-IFRS-Regelwerk (bzw. in eine an die IFRS anknüpfende Verordnung oder Richtlinie) implementiert werden. Gegenüber den außerhalb vom IFRS-Abschluss anknüpfenden Ausschüttungssperren hätte das IFRS-Sperrkonto zudem den entscheidenden Vorteil, dass alle nicht realisierten bzw. als zu unsicher angesehenen Beträge gesammelt in einem Unterkonto der GuV auftauchen würden und somit leicht zu identifizieren wären.

Ehe nun aber vertieft auf die konkreten Vor- und Nachteile des IFRS-Sperrkontos und auf die hiermit zusammenhängenden Fragen nach der Implementierung konkreter Ausschüttungssperren für einzelne Posten eingegangen werden soll, erscheint es zunächst geboten, einem anderen Lösungsansatz kurz nachzugehen, denn die gerade dargelegten Ausführungen zur Neubewertungsrücklage haben gezeigt, dass deren Funktionsweise aufgrund der Sperrung von Beträgen in Rücklagen denen einer Ausschüttungssperre nahezu gleicht. Daher ist vordergründig zu klären, ob unrealisierte bzw. als zu unsicher angesehene Gewinne nicht ein-

1066 HENNRICHS, ZGR 2008, S. 361, 377.
1067 HENNRICHS, ZGR 2008, S. 361, 377.
1068 EKKENGA, AG 2006, S. 389, 397; so auch PELLENS/FÜLBIER, ZGR 2000, S. 572, 590.

fach mit Hilfe einer entsprechenden IFRS-Rücklage gesperrt werden könnten.

III. IFRS-Rücklage für unrealisierte bzw. als zu unsicher angesehene Gewinne

So könnte anstelle von außerhalb oder innerhalb eines IFRS-Abschlusses zu implementierenden Ausschüttungssperren (im engeren Sinne) – und in Anlehnung an die Neubewertungsrücklage – in Erwägung gezogen werden, den Betrag, der als nicht realisiert bzw. als zu unsicher angesehen wird, schlicht in eine IFRS-Rücklage einzustellen. Der ausschüttbare Betrag würde sich somit bereits „automatisch" um den in die Rücklage eingestellten Betrag mindern. Eine solche Vorgehensweise hätte allerdings zur Folge, dass die fragwürdigen Posten nicht mehr – wie von den IFRS gefordert – erfolgswirksam durch die GuV geleitet werden würden. Dies ist aber mit dem derzeitigen IFRS-Regelwerk respektive den Anforderungen der Rechnungslegung nach IFRS im Wesentlichen nicht zu vereinbaren.[1069] Die Realisierung eines solchen Lösungsansatzes würde vielmehr eine Änderung der IFRS voraussetzen. In den einzelnen Standards müsste die Bildung einer Neubewertungsrücklage explizit zugelassen werden. Inwiefern das allerdings mit der Informationsfunktion der IFRS zu vereinbaren wäre, erscheint zweifelhaft. Eine Einstellung der fragwürdigen Beträge in eine IFRS-Rücklage scheidet daher für eine Ausschüttungsbemessung grundsätzlich aus.

IV. Exkurs: Die „gesperrte IFRS-Rücklage" in Italien

In diesem Zusammenhang zu erwähnen ist, dass die soeben geschilderte Vorgehensweise der Bildung einer IFRS-Rücklage nur bedingt mit derjenigen vergleichbar ist, für die sich der italienische Gesetzgeber entschieden hat:[1070] Nach italienischem Recht sind zwar bestimmte nicht realisierte bzw. als zu unsicher angesehene Gewinne ebenfalls in eine „gesperrte Rücklage" einzustellen, vgl. Art. 6 des D. Lgs. 38/2005. Die Bildung einer solchen „gesperrten Rücklage" soll nach dem Willen des ita-

---

1069 Vgl. HENNRICHS, BFuP 2008, S. 415, 427.

1070 Vgl. hierzu ausführlich COLOMBO, ECFR 2007, S. 553 ff; angedeutet bei KPMG, Feasibility Study on Capital Maintenance – Main Report, S. 321.

lienischen Gesetzgebers indes den Bilanzgewinn nach IFRS zunächst nicht beeinflussen. Die fragwürdigen Posten sollen vielmehr nach wie vor erfolgswirksam erfasst werden. Daher ist die „gesperrte Rücklage“ in Italien erst im Rahmen des shareholders' meeting bei der Ergebnisverwendung durch eben diese zu ermitteln und dementsprechend zu bilden.[1071] Auf diese Art und Weise wird erreicht, dass der Abschluss im Jahre x den nach IFRS ermittelten Gewinn des Jahres x ausweist.

Der italienische Lösungsansatz hat allerdings den entscheidenden Nachteil, dass der im Jahre x gesperrte Betrag erst aus der Bilanz ersichtlich wird, die im Anschluss an das shareholders' meeting erstellt werden wird – also aus der Bilanz des Jahres x + 1.[1072] Des Weiteren wird (im Vergleich zu einem IFRS-Sperrkonto in dem statement of comprehensive income) durch die Bildung von IFRS-Rücklagen in den IFRS selbst in den Folgeperioden eben doch die IFRS-Bilanz tangiert. Daher kann bei der folgenden Erarbeitung der mit Ausschüttungssperren zu belegenden IFRS-Bilanzposten die potentielle Bildung einer IFRS-Rücklage außer Betracht bleiben.

V. Zwischenergebnis

Mit der IFRS-Überleitungsrechnung respektive dem IFRS-Sperrkonto stehen im Wesentlichen zwei geeignete Modelle zur Verfügung, mit denen ein IFRS-Gewinn entweder außerhalb oder innerhalb des IFRS-Abschlusses von nicht realisierten bzw. als zu unsicher angesehen Erträgen befreit werden kann. Es wurde allerdings bereits aufgezeigt, dass der entscheidende Vorteil eines IFRS-Sperrkontos gegenüber der IFRS-Überleitungsrechnung darin besteht, mit dem zuletzt genannten alle nicht realisierten bzw. als zu unsicher angesehenen Beträge in einem Unterkonto der Gesamtergebnisrechnung bzw. GuV sammeln zu können und somit leicht zu identifizieren sind. Gerade hierdurch wird eine weitergehende Anhebung des Informationsniveaus erreicht, die im Interesse aller Stakeholder ist. Daher ist dem IFRS-Sperrkonto der Vorzug einzuräumen.

Mit dem Stichwort einer „zweiten Schattenbilanz“ wurde allerdings zugleich angedeutet, dass es im Rahmen der Implementierung von Ausschüttungssperren zu erheblichen Folgeproblemen kommen kann. Ehe

1071 Colombo, ECFR 2007, S. 553, 556.
1072 Vgl. Colombo, ECFR 2007, S. 553, 556.

auf die potentiellen Vorwürfe gegen das IFRS-Sperrkonto eingegangen wird, ist zu erörtern, welche IFRS-Posten einer Ausschüttungssperre zu unterziehen wären; denn letztlich bestimmt die Quantität der zur Wahrung des nationalen Gläubiger- und Vorsichtsprinzip erforderlichen Ausschüttungssperren, ob tatsächlich eine zweite Schattenbilanz entsteht, die vom Umfang her der einer separat zu erstellenden HGB-Bilanz gleichkommt.

VI. Erarbeitung von mit Ausschüttungssperren zu belegenden IFRS-Bilanzposten

Für das Folgende sind sich zuvörderst die im zweiten Abschnitt dargestellten Divergenzen von HGB und IFRS erneut in Erinnerung zu rufen. An Hand dieser Bezugspunkte sollen die dargestellten Ansatz- und Bewertungsmaßstäbe sowie die veranschaulichten einzelnen Bilanzposten auf ihre Ausschüttbarkeit hin untersucht werden. Dabei soll das Augenmerk zunächst auf die konkret fassbaren Bilanzposten gerichtet werden, ehe auf die abstrakten Ansatz- und Bewertungsmaßstäbe eingegangen wird. Zur besseren Veranschaulichung respektive Greifbarkeit werden zudem am Anfang des jeweils zu untersuchenden Postens Daten ausgewertet, die im Rahmen einer Studie auf Basis von 154 deutschen börsennotierten Unternehmen, die ihre Konzernrechnungslegung im Geschäftsjahr 2005 bzw. 2005/2006 verpflichtend von HGB auf IFRS umgestellt haben, ermittelt worden sind.[1073]

1. Die Auschüttbarkeit von construction contracts nach IAS 11

Die Bilanzposition „Forderungen aus Lieferung und Leistung“ – zu der auch Forderungen aus langfristigen Fertigungsaufträgen bzw. construction contracts gehören – nahm unter Zugrundelegung des Zahlenmaterials der eingangs erwähnten Studie im Durchschnitt um lediglich 2,24 % zu. Verantwortlich für diesen Anstieg waren neben der Anwendung der PoC-Methode außerdem im HGB vorgenommene, aber in den IFRS nicht zulässige pauschale Wertberichtigungen auf Forderungen.[1074] Demzufolge könnte man zu der Auffassung gelangen, dass der Einfluss der PoC-Methode auf den ausschüttbaren Betrag verschwindend gering ist. Eine

1073 Vgl. allgemein zur Studie bereits oben, Fn. 406 und Fn. 407.
1074 Coenenberg/Frank/Thi u.a., KoR 2011, S. 133, 137, 139.

Ausschüttungssperre für die im Zusammenhang mit den construction contracts ausgewiesenen unrealisierten Forderungen aus Lieferung und Leistung nach der PoC-Methode könnte demnach mangels Relevanz unterbleiben – zumal zu berücksichtigen ist, dass die PoC-Methode ausweislich der Gesetzesmaterialien zum BilMoG ausdrücklich für den HGB-Abschluss in Erwägung gezogen worden ist;[1075] und es wird sogar in Frage gestellt, ob die Methode nicht ohnehin als mit den GoB vereinbar anzusehen ist[1076] und dementsprechend ebenso im „gläubigerschützenden HGB-Abschluss"[1077] vorgefunden werden könnte.

Die Eigenart langfristiger Fertigungsaufträge führt indes zu einer untrüglichen „Branchenabhängigkeit", die im Rahmen der Beurteilung der Ausschüttbarkeit von construction contracts nach IAS 11 zu beachten ist. Während die Bilanzen von Bauunternehmen in der Regel eine große Anzahl von Forderungen aus langfristigen Fertigungsaufträgen aufweisen werden, sind dementsprechende Forderungen in Banken bzw. Versicherungsbilanzen naturgemäß eher selten zu finden sein. Die marginale Auswirkung der PoC-Methode auf die in der Studie untersuchten Bilanzen und damit den ausschüttbaren Betrag können daher kaum verallgemeinert werden. Zu beachten ist vielmehr das mit der PoC-Methode einhergehende Risiko. So wird mit dieser zunächst der Ausweis eines *nicht realisierten* Gewinnes erreicht. Unsicher ist dabei nicht nur, wann der Gewinn realisiert wird (bspw. durch Verzögerung der Fertigstellung und Gewährleistungsfälle), sondern auch, ob er überhaupt (d.h. jemals) zu realisieren ist. Insbesondere das Insolvenzrisiko des Vertragspartners trägt der Hersteller (bzw. der Bilanzierende) bis zur unter Umständen mehrere Jahre dauernden Fertigstellung des Auftrages. In Extremfällen kann die Insolvenz des Vertragspartners letztlich sogar die Insolvenz des Herstellers zur Folge haben. Diese Gefahr besteht vor allem dann, wenn es sich bei dem construction contract um einen sog. Großauftrag handelt, in dem keine selbstständig abrechenbaren Teilleistungen vereinbart wurden.[1078]

1075 Vgl. BT-Drucksache 16/10067 v. 30.07.2008, S. 38.

1076 Hierzu HENNRICHS, WPg 2011, S. 861, 870; vgl. ferner ADS, § 252, Rn 86, 88; IDW, WP Handbuch 2006, Rn. E 244 m.w.N., die ausführen, dass auch vor dem BilMoG eine anteilige Gewinnrealisierung in bestimmten Fällen als sachgerecht anzusehen war.

1077 Zur Kritik des „gläubigerschützenden HGB-Abschlusses" aber schon oben, S. 81 f.

1078 Zugegebenermaßen mag es sich hierbei eher um einen (theoretischen) Extremfall handeln, da natürlich auch im Rahmen von IAS 11 solchen Risiken vordergründig durch die Bildung von Rückstellungen zu begegnen wäre. Ein gewisses „Restrisiko" verbleibt jedoch auch in diesem Falle.

Unter Berücksichtigung dieses gläubigerschützenden Aspektes kommt die Ausschüttung unrealisierter Gewinne nach der PoC-Methode daher nicht in Betracht. Vielmehr stellt er zugleich den Anknüpfungspunkt für die Ausschüttbarkeit von Forderungen im Zusammenhang mit construction contracts nach IAS 11 dar: Solange der Hersteller keine selbstständig abrechenbare Teilleistung erbringt, die vom Auftraggeber endgültig – also ohne Rücksicht auf den Fortgang der Leistungserbringung – abgenommen wird, sind Forderungen aus langfristigen Fertigungsaufträgen nach IAS 11, die aus der Anwendung der PoC-Methode resultieren, einer Ausschüttungssperre zu unterziehen.

2. Die Ausschüttbarkeit von internally generated intangible assets nach IAS 38

Der Mittelwert der intangible assets (ohne goodwill) nahm zufolge der eingangs erwähnten Studie im Mittel um beachtliche 43,41 % zu.[1079] In erster Linie war dies auf die im IFRS-Regelwerk vorgesehene Aktivierungspflicht für selbst geschaffene immaterielle Vermögensgegenstände zurückzuführen. Die Daten sind aufgrund des erst im Jahre 2009 durch das BilMoG normierten Aktivierungswahlrechts für selbst geschaffene immaterielle Vermögensgegenstände des Anlagevermögens (vgl. § 248 Abs. 2 S. 1 HGB n.F.) indes nur bedingt aussagekräftig, da im Falle seiner Ausübung eine fast vollständige Angleichung der Bilanzposten erreicht werden könnte. Bereits die enorme Höhe der Veränderung würde hingegen eher für als gegen eine Ausschüttungssperre sprechen.

Die Berücksichtigung von Kennzahlen ist im Rahmen der Ausschüttbarkeit von internally generated intangible assets jedoch gar nicht erforderlich. Schließlich besteht das Ziel dieser Arbeit darin, einen dem deutschen Gläubigerschutz- und Vorsichtsprinzip entsprechenden ausschüttbaren Betrag unter Zugrundelegung eines IFRS-Abschlusses zu generieren. Insofern ist jedoch lediglich auf das nationale Recht zu verweisen, in dem für den Fall der Ausübung des Wahlrechts selbst geschaffene immaterielle Vermögensgegenstände des Anlagevermögens mit einer Ausschüttungssperre unterlegt worden sind, vgl. § 268 Abs. 8 S. 1 HGB. Dem ist grundsätzlich nichts hinzuzufügen. Zwar ist die Ausschüttungssperre für selbst geschaffene immaterielle Vermögensgegenstände auch hierzulande nicht unumstritten.[1080] Gerade *den selbst geschaffenen* immateriellen

---

1079 COENENBERG/FRANK/THI U.A., KoR 2011, S. 133, 137.

1080 Vgl. hierfür bereits die Ausführungen oben, S. 109, insbesondere Fn. 572 m.w.N.

Vermögensgegenständen ist aber ein besonders hohes Maß an Unsicherheit immanent. Sie haben als im Unternehmen „hergestellter" asset keinen Absatzmarkt durchlaufen; zudem wird ein (aktiver) Absatzmarkt für solche Vermögenswerte oftmals nicht existieren. Dies hat freilich Auswirkungen auf den korrekten Ansatz sowie die Folgebewertung von selbst geschaffenen immateriellen Vermögensgegenständen, die in einer Vielzahl der Fälle auf subjektiven Methoden beruhen werden. Die Ausschüttung solch unsicherer und obendrein unrealisierter Beträge ist jedoch zu verhindern. So stützt auch der nationale Gesetzgeber seine Begründung explizit auf die „Gefahr [...], dass die Bilanz in der Rückschau unrichtig werde, wenn sich bspw. eine Erfindung als wertlos herausstellt."[1081] Diese Argumentation des deutschen Gesetzgebers scheint jedenfalls plausibel sowie gut vertretbar zu sein. Zur Erlangung eines vergleichbaren Gläubigerschutzniveaus sind die internally generated intangible assets nach IAS 38 daher ebenfalls mit einer Ausschüttungssperre zu versehen.

3. Die Ausschüttbarkeit des (derivativen) goodwill

Der goodwill zeigt mit einer Zunahme von 111,60 % den höchsten Umstellungseffekt auf.[1082] Zugleich hat der goodwill als die dominierende Teilkomponente des gesamten immateriellen Vermögens mitunter einen entscheidenden Einfluss auf die Höhe der Bilanzsumme.[1083] Diese Tatsachen allein würden eine Ausschüttungssperre für den goodwill nahelegen. Zu beachten ist indes, dass der nationale Gesetzgeber auf eine Ausschüttungssperre des derivativen Geschäfts- oder Firmenwertes verzichtet hat – schließlich hat der *entgeltlich erworbene* GoF einen Absatzmarkt und damit eine Preisfindung mit einem Dritten durchlaufen. Das wiederum würde gegen die Implementierung einer Ausschüttungssperre für den goodwill sprechen. Im Bereich der Ausschüttbarkeit des (derivativen) goodwill muss sich allerdings das Folgende in Erinnerung gerufen werden:

1081 Vgl. BT-Drucksache 16/12407 v. 24.03.2009, S. 82.

1082 COENENBERG/FRANK/THI U.A., KoR 2011, S. 133, 137, 138.

1083 Vgl. hierzu bereits die obigen Ausführungen auf S. 111 zu dem im Nikkei 225 gelisteten Unternehmen Olympus, dessen bilanzierter derivativer goodwill mit einem Wert von Y 168 Mrd. sogar die Werte der net assets i.H.v. Y 151 Mrd. überstieg; MCLANNAHAN/WHIPP in FTE v. 10.11.2011, S. 16, Olympus figures fail to hide pressures.

Einerseits war und ist bereits die fehlende Ausschüttungssperre für den derivativen GoF im HGB zu kritisieren.[1084] Andererseits besteht zwischen dem GoF nach HGB und dem goodwill nach IFRS ein bedeutender Unterschied. Der goodwill nach IFRS ist nur außerplanmäßig abzuschreiben (impairment-only approach). Zuvor wurde aber bereits ausgeführt, dass insbesondere das zuletzt Genannte unter zwei Gesichtspunkten kritisch zu betrachten ist: Zum Einen wird der nur außerplanmäßig abzuschreibende goodwill (sog. impairment-only approach) aufgrund seiner fehlenden Marktwerte regelmäßig auf subjektive Ertragswertberechnungen zu stützen sein; zum Anderen wird ein zeitlich unbegrenzt zu nutzender derivativer goodwill sich wegen fortlaufenden Investitionen des Unternehmens unentwirrbar mit dem originären goodwill vermischen – letztlich können damit Wertverluste des außerplanmäßig abzuschreibenden derivativen goodwill schlicht durch Wertsteigerungen des originären goodwill kompensiert werden (so zeigt bspw. eine aktuelle Analyse, dass seit dem Jahre 2005 bei den vier großen Energieversorgern E.ON, RWE, EnBW und Vattenfall kaum Wertminderungen auf den goodwill vorgenommen wurden)[1085]. Hierdurch kommt es aber zu einer Aktivierung des originären goodwill quasi durch die „Hintertür".[1086] Die weitere Folge wäre eine potentielle Ausschüttung des auf diese Art und Weise entstandenen (originären) goodwill.

Eine solche Vorgehensweise ist allerdings mit den Aspekten des Gläubigerschutzes nicht zu vereinbaren. Bereits die Aktivierung des originären GoF bzw. goodwill ist sowohl nach HGB als auch nach IFRS aufgrund seiner fehlenden Objektivierbarkeit bzw. Verlässlichkeit verboten.[1087] Dementsprechend muss die Vorgehensweise des IASB, eine Aktivierung des originären goodwill über den Umweg des impairment-only approach zuzulassen, als „eigenartig" eingestuft werden – zumal selbst die Begründung des IASB, eine planmäßige Abschreibung des goodwill über seine geschätzte künftige Nutzungsdauer sei von Willkür geprägt und würde daher für die Adressaten der Rechnungslegung keine ent-

---

1084 Vgl. zur diesbezüglichen Kritik schon oben, S. 116.

1085 Vgl. WULF/JÄSCHKE/SACKBROOK, PiR 2011, S. 96 ff.

1086 HENNRICHS, FS Schaumburg, Steuerzentrierte Rechtsberatung, S. 367, 385; BRÖSEL/ZWIRNER, BFuP 2009, S. 190, 203; ferner bereits die obigen Ausführungen auf S. 114.

1087 Im HGB ergibt sich das Aktivierungsverbot für einen originäre goodwill aus einem Umkehrschluss zu § 246 Abs. 1 S. 4 HGB; für die IFRS vgl. IAS 38.48; (für die Steuerbilanz vgl. zudem § 5 Abs. 2 EStG); vgl. auch das Wertaufholungsverbot des derivativen goodwill gemäß § 253 Abs. 5 S. 2 HGB und IAS 36.124; vgl. auch BRÖSEL/ZWIRNER, BFuP 2009, S. 190, 194, WINNEFELD, Bilanz-Handbuch, K. L, Rz. 458.

scheidungsrelevanten Informationen darstellen,[1088] vor dem Hintergrund der Nachaktivierung eines originären goodwill wenig konsequent erscheint. Schließlich eröffnet gerade die nur außerplanmäßige Abschreibung des goodwill „enormes bilanzpolitisches Gestaltungspotential"[1089], mit der angesichts der Größenordnung des GoF bzw. goodwill die „Darstellung der Vermögens- und Ertragslage weitgehend zur Disposition der rechnungslegungspflichtigen Unternehmen [ge]stellt [wird]"[1090]. Es ist daher eine „Rückbesinnung auf alte Werte" für das Normensystem der IFRS zu fordern: Der aktuelle impairment-only-appraoch sollte aufgegeben und der goodwill fortan wieder planmäßig abgeschrieben werden.[1091] Zudem sollte (gerade aber zugleich nicht nur aufgrund der derzeitigen potentiellen Ausschüttung eines originären goodwill) eine Ausschüttungssperre für den goodwill implementiert werden.

Diese Ausschüttungssperre würde allerdings sowohl den originären als auch den derivativen goodwill betreffen. Insofern käme es zu einer – im Vergleich zum HGB nach BilMoG – bedeutenden Reduzierung des ausschüttungsfähigen Betrages. Um dem entgegenzuwirken, könnte in Erwägung gezogen werden, den nach IFRS ermittelten goodwill nur einer prozentualen Ausschüttungssperre zu unterziehen. Der Prozentsatz könnte Bezug auf den (vermeintlichen) Anteil des originären goodwill an dem nach IFRS ermittelten goodwill nehmen. Hiermit würde zumindest eine teilweise Entwirrung von derivativem und originären goodwill zum Zwecke einer Ausschüttungsbemessungsgrundlage erreicht werden. Eine solch pauschale Prozent-Berechnung dürfte indes nicht gelingen: Einerseits ist der durch den impairment-only approach (nur eventuell) aktivierte originäre goodwill nicht von dem derivativen goodwill zu unterscheiden. Andererseits muss davon ausgegangen werden, dass der originäre goodwill mit der Zeit einen immer größer werdenden Anteil am ursprünglichen sowie einem Zuschreibungsverbot unterliegenden derivativen goodwill einnehmen wird; schließlich werden die mit dem Unter-

1088 Vgl. diesbezüglich PELLENS/FÜLBIER/GASSEN/SELLHORN, Internationale Rechnungslegung, S. 767.

1089 KLEINDIEK, BB 2001, S. 2572, 2576; vgl. ferner nochmals die Analyse von WULF/JÄSCHKE/SACKBROOK, PiR 2011, S. 96 ff., die die Spielräume am Beispiel der vier großen nationalen Energieversorger darstellen.

1090 HENNRICHS in FS Schaumburg, Steuerzentrierte Rechtsberatung, S. 367, 374; DERS., NZG 2005, S. 783, 785; Einfügungen in [] ergänzt durch den Verfasser.

1091 So wohl auch die Forderung von HENNRICHS in FS Schaumburg, Steuerzentrierte Rechtsberatung, S. 367, 374 ; SCHRUFF, WPg 2011, S. 855, 860; WULF/JÄSCHKE/SACKBROOK, PiR 2011, S. 96, 103 fordern zumindest konkrete Angaben zum goodwill impairment.

nehmenszusammenschluss zu erreichende Synergien stets eine Vermischung von originärem und derivativem Geschäftsbetrieb zur Folge haben.

Demzufolge ist der goodwill nach IFRS vollumfänglich einer Ausschüttungssperre zu unterziehen. Diese Vorgehensweise wäre zudem für den Fall der Wiedereinführung der bis zum Jahre 2005 in den IFRS geregelten planmäßigen Abschreibung des goodwill beizubehalten. Denn der planmäßig abzuschreibende derivative goodwill ist ebenfalls von enormen Unsicherheiten und bilanzpolitischem Gestaltungspotential geprägt.[1092] Aus eben diesen Gründen sollte aber auch im HGB eine (erstaunlicherweise derzeit fehlende) Ausschüttungssperre für den GoF implementiert werden. Diese könnte bspw. durch Einfügung eines neuen vierten Satzes in § 268 Abs. 8 HGB eingefügt werden und wie folgt lauten:

> *„Wird ein entgeltlich erworbener Geschäfts- oder Firmenwert im Sinne des § 246 Abs. 1 S. 4 HGB in der Bilanz ausgewiesen, so ist Satz 1 entsprechend anzuwenden."*[1093]

4. Die Auswirkungen der Divergenzen von Rückstellungen und provisions auf den ausschüttbaren Betrag

Die oben dargestellten Divergenzen von Rückstellungen nach HGB bzw. provisions nach IFRS lassen bereits erahnen, dass sich in diesem Bereich ein differenziertes Bild ergibt: Während die *sonstigen Rückstellungen* um 29,91 % abnahmen, war im Rahmen der *Pensionsrückstellungen* ein be-

---

1092 Sh. hierzu bereits oben, S. 115 ff.

1093 Für die diesbezüglich relevante, aber strittige Frage der Berücksichtigung passiver latenter Steuern im Zusammenhang mit der Aktivierung eines GoF vgl. KOZIKOWSKI/FISCHER in Beck'scher Bilanzkommentar, § 274, Rz. 10 ff.; vgl. auch KESSLER/LEINEN/PAULUS, KoR 2010, S. 46, ff., denen die Regelungen der §§ 274 (latente Steuern im Einzelabschluss) bzw. 306 HGB (latente Steuern im Konzernabschluss) „wertungswidersprüchlich" erscheinen. In den IFRS ist grundsätzlich ein Ansatzverbot für passive latente Steuern sowohl bei dem erstmaligen Ansatz (vgl. IAS 12.15) als auch für den Fall der Folgebewertung (IAS 12.21a) bzw. für den Fall der Unbrauchbarkeit (IAS 12.21) des goodwill statuiert; vgl. diesbezüglich INDENKÄMPEN in MüKo Bilanzrecht IFRS, IAS 12, Rz. 109 ff. Dennoch kann sich bei der Folgekonsolidierung aus unterschiedlichen Abschreibungsverläufen eine passive latente Steuer im Rahmen eines share deal ergeben, vgl. PAWELZIK in Heuser/Theile (Hrsg.), IFRS Handbuch, Rz. 4041 ff. Insoweit wären auch passive latente Steuern auf den GoF nach HGB von dem insgesamt angesetzten goodwill-Betrag im Rahmen der Ausschüttungssperre abzuziehen. Eine Ausklammerung der passiven latenten Steuern in der Ausschüttungssperre für den GoF hätte demnach zu unterbleiben.

deutender Zuwachs i.H.v. 34,93 % zu beobachten gewesen. Erstaunlicherweise hat dabei der Rückgang der sonstigen Rückstellungen den erhöhten Wertansatz der Pensionsrückstellungen überkompensiert. So sanken die insgesamt ausgewiesenen Rückstellungen im Mittel um 14,50 %.[1094] Mit einer Annäherung der Kennzahlen ist aufgrund des BilMoG indes zu rechnen: So wurde bspw. die Zahl der Aufwandsrückstellungen im HGB deutlich reduziert. Zudem sind Rückstellungen mit einer Laufzeit von mehr als einem Jahr nach dem BilMoG nun ebenfalls abzuzinsen, vgl. § 253 Abs. 2 S. 1 HGB. Dennoch wird der dem Gläubigerschutz geschuldete niedrigere Grenzwert für die Wahrscheinlichkeit einer Inanspruchnahme von Außenverpflichtungen zu einem – im Vergleich zu den provisions nach IFRS – grundsätzlich höheren Ausweis an Rückstellungen nach HGB beitragen.

Insofern stellt sich die Frage, ob die provisions nach IFRS zur Reduzierung des ausschüttbaren Betrages bzw. unter den Gesichtspunkten des Gläubigerschutzes an die Rückstellungen nach HGB anzupassen respektive zu erhöhen sind. In diesem Zusammenhang muss jedoch das Folgende beachtet werden:

1. Die verbliebenen Aufwandsrückstellungen nach HGB sind aufgrund der sich für den Bilanzierenden ergebenden erheblichen Ermessensspielräume ohnehin scharf zu kritisieren.[1095]
2. Gleiches gilt im Übrigen für die – durch das BilMoG erst neu geschaffenen – Beibehaltungs- und Fortführungswahlrechte nach Art. 67 Abs. III S. 1 EGHGB.
3. Letztlich dürfen die erforderlichen Anpassungsmaßnahmen nicht zu einer quasi parallelen Rechnungslegung (Stichwort: zweite Schattenbilanz) führen.

Wenngleich das zuletzt genannte „Argument" im Hinblick auf den zu erreichenden Gläubigerschutz im IFRS-Regelwerk ohne Bedeutung sein sollte, so darf es dennoch nicht gänzlich unberücksichtigt bleiben. Im

---

1094 COENENBERG/FRANK/THI U.A., KoR 2011, S. 133, 137, 139 f.

1095 Vgl. hierzu bereits den Gesetzgeber, BR-DRUCKSACHE 344/08 v. 23.05.2008, S. 109, 110, der sich seiner Inkonsistenz bewusst ist und ausführt, dass Aufwandsrückstellungen „zu einer irreführenden Darstellung der Vermögenslage eines Unternehmens führen, wobei die Nachprüfbarkeit der zugrunde liegenden Sachverhalte noch wesentlich stärker eingeschränkt ist."; kritisch ferner KÜTING/CASSEL/METZ in Küting/Pfitzer/Weber (Hrsg.), Das neue deutsche Bilanzrecht, S. 325; KOZIKOWSKI/SCHUBERT in Beck'scher Bilanzkommentar, § 249, Rz. 4, 11; GROSS/WALLEK, DK 2009, S. 541, 542.

Unterschied zu den bereits angeführten Bilanzposten (also den construction contracts, den internally generated intangible assets und dem goodwill) gibt es im Bereich der Rückstellungen schließlich keinen konkreten bilanziellen Bezugspunkt oder Betrag, an den eine Ausschüttungssperre anknüpfen könnte. Als Lösungsansatz kommt daher nur in Betracht entweder die einzelnen Rückstellungen unter den Grundsätzen des Gläubigerschutzes und der Vorsicht neu zu bewerten oder aber den Bilanzposten Rückstellungen pauschal um einen festzulegenden Prozentsatz zu erhöhen. Während das Erstgenannte mit einem erheblichen Aufwand verbunden wäre, da jede Rückstellung erneut überprüft und neu bewertet werden müsste, würde das Zuletztgenannte vermutlich über das Ziel hinausschießen: So könnte zwar in Erwägung gezogen werden, die Rückstellungen pauschal um die in der Studie angegebenen 16,96 %[1096] zu erhöhen. Zu beachten ist jedoch, dass es sich hierbei lediglich um einen Mittelwert handelt. Ein solcher Pauschalwert kann indes die unternehmens- bzw. branchenindividuellen Besonderheiten nicht miteinbeziehen. Dies zeigt schon ein zweiter Blick auf die eingangs zitierte Studie. Während im unteren Quartil der Betrag der provisions um 37,87 % abnahm und damit weit über dem Mittelwert von 14,50 % gelegen hat, war im oberen Quartil sogar eine Zunahme der provisions um 0,46 % zu konstatieren.[1097] Ein pauschal erhöhender Prozentsatz für die provisions nach IFRS kann demnach kein konsequenter Lösungsansatz sein.

Gleichwohl scheint auch die Neubewertung der einzelnen Rückstellungen vor dem Hintergrund der Annäherung der Rückstellungen nach BilMoG an die provisions nach IFRS und unter Bezugnahme einer Kosten-Nutzen-Relation überzogen. Insofern sollten zunächst die verbleibenden Unterschiede zwischen HGB nach BilMoG und IFRS im Rahmen einer neuen Untersuchung aufgezeigt werden. Derzeit besteht m.E. kein dringender Bedarf, die provisions nach IFRS anzupassen respektive zu erhöhen – schließlich sorgt der entgeltlich erworbene goodwill nach IFRS, der im Gegensatz zum entgeltlich erworbenen GoF nach HGB einer Ausschüttungssperre unterzogen worden ist, für einen gewissen sowie nicht zu unterschätzenden „Ausschüttungs- bzw. Gläubigerschutzpuffer".

1096 Legt man zugrunde, dass sich die insgesamt ausgewiesenen provisions nach IFRS um 14,50 % vermindern, müssten sich dementsprechend die provisions nach IFRS um (gerundet) 16,96 % erhöhen, um den nach HGB ausgewiesenen Rückstellungsbetrag zu erreichen.

1097 Vgl. COENENBERG/FRANK/THI U.A., KoR 2011, S. 133, 137.

5. Die Ausschüttbarkeit von (aktiven) deferred taxes

Die Frage, ob (aktive) latente Steuern mit einer Ausschüttungssperre zu versehen sind, kann erneut unter Bezugnahme auf das nationale Recht beantwortet werden. In § 268 Abs. 8 S. 2 HGB ist festgelegt, dass im Falle des Ausweises von *aktiven* latenten Steuern der Betrag zu sperren ist, „um den die aktiven latenten Steuern die passiven latenten Steuern übersteigen." Begründet wird dies von dem nationalen Gesetzgeber mit dem Argument, dass „den Erträgen aus den aktiven latenten Steuern [...] eine gewisse Unsicherheit an[haftet], die jedenfalls unter dem Aspekt des Gläubigerschutzes eine Ausschüttung nicht rechtfertigt."[1098]

Eine solche Vorgehensweise ist angebracht. Denn zu bedenken ist, dass die antizipierte Steuerentlastung einer aktiven latenten Steuer nur eintreten kann, wenn in der Periode des Abbaus der Differenzen ein ausreichend steuerpflichtiger Gewinn von dem Unternehmen erwirtschaftet wird. Wann bzw. ob überhaupt ein Unternehmen jedoch wieder in die Gewinnzone zurückkehrt, ist – nach Durchlaufen einer Verlustphase – in höchstem Maße unsicher.[1099] Daneben können potentielle Änderungen des Steuersatzes zu einem empfindlichen Anpassungsbedarf der gebildeten aktiven latenten Steuer führen. Zudem sind sie des Öfteren „Gegenstand einer möglicherweise langen finanzgerichtlichen Streitigkeit."[1100] Eine Ausschüttungssperre für aktive latente Steuern erscheint daher auch für den IFRS-Abschluss geboten, falls die aktiven latenten Steuern die passiven latenten Steuern übersteigen sollten.

6. Die Ausschüttbarkeit der financial instruments

Im Rahmen der Ausschüttbarkeit von financial instruments ist wiederum zu differenzieren. Die in der 2. und 3. Kategorie[1101] („held-to-maturity investments" bzw. „loans and receivables") zu erfassenden financial instruments sind mit ihren fortgeführten Anschaffungskosten und damit in Übereinstimmung zu dem HGB zu bewerten; ein weitergehender Anpassungsbedarf besteht demnach also nicht. Die financial instruments der 1. und 4. Kategorie („at fair value through profit or loss" bzw. „available-

1098 BR-DRUCKSACHE 344/08 v. 23.05.2008, S. 139.

1099 Vgl. hierzu SIEGEL, Die Bilanzierung latenter Steuern, S. 91 f.; ferner SCHULZ-DANSO in Beck'sches IFRS-Handbuch, § 25, Rz. 50.

1100 BT-Drucksache 16/12407 v. 24.03.2009, S. 82.

1101 Zur Bilanzierung der financial instruments und den verschiedenen Kategorien vgl. im Einzelnen oben, S.

for-sale financial assets") sind hingegen erfolgswirksam bzw. erfolgsneutral im OCI[1102] mit ihrem fair value anzusetzen. Dies kann – wie oben dargelegt – zu einer Bewertung über den historischen Anschaffungskosten der financial instruments führen. Hiermit einher ginge jedoch der Ausweis eines (noch) nicht realisierten Gewinns. Da es für die Frage, ob eine Bewertung zum fair value bzw. ein Ausweis im OCI mit einer Ausschüttungssperre zu versehen ist, nicht auf den einzelnen Bilanzposten, sondern auf den abstrakten Ansatz- und Bewertungsmaßstab ankommt, soll die Ausschüttbarkeit der financial instruments in diesem Zusammenhang – und damit sogleich – untersucht werden.

7. Die Ausschüttbarkeit des OCI

Während die Zusammensetzung des OCI schon zuvor veranschaulicht wurde,[1103] ist an dieser Stelle lediglich zu prüfen, ob die im Posten OCI ausgewiesenen – keiner externen Transaktion zugrunde liegenden sondern auf bloßen Ertragspotentialen beruhenden -[1104] potentiellen Erträge einer Ausschüttungssperre zu unterziehen sind. Die Eigenart der im OCI zu sammelnden Erträge besteht darin, dass sie *erfolgsneutral* direkt im Eigenkapital zu erfassen sind. Die Gesamtergebnisrechnung bzw. GuV wird hiervon also gerade nicht tangiert – die im OCI auszuweisenden Erträge laufen vielmehr „an der Gesamtergebnisrechnung bzw. GuV vorbei".[1105] Erfolgsneutrale Geschäftsvorfälle haben damit auch keine Auswirkungen auf den ausschüttbaren Betrag. Daher bedürfen solche Geschäftsvorfälle, die schon nach IFRS erfolgsneutral sind, von vornherein keiner zusätzlichen Ausschüttungssperre.[1106] Diffizil ist somit (nur) die Ausschüttbarkeit von *erfolgswirksam* (bzw. mit seinem fair value) zu erfassenden Bilanzposten.

1102 Vgl. zum OCI oben, S. 29.

1103 Vgl. hierzu erneut S. 29.

1104 Vgl. SENGER/BRUNE in Beck'sches IFRS-Handbuch, § 17, Rz. 7; COENENBERG/DEFFNER/SCHULTZE, KoR 2005, S. 435, 442; Zum Begriff der Transaktion sh. oben, S. 22.

1105 Vgl. HENNRICHS, ZGR 2008, S. 361, 376.

1106 Vgl. auch HENNRICHS, ZGR 2008, S. 361, 377.

8. Die Ausschüttbarkeit des (erfolgswirksamen) fair value

Die generellen Vor- und Nachteile der Bilanzierung bzw. Bewertung zum fair value sind bereits oben ausführlich erörtert worden.[1107] Hier ist nun zu klären, ob – und wenn ja wie – für die erfolgswirksam mit ihrem fair value zu erfassenden separaten Bilanzposten eine Ausschüttungssperre zu implementieren ist. Dabei scheint die Beantwortung dieser Frage das zentrale Problem der vorliegenden Arbeit zu sein, führen die Kritiker der Ausschüttungsbemessung auf Basis eines IFRS-Abschlusses doch zumeist die (noch) nicht realisierten fair value Gewinne als *Hauptkritikpunkt* an.[1108] Zwar wurde angesichts der derzeitigen Finanzkrise bisweilen schon das „Aussterben der Bilanzierung zum fair value" herbeigesehnt – insofern hätte der Aspekt der Ausschüttbarkeit des fair value getrost vernachlässigt werden können. In jüngster Zeit ist indes erneut eine zunehmende Verwendung von Zeitwertkonzeptionen (wie sie sich bspw. in den laufenden Projekten zum Nutzungsrechte-Ansatz beim Leasing oder zur geplanten Barbewertung von Rückstellungen abzeichnet)[1109] zu beobachten.[1110] Der fair value war und wird daher *der* zentrale Bewertungsmaßstab der IFRS bleiben – schließlich ist ein Rückfall auf das Anschaffungskostenprinzip aufgrund des mangelhaften Informationsniveaus keine Alternative.[1111]

Umso überraschender wiegt nach dem Gesagten sodann die Tatsache, dass die Divergenzen zwischen den handelsrechtlichen und den internationalen Kennzahlen überwiegend nicht auf oberhalb der fortgeführten Anschaffungs- oder Herstellungskosten liegenden Wertansätzen aufgrund eines „full fair value accounting" beruhen.[1112] Das manifestiert sich bereits in dem geringen Umfang der im OCI ausgewiesenen Beträge, die lediglich einen Anteil von 2,22 % des Eigenkapitals bzw. 0,41% der Bilanzsumme repräsentieren.[1113] Als Begründung wird angeführt, dass die Unternehmen die existierenden Wahlrechte zur fair value Bilanzierung

---

1107 Für die Nachteile sh. S. 77 ff.; für die Vorteile S. 79 ff.; ein Zwischenergebnis findet sich auf S. 88 ff.

1108 Vgl. BIEG/BOFINGER/KÜTING u.a. in die Saarbrücker Initiative gegen den Fair Value, DB 2008, S. 2549 ff.; KÜTING, BFuP 2008, S. 547 ff.; ferner bereits oben, S. 77 ff.

1109 Vgl. IASB, ED/2010/9, Leases; sowie IASB, ED/2010/1, Measurement of Liabilities in IAS 37.

1110 HITZ/ZACHOW, WPg 2011, S. 964, 972; GROOVE, WPg Sonderheft 2008, S. 97, 101.

1111 Vgl. hierzu OCHSNER, IRZ 2009, S. 413, 416.

1112 COENENBERG/FRANK/THI U.A., KoR 2011, S. 133, 142.

1113 COENENBERG/FRANK/THI U.A., KoR 2011, S. 133, 141, 142.

bestimmter Sachverhalte schlichtweg nicht wahrgenommen haben; lediglich im Bereich der financial instruments nach IAS 39 wäre sie von Bedeutung. Die Bilanzierung der financial instruments nach IAS 39 käme allerdings bloß bei Banken, Versicherungen und Finanzdienstleistungsunternehmen zum Tragen. Genau diese wurden in der vorliegenden Studie jedoch nicht berücksichtigt.[1114]

Ein ähnlich bemerkenswertes Ergebnis liefert die empirische Untersuchung von *Küting/Zwirner/Reuter* zur Bedeutung des fair value in der deutschen Bilanzierungspraxis. Untersucht wurden hierfür die IFRS-Konzernabschlüsse des Berichtsjahres 2005 von 101 der größten inländischen Industrie-, Handels- und Dienstleistungsunternehmen aus den Auswahlindizes des Prime Standard DAX, MDAX, SDAX und TecDAX. Das Resultat: der Bewertung oberhalb der fortgeführten Anschaffungs- bzw. Herstellungskosten kann in Deutschland *bislang* „keine weitere Relevanz" beigemessen werden.[1115] Untermauert wird dieses Ergebnis zudem von einer empirischen Untersuchung zum bilanzpolitischen Gestaltungspotential bei der Umstellung der Rechnungslegung von HGB auf IFRS, der zufolge den Wahlrechten zur fair value Bewertung nur eine „geringe Bedeutung" zugesprochen wird.[1116]

Dennoch muss die fair value Bilanzierung im Hinblick auf ihre erneut zunehmende Verwendung und aufgrund des mit ihr einhergehenden potentiellen Ausweises (noch) nicht realisierter Gewinne bei der Implementierung von Ausschüttungssperren für die IFRS berücksichtigt werden. Denn insbesondere im Bereich der financial instruments kann ein zunächst unrealisierter (Buch-)Gewinn des Instruments im Falle von Marktverwerfungen zu einem drakonischen Verlust führen. Das hat nicht zuletzt die Finanzkrise abermals eindrucksvoll unter Beweis gestellt. In jüngster Zeit sind sogar die als risikofrei geltenden Staatsanleihen vieler Länder in einen Abwärtsstrudel geraten, der den Bilanzierenden unerwartet hohe Verluste beschert (hat).[1117] Diesen potentiellen Entwicklungen war sich schließlich – nach der Finanzkrise – auch der deutsche Gesetzgeber bewusst. Einerseits ist die noch im Gesetzesentwurf

---

1114 COENENBERG/FRANK/THI U.A., KoR 2011, S. 133, 142.

1115 KÜTING/ZWIRNER/REUTER, DStR 2007, S. 500, 504, 506.

1116 FISCHER/KLÖPFER, ZfB 2008, S. 623, 646.

1117 Zu denken ist etwa an den (wohl nur im Buche unter die Kategorie freiwillig fallenden) haircut griechischer Staatsanleihen i.H.v. 50 %, der seitens der privaten Gläubiger zu einem Abschreibungsbedarf in ähnlicher Höhe geführt hat; des Weiteren *droht* ein Abschreibungsbedarf für Staatsanleihen anderer Euroländer (wie bspw. Portugal, Irland, Spanien und Italien).

zum BilMoG in § 253 Abs. 1 S. 3 HGB vorgesehene Zeitwertbewertung von zu Handelszwecken erworbene Finanzinstrumente für *Handelsunternehmen* ersatzlos gestrichen worden.[1118] Andererseits wurde die Zeitwertbewertung auf den Handelsbestand von *Kreditinstituten* gerade aufgrund der Finanzkrise mit einer – im Vergleich zu § 268 Abs. 8 HGB jedoch unvollkommenen – zusätzlichen Ausschüttungssperre versehen, vgl. § 340e Abs. 4 HGB.[1119] Dabei kann das Risiko des Preisverfalls nicht auf die financial instruments beschränkt werden. Sogar die als solide und wertbeständig geltenden Immobilien erlitten während und nach der Finanzkrise empfindliche Wertverluste. Das hatte vor allem Auswirkungen auf die als Finanzinvestition gehaltenen Immobilien, die nach IAS 40.30 ebenfalls zu ihrem fair value bewertet werden konnten bzw. können und den Bilanzierenden erhebliche Verluste beschert haben.

Zusammenfassend ist daher zu konstatieren: Den Kritikern des fair value sind insofern Zugeständnisse einzuräumen, als dass die Bewertung zum fair value im Vergleich zum tradierten Anschaffungskostenprinzip nach HGB eine erhöhte Ergebnisvolatilität mit sich bringt. Der entscheidende Vorteil des fair value besteht jedoch darin, dass die mit dem Anschaffungskostenprinzip einhergehenden stillen Reserven nicht gebildet werden (dürfen). Das führt zu einem „Mehr an Information" und ist somit grundsätzlich im Interesse aller Abschlussadressaten – schließlich wird durch die Anhebung des Informationsniveaus *zunächst* ein „Mehr an Gläubigerschutz" erreicht.[1120] Aufgrund der Tatsache, dass dieser „Informationsgewinn" aber (noch) nicht realisiert ist und damit in höchstem Maße unsicher ist, ob (respektive in welcher Höhe) er überhaupt eintritt, ist die Bilanzierung zum fair value unter den Aspekten des Gläubigerschutzes und der Vorsicht mit einer Ausschüttungssperre zu belegen.

Dem nachgehend stellt sich nun die Frage, welchen exakten Betrag die Ausschüttungssperre zu umfassen hätte. So könnte daran gedacht werden, lediglich den Betrag einer Ausschüttungssperre zu unterziehen, der über den *historischen* Anschaffungs- und Herstellungskosten (AHK) des jeweiligen assets liegt. Diesen Lösungsansatz hat bspw. der nationale Gesetzgeber gewählt, indem er die Ausschüttungssperre für zum Zeitwert zu bewertende Vermögensgegenstände i.S.d. § 246 Abs. 2 S. 2 HGB auf den Betrag beschränkte, der die (historischen) Anschaffungskosten übersteigt, vgl. § 268 Abs. 8 S. 3 HGB. Zumindest bei zeitlich begrenzt nutzba-

1118 BT-Drucksache 16/12407 v. 24.03.2009, S. 85.

1119 Vgl. ebd., S. 85; ferner die obigen Ausführungen auf S. 144.

1120 Ausführlich diebszüglich bereits oben, S. 89.

ren assets könnte die Ausschüttungssperre aber sogar bis an die Grenze der *historischen fortgeführten* AHK (die nur für die Zwecke der Ausschüttungssperre in einer separaten Nebenrechnung zu ermitteln und jährlich fortzuführen wären) heranreichen. Dabei stünden die „Abschreibungen" auf die AHK als zusätzlicher „gläubigerschützender Puffer" zur Verfügung, da sie den ausschüttungsgesperrten Betrag des jeweiligen assets direkt erhöhen würden.[1121] Das zuletzt genannte Modell käme indes hauptsächlich für das Sachanlagevermögen (IAS 16) sowie das immaterielle Vermögen (IAS 38) in Betracht. Diese Vermögensgruppen lassen jedoch lediglich eine *erfolgsneutrale* fair value Bewertung mit Hilfe des revalutaion model[1122] zu, vgl. IAS 16.31, 38.75. Wie bereits festgestellt bedürfen die nach IFRS erfolgsneutralen Vorgänge aber von vornherein keiner Ausschüttungssperre,[1123] so dass sich weitergehende Ausführungen erübrigen. Letztlich reicht es m.E. für die Zwecke des Gläubigerschutzes ohnehin aus, nur einen über den historischen AHK liegenden und damit unrealisierten Betrag einer Ausschüttungssperre zu unterziehen – schließlich gilt ein darunter liegender Betrag als am Absatzmarkt realisiert.

Abschließend ist zu klären, ob eine Ausschüttungssperre für den fair value aufgrund seines Umfangs im IFRS-Regelwerk sowie der diesbezüglich zu ermittelnden historischen AHK eine (zweite) „Schattenbilanz" zur Folge hat, die vom Umfang her der einer eigenständigen HGB-Bilanz gleich kommen würde. Wie bereits *Pellens/Fülbier* im Jahre 2000 festgestellt haben, lassen sich jedoch die historischen AHK im Zeitalter der EDV gestützten Rechnungslegung problemlos „auf Knopfdruck" reproduzieren.[1124] Die Gefahr einer zweiten Schattenrechnung besteht damit nicht. Somit ist der (erfolgswirksame) fair value nach dem Vorbild der

1121 Zur Veranschaulichung soll das folgende Beispiel dienen: Die Y-AG verfügt im Jahre x1 über einen planmäßig über seine Nutzungsdauer von 5 Jahren linear abzuschreibenden asset mit einem Buchwert von 10 GE. Der zu seinem fair value zu bilanzierende (vgl. IAS 16.31) beizulegende Zeitwert des asset beträgt über die Nutzungsdauer stets 100 GE. Im Jahre x2 würde der ausschüttungsgesperrte Betrag für den mit 80 GE (100 – 100 / 5) bilanzierten asset unter Zugrundelegung seiner historischen Anschaffungskosten lediglich 70 GE (80 – 10) betragen. Wäre zur Bemessung der Ausschüttungssperre hingegen auf die historischen fortgeführten Anschaffungskosten abzustellen, ergäbe sich ein ausschüttungsgesperrter Betrag i.H.v. 72 GE (80 – [10 – 10 / 5]).

1122 Allgemeines zum revaluation model bereits oben auf S. 90.

1123 Vgl. oben, S. 230.

1124 PELLENS/FÜLBIER, ZGR 2000, S. 572, 593; so auch EKKENGA, AG 2006, S. 389, 397; HENNRICHS, ZGR 2008, S. 361, 377; DERS., BFuP 2008, S. 415, nationalen Ausschüttungssperre (vgl. § 268 Abs. 8 S. 3 HGB) um den Betrag von an die Anteilseigner vornehmbaren Ausschüttungen zu sperren, der die (historischen) AHK übersteigt.

9. Überprüfung der Ausschüttbarkeit von weiteren (noch) nicht realisierter Bilanzposten

In § 1 VI. 7. dieses Abschnitts sind weitere Divergenzen von HGB und IFRS beleuchtet worden. Es wurde festgestellt, dass bereits die Definitionen der übergeordneten Abschlussposten des HGB- bzw. IFRS-Abschlusses (die Vermögensgegenstände und Schulden im HGB bzw. die assets und liabilities in den IFRS) differieren.[1125] Diese Inkongruenzen setzen sich in den einzelnen Abschlussposten fort bzw. vertiefen sich darüber hinaus noch durch diese. Es stellt sich mithin die Frage, ob weitere Ausschüttungssperren zu implementieren sind, um einen nach IFRS ermittelten ausschüttbaren Betrag zu generieren, der das deutsche Gläubiger- und Vorsichtsprinzip wahrt.

Wie die Rechtslage in Großbritannien allerdings aufgezeigt hat,[1126] führen umfassende Überleitungsrechnungen, in denen die einzelnen Bilanzposten für die Zwecke der Bemessung einer Ausschüttungsgrundlage bzgl. ihres Ansatzes und ihrer Bewertung neu zu beurteilen sind, zu hochkomplexen sowie kostspieligen Regelwerken. So sind die britischen Unternehmen mit der Erstellung der Überleitungsrechnungen oftmals überfordert und dementsprechend auf die Entwicklung hochspezialisierten Expertenwissens angewiesen – was wiederum einen erheblichen Anstieg der Kosten zur Folge hat.[1127] Ein solcher Ansatz ist aus Unternehmersicht daher als nicht tragfähig zu erachten.[1128] Dennoch kann eine hauptsächlich auf Kostengründen beruhende Argumentation im Hinblick auf den vorrangig zu erreichenden Gläubigerschutz nicht überzeugen. Es erscheint mithin erforderlich zu sein, zur weitergehenden Anpassung des IFRS-Gewinnes an den HGB-Gewinn ergänzende Ausschüt-

1125 Sh. zu den unterschiedlichen Definitionen oben, Dritter Abschnitt: § 1 IV.

1126 Vgl. hierzu oben, S. 205 ff.

1127 KPMG, Feasibility Study on Capital Maintenance – Main Report, S. 133, 400; ferner LANFERMANN/RÖHRICHT, DStR 2009, S. 1216, 1221; KÜTING/LORSON/EICHENLAUB/TOEBE, GmbHR 2011, S. 1, 10; PETERSEN/ZWIRNER/FROSCHHAMMER, KoR 2011, S. 437, 441; GROS, Rechnungslegung in Deutschland und den USA, S. 171; zu den britischen Ausschüttungsrestriktionen bereits oben, S. 172 ff. sowie S. 205 ff. m.w.N.

1128 Für GB vgl. die Ausführungen von RICKFORD, 2006, EBOR, S. 170; DERS. Reforming Capital, S. 947.

tungssperren für (noch) nicht realisierte Bilanzposten respektive für Abweichungen des IFRS-Abschlusses vom HGB-Abschluss, wie sie bspw. in § 1 VI. 7. dieses Abschnittes angedeutet worden sind, zu implementieren.

Diesbezüglich ist jedoch darauf hinzuweisen, dass die noch keiner Ausschüttungssperre unterzogenen theoretischen Unterschiede zwischen HGB und IFRS zumindest in der Praxis kaum Auswirkungen haben: Das ist bspw. bei den Herstellungskosten und den costs of conversion zu beobachten, deren Divergenzen sich auf wenige Ausnahmefälle beschränken.[1129] Aber selbst die differenziert ausgestalteten Regelungen für immaterielle Vermögensgegenstände nach BilMoG sowie intangible assets nach IFRS führen in der Praxis zu einer einheitlichen Auslegung.[1130] Eine ähnliche Vorgehensweise ist bei der Bewertung von Rückstellungen nach BilMoG und den provisions nach IFRS zu beobachten.[1131] Somit ist eine Auslegung der abstrakten HGB-Normen unter Zuhilfenahme der konkreten IFRS-Regelungen in der Praxis zu vermuten – obwohl eine solche doch nur in „Graubereichen" des HGB erfolgen *sollte*.[1132] Legt man nun zugrunde, dass die besonders unsicheren IFRS-Gewinne bereits mit einer Ausschüttungssperre versehen worden sind, so sollten die verbleibenden *theoretisch möglichen* Divergenzen von HGB und IFRS aufgrund ihrer mangelnden Relevanz sowie der fehlenden Kosten-Nutzen-Relation nicht mit zusätzlichen Ausschüttungssperren unterlegt werden. Zudem ist in diesem Zusammenhang erneut auf die Ausschüttungssperre des goodwill hinzuweisen, die – im Vergleich zum HGB – einen zusätzlichen „gläubigerschützenden Puffer" im Hinblick auf eine Ausschüttung (noch) nicht realisierter bzw. als zu unsicher angesehener Gewinne nach IFRS darstellt. Weitere Ausschüttungssperren sind m.E. demnach nicht vonnöten.

10. Zwischenergebnis

Wegen des potentiell erheblichen Ausweises (noch) nicht realisierter bzw. als zu unsicher angesehener Gewinne sind Ausschüttungssperren

---

1129 Vgl. hierzu LÜDENBACH, IFRS, S. 209; EKKENGA, AG 2006, S. 389, 397.

1130 Vgl. die Äußerungen bei LÜDENBACH, IFRS, S. 81; SEIDEL/GRIEGER/MUSKE, BB 2009, S. 1285, 1290; a.A. KESSLER, PiR 2010, S. 33, 39, der trotz der zugegebenen engen Anlehnung des handelsrechtlichen Aktivierungsnorm an die Vorschriften der IFRS aufgrund der erheblichen Beurteilungsspielräume keine einheitliche Bilanzierungspraxis erwartet.

1131 LÜDENBACH, IFRS, S. 252.

1132 Vgl. hierzu bereits oben, S. 151.

für die nach der PoC-Methode entstandenen Forderungen aus construction contracts, die internally generated intangible assets, den goodwill und die saldierten aktiven deferred taxes zu implementieren. Darüber hinaus ist im Bereich der Bilanzierung des fair value der Betrag mit einer Ausschüttungssperre zu versehen, der über den (historischen) AHK des jeweiligen assets liegt. Damit sind zumindest die als besonders unsicher anzusehenden IFRS-Gewinne mit Ausschüttungssperren belegt.

Für die im OCI zu erfassenden unrealisierten Gewinne sind hingegen keine Ausschüttungssperren erforderlich, da diese nach den IFRS erfolgsneutral zu erfassen sind und demnach keine Auswirkungen auf den Gewinn haben. Ferner sind die provisions nach IFRS trotz gewichtiger Unterschiede zu den Rückstellungen nach HGB nicht mit einer Ausschüttungssperre zu versehen. Gleiches gilt im Übrigen für die weiterführenden, zumeist nur in der Theorie bestehenden Divergenzen von HGB und IFRS. Ihre Auswirkungen auf den Gewinn sind mangels Relevanz sowie der fehlenden Kosten-Nutzen-Relation bzw. zur Vermeidung einer zweiten „Schattenrechnung" in Kauf zu nehmen sind. Insofern wirkt schließlich der im Vergleich zum GoF nach HGB mit einer Ausschüttungssperre belegte goodwill nach IFRS kompensierend, da dieser einen zusätzlichen „gläubigerschützenden Puffer" im Hinblick auf die verbleibenden nicht realisierten bzw. als zu unsicher angesehenen Gewinne darstellt.

VII. Implementierungsvorschläge

Nachdem die mit einer Ausschüttungssperre zu versehenden IFRS-Erträge bestimmt worden sind, verbleibt zu klären, in welchem Regelwerk diese zu implementieren wären. In Betracht kommt zum einen die Einfügung in die IFRS selbst (bzw. auf EU-Ebene in die IAS-Verordnung oder ggf. sogar in die zweite Richtlinie 77/91/EWG des Rates vom 13.12.1976). Zum anderen könnte aber auch die Implementierung in das HGB in Erwägung gezogen werden.

1. Implementierungsvorschläge für Ausschüttungssperren im IFRS-Regelwerk

Die Implementierung von Ausschüttungssperren im IFRS-Regelwerk wäre an unterschiedlichen Stellen möglich. So könnte bspw. daran gedacht werden, die für einen bestimmten Ertrag zu implementierende Ausschüttungssperre in den jeweiligen Standard einzufügen. Demzufolge wäre bei der Behandlung von internally generated intangible assets nach IAS 38 in dem Standard selbst eine Regelung zu normieren, die festlegt, dass die Erträge aus der Aktivierung zunächst buchmäßig auf einem Sperrkonto zu separieren wären. Sodann könnte eine an dieses Sperrkonto anknüpfende Ausschüttungssperre implementiert werden. Ein Formulierungsvorschlag würde wie folgt lauten:

> *„Werden selbst geschaffene immaterielle Vermögensgegenstände des Anlagevermögens in der Bilanz ausgewiesen, so ist der hierauf anfallende Betrag in der Gesamtergebnisrechnung oder GuV auf einem eigens dazu neu eingerichteten Unterkonto des IFRS-Sperrkontos zu separieren. Erträge dürfen nur ausgeschüttet werden, wenn die nach der Ausschüttung verbleibenden frei verfügbaren Rücklagen zuzüglich eines Gewinnvortrags und abzüglich eines Verlustvortrags mindestens den insgesamt auf dem IFRS-Sperrkonto angesetzten Beträgen abzüglich der hierfür gebildeten passiven latenten Steuern entsprechen."*

Eine ähnliche Formulierung würde sich für die Erträge aus der Aktivierung des goodwill sowie der construction contracts nach IAS 11 anbieten, da die zuletzt Genannten im Falle eines aktiven Saldos ebenfalls als bilanzieller asset ausgewiesen werden.[1133] Im Bereich der deferred taxes nach IAS 12 wäre allerdings nur der Betrag auf dem IFRS-Sperrkonto zu separieren, um den die aktiven latenten Steuern die passiven latenten Steuern übersteigen. Daher wäre der obige Formulierungsvorschlag für IAS 12 wie folgt abzuändern:

> *„Werden aktive latente Steuern in der Bilanz ausgewiesen, so ist der hierauf anfallende Betrag in der Gesamtergebnisrechnung oder GuV auf einem eigens dazu neu eingerichteten Unterkonto des IFRS-Sperrkontos zu separieren, sofern die aktiven latenten Steuern die passiven latenten Steuern übersteigen. Erträge dürfen nur ausgeschüttet werden, wenn die nach der Ausschüttung verbleibenden frei verfügbaren Rücklagen zuzüglich eines Gewinnvortrags und abzüglich eines Verlustvortrags mindestens den insgesamt auf dem IFRS-Sperrkonto angesetzten Beträgen entsprechen."*[1134]

Erneut zu modifizieren wäre die Ausschüttungssperre für die zu ihrem fair value zu bewertenden Bilanzposten, da insofern nur ein über den historischen Anschaffungs- bzw. Herstellungskosten liegender Betrag mit einer Ausschüttungssperre versehen werden müsste:

1133 Vgl. RIESE in Beck'sches IFRS-Handbuch, § 9, Rz. 84; ausführlich zur Bilanzierung von construction contracts bereits oben, S. 97 ff.; zur Bilanzierung des goodwill sh. bereits oben, S. 113 ff.

1134 Zur Problematik der hier nicht zu berücksichtigenden passiven latenten Steuern sh. oben, S. 192.

„Werden Vermögenswerte in der Bilanz zu ihrem beizulegenden Zeitwert bewertet, so ist der Betrag, der über den historischen Anschaffungs- bzw. Herstellungskosten liegt, auf einem eigens dazu neu eingerichteten Unterkonto des IFRS-Sperrkontos zu separieren."
(Bzgl. des zweiten Satzes ergäben sich indes keine Änderungen zu dem zuerst genannten Formulierungsvorschlag, so dass auf diesen verwiesen werden kann.)

Die Regelungen bewirken, dass (noch) nicht realisierte Erträge zunächst buchmäßig in der Gesamtergebnisrechnung oder GuV separiert werden; sodann werden sie einer Ausschüttungssperre unterzogen. Die Vorgehensweise bewirkt also, dass einerseits die leichte Identifizierbarkeit der in das IFRS-Sperrkonto gebuchten (noch) nicht realisierten Erträge ermöglicht wird – was wiederum zu einer erhöhten Transparenz bzw. einem „Mehr an Information" führt, da nicht nur die beizulegenden Zeitwerte der Vermögenswerte ausgewiesen werden, sondern auch die hierin enthaltenen (noch) nicht realisierten Erträge. Andererseits wird durch die Verhinderung der Ausschüttung unrealisierter Erträge das zu wahrende Gläubigerschutzprinzip nach HGB gewährleistet.

Der Nachteil der Regelung von Ausschüttungssperren in den jeweiligen einzelnen Standards besteht indes darin, dass insbesondere aufgrund der in den IFRS erneut zunehmenden Bilanzierung zum fair value eine Vielzahl an Normen geschaffen werden müsste, die sich über das ganze Normensystem der IFRS verteilen würden. Infolgedessen könnte in Erwägung gezogen werden, einen eigenständigen Standard zu schaffen, in dem der Frage nachgegangen wird, welche Gewinne auf das IFRS-Sperrkonto umzubuchen und sodann einer Ausschüttungssperre zu unterziehen wären. Diesbezüglich ist aber bereits IFRS 13 zu berücksichtigen, der – sein Endorsement seitens der EU vorausgesetzt – die *Bewertung* zum fair value regelt.[1135] Hiermit wird zugleich die Möglichkeit eröffnet, die Ausschüttungssperre für die Bewertung zum fair value in IFRS 13 zu implementieren. Die Schaffung eines neuen Standards mit nur wenigen verbleibenden Regelungen für die Erträge aus der Aktivierung der intangible assets, der construction contracts, des goodwill und deferred taxes wäre dann wohl nicht vonnöten.

Ohnehin ist allerdings fraglich, ob Ausschüttungssperren überhaupt in die IFRS implementiert werden dürfen. Schließlich ist den IFRS die Ausschüttungsbemessungsfunktion fremd.[1136] Innerhalb der EU ist zudem zu beachten, dass die Festlegung des ausschüttbaren Betrages nach wie vor

---

1135 Ausführlich zu IFRS 13 und der Vereinheitlichung des fair value bereits oben, S. 85 ff.
1136 HENNRICHS, ZGR 2008, S. 361, 378 f.; vgl. auch oben, S. 39.

auf Ebene der Mitgliedstaaten zu regulieren ist.[1137] Damit keimt jedoch die Gefahr des Entstehens unterschiedlicher Gläubigerschutzniveaus.[1138] Dem könnte zwar durch eine Harmonisierung der Ausschüttungsbemessung in den IFRS bzw. EU-IFRS entgegengewirkt werden. Innerhalb der EU zeigt die Position der Generaldirektion Binnenmarkt und Dienstleistungen der EU-Kommission zur Feasibility Study von *KPMG*[1139] indes, dass eine solche Harmonisierung zumindest momentan nicht gewollt ist: So ist eine (erneute) Änderung des derzeitigen Kapitalerhaltungssystems unter der zweiten Richtlinie 77/91/EWG des Rates vom 13.12.1976 und deren Änderungsrichtlinie 2006/68/EG des Europäischen Parlaments und Rates vom 06.12.2006 aufgrund fehlender „significant operational problems for companies" in naher Zukunft nicht geplant.[1140] Vielmehr soll der vorhandene Wettbewerb der Systeme innerhalb der EU beibehalten werden.[1141]

Gerade in der EU ist der Drang nach Harmonisierung aber nicht zu leugnen. Das belegt schon die Vereinheitlichung der Konzern-Rechnungslegung mit Hilfe der IFRS. Des Weiteren wird bereits fieberhaft an einer Europäischen Körperschaftsteuerbemessungsgrundlage (GKKB) gearbeitet, für die nicht wenige die IFRS als „starting point" nutzen möchten.[1142] Ferner zeigen die Forderungen Deutschlands sowie Frank-

---

1137 Vgl. auch PELLENS/KEMPER/SCHMIDT, ZGR 2008, S. 381, 427; MERSCHMEYER, die Kapitalschutzfunktion des Jahresabschlusses, S. 298.

1138 HENNRICHS, BFuP 2008, S. 415, 429.

1139 Die POSITION OF DG INTERNAL MARKET AND SERVICES ist einsehbar unter: http://ec.europa.eu/internal_market/company/docs/capital/feasbility/markt-position_en.pdf.

1140 POSITION OF DG INTERNAL MARKET AND SERVICES, S. 2; vgl. GROS, DK 2008, S. 466, 476.

1141 HENNRICHS, BFuP 2008, S. 415, 429.

1142 Vgl. hierzu bspw. EUROPA, Press Releases IP/11/319 v. 16.03.2011, einsehbar unter: http://europa.eu/rapid/pressReleasesAction.do?reference=IP/11/319&format=HTML&aged=0&language=DE&guiLanguage=en; ferner SPENGEL/ERNST/FINKE, DBW 2010, S. 283 – 299; SCHREIBER, DBW 2009, S. 535 – 550; WEBER-GRELLET, DB 2010, S. 2298, 2302; vgl. darüber hinaus insbesondere MEIER, Die Implementierung der IFRS als steuerliche Bemessungsgrundlage, S. 228 ff., 234, der untersuchte, ob die IFRS für Zwecke der steuerlichen Gewinnermittlung (auch EU-weit) herangezogen werden können, und zu dem Ergebnis kommt, dass im Vergleich zum HGB/EStG „keine generellen und allgemeingültigen Aussagen hinsichtlich einer Vorteilhaftigkeit ausgesprochen werden können." PEZZOTTA/PASSARDI, IRZ 2009, S. 179, 185, halten eine absolute Maßgeblichkeit der IFRS für die steuerliche Gewinnermittlung (ebenfalls EU-weit) für möglich, bezweifeln indes, ob supranationale Stellen zur Abtretung von Kompetenzen bereit wären; SPENGEL, DB 2006, S. 681 ff., der die IFRS als „starting point" nutzen möchte; generell skeptisch hierzu aber LAAGE/REUSCH, NZG 2009, S. 245, 250.

reichs an Irland, die dortige Körperschaftsteuer anzuheben,[1143] dass der aktuell vorhandene Wettbewerb der Systeme durchaus handfeste Konflikte hervorbringen kann. Zumindest EU-weit sollte daher auf eine Harmonisierung der Ausschüttungsbemessung hingewirkt werden. Zwar würde das zunächst die vollständige Kompetenzaufgabe des nationalen Gesetzgebers zur Bemessung von Ausschüttungen voraussetzen. Die hierfür erforderlichen Instrumente stehen indes mit den IFRS und der flankierenden Implementierung von Ausschüttungssperren bspw. in EU-IFRS, eine EU-Verordnung oder eine EU-Richtlinie zur Verfügung. Freilich ist einstweilen die politische Vorgabe der Generaldirektion Binnenmarkt und Dienstleistungen zu akzeptieren. Mithin soll untersucht werden, ob – und wenn ja wie – die oben dargestellten Ausschüttungssperren auch in nationales Recht implementiert werden könnten.

2. Implementierungsvorschläge für Ausschüttungssperren im HGB

Die Implementierung von Ausschüttungssperren für die IFRS im HGB könnte – nach dem Vorbild des § 315a HGB – in einem eigenständigen neuen Abschnitt des HGB erfolgen, der zugleich die Zulässigkeit der IFRS im Jahresabschluss regeln würde.[1144] Bzgl. der konkreten Formullerung der Ausschüttungssperren kann auf die Implementierungsvorschläge für Ausschüttungssperren im IFRS-Regelwerk verwiesen werden.[1145] Darüber hinaus wären allerdings weitere Modifizierungen sowohl des HGB als auch des AktG vonnöten: Nach dem Vorbild des § 291 HGB, der eine befreiende Wirkung von EU/EWR-*Konzernabschlüssen* vorgibt, wäre eine befreiende Wirkung von EU/EWR-*Einzelabschlüssen* im HGB zu verankern. Aufgrund der in dieser Arbeit vorgegebenen Beschränkung auf kapitalmarktorientierte AGs könnte eine vergleichbare Regelung bspw. in einem neuen § 264e HGB implementiert werden. In diesem wäre zu normieren, dass Unternehmen, die verpflichtet sind, ei-

1143 Vgl. hierzu bspw. FTE v. 14.04.2011, Ireland defends low corporate tax; einsehbar unter: http://www.ft.com/intl/cms/s/0/e90525f2-66a1-11e0-ac4d-00144feab49a.html#axzz1fUljPrtr.

1144 Es könnte auch eine Implementierung von Ausschüttungssperren im ersten Abschnitt des dritten Buches des HGB – „Vorschriften für alle Kaufleute" – in Erwägung gezogen werden. Gesellschafter der Nicht-Kapitalgesellschaften haften allerdings grundsätzlich unbeschränkt. Eine Ausschüttungssperre ist daher nur für Kapitalgesellschaften erforderlich.

1145 Sh. oben, S. 237 ff.

nen Abschluss nach IFRS zu erstellen, keinen (zusätzlichen) Einzelabschluss nach HGB aufzustellen haben. Gleiches hätte für diejenigen Unternehmen zu gelten, die wahlweise ihren Einzelabschluss nach IFRS aufstellen möchten. Darüber hinaus wären zahlreiche vorhandenen Regelungen – insbesondere im AktG – zu modifizieren. So knüpft § 150 AktG bspw. lediglich an den nach den §§ 242, 264 HGB aufzustellenden Jahresabschluss an. Um diese gesellschaftsrechtliche Ausschüttungssperre beizubehalten, wäre ein Verweis auf den befreiend zu erstellenden IFRS-Abschluss erforderlich. § 58 AktG wiederum regelt lediglich die Verwendung des handelsrechtlichen *Jahresüberschusses*.[1146] Diesbezüglich müsste also ebenfalls ein Verweis erfolgen. Die konkrete Ausarbeitung eines vollständigen Konzepts würde den Umfang dieser Arbeit freilich sprengen. Daher soll es bei den oben dargestellten Formulierungsvorschlägen für Ausschüttungssperren belassen werden.

Anstelle der umfangreichen Modifizierungen könnte freilich noch in Erwägung gezogen werden, den nach IFRS ermittelten Gewinn abzüglich der (dann in einem neuen Abschnitt des HGB normierten) Ausschüttungssperren schlicht dem Jahresüberschuss nach HGB gleichzustellen. Insofern käme es zwar zu einem Wertungswiderspruch zu der Ausschüttungssperre des § 268 Abs. 8 HGB, mit der eine Veränderung des Jahresüberschusses gerade nicht gewollt ist. Andererseits würde die Gleichstellung von IFRS-Gewinn abzüglich Ausschüttungssperren und Jahresüberschuss nach HGB dazu führen, dass bspw. die nach § 150 AktG zu bildende gesetzliche Rücklage mit unrealisierten Erträgen aufgefüllt werden könnte – eine Vorgehensweise, die bereits nach aktuellem HGB bedenklich, aber zu akzeptieren ist.[1147] Aufgrund des größeren Umfangs an (noch) nicht realisierten bzw. als zu unsicher angesehenen Gewinnen sollte dies allerdings im Rahmen der Implementierung von Ausschüttungssperren für den IFRS-Abschluss vermieden werden. Dem zuerst genannten Modell ist daher der Vorzug einzuräumen.

1146 Ausführlich zum Begriff des Jahresüberschusses oben, S. 15 und S. 25.

1147 Kritisch zur Auffüllung gesetzlicher Rücklagen mit unrealisierten Erträgen bereits COLOMBO, ECFR 2007, S. 553, 561 f.; für die Rechtslage in Deutschland sh. oben, S. 190 ff.

VIII. Resümee

Mit dem präferierten Modell „IFRS-Einzelabschluss ergänzt um Sperrbuchungen nebst Ausschüttungssperren"[1148] wird ein nach IFRS ermittelter Gewinn, der (noch) nicht realisierte bzw. als zu unsicher angesehene Gewinne erheblichen Umfangs enthalten kann, um die als *besonders unsicher* anzusehenden Erträge „bereinigt". Im Einzelnen werden Erträge aus der Aktivierung von selbst geschaffenen intangible assets, von Forderungen aus construction contracts, von deferred taxes und des goodwill sowie Erträge aus der Bewertung zum fair value oberhalb der historischen AHK anhand von Sperrbuchungen mit Ausschüttungssperren belegt. Von weiterführenden Ausschüttungssperren wird hingegen abgesehen. Denn der IFRS-Gewinn war – beruhend auf den Erfahrungen mit IFRS-Ausschüttungssperren in Großbritannien –[1149] nicht nur möglichst genau an den HGB-Gewinn anzunähern; vielmehr war auch die Kosten-Nutzen-Relation – mit der eine zweite Schattenrechnung vermieden werden sollte – zu berücksichtigen. Aufgrund des zuletzt genannten Aspektes stellt sich nun aber die abschließende Frage, inwiefern das vorgeschlagene – im Hinblick auf die Eliminierung unrealisierter Erträge „unvollständige" – Modell einen das deutsche Gläubiger- und Vorsichtsprinzip wahrenden ausschüttbaren Betrag generieren kann. Schließlich hat das empfohlene Modell naturgemäß nicht nur die dargestellten „Vorteile, sondern birgt auch Probleme".[1150]

IX. Mögliche Einwände gegen den IFRS-Einzelabschluss ergänzt um Sperrbuchungen nebst Ausschüttungssperren

Abschließend sind also die möglichen Einwände des Modells „IFRS-Einzelabschluss ergänzt um Sperrbuchungen nebst Ausschüttungssperren" zu rezipieren. Derer existieren reichlich – schließlich ist nicht nur umstritten, welcher der Lösungsansätze zu bevorzugen ist, sondern auch, ob es überhaupt möglich ist, mit Hilfe der IFRS einen ausschüttbaren Betrag zu generieren. An dieser Stelle soll daher (ggf. nochmals zusammenfassend) auf die zentralen Einwände gegen die IFRS als Ausschüttungsbe-

1148 HENNRICHS, BFuP 2008, S. 415, 427.
1149 Zur diesbezüglichen Kritik vgl. oben, S. 205 ff.
1150 So schon HENNRICHS, BFuP 2008, S. 415, 427.

messungsgrundlage unter Zugrundelegung des präferierten Modells eingegangen werden.

1. Fehlende demokratische Legitimation der IFRS

Beanstandungen bzgl. der vermeintlich fehlenden demokratischen Legitimation der IFRS sind bereits oben widerlegt worden.[1151] Dennoch kann das derzeitige private Standardsetzungsverfahren zu Unwägbarkeiten führen. Das haben nicht zuletzt die „Verhandlungen" von IASB und EU im Rahmen des Endorsement von IAS 32.18 (b) und IFRS 3.54 f. gezeigt.[1152] Um solchen Imponderabilien entgegenzuwirken, muss das Standardsetzungsverfahren daher frühzeitig von den politisch Verantwortlichen begleitet werden – zugleich mit dem Ziel, die demokratische Legitimation der IFRS weiter zu stärken.[1153] Letztlich ist diesbezüglich zu konstatieren, dass zumindest die Implementierung von Ausschüttungssperren in EU-IFRS, EU-Verordnungen, EU-Richtlinien oder das nationale Recht zu einer zusätzlichen demokratischen Legitimation führen würde, so dass der Aspekt der fehlenden demokratischen Legitimation der IFRS nicht gegen das vorliegende Modell spricht.

Inwiefern das Demokratiedefizit der EU selbst zu beanstanden sein sollte,[1154] kann in dieser Arbeit freilich nicht näher veranschaulicht werden.[1155]

2. Solvenztests anstelle von (respektive neben) Ausschüttungssperren für die IFRS

Die Befürworter von Solvenztests anstelle von Ausschüttungssperren zur Ermittlung eines auf den IFRS beruhenden ausschüttbaren Betrages mögen in der Mehrzahl sein. Gleichwohl wurde aufgezeigt, dass ein Solvenztest nicht dazu geeignet ist, die in einem IFRS-Abschluss ausgewie-

1151 Sh. hierzu oben, S. 42 ff.

1152 Vgl. diesbezüglich HENNRICHS, ZHR 2006, S. 498, 512 m.w.N.

1153 Vgl. SCHULZE-OSTERLOH, DK 2004, S. 173, 174; HENNRICHS, BFuP 2008, S. 415, 428 f.; vgl. diesbezüglich auch die Ausführungen von dem Vorsitzenden des IASB HOOGERVORST, WPg 2001, I, der bei der künftigen Ausrichtung der IFRS auf eine „aktive und breite Beteiligung Deutschlands" hofft.

1154 Vgl. hierzu BVERFG, 2 BvE 2/08 v. 30.06.2009 m.w.N.

1155 Für einen Überblick vgl. BERGMANN in Bergmann (Hrsg.), Handlexikon der EU, Demokratiedefizit; HIRSCH, ZRP 2007, S. 69 ff.; HILF/PACHE in Grabitz/Hilf (Hrsg.), Das Recht der EU, Vorbemerkung zum EUV, Rz. 67.

senen (noch) nicht realisierten bzw. als zu unsicher angesehen Gewinne zu eliminieren – denn es besteht nach wie vor die Gefahr der Ausschüttung der unrealisierten Gewinne.[1156] Trotzdem wurde in der Praxis sowie in Studien die Beschränkung des ausschüttbaren Betrages aufgrund von den die Solvenztests in der Regel flankierenden „Managerhaftungsregelungen" bewiesen.[1157] Daher könnte in Erwägung gezogen werden, den oben skizzierten Solvenztest[1158] *neben* dem Modell „IFRS-Einzelabschluss ergänzt um Sperrbuchungen nebst Ausschüttungssperren" als zusätzliche Ausschüttungsrestriktion zu implementieren – zumal ein solcher Solvenztest von großen Unternehmen ohnehin aufgestellt wird und dementsprechend ohne nennenswerten Zusatzaufwand durchgeführt werden könnte. Aufzustellen wäre dann „nur noch" eine sog. Solvenzerklärung der Unternehmensleitung, die den Bezugspunkt für die zu implementierenden Managerhaftungsregelungen darstellen würde. Meines Erachtens scheint das dargestellte Ausschüttungssperrmodell indes zu genügen, um gläubigergefährdende Ausschüttungen zu verhindern.

3. Erhöhung des buchmäßigen Aufwands

„Zweifellos richtig" ist, dass die buchmäßige Separierung von (noch) nicht realisierten bzw. als zu unsicher angesehenen Gewinnen den buchmäßigen Aufwand erhöht.[1159] Der hierfür erforderliche Aufwand erscheint indes fast schon als Marginalie, setzt man ihn zu dem augenblicklich separat zu erstellenden HGB-Abschluss ins Verhältnis. Zudem sollten die erforderlichen Sperrbuchungen im Zeitalter der EDV-gestützten Buchführung „beherrschbar und zumutbar" sein.[1160] Nicht zuletzt die im Rahmen der fair value Bilanzierung zu ermittelnden historischen Anschaffungskosten sind schließlich „problemlos auf Knopfdruck" reproduzierbar.[1161] Die Erhöhung des buchmäßigen Aufwands kann dementsprechend nicht als Kritikpunkt herangezogen werden; vielmehr würde die Umstellung auf die IFRS den derzeit qua Gesetz obligatorischen HGB-Abschluss obsolet werden lassen.

1156 Eingehend hierzu oben, S. 183 ff., insbesondere S. 184.

1157 Vgl. diesbezüglich die Ausführungen zu den internationalen Erfahrungen mit dem Solvenztest, S. 166 ff.

1158 Das erarbeitete Modell findet sich auf S. 176 ff.

1159 Für das Zitat sh. HENNRICHS, BFuP 2008, S. 415, 427.

1160 HENNRICHS, BFuP 2008, S. 415, 428.

1161 EKKENGA, AG 2006, S. 389, 397; so auch PELLENS/FÜLBIER, ZGR 2000, S. 572, 590; ferner oben, S. 217.

4. Schaffung einer zusätzlichen Schattenrechnung

Mehrfach wird pointiert, durch die Implementierung von Ausschüttungssperren im IFRS-Abschluss entstünde eine zusätzliche Schattenrechnung, die – bzgl. ihres Umfangs und des für ihre Erstellung benötigten Aufwands – mit einem gesondert aufzustellenden HGB-Abschluss vergleichbar wäre. Und wie die Praxiserfahrungen in Großbritannien offenbaren, ist dies durchaus im Bereich des Möglichen. Mit einem Wechsel auf die IFRS wäre demzufolge nichts gewonnen. Das dargelegte Modell „IFRS-Einzelabschluss ergänzt um Sperrbuchungen nebst Ausschüttungssperren" umfasst allerdings bewusst nur eine Handvoll an Ausschüttungssperren. Eine zusätzliche Schattenrechnung wird hiermit sicherlich nicht geschaffen. Selbst wenn man sich für weitergehende Ausschüttungssperren entscheiden sollte (bspw. zur Separierung von Abzinsungseffekten bei den Rückstellungen), wäre der hierfür erforderliche Aufwand weitaus geringer als derjenige, der für einen derzeit separat zu erstellenden HGB-Abschluss entsteht.[1162]

5. Errichtung unterschiedlicher Gläubigerschutzniveaus innerhalb der EU

Dass die politische Vorgabe der Generaldirektion Binnenmarkt der EU-Kommission (Beibehaltung des vorhandenen Wettbewerbs der Systeme innerhalb der EU) eine bloß nationale Lösung determiniert, mit der (zwangsläufig) die Errichtung unterschiedlicher Gläubigerschutzniveaus innerhalb der EU einhergeht, wurde bereits kritisiert.[1163] Erstrebenswert wäre daher die EU- oder weltweite Harmonisierung des Modells „IFRS-Einzelabschluss ergänzt um Sperrbuchungen nebst Ausschüttungssperren" in nicht allzu ferner Zukunft.

1162 So im Ergebnis auch HENNRICHS, BFuP 2008, S. 415, 428; a.A. aber: MAUL/LANFERMANN/RICHARD, AG 2010, S. 279, 282; ZÜLCH/GÜTH, WPg 2011, S. 709, 721, die im Rahmen der IFRS for SMEs auf eine „beträchtliche" Komplexität der Zusatzrechnung hinweisen, gleichzeitig aber auch eine Überkompensierung anderer umfangreicher Nutzenpotentiale aufführen, so dass letztlich eine Anwendbarkeit der IFRS for SMEs für den Einzelabschluss zu empfehlen ist. Kritisch auch BAETGE/BREMBT, WPg 2011, S. 572, 580; ferner GROOVE, WPG Sonderheft 2008, S. 97, 99.

1163 Sh. oben, S. 240 f.

6. Komplexität und Fehleranfälligkeit des IFRS-Regelwerks

In jüngster Zeit mehren sich zudem die Stimmen, die auf die Komplexität und Fehleranfälligkeit des IFRS-Regelwerks hinweisen. Infolgedessen sei die Anwendung der IFRS-Normen mit einer fortwährend essenzieller werdenden Erhöhung von Aufwendungen verbunden. Immer lauter wird daher die Frage gestellt, ob die beharrlich zunehmenden Schwierigkeiten sowie die permanent gedeihende Änderungsdynamik der IFRS unter „Wirtschaftlichkeitsaspekten noch zu vertreten sind."[1164] Das geschieht mit Recht. Das IFRS-Regelwerk von *Wiley* in seiner aktuellen Fassung aus dem Jahre 2011 umfasst mittlerweile 625 Seiten – ein *bedenkliches Ausmaß* (zumal in Erwägung gezogen werden muss, dass es u.a. die Aufgabe des IASB war, eine Alternative zu den als zu umfangreich angesehenen US-GAAP zu schaffen). Ebenfalls *bedenkliche Ausmaße* erreicht die aktuelle Änderungsgeschwindigkeit der IFRS. Nicht zuletzt aufgrund der Finanzkrise[1165] sind jüngst mit IFRS 10 – 13 gleich vier Standards veröffentlicht worden; hinzu kommt die Schaffung eines neuen Conceptual Framework, das zwar wie sein Vorgänger nicht von der EU endorsed werden wird, aber dennoch als Grundlage der Rechnungslegung anzusehen ist.[1166]

So überrascht es nicht, dass die DPR im Rahmen ihres Enforcement-Verfahrens[1167] für IFRS-Abschlüsse im Jahre 2009 zu einer Fehlerquote von 19,5 % kommt. Im Vergleich zum Vorjahr ergibt sich zwar ein Rückgang von beeindruckenden 7,3 % (Vorjahr 26,8 %). Dennoch ist mit den Worten des Präsidenten der DPR Meyer „die Fehlerquote u.E. mit rund 20 % immer noch viel zu hoch."[1168] Als Hauptursache für die hohe Fehlerquote werden neben den Auswirkungen der Finanzkrise Umfang und

1164 KÜTING, PiR 2011, S. 131.

1165 Vgl. diesbezüglich den Untertitel von KÖNIG in FAZ v. 16.05.2011, Nr. 113, S. 12, Durchbruch: Erste globale Definition des Fair Value, „Das IASB hat hat mit den neuesten IFRS-Standards Konsequenzen aus der Finanzkrise gezogen".

1166 Vgl. ESMA/2011/369 v. 09.11.2011, S. 2, einsehbar unter: www.esma.europa.eu/system/files/2011_369.pdf; ferner LOPATTA, Goodwillbilanzierung und Informationsvermittlung, S. 26.

1167 Mit dem Enforcement-Verfahren prüft die DPR seit dem 01.07.2005 die Rechnungslegung von Unternehmen, die am regulierten Markt in Deutschland vertreten sind. In Deutschland ist das Enforcement-Verfahren zweistufig ausgestaltet, sodass neben der privatrechtlich organisierten DPR die mit hoheitlichen Mitteln ausgestattete BaFin an diesem beteiligt ist. Vgl. zum Aufbau und der Funktionsweise des Enforcement-Verfahrens HEIN, DB 2010, S. 2265.

1168 MEYER, IRZ 2010, S. 153, 154.

Komplexität des IFRS-Regelwerks genannt.[1169] Dabei wird die Anwendung von IAS 32, 39 und IFRS 9 (financial instruments), von IFRS 3 (business combinations) sowie von IAS 12 (deferred taxes) als „besonders fehleranfällig" eingestuft.[1170]

Demzufolge können aber auch Beeinträchtigungen des potentiell nach IFRS zu ermittelnden ausschüttbaren Betrages – der Ausschüttungssperren ausgerechnet für die „besonders fehleranfälligen" financial instruments, den goodwill und die deferred taxes vorsieht – nicht geleugnet werden. Schließlich führt ein Verstoß gegen die (für den HGB-Abschluss vergleichbare) Regelung des § 268 Abs. 8 HGB aufgrund seines überwiegenden Schutzes der Gläubiger zur Nichtigkeit des Gewinnausschüttungsbeschlusses, vgl. §§ 134 BGB, 241 Nr. 3 AktG –[1171] eine vergleichbare Rechtsfolge wäre mithin für einen Verstoß gegen die IFRS-Ausschüttungssperren zu normieren. Insofern erscheint es fragwürdig, wie ein effektiver Gläubigerschutz unter Zugrundelegung der IFRS tatsächlich gewährleistet werden kann. Denn hierüber hinaus entsteht mit der permanenten Änderungsdynamik der IFRS ein weiteres folgenschweres Problem, das im Zusammenhang mit der Implementierung von Ausschüttungssperren für den IFRS-Abschluss zu beachten ist:

7. Dynamische Normierungsnotwendigkeit im Anschluss an den EU-Endorsementprozess

Das präferierte Modell sieht statische Ausschüttungssperren für die IFRS vor. Infolgedessen wäre für jede Modifizierung eines bestehenden bzw. Schaffung eines neuen Standards erneut auf nationaler Ebene festzulegen, ob hierfür eine flankierende Ausschüttungssperre zu implementieren ist. Das *zwingt* die nationalen Gesetzgeber (bzw. im Falle von EU-IFRS bzw. der Festlegung von Ausschüttungssperren in einer EU-Verordnung oder EU-Richtlinie die EU) zu einer dynamischen Normierung der Ausschüttungssperren im Anschluss an das EU-Endorsementverfahren –[1172] eine Aufgabe, die unter Berücksichtigung der soeben an-

1169 MEYER, IRZ 2010, S. 153; vgl. auch KEITZ/WENK, DB 2010, S. 513; MEYER/BRAUN, BB 2010, S. 1779 ff.

1170 KEITZ/WENK, DB 2010, S. 513, 521.

1171 Diesbezüglich zu beachten ist der Regelungsmechanismus des § 139 BGB; vgl. SIMON, NZG 2009, S. 1081, 1085; ELLROTT/KRÄMER in Beck'scher Bilanzkommentar, § 268, Rz. 151; ferner bereits oben, S. 195.

1172 HENNRICHS, BFuP 2008, S. 415, 428; vgl. diesbezüglich kritisch auch KÜTING, PiR 2011, S. 131, 135.

gesprochenen permanenten sowie schnelllebigen Änderungsdynamik des IFRS-Normensystems mit Schwierigkeiten behaftet sein dürfte.

Die dynamische Weiterentwicklung der IFRS ist aber nicht nur als „gravierender Nachteil" anzusehen. Ganz im Gegenteil: die Rechnungslegung muss sich sogar kontinuierlich fortentwickeln – (bedauerlicherweise) auch mit dem Ziel, die Entwicklungen der Finanzmärkte und damit bspw. Panikreaktionen, wie sie im Zusammenhang mit der derzeitigen Finanzkrise aufgetreten sind, angemessen widerspiegeln zu können. Diesbezüglich muss nochmals auf die „Nacht-und-Nebel-Aktion" des IASB hingewiesen werden, mit der die Folgebewertung der financial instruments unter Umgehung des due process rückwirkend zu fortgeführten Anschaffungskosten (amortised costs) zugelassen wurde.[1173] Das vergleichsweise „ruhige" HGB kann – oder vielleicht will – dies nur bedingt leisten: Gerade in den „neuen, zugleich aber bedeutenden Bilanzierungsbereichen" vermag es nicht zu überzeugen. So existieren für die Bilanzierung von Leasing-Verhältnissen selbst nach dem BilMoG keine ausdrücklichen gesetzlichen Bestimmungen;[1174] die Praxis hat sich – neben den GoB – vielmehr an den sog. Leasing-Erlassen des BMF zu orientieren, deren Vereinbarkeit mit den GoB aber nicht nur offen ist, sondern teilweise sogar bezweifelt wird.[1175] Hieraus wird aber bereits abgeleitet, dass die „überkommene maßgebliche Auslegung" insbesondere der GoB nicht reichen würde – „mindestens ebenso beachtlich („gleichwertig")" seien die einschlägigen Vorgaben der IFRS.[1176] Analoge Ansichten verlangen eine entsprechende Vorgehensweise für die handelsrechtliche Bilanzierung der immateriellen Vermögensgegenstände[1177], des Geschäfts-

1173 HECKER/KLEIN-WIELE, WPg 2011, S. 151; vgl. IASB, Reclassification of Financial Assets, October 2008.

1174 Das bestätigt der Gesetzgeber in seinen Äußerungen zum BilMoG, vgl. BT-Drucksache 16/10067 v. 30.07.2008, S. 47.

1175 HENNRICHS, MüKo AktG, § 246 HGB, Rz. 164 m.w.N.

1176 Beide Zitate bei LÜDENBACH/HOFFMANN, DStR 2008, Beihefter zu DStR 26, S. 3, 6; a.A.: CLAßEN/SCHULZ, StuB 2011, S. 3, 10, die ausführen, dass die Leasingbilanzierung in den IFRS auf der Grundlage des right of use-model kaum mit den handelsrechtlichen GoB in Einklang zu bringen ist.

1177 So argumentieren KEITZ/WENK/JAGOSCH, DB 2011, S. 2445, 2448, dass aufgrund der fehlenden Konkretisierung der Ansatzkriterien für selbst erstellte immaterielle Vermögensgegenstände im BilMoG ein Rückgriff auf IAS 38.57 erfolgen kann – aber nicht muss; ähnlich KIRSCH, BC 2008, S. 1, 3, der einen Rückgriff auf IAS 38.57 zwecks Auslegungshilfe zumindest für möglich hält; DOBLER/KURZ, KoR 2008, 485, 394 sprechen hingegen nur von einer begrenzte Auslegungshilfe der IFRS; kritisch STIBI/FUCHS, DB 2008, S. 6, 8.

oder Firmenwertes[1178], der Zweckgesellschaften[1179] u.a. Bereiche.[1180] Darüber hinaus wird sogar eine Auslegung des HGB respektive der GoB mit Hilfe der IFRS diskutiert.[1181] Schließlich ist in der Bilanzierungspraxis ohnehin ein Bedürfnis nach eindeutigen und klaren Regelungen zu beobachten,[1182] wie sie derzeit wohl nur die IFRS bieten. Gerade in diesem Lichte erscheint das tradierte HGB mit seinen abstrakt generellen Regelungen aber immer mehr als behäbiger alter Mann, dessen Tage sich langsam aber sicher dem Ende zuneigen zu scheinen.

Freilich ist die derzeitige Komplexität, die hiermit einhergehende Fehleranfälligkeit und die aktuelle Änderungsdynamik der IFRS ebenfalls scharf zu kritisieren. Indes ist auch das Umfeld zu beachten: Die Welt „erholt" sich gerade von der schwersten Finanz- und Wirtschaftskrise seit der Großen Depression im Jahre 1929[1183] – sofern man angesichts der derzeitigen Schuldenkrise in der EU überhaupt von einer Erholung sprechen mag. Diese „außergewöhnlich unsichere" Lage[1184] zwang bzw. zwingt auch die Rechnungslegung zu „außergewöhnlichen Maßnahmen". Mithin sollten die jüngsten Ereignisse nicht als Maßstab respektive Richtschnur herangezogen werden. Dennoch ist angesichts der derzeitigen Entwicklung der IFRS mit *Hennrichs* hervorzuheben:

1178 LÜDENBACH/HOFFMANN, DStR 2008, Beihefter zu DStR 26, S. 3, 11, wollen zumindest bei der u.U. außerplanmäßig durchzuführenden Abschreibung des Geschäfts- oder Firmenwertes nach HGB den impairment-test nach IFRS anwenden.

1179 Insbesondere bei Zweckgesellschaften ist die „Patenschaft" bzw. „Vorbildfunktion" der IFRS zu beobachten, so dass für § 290 Abs. 2 Nr. 4 HGB (unter Beachtung des Wortlauts und der GoB) eine teleologische Auslegung mit Hilfe des SIC 12 in Betracht kommt. Vgl. oben, S. 151 m.w.N.

1180 Z.B. für die Steuerlatenzrechnung, LÜDENBACH/HOFFMANN, DStR 2008, Beihefter zu DStR 26, S. 3, 13.

1181 Vgl. KÖSTER, BB 2007, S. 2791, 2792; ähnlich MUJKANOVIC/RAATZ, KoR 2008, S. 245; mit dem Worte „verwegen" ablehnend aber MOXTER, WPg 2009, S. 7 ff.; ablehnend auch HENNRICHS, WPg 2011, S. 861, 871, der aber zu Recht in „Graubereichen" des HGB – und unter Berücksichtigung des Einzelfalls – die IFRS als Auslegungshilfe („rechtsvergleichender Blick") zulässt; vgl. diesbezüglich auch HENNRICHS, S:R 2009, S. 127, 128 f.; HENNRICHS/PÖSCHKE in Fink/ Schultze/Winkeljohann (Hrsg.), S. 47, 60; und oben, S. 151 m.w.N.

1182 Vgl. HENNRICHS, S:R 2008, S. 64, 65.

1183 Vgl. hierzu bereits oben, S. 1 m.w.N.

1184 So TRICHET, Jean-Claude, bei einer Sitzung des Zentralbankrats der EZB in Frankfurt, zitiert nach FAZ v. 02.10.2008, Ratlose EZB, „ungewöhnlich hoher Grad Unsicherheit"; BERNANKE, Ben, Präsident der Notenbank Fed, zitiert nach FAZ v. 31.07.2010, Nr. 175, S. 11, Zeit für Optimismus; vgl. jüngst STARK, Die globale Finanzkrise, Rede anlässlich der Erich Schneider Gedächtnisvorlesung v. 26.01.2011.

„Eine Rückbesinnung auf Einfachheit, Verlässlichkeit und Nachhaltigkeit tut not. Komplexität und Kompliziertheit müssen reduziert werden, ebenso die Veränderungsgeschwindigkeit.“[1185]

Schließlich hat bereits *Havermann* im Kontext zunehmender Internationalisierungs- und Harmonisierungstendenzen der Rechnungslegung vor mehr als 30 Jahren festgestellt, dass es nicht die originäre „Primäraufgabe“ des Unternehmens und des Kaufmanns ist, „Bücher zu führen, sondern Gewinne zu erwirtschaften“.[1186]

Zugegebenermaßen mag bzw. soll die Umsetzung der soeben genannten Forderungen nicht zu einer mit dem HGB vergleichbaren „ruhigen Standardänderungsgeschwindigkeit“ führen. Eine dynamische Normierungsnotwendigkeit im Anschluss an das Endorsementverfahren der EU wird mithin erforderlich bleiben. Neben der notwendigen Einflussnahme auf die internationale Rechnungslegung hat sich der nationale Gesetzgeber dieser Aufgabe indes zu stellen – ist sie doch der „Preis“ für die globale Ausdehnung der IFRS.[1187] Letztlich wird sich allerdings der hierfür erforderliche Aufwand zumindest für das vorgeschlagene Modell in engen Grenzen halten: So erfasst bspw. die allgemein gehaltene fair value Ausschüttungssperre sämtliche zum fair value bewerteten Bilanzposten; selbst nachträgliche Änderungen von Bewertungskategorien hin zu einer fair value Bilanzierung würden mithin automatisch von dieser Ausschüttungssperre erfasst werden. Gleiches würde sich im Übrigen für die verbleibenden Ausschüttungssperren ergeben, die bewusst auf die besonders unsicheren Erträge beschränkt worden sind. Denn eine Änderung des jeweiligen Standards hätte zunächst keinen Einfluss auf die implementierte Ausschüttungssperre. Von einer schier uferlosen dynamischen Normierungsnotwendigkeit, die mit der Implementierung von Ausschüttungssperren für die IFRS einhergehen würde, kann mithin keine Rede sein.[1188]

8. Fehlende empirische Untersuchungsergebnisse

Letztlich ist der Frage nachzugehen, ob das empfohlene Modell „IFRS-Einzelabschluss ergänzt um Sperrbuchungen nebst Ausschüttungssper-

---

1185 HENNRICHS, GmbHR 2011, S. 1065, 1072.

1186 HAVERMANN, WPg 1981, S. 564, 571; vgl. ZWIRNER, IFRS-Bilanzierungspraxis, S. 7 m.w.N.

1187 HENNRICHS, BFuP 2008, S. 415, 429.

1188 So aber HAAKER, ZGR 2010, S. 1055, 1088; vgl. diesbezüglich auch WÜSTEMANN/BISCHOF/KIERZEK, BB 2007, BB-Special 5, S. 13, 18; RAMMERT, BFuP 2004, S. 578, 588.

ren" mit einer empirischen Untersuchung hätte belegt werden müssen. Schließlich ist ohne eine empirische Untersuchung weder nachzuvollziehen, welche Auswirkungen die Ausschüttungssperren auf den IFRS-Gewinn haben, noch ist es möglich, einen direkten Vergleich zwischen dem „ausschüttbaren Betrag nach IFRS" und dem „ausschüttbaren Betrag nach HGB" zu ziehen. In Anbetracht der Zielsetzung der Arbeit – einen das deutsche Gläubiger- und Vorsichtsprinzip wahrenden ausschüttbaren Betrag auf der Grundlage eines IFRS-Abschlusses zu ermitteln – erscheint indes zumindest eine Gegenüberstellung der ausschüttbaren Beträge nach IFRS bzw. HGB erforderlich zu sein. Das Fehlen einer empirischen Untersuchung, die aufgrund ihrer Komplexität sowie des zu erbringenden Aufwands in dieser Arbeit nicht geliefert werden kann, wäre demnach als besonders schwerwiegend einzustufen.

Diese Reflexion ist allerdings zu relativieren. Der Gläubigerschutz eines Rechnungslegungssystems kann nicht durch das bloße Abstellen auf den nominal ausschüttbaren Betrag widergegeben werden. Insbesondere ein in den IFRS durch das „Mehr an Information" bereitgestellter Gläubigerschutz würde hierbei unberücksichtigt bleiben. Gerade durch die optimale(re) Information der Abschlussadressaten kann jedoch der optimale(re) Gläubigerschutz garantiert werden: „Denn was sollen sich Gläubiger mehr wünschen als eine bestmögliche Information über die wirtschaftlichen Verhältnisse ihrer Schuldnerin?"[1189] Der bloße Vergleich der nominal ausschüttbaren Beträge nach IFRS bzw. HGB mag demzufolge als Indiz für den tatsächlichen Gläubigerschutz herangezogen werden, weswegen eine empirische Untersuchung grundsätzlich wünschenswert ist. Erforderlich ist sie m.E. jedoch nicht – zumal der ausschüttbare Betrag nach IFRS ohnehin nicht in einen dem ausschüttbaren Betrag nach HGB *exakt* entsprechenden Betrag umgewandelt werden sollte. Schließlich wurde bewusst für nur wenige zu implementierende Ausschüttungssperren optiert, die lediglich die als *besonders unsicher angesehenen* Gewinne erfassen sollen.[1190] Denn letztlich ist bereits mit Kahle darauf hinzuweisen, dass ein höheres Einbehaltungserfordernis durchaus zu einer Positionsverschlechterung der Gläubiger führen kann – bspw., wenn die stille Auflösung der stillen Reserven zum Ausgleich von Unwirtschaftlichkeiten genutzt wird.[1191]

1189 LÜDENBACH/HOFFMANN, DStR 2008, Beihefter zu DStR 26, S. 3, 19.

1190 Sh. oben, S. 235 ff.

1191 KAHLE, WPg 2003, S. 262, 267; EWERT, Rechnungslegung, S. 250 f.; zur Kritik stiller Reserven bereits oben, S. 80 ff.

9. Resümee

Die möglichen Einwände gegen das präferierte Modell „IFRS-Einzelabschluss ergänzt um Sperrbuchungen nebst Ausschüttungssperren" haben offenbart, dass eine Umstellung der Ausschüttungsbemessung von HGB auf IFRS naturgemäß nicht nur mit Vorteilen behaftet ist, sondern auch zu Problemen führt. Zu kritisieren ist vor allem die derzeitige Komplexität, die aktuelle Änderungsdynamik und die hiermit einhergehende Fehleranfälligkeit der IFRS. Diesbezüglich ist eine deutliche Reduzierung anzustreben. Zwar können die IFRS nicht als perfektes Rechnungslegungssystem verstanden werden, so dass sie – wie jedes andere Rechnungslegungssystem – einer stetigen Weiterentwicklung und Anpassung bedürfen. Insofern ist jedoch grundsätzlich eine maßvollere Herangehensweise erforderlich. Um das zu gewährleisten, können und müssen die politisch Verantwortlichen bereits vor dem Standardsetzungsverfahren Einfluss auf das IASB nehmen – zugleich mit dem Ziel, die demokratische Legitimation der IFRS weiter zu stärken. Schließlich sind das die wesentlichen Aufgaben, denen sich die nationalen Einrichtungen in Zusammenarbeit mit dem Standardsetter zu stellen haben, um die vereinzelt rigorose Ablehnung der IFRS weiter einzudämmen.

Letztlich ist den dargestellten Einwänden sowie den Opponenten der IFRS entgegenzuhalten, dass die einzige Alternative – eine Ausschüttungsbemessung nach dem HGB – keineswegs als „goldene Brücke zu einem gläubigerschützenden ausschüttbaren Betrag" bzw. „zu einem perfekten Jahresabschluss" verstanden werden darf. Diesbezüglich sind insbesondere die Eckpfeiler des HGB – das Gläubiger- und Vorsichtsprinzip – aufgrund der hiermit einhergehenden Schaffung stiller Reserven zu kritisieren. So zeigen neben den bereits aufgeführten und bekannten Kritikpunkten[1192] ökonomische Analysen, dass eine vorsichtige Bilanzierung nicht gleichzeitig eine werthaltigere Sicherung der Gläubigeransprüche zur Folge hat.[1193] Eine Studie von *Wielenberg* belegt sogar, dass die Schaffung stiller Reserven zu ineffizienten Liquidationsanreizen und damit zu einer Gefährdung der Gläubiger führen *kann*:[1194] Gerade in

1192 Vgl. nochmals oben, S. 80 ff.

1193 EWERT/WAGENHOFER, BfUP 2003, S. 603, 609, die ausführen: „Die Position der Gläubiger scheint [durch eine vorsichtigere Bilanzierung] vordergründig sicherer geworden zu sein, tatsächlich ist aber das Gegenteil der Fall." (Ausführungen in [] ergänzt durch Verfasser); ähnlich auch WIELENBERG, zfbf 2009, S. 2, m.w.N.; vgl. ferner das Beispiel bei WAGENHOFER/EWERT, Externe Unternehmensrechnung, S. 212 ff.

1194 Vgl. hierzu WIELENBERG, zfbf 2009, S. 2.; a.A. wohl SCHILDBACH, BFuP 2008, S. 449 ff.

Zeiten absehbar negativer Unternehmensentwicklung in Verbindung mit hohen Gläubigeransprüchen (also in Krisenzeiten und somit gerade dann, wenn der Gläubigerschutz am ehesten benötigt wird) werden die Eigenkapitalgeber „alle Möglichkeiten nutzen, durch „rechtzeitige“ Ausschüttungen den Wert ihrer Ansprüche zu maximieren.“[1195] Zu befürchten ist, dass dies in erster Linie durch die Veräußerung von solchen Vermögensgegenständen geschehen wird, deren Liquidationswerte weit über den vorsichtig bewerteten Buchwerten liegen. Denn die hieraus entstehenden „Buchgewinne“ können und dürfen ausgeschüttet werden. Im Falle ihrer Ausschüttung entziehen sie dem Unternehmen dann aber die dringend benötigte Liquidität – was in Extremsituationen die Insolvenz des Unternehmens auslösen *kann*. Diese besonders gläubigergefährdenden Ausführungen lassen weiterführende Beanstandungen, die eine Bevorzugung bestimmter „gut informierter“ Gläubigergruppen zu Lasten restlicher „schlecht informierter“ Gläubiger[1196] oder Nachteile für die Investitionspolitik des Unternehmens[1197] durch eine vorsichtige Bilanzierung beweisen, nahezu in den Hintergrund treten.

Nach alledem ist das Folgende zu konstatieren: Paradoxerweise *kann* das im HGB dominierende Gläubiger- und Vorsichtsprinzip selbst den Gläubigerschutz konterkarieren – obwohl das zuerst Genannte dem zuletzt Genannten eigentlich dienen sollte. Ob deswegen jedoch eine unvorsichtige Bilanzierung nach IFRS zu präferieren ist, mag bezweifelt werden. Letztlich stellt das Modell „IFRS-Einzelabschluss ergänzt um Sperrbuchungen nebst Ausschüttungssperren“ aufgrund des mit ihm einhergehenden Gläubigerschutzes durch Information und der Generierung eines vorsichtigen, ausschüttbaren Betrages aber eine echte Alternative zum tradierten HGB-Abschluss dar.

1195 WIELENBERG, zfbf 2009, S. 2, 19 f.

1196 Hierzu BIGUS, zfbf 2007, S. 567 ff. m.w.N.; a.A. aber SCHILDBACH, BFuP 2008, S. 449, 461, der aufführt, dass die Gesamtheit der Gläubiger durch eine vorsichtige Rechnungslegung besser gestellt werde und die Regelung von Interessengegensätzen zwischen Gläubigergruppen im Insolvenzrecht zu erfolgen habe.

1197 Diesbezüglich LEUZ, Rechnungslegung und Kreditfinanzierung, S. 89.

Vierter Abschnitt: Zusammenfassung, Ergebnis und Ausblick

§ 1 Zusammenfassung

Das HGB und die IFRS beruhen auf divergierenden Rechnungszwecken. Während der HGB-Abschluss neben der Bereitstellung von Informationen für die am Unternehmen Beteiligten die Bemessung einer Ausschüttungsgrundlage als eine von zwei Hauptfunktionen zur Aufgabe hat, konzentriert sich der IFRS-Abschluss ausschließlich auf die Vermittlung entscheidungsnützlicher Informationen (decision usefulness) für existierende und potentielle Investoren, vgl. CF.OB2. Hieraus resultiert freilich eine in den Systemen vorzufindende heterogene Akzentuierung der zur Verfügung stehenden „Grundprinzipien der Rechnungslegung": Während das HGB zur Begenzung des ausschüttbaren Betrages sowie zum Schutze der Gläubiger dem Vorsichtsprinzip eine hervorgehobene Bedeutung zuspricht,[1198] wollen die IFRS dem „user" eine nahezu „perfectly faithful representation" liefern, vgl. CF.QC12. Das hat Auswirkungen auf den jeweils zu ermittelnden Gewinn. Das HGB setzt auf einen eher vorsichtigen und damit eher zu niedrigen Gewinnausweis. Die IFRS hingegen begehren zur Erlangung des „true and fair view" sogar den Ausweis von bloßen Ertragspotentialen; schließlich handelt es sich hierbei zwar um am Absatzmarkt nicht realisierte, aber dennoch jederzeit realisierbare Erträge. Damit fällt zugleich der periodisierte Gewinn nach IFRS in der Regel wahrheitsgetreuer und damit eher höher aus.

Dabei liegt der Vorteil eines einzigen Rechnungszwecks auf der Hand: Das vordergründig zu erreichende Informationsniveau des IFRS-Abschlusses wird nicht wie im HGB-Abschluss durch das Vorsichtsprinzip „verfälscht". Nachteilig wirkt sich indes aus, dass man aufgrund der Außerachtlassung des Vorsichtsprinzips zu der Auffassung gelangen mag, die IFRS wären als Ausschüttungsbemessungsgrundlage gänzlich ungeeignet. Gerade unter den Aspekten des Gläubigerschutzes erscheint der

1198 Teilweise wird sogar vertreten, das Vorsichtsprinzip „dominiere" das deutsche Bilanzrecht; vgl. hierzu BEHRENS in Dauses (Hrsg.), EU-Wirtschaftsrecht, E. III, Rz. 82, Fn. 153; SYLVESTER, ZfCM 2004, S. 89, 90.

IFRS-Gewinn als zu unsicher und zu hoch. Dennoch ist zu berücksichtigen, dass neun EU-Länder den (unmodifizierten) IFRS-Abschluss zur Ermittlung eines ausschüttbaren Betrages nutzen.[1199] In Deutschland herrscht jedoch bereits seit der großen Depression im Jahre 1929 die (historisch gewachsene) Einsicht, die Gläubiger von Kapitalgesellschaften bedürften wegen der Haftungsbegrenzung auf das Gesellschaftervermögen eines besonderen Schutzes; ausschüttbar kann hierzulande demnach nur ein vorsichtig ermittelter Betrag sein.

Diesen Anforderungen wird der (unmodifizierte) IFRS-Gewinn freilich nicht gerecht. Möchte man die IFRS daher für Deutschland als Ausschüttungsbemessungsgrundlage heranziehen, ist der nach den IFRS ermittelte Gewinne weitergehend zu modifizieren. So nehmen bspw. acht EU- sowie weitere Nicht-EU-Länder Veränderungen an dem nach den IFRS ermittelten Gewinn zur Bemessung eines ausschüttbaren Betrages vor.[1200] Ein Solvenztest käme – wie mancherorts praktiziert – für Deutschland allerdings nicht in Frage: In einem Solvenztest werden die Ertragspotentiale eines IFRS-Abschlusses lediglich durch ihre Einzahlungspotentiale ersetzt.[1201] Eine Eliminierung der unrealisierten bzw. als zu unsicher angesehenen IFRS-Erträge erfolgt aber gerade nicht. Folgerichtig kann mit einem Solvenztest nicht das benötigte „Mehr an Gläubigerschutz" erreicht werden.

Genau dieses „Mehr an Gläubigerschutz" vermag jedoch das Modell „IFRS-Einzelabschluss ergänzt um Sperrbuchungen nebst Ausschüttungssperren" zu gewährleisten: Nach dem Vorbild des § 268 Abs. 8 HGB ist zur Umsetzung des Modells die Implementierung von Ausschüttungssperren in das nationale oder (vorzugsweise) europäische Recht für die als besonders unsicher anzusehenden IFRS-Erträge vorzusehen. Der besondere Vorteil solcher Sperrbuchungen besteht zudem darin, dass die unrealisierten Erträge auf einem Sperrkonto separiert werden und somit für alle Abschlussadressaten leicht zu identifizieren sind. Darüber hinaus werden zur Wahrung des deutschen Gläubiger- und Vorsichtsprinzips im Einzelnen Ausschüttungssperren für die nach der PoC-Methode entstandenen Forderungen aus construction contracts, die internally generated intangible assets, den goodwill und die saldier-

---

1199 Vgl. KPMG, Feasibility Study on Capital Maintenance – Main Report, S. 1; vgl. auch EUROPEAN COMMISSION, Implementation of the IAS Regulation (1606/2002) in the EU and EEA.

1200 Vgl. ebd.; vgl. ferner die Ausführungen zu Australien, Neuseeland und Großbritannien oben, S. 169 ff.

1201 Vgl. hierzu oben, S. 183 ff.

ten aktiven deferred taxes implementiert. Ferner ist im Bereich der fair value Bilanzierung der Betrag mit einer Ausschüttungssperre zu versehen, der über den (historischen) AHK des jeweiligen assets liegt. Zwar wurde aufgezeigt, dass die Umsetzung des präferierten Modells nicht nur mit Vorteilen verbunden ist, sondern zugleich Probleme birgt. So ist vor allem die Komplexität, die aktuelle Änderungsdynamik und die hiermit einhergehende Fehleranfälligkeit der IFRS zu kritisieren. Darüber hinaus wurde mit dem Stichwort der „zweiten Schattenbilanz" und dem Verweis auf die Rechtslage in Großbritannien veranschaulicht, dass nicht alle unsicheren IFRS-Erträge gesperrt werden (können). Auch das Modell „IFRS-Einzelabschluss ergänzt um Sperrbuchungen nebst Ausschüttungssperren" führt demzufolge zu einer *vermeintlichen* Einschränkungen des Gläubigerschutzprinzips.

Paradoxerweise *kann* aber das im HGB dominierende Vorsichtsprinzip selbst den Gläubigerschutz durch die Schaffung stiller Reserven konterkarieren.[1202] Obschon das Handelsbilanzrecht bereits seit 1937 als Grundlage für die Bemessung bzw. Einschränkung eines Gewinns dient, der (*vermeintlich*) unbedenklich an die Anteilseigner ausgeschüttet werden darf, kann eine potentielle Beeinträchtigung des Gläubigerschutzprinzips durch die vorsichtige Bilanzierung mithin nicht geleugnet werden. Schwer wiegt in diesem Zusammenhang zudem die Tatsache, dass sich das HGB – im Gegensatz zu den IFRS – nicht darauf berufen kann, durch die Bereitstellung nützlicher Informationen ein „Mehr an Gläubigerschutz" zu erreichen – schließlich wird das Informationsniveau des HGB doch gerade durch die Schaffung stiller Reserven verfälscht.[1203] Gleiches gilt im Übrigen für einzelne fragwürdige Ansatz- und Bewertungsvorschriften des Handelsbilanzrechts, wie bspw. die des Art. 28 sowie Art. 67 EGHGB.[1204]

Als vorläufiges Ergebnis ist demnach das Folgende zu konstatieren: Sowohl das HGB als auch die IFRS haben im Rahmen der Ermittlung eines gläubigerschützenden ausschüttbaren Betrages mit (den Gläubigerschutz beeinträchtigenden) Makeln zu kämpfen. Der IFRS-Abschluss *kann* unrealisierte Gewinne erheblichen Ausmaßes enthalten, gewährleistet aber zumindest durch sein zur Verfügung gestelltes Informations-

---

1202 Vgl. oben, S. 253 m.w.N.

1203 Vgl. auch die Ausführungen zu den langfristigen Fertigungsaufträgen nach HGB: Hier führt die ausschließliche Anwendung der Completed Contract-Method zu einer „verheerenden" Modifizierung der Vermögens-, Finanz- und Ertragslage eines Unternehmens, oben, S. 96.

1204 Vgl. hierzu im Einzelnen bereits oben, S. 123 sowie S. 130.

niveau ein gewisses Maß an Gläubigerschutz. Das HGB hingegen vermag durch seine vorsichtige Bilanzierung den Gläubigerschutz vordergründig zu sichern; gerade in Krisenzeiten *kann* die Bildung stiller Reserven aber dem (dann) dringend benötigten Gläubigerschutz zuwiderlaufen.[1205] Letztlich konnte auch das *vermeintlich* gläubigerschützende HGB Grossinsolvenzen (wie bspw. die der Babcock Borsig AG[1206] oder der Maxfield GmbH[1207]) nicht verhindern – möglicherweise verhalf es den genannten Unternehmern sogar zur Insolvenzverschleppung.[1208] Vor diesem Hintergrund erscheinen Äußerungen, die IFRS wären als Ausschüttungsbemessungsgrundlage vollkommen ungeeignet, schwer verständlich – zumal die IFRS oder ihnen vergleichbare Rechnungslegungssysteme (wie z.B. die US-GAAP) weltweit zur Generierung eines (ggf. modifizierten) ausschüttbaren Betrages herangezogen werden. Nicht zuletzt mit dem favorisierten Modell „IFRS-Einzelabschluss ergänzt um Sperrbuchungen nebst Ausschüttungssperren" wurde schließlich eine gläubigerschützende Modifizierung des IFRS-Gewinns aufgezeigt. Zieht man die im IFRS-Abschluss bereitgestellte Information als zusätzlichen Gläubigerschutz mit ein, ist dieses Modell m.E. in der Lage, einen das deutsche Gläubiger- und Vorsichtsprinzip wahrenden ausschüttbaren Betrag zu generieren. Zwar gilt es, die verbleibenden Einwände zu beheben. Das erscheint jedoch – wie oben aufgezeigt – im Bereich des Möglichen zu liegen.[1209]

Mithin verbleibt die Frage zu klären, welches Rechnungslegungssystem zur Bemessung von Ausschüttungen in Deutschland zu präferieren ist. Zumindest eine direkte Gegenüberstellung der gerade zusammengefassten Argumente erweckt den Anschein, es ergäbe sich eine Art

---

1205 Ausführlich zur Gläubigergefährdung durch die Schaffung stiller Reserven – insbesondere im Zusammenhang mit der Ausschüttung von Buchgewinnen im Falle einer drohenden Insolvenz sowie im Rahmen von ineffizienten Liquidationsanreizen – bereits das vorherige Kapitel, S. 252 f.; ferner S. 81 ff.; jeweils m.w.N.

1206 Insofern ist auf die nachgewiesene Insolvenzverschleppung des Ex-Vorstandschefs Klaus-Gerd Lederer hinzuweisen. Dieser hat schon im April 2002 von der Zahlungsunfähigkeit der Babcock Borsig AG gewusst hat. Insolvenzantrag stellte er jedoch erst drei Monate später; vgl. FAZ v. 23.09.2008, Nr. 223, S. 18, Kurze Personalien; ausführlich zu dem spektakulären Fall AG Duisburg, Beschluss v. 01.09.2002 – 62 IN 167/02 in NZI 2002, S. 556 – 560.

1207 Zur diesbezüglichen fahrlässigen Insolvenzverschleppung des Geschäftsführers Franjo Pooth und der Vorwürfen gegen die Stadtsparkasse Düsseldorf sowie der Wirtschaftsprüfungsgesellschaft vgl. FAZ v. 03.03.2009, Nr. 52, S. 9, Franjo Pooth wegen Bestechung verurteilt; ferner BECK-AKTUELL, Mitteilung v. 03.03.2009, becklink 276907.

1208 Vgl. hierzu die Ausführungen in den Fn. 1206 sowie 1207.

1209 Sh. hierzu das Kapitel Dritter Abschnitt: § 3 IX. 243 ff.

Pattsituation zwischen HGB-Einzelabschluss und „IFRS-Einzelabschluss ergänzt um Sperrbuchungen nebst Ausschüttungssperren"; weder der zuerst Genannte noch der zuletzt genannte vermochten vollends zu überzeugen. Offensichtlich sprechen aber weiterführende Gründe für eine eindeutige Lösung.

§ 2 Ergebnis und Ausblick

So sind es die in der Einleitung geschilderten Motive, die das Ergebnis determinieren. Im Einzelnen ist auf die derzeitige Pflicht zur „Dreifachbilanzierung" hinzuweisen, durch die den deutschen kapitalmarktorientierten Unternehmen mitunter beachtliche externe und interne Kosten entstehen.[1210] Das hat negative Auswirkungen auf ihre Wettbewerbsfähigkeit. Zu Recht wurde daher schon eingangs die Problematik aufgeworfen: „Wie viele Bilanzen verträgt die Wirtschaft?" HGB-/BilMoG-, IFRS- sowie (eigenständige)[1211] EStG-Bilanz – eine Reduzierung erscheint vonnöten zu sein. Mit dem Modell „IFRS-Einzelabschluss ergänzt um Sperrbuchungen nebst Ausschüttungssperren" wurde nun aufgezeigt, dass ein gläubigerschützender, ausschüttbarer Betrag unter Zugrundelegung der IFRS generiert werden kann. Der HGB-Abschluss könnte demnach entfallen.[1212] Kann dies auch vice versa gelten?

Vereinzelt wird vorgeschlagen, anstelle des HGB-Abschlusses schlicht auf den IFRS-Abschluss zu verzichten.[1213] Das würde allerdings bedin-

---

1210 Vgl. hierzu bereits oben, S. 151 m.w.N.; zur Problematik der im HGB-Abschluss durch das Vorsichtsprinzip bedingten und im Vergleich zum IFRS-Abschluss ungünstigeren Gestaltungsmöglichkeit der Aktivseite sowie den Folgen (niedrigerer Gewinnausweis, schlechtere Unternehmensbewertung sowie höhere Zinsen) sh. ausführlich oben, S. 9 f.

1211 Die sog. Einheitsbilanz ist spätestens nach dem BilMoG passé; vgl. WEBER-GRELLET, DB 2010, S. 2298, 2303; HOFFMANN, StuB 2010, S. 209, 210; LOITZ, DB 2009, S. 913, 919.

1212 Dies würde nach den Untersuchungen dieser Arbeit zumindest für die handelsbilanzrechtlichen Zwecke der Ausschüttungsbemessung gelten. Ob bzw. wie der HGB-Abschluss darüber hinaus aufgrund seiner aufsichtsrechtlichen Zwecke (vgl. hierzu bspw. FEHRENBACHER in MüKo HGB, § 325, Rz. 86) sowie seiner vielfältigen normativen Verknüpfungen gänzlich durch den IFRS-Abschluss abgelöst werden könnte, bedürfte hingegen weiterführenden Erörterungen, die im Rahmen dieser Arbeit aufgrund des damit einhergehenden Umfanges nicht (mehr) behandelt werden können.

1213 Vgl. die Äußerungen von BAETGE/BREMBT, WPg 2011, S. 572, 580, die aufgrund der benötigten Harmonisierung der Rechnungslegung aus deutscher Sicht eine EU-weit verpflichtende Anwendung des HGB für wünschenswert erachten.

gen, dass der HGB-Abschluss das Informationsniveau des IFRS-Abschlusses zu wahren vermag. Gerade das Vorsichtsprinzip und die hiermit einhergehende Bildung stiller Reserven verhindern aber eine den IFRS vergleichbare faithful representation mittels decision usefulness. Zudem muss in diesem Zusammenhang auf die Senkung der Finanzierungskosten deutscher Unternehmen hingewiesen werden, die durch die Umstellung von HGB auf IFRS erreicht worden ist.[1214] Da Bankkredite nach der Finanzierung aus dem Cashflow zu den „wichtigsten Finanzierungsinstrumenten" für deutsche Unternehmen gehören,[1215] hätte ein Wegfallen des IFRS-Abschlusses zumindest unter Kostenaspekten erneut nachteilige Auswirkungen auf die Wettbewerbsfähigkeit deutscher Unternehmen. Der Wegfall des IFRS-Abschlusses erscheint mithin nicht vorteilhaft zu sein.

Ohnehin versetzt der Vorschlag einer Wiederabschaffung des IFRS-Abschlusses aber in Erstaunen. In Zeiten zunehmender Globalisierung und Internationalisierung wäre eine Abschottung Deutschlands sowie der nationalen Rechnungslegung sicherlich der falsche Weg – gerade für Deutschland. Bereits im Jahre 2010 erwirtschafteten die im DAX gelisteten Unternehmen nur noch 25 % ihres Umsatzes in Deutschland, 75 % dagegen im Ausland.[1216] Das Bedürfnis nach international verständlichen Jahresabschlüssen ist daher sowohl für die deutschen als auch für die ausländischen Unternehmen von Bedeutung.[1217] Des Weiteren haben die Ausführungen zu der ehemaligen Investmentbank Lehman Brothers aufgezeigt, dass die zunehmend international operierenden Unternehmen die nationalen Bilanzierungsregeln bewusst gegeneinander ausspielen können (und wollen). Insofern kann auch nicht von einem erhofften Einzelfall ausgegangen werden.[1218] Erst in jüngster Zeit sorgte die französisch-belgische Dexia Société anonyme durch die Ausnutzung nationaler Regelungen erneut für weltweites Aufsehen.[1219] Global operierende Un-

---

1214 Zu den niedrigeren Finanzierungsmöglichkeiten im Zusammenhang mit der Umstellung von HGB auf IFRS bereits oben, S. 151 f. m.w.N.

1215 BDI, Die größten Familienunternehmen in Deutschland, S. 20; ähnlich VATER, PiR 2010, S. 128, der die Bankkredite gar als „wichtigstes Finanzierungsmittel" für deutsche Unternehmen bezeichnet.

1216 Vgl. ERNST & YOUNG, Entwicklung der Dax-30-Unternehmen 2009/2010, S. 6.

1217 So wird bereits aus der Praxis berichtet, dass die international agierenden Rating-Agenturen die HGB-Abschlüsse nicht immer richtig verstehen würden; sh. HENNRICHS, DK 2008, S. 478, 480.

1218 Vgl. diesbezüglich bereits oben, S. 6.

1219 Die Dexia Société anonyme verlieh 1,5 Mrd. € an Investoren, damit diese von dem Geld Aktien des Instituts kaufen konnten. Dabei akzeptierte Dexia Société anonyme ternehmen müssen folglich durch globale Regelungen eingeschränkt werden – „nicht weniger Europa, sondern [...] mehr Europa" wird benötigt.[1220]

Letztlich wäre das Festhalten an einem vermeintlich gläubigerschützenden HGB-Einzelabschluss zur Bemessung eines ausschüttbaren Betrages fast schon eine Farce. Unlängst dient im Konzernbereich der Konzernabschluss und damit in der EU das IFRS-Konzernabschlussergebnis faktisch der Ausschüttungsbemessung.[1221] Gleiches gilt für künftig zu begebende Kreditvolumina, Managementvergütungen sowie Lohn- und Gehaltssteigerungen.[1222] So zeigen im Bereich der Dividendenausschüttung neuerliche Untersuchungen, dass sich die Ausschüttungsquoten deutscher börsennotierter AGs aufgrund der Internationalisierung den Quoten in Ländern wie bspw. Frankreich und Italien angenähert haben und inzwischen auf einem identischen Niveau liegen (obwohl mitunter beachtliche Unterschiede bei der Gewinnverwendungsentscheidung existieren, die bspw. in Frankreich und Italien vollständig im Ermessen der Hauptversammlung liegt).[1223]

Infolgedessen sollte Deutschland gerade im Hinblick auf eine mögliche weltweite Harmonisierung der Rechnungslegung mit gutem Beispiel vorangehen und sich von seinem tradierten Handelsbilanzrecht mit Bedacht – also behutsam – lösen. Hierfür könnte zunächst ein „echtes Wahlrecht" (also der IFRS-Einzelabschluss als Ausschüttungsbemessungsgrundlage) für solche kapitalmarktorientierte Unternehmen eingeführt werden, die schon nach geltendem Recht einen IFRS-Konzernabschluss aufzustellen haben. Darüber hinaus wäre ein „echtes Wahlrecht" für

sogar die eigenen Aktien als Sicherheiten für das begebene Darlehen. Eine solche Vorgehensweise ist zwar in den meisten Rechtssystemen illegal und wurde von der EU nun verboten, verstieß aber zum Zeitpunkt der Durchführung nicht gegen das anzuwendende belgische Recht. Vgl. FTE v. 21.10.2011, S. 1, Dexia lent € 1.5bn to investors so they could buy shares in ... Dexia.

1220 Vgl. die Äußerungen von MERKEL, Angela auf dem 24. Parteitag der CDU in Leipzig; ferner GLUCKSMANN/LÉVY/SCHNEIDER/BUCH, Manifest gegen den antieuropäischen Kleingeist, abrufbar unter: http://derstandard.at/1323222687947/Reaktion-Helmut-Schmidt-und-der-Neoliberalismus.

1221 Vgl. KÜTING/LORSON/EICHENLAUB/TOEBE, GmbHR 2011, S. 1; ferner PELLENS/GASSEN/RICHARD, DBW 2003, S. 309, 328 f.; KÜTING/WEBER, Der Konzernabschluss, S. 101 f.; PELLENS, DBW 2008, S. 495, 496.

1222 Vgl. ebd. m.w.N.

1223 Vgl. DRYGALA, KöKo AktG, § 58, Rz. 16; vgl. diesbezüglich auch die DSW, Dividenden-Untersuchung 2010, einsehbar unter: http://www.dsw-info.de/uploads/media/DSW-FOM-Dividendenausschuettungspolitik_ DAX_2010.pdf.

diejenigen Unternehmen zu implementieren, die ihren Einzelabschluss wahlweise auf IFRS umstellen möchten. Schließlich ergab eine aktuelle Studie, dass sich 34 % aller nicht kapitalmarktorientierten Unternehmen eine Umstellung auf die IFRS for SMEs im Einzelabschluss vorstellen können. 53 % der befragten Unternehmen verlangen aber gleichzeitig die Anerkennung der Standards für die Ausschüttungsbemessung.[1224] Die Attraktivität der IFRS ist also gegeben – es müssen lediglich anwendbare Rahmenvoraussetzungen geschaffen werden. Das Modell „IFRS-Einzelabschluss ergänzt um Sperrbuchungen nebst Ausschüttungssperren" vermag dies zu leisten.

Zu guter Letzt ist die Frage aufzuwerfen: Quo vadis Rechnungslegung? Das präferierte Modell kann m.E. nur als Wegbereiter für eine maßvolle sowie bedachte Umstellung der nationalen Rechnungslegung dienen. Mittlerweile ist „fast jedes große oder mittelständische Unternehmen in einen Konzern eingebunden".[1225] Diese Tatsache kann und darf nicht spurlos an dem (*zum Zwecke der Ausschüttung* auf den Einzelabschluss fokussierten) HGB vorübergehen. So lassen internationale Großinsolvenzen bereits erste Rückschlüsse über gläubigergefährdende Mittelverschiebungen auf Konzernebene zu – lediglich konkrete Hinweise auf den fraudulenten Ursprung bzw. den endgültigen Verbleib der Mittel fehlen.[1226] Zudem haben die Ausführungen zu Lehman Brothers, der Finanzkrise sowie den Zweckgesellschaften veranschaulicht,[1227] dass global operierende Unternehmen mit Leichtigkeit die national divergierenden Bilanzierungssysteme gegeneinander auszuspielen vermochten, indem sie ihre Bilanzrisiken (zumindest) aus ihren (Einzel-)Abschlüssen schlicht auszugliedern vermochten. Freilich wurde die zuletzt genannte „neue Unternehmensstrategie" auch in Deutschland lanciert. Der heimische Steuerzahler hat im Zuge der Finanzkrise mit der HSH Nordbank, der IKB, der WestLB, der Bayrischen Landesbank sowie der Hypo Real Estate gleich mehrere Finanzinstitute retten müssen, die „gigantische" Bilanzrisiken in ausländische – und damit einem anderen Bilanzierungs-

1224 Weitere 72 % der befragten Unternehmen verlangen zudem eine Anerkennung der IFRS for SMEs für die steuerliche Gewinnermittlung; vgl. EIERLE/HALLER in BDI/DRSC (Hrsg.), IFRS for SMEs, S. 31 ff.; ferner ZÜLCH/GÜTH/STAMM, WPg 2011, S. 709, 710.

1225 SCHEFFLER, Konzernmanagement, S. V; zur zunehmenden Bedeutung des Konzerns bereits oben, S. 147.

1226 FERBER in Bittmann (Hrsg.), Insolvenzstrafrecht, S. 109, 125.

1227 Vgl. zu Lehman Brothers und der Finanzkrise oben, S. 1 ff; zu den Zweckgesellschaften oben, S. 144 ff.

system unterliegende – Zweckgesellschaften ausgelagert haben und alsbald in Schieflage geraten sind.[1228] Insofern ist zu begrüßen, dass die Ermittlung der Eigenmittelausstattung von Institutsgruppen und Finanzholdinggruppen i.S.d. §§ 10a Abs. 1, 1 KWG inzwischen unter Berücksichtigung des Konzernabschlusses erfolgt, vgl. § 10a Abs. 7 KWG. Dies geht aber wohl noch nicht weit genug. Es sollten Überlegungen angestellt werden, die Ausschüttungsbemessung selbst zum Schutze der Gläubiger auf die Ebene des Konzerns zu übertragen.[1229] Schließlich liegen dort die wahren „Bomben" der Bilanzen;[1230] und nur so könnten potentielle Gewinnverlagerungen innerhalb der Konzerne mit der alleinigen Absicht einer Erhöhung des ausschüttbaren Betrages unterbunden werden. Ob hingegen mit dem Modell „IFRS-Konzernabschluss ergänzt um Sperrbuchungen nebst Ausschüttungssperren" ein adäquates Instrument für die Ausschüttungsbemessung auf Basis eines Konzernabschlusses vorhanden wäre, bleibt aufgrund der hierfür erforderlichen weitreichenden Veränderungen des nationalen Rechts fraglich und bedürfte einer weitergehenden Untersuchung.

1228 Vgl. HORN, BKR 2008, S. 452, 457; ebd. für das Zitat; ferner BARTHEL, DB 2009, S. 1025 und Fn. 1; bzgl. der Hypo Real Estate (bzw. die erst im Jahre 2007 übernommene Depfa Bank, deren Hauptsitz aus steuerlichen Gründen nach Irland verlegt worden ist) vgl. MÄRKER/HILLESHEIM, ZRP 2009, S. 65, 68.

1229 So im Ergebnis auch HENNRICHS, WPg 2011, S. 861, 866 f.; PELLENS/FÜLBIER, ZGR 2000, S. 572, 588; COENENBERG, Jahresabschluss und Jahresabschlussanalyse, S. 609; PELLENS in Elschen(Hrsg.), Unternehmenssicherung und Unternehmensentwicklung, S. 161 ff.; ausführlich bereits SCHILDBACH, WPg 1993, S. 53 bis 63 (Teil I) und S. 94 bis 98 (Teil II); GOLLNICK, Gewinnverwendung im Konzern, S. 171 bis 198; HINZ, Konzernabschluss und Ausschüttungsregelung, S. 47 bis 51.

1230 Vgl. SLAHOR/WEBER, ZInsO 2009, S. 2313, 2316; ferner bereits oben, S. 144 ff.

Literaturverzeichnis

ACKERMANN, THOMAS C. JR. / STERRETT, JAMES K. II: California's New Approach to Dividends and Reaquisitions of Shares, UCLA Law Review 1976, S. 1052 – 1093.

ADLER, HANS / DÜRING, WALTHER / SCHMALTZ, KURT (HRSG.): Rechnungslegung nach Internationalen Standards, Stuttgart, Stand: August 2011.

ADLER, HANS / DÜRING, WALTHER / SCHMALTZ, KURT: Rechnungslegung und Prüfung der Unternehmen, Teilband 1, §§ 238 – 263 HGB, 6. Auflage, Stuttgart, 1994.

ADLER, HANS / DÜRING, WALTHER / SCHMALTZ, KURT: Rechnungslegung und Prüfung der Unternehmen, Teilband 4, AktG, GmbHG, PublG, 6. Auflage, Stuttgart, 1994.

ADLER, HANS / DÜRING, WALTHER / SCHMALTZ, KURT: Rechnungslegung und Prüfung der Unternehmen, Teilband 5, §§ 264 – 274, 274a, 275 283 HGB, 6. Auflage, Stuttgart, 1994.

ARBEITSKREIS BILANZRECHT DER HOCHSCHULLEHRER RECHTSWISSENSCHAFT: Zur Fortentwicklung des deutschen Bilanzrechts, BB 2002, S. 2372 – 2381.

ARBEITSKREIS „IMMATERIELLE WERTE IM RECHNUNGSWESEN" DER SCHMALENBACH-GESELLSCHAFT FÜR BETRIEBSWIRTSCHAFT E.V.: Kategorisierung und bilanzielle Erfassung immaterieller Werte, DB 2001, S. 989 – 995.

ARNOLD, ARND: Zur ökonomischen Theorie des Solvenztests, DK 2007, S. 118 – 125.

ASCHFALK-EVERTZ, AGNES: Bilanzierung und Bewertung des Goodwill nach HGB und IFRS, WiSu 2009, S. 500 – 502.

BACHMANN, GREGOR: Private Ordnung, Habilitation, Tübingen, 2006.

BAETGE, JÖRG / APELT, BERND: Publizität kleiner und mittelständischer Kapitalgesellschaften und Harmonisierung der Rechnungslegung, BFuP 1992, S. 393 – 411.

BAETGE, JÖRG / BREMBT, TOBIAS: Möglichkeiten einer einheitlichen Rechnungslegung für nicht-kapitalmarktorientierte Unternehmen in der EU aus deutscher Sicht, WPg 2011, S. 572 – 580.

BAETGE, JÖRG / KIRSCH, HANS-JÜRGEN / THIELE, STEFAN: Bilanzen, 12. Auflage, Düsseldorf, 2012.

BAETGE, JÖRG / KIRSCH, HANS-JÜRGEN / THIELE, STEFAN: Bilanzrecht, Bonn, Stand: Dezember 2012.

BALLWIESER, WOLFGANG: Anforderungen des Kapitalmarkts an Bilanzansatz- und Bilanzbewertungsregeln, KoR 2001, S. 160 – 164.

BALLWIESER, WOLFGANG / KÜTING, KARLHEINZ / SCHILDBACH, THOMAS: Fair Value in der Krise, DB 2009 v. 04.12.2009, Seite I.

BARTHEL, CARL W.: Unternehmenswert: Konsequenzen aus der Subprime-Krise, DB 2009, S. 1025 – 1032.

BARTSCH, ANDREAS: Finanzmarktkirse: Die Stunde der Rechtssetzer, ZRP 2009, S. 97 – 101.

BAUER, ERIC / SIEBERT, JÖRG: Das neue Hauptbuch in SAP ERP Financials, Bonn, Dezember 2009.

BAUER, JÖRG: Grundlagen einer handels- und steuerrechtlichen Rechnungslegungspolitik der Unternehmung, Dissertation, Wiesbaden, 1981.

BAUMBACH, ADOLF / HOPT, KLAUS J.: Handelsgesetzbuch, Kommentar, 34. Auflage, München, 2010.

BAUMBACH, ADOLF / HUECK, ALFRED: GmbHG, Kommentar, 19. Auflage, München, 2010.

BECK, SIEGFRIED / DEPRÉ, PETER (HRSG.): Praxis der Insolvenz, ein Handbuch für die Beteiligten und ihre Berater, 2. Auflage, München, 2010.

BECK'SCHER BILANZKOMMENTAR HGB – BUDDE, WOLFGANG DIETER / CLEMM, HERMANN / PANKOW, MAX U.A. (HRSG.): Bilanzkommentar, Handelsbilanz, Steuerbilanz, 8. Auflage, München, 2012.

BECK'SCHES IFRS-HANDBUCH – BOHL, WERNER / RIESE, JOACHIM / SCHLÜTER, JÖRG (HRSG.): Beck'sches IFRS-Handbuch, Kommentierung der IFRS/IAS, 3. Auflage, München, 2009.

BECK'SCHES HANDBUCH DER GMBH – MÜLLER, WELF / WINKELJOHANN, NORBERT (HRSG.): Beck'sches Handbuch der GmbH, 4. Auflage, München, 2009.

BECK'SCHES HANDBUCH DER RECHNUNGSLEGUNG – BÖCKING, HANS-JOACHIM / CASTAN, EDGAR / HEYMANN, GERD U.A. (HRSG.): Beck'sches Handbuch der Rechnungslegung, Stand: August 2012.

BECK'SCHES STEUER- UND BILANZRECHTSLEXIKON, Edition 1/13, München 2013.

BENMELECH, EFRAIM / DLUGOSZ, JENNIFER: The alchemy of CDO credit ratings, Journal of Monetary Economics 2009, S. 617 – 634.

BERGER, AXEL: Was der DPR aufgefallen ist: Ermessensspielraum und die Bilanzierung von latenten Steuern auf Verlustvorträge, DB 2006, S. 2473 – 2475.

BERGMANN, JAN (HRSG.): Handlexikon der Europäischen Union, 4. neu bearbeitete und erweiterte Auflage, Baden-Baden, 2012.

BERLE, ADOLF A. / MEANS, GARDINER C.: The Modern Corporation & Private Property, New Brunsick, 1991 (originally published 1932).

BERTRAM, CHRISTIAN / KRAKUHN, JOACHIM / SCHÜZ, PETER: Auswirkungen des IFRS 9 auf die externe Berichterstattung von Kreditinstituten, IRZ 2012, S. 355 – 361.

BIEG, HARTMUT / BOFINGER, PETER / KÜTING, KARLHEINZ U.A.: Die Saarbrücker Initiative gegen den Fair Value, DB 2008, S. 2549 – 2552.

BIEG, HARTMUT / KUßMAUL, HEINZ: Externes Rechnungswesen, 4. Auflage, München u.a., 2006.

BIEKER, MARCUS: Die Bilanzierung von Euro-Bund-Futures nach HGB und IFRS Teil 1: Grundlagen und Fallbeispiel zur bilanziellen Erfassung gem. BilMoG, KoR 2011, S. 167 – 172.

BIEKER, MARCUS: Die Bilanzierung von Euro-Bund-Futures nach HGB und IFRS Teil 2: Fallbeispiel zur Bilanzierung von Sicherungszusammenhängen und kritische Analyse, KoR 2011, S. 218 – 222.

BIEKER, MARCUS: Finanzmarktkrise 2008: Der fair value im Karriere-Knick? Auswirkungen der Finanzmarktkrise auf die fair value-Bewertung von Finanzmarktinstrumenten nach IFRS, PiR 2008, S. 394 – 399.

BIGUS, JOCHEN: Das Vorsichtsprinzip bei Informationsasymmetrien zwischen Gläubigern, zfbf 2007, S. 567 – 587.

BIRK, DIETER: Das Leistungsfähigkeitsprinzip als Maßstab der Steuernormen, ein Beitrag zu den Grundfragen des Verhältnisses Steuerrecht und Verfassungsrecht, Habilitation, Köln, 1983.

BIRK, DIETER: Steuerrecht, 13. Auflage, Heidelberg, 2010.

BISSINGER, DANIEL / DORNAUER, BENJAMIN / SCHNEEMANN, INGO: Intangible Assets – Bewertung von immateriellen Vermögensgegenständen, CFB 2010, S. 240 – 252.

BITTER, GEORG: Flurschäden im Gläubigerschutz durch „Centros & Co.“? WM 2004, S. 2190 – 2200.

BITTMANN, FOLKER (HRSG.): Insolvenzstrafrecht, Handbuch für die Praxis, Berlin, 2004.

BITZ, MICHAEL / DOMESCH, MICHEL / EWERT, RALF U.A.: Vahlens Kompendium der Betriebswirtschaftslehre, Band 1, 5. Auflage, Februar 2005.

BLÜMICH, WALTER – HEUERMANN, BERND (HRSG.): EStG, KStG, GewStG Kommentar, herausgegeben von Heuermann, Bernd, München, Stand: August 2012.

BÖCKING, HANS-JOACHIM / DUTZI, ANDREAS: Zur Notwendigkeit eines zusätzlichen Solvenztests, DK 2007, S. 435 – 441.

BÖCKING, HANS-JOACHIM / FLICK, CAROLINE: Die Saarbrücker Initiative gegen den Fair Value, Erwiderung von Prof. Dr. Hans-Joachim Bökking und Dr. Caroline Flick, DB 2009, S. 185 – 188.

BÖCKING, HANS-JOACHIM / SITTMANN-HAURY, CAROLINE: Forderungsbewertung: Anschaffungskosten versus Fair Value, BB 2003, S. 195 – 200.

BONNER HANDBUCH DER RECHNUNGSLEGUNG – HOFBAUER, MAX A. / KUPSCH, PETER / GREWE, WOLFGANG U.A. (HRSG.): Bonner Handbuch der Rechnungslegung, Bonn, Stand: Oktober 2012.

BOOS, KARL-HEINZ / FISCHER, REINFRID / SCHULTE-MATTLER, HERMANN (HRSG.): Kreditwesengesetz, Kommentar zu KWG und Ausführungsvorschriften, 4. Auflage, München, 2012.

BORMANN, MICHAEL: Unabhängigkeit des Abschlussprüfers: Aufgabe und Chance für den Berufsstand, BB 2002, S. 190 – 197.

BORST, HANNE: BilMoG verbessert Marktchancen für die betriebliche Altersversorgung, VW 2010, S. 665.

BRAITHWAITE, TOM / KENNARD, MATTHEW / BAER, JUSTIN: Crisis inquiry points to widespread failures, FTE v. 28.01.2011, S. 16.

BREALEY, RICHARD A. / MYERS, STEWART C. / ALLEN, FRANKLIN: Principles of Corporate Finance, 9th edition, Boston u.a., November 2007.

BRINKMANN, RALPH / RILLING, ULRICH: IFRS für Ausschüttungszwecke geeignet? Accounting 6/2008, S. 11 – 15.

BRÖSEL, GERRIT / ZWIRNER, CHRISTIAN: Zum Goodwill nach IFRS aus Sicht des Abschlussprüfers, BFuP 2009, S. 190 – 207.

BUCHHEIM, REGINE / KNORR, LIESEL / SCHMIDT, MARTIN: Anwendung der IFRS in Europa: Das neue Endorsement-Verfahren, KoR 2008, S. 334 – 341.

BUDDE, DIETER / STEUBER, ELGIN: Rechnungslegung im Spannungsfeld zwischen Gläubigerschutz und Information der Gesellschafter, AG 1996, S. 542 – 550.

BUETTNER, KERSTIN / LORSON, PETER / MELCHER, WINFRIED: Bilanzierung von Pensionsverpflichtungen und Planvermögen nach BilMoG. Eine Fallstudie zu den Auswirkungen der Umstellung auf das neue HGB, KoR 2009, 461 – 472.

BUSCH, JULIA / ZWIRNER, CHRISTIAN: Goodwill Impairment – Fortschreibung des Geschäfts- oder Firmenwerts aus Unternehmensakquisitionen, IRZ 2011, S. 310 – 312.

BUSCH, JULIA / ZWIRNER, CHRISTIAN: Konsolidierung von Zweckgesellschaften nach IFRS 10, IRZ 2012, S. 373 – 376.

BUSCHHÜTER, MICHAEL / STRIEGEL, ANDREAS: Internationale Rechnungslegung, IFRS Praxis, 1. Auflage, Wiesbaden, 2009.

BUSSE VON COLBE, WALTHER / COENENBERG, ADOLF G. / KAJÜTER, PETER U.A. (HRSG.): Betriebswirtschaft für Führungskräfte, 3. Auflage, Schloss Gracht, Oktober 2007.

BUSSE VON COLBE, WALTHER / PELLENS, BERNHARD: Lexikon des Rechnungswesens, Handbuch der Bilanzierung und Prüfung, der Erlös-, Finanz-, Investitions- und Kostenrechnung, 4. Auflage, München, 1998.

BUSSE VON COLBE, WALTHER / SCHURBOHM-EBNETH, ANNE: Neue Vorschriften für den Konzernabschluss nach dem Entwurf für ein BilMoG, BB 2008, S. 98 – 102.

BUSSE VON COLBE, WALTHER / SEEBERG, THOMAS: Vereinbarkeit internationaler Konzernrechnungslegung mit handelsrechtlichen Grundsätzen, zfbf Sonderheft 43/1999, Juni 1997.

CHMIELEWICZ, KLAUS / SCHWEITZER, MARCELL: Handwörterbuch des Rechnungswesens, Enzyklopädie der Betriebswirtschaftslehre, 3. Auflage, Stuttgart, 1993.

CLAßEN, ROBERT / SCHULZ, SEBASTIAN: Leasingbilanzierung nach HGB und IFRS, StuB 2011, S. 3 – 10.

CLAUSSEN, CARSTEN / CREZELIUS, GEORG / HENNRICHS, JOACHIM U.A. (ARBEITSKREIS BILANZRECHT DER HOCHSCHULLEHRER RECHTSWISSENSCHAFT): Stellungnahme zu dem Entwurf eines BilMoG: Grundkonzept und Aktivierungsfragen, BB 2008, S. 152 – 158.

COENENBERG, ADOLF G. / DEFFNER, MANUEL / SCHULTZE, WOLFGANG: Erfolgsspaltung im Rahmen der erfolgswirtschaftlichen Analyse von IFRS-Abschlüssen, KoR 2005, S. 435 – 443.

COENENBERG, ADOLF G. / FRANK, S. / THI, TAMI DINH / SCHABERT, BETTINA / SCHULTZE, WOLFGANG: Auswirkungen der Rechnungslegungsumstellung von HGB auf IFRS auf zentrale Kennzahlen der Jahresabschlussanalyse, Ergebnisse einer empirischen Untersuchung, KoR 2011, S. 133 – 142.

COENENBERG, ADOLF G. / HALLER, AXEL / SCHULTZE, WOLFGANG: Jahresabschluss und Jahresabschlussanalyse, Betriebswirtschaftliche, handelsrechtliche, steuerrechtliche und internationale Grundsätze – HGB, IFRS, US-GAAP, 22. Auflage, Stuttgart 2012.

COENENBERG, ADOLF G. / MATTNER, GERHARD / SCHULTZE, WOLFGANG: Einführung in das Rechnungswesen, Grundzüge der Buchführung und Bilanzierung, 3. Auflage, Stuttgart, 2009.

COLOMBO, GIOVANNI E.: International Accounting Principles (IAS/IFRS), Share Capital and Net Worth: ECFR 2007, S. 553 – 570.

DASKE, HOLGER: Internationale Rechnungslegung und Kapitalkosten: Zum Stand der empirischen Rechnungswesenforschung, BFuP 2005, S. 455 – 473.

DAUSES, MANFRED A. (HRSG.): Handbuch des EU-Wirtschaftsrechts, Band 1 und 2, Stand: Juli 2012 (31. Ergänzungslieferung), München, 2012.

DEGENHART, CHRISTOPH: Staatsrecht I, Staatsorganisationsrecht, 28. Auflage, Heidelberg, Juli 2012.

DETERT, KARSTEN / SELLHORN, THORSTEN: Bilanzpolitik, DBW 2007, S. 247 – 252.

DOBLER, MICHAEL / KURZ, GERHARD: Aktivierungspflicht für immaterielle Vermögensgegenstände in der Entstehung nach dem RegE eines BilMoG, KoR 2008, S. 485 – 493.

DORALT, WERNER: Sind Rückstellungen steuerpolitisch gerechtfertigt? DB 1998, S. 1357 – 1358.

DÖRNER, ACHIM / NEUBERT, BOB: Praktische Bilanzierung von Entwicklungskosten nach dem Regierungsentwurf zum BilMoG, Eine Fallstudie zu Unterschieden zwischen Steuerrecht, BilMoG und IAS 38, IRZ 2008, S. 449 – 457.

DRYGALA, TIM: Stammkapital heute – Zum veränderten Verständnis vom System des festen Kapitals und seinen Konsequenzen, ZGR 2006, S. 587 – 637.

EBKE, WERNER F. / LUTTERMANN, CLAUS / SIEGEL, STANLEY: Internationale Rechnungslegungsstandards für börsenunabhängige Unternehmen? Baden-Baden, 2007.

EHRHARDT-RAUCH, ANDREA: Die Einnahmen-Überschuss-Rechnung als einheitliche Gewinnermittlungsart? DStZ 2001, S. 423 – 428.

EICHENGREEN, BARRY: Golden Fetters: The Gold Standard and the Great Depression 1919 – 1939, Oxford, 1996.

EIDEL, ULRIKE / STRICKMANN, MICHAEL: Schnelleinstieg Bilanzen, Bilanzen lesen, verstehen und erstellen. Regeln nach HGB, IFRS, 1. Auflage, Freiburg, 2007.

EISENBERG, MELVIN ARON: Corporations and Business Associations, Statutes, Rules, Materials and Forms, 2000 Edition, Westbury, New York.

EISENBERG, MELVIN ARON: Corporations and other Business Organizations, eighth edition, Westbury, New York, 2004.

EKKENGA, JENS: Einzelabschlüsse nach IFRS – Ende der aktien- und GmbH-rechtlichen Kapitalerhaltung? AG 2006, S. 389 – 397.

ELPRANA, KAI: Darstellung und kritische Würdigung der Konzernbilanzierung latenter Steuern nach IAS 12, Europäische Hochschulschriften: Reihe 5, Volks- und Betriebswirtschaft, Dissertation, Frankfurt am Main, 2007.

ELSCHEN, RAINER: Unternehmenssicherung und Unternehmensentwicklung, Stuttgart, 1996.

ENGERT, ANDREAS: Solvenzanforderungen als gesetzliche Ausschüttungssperren bei Kapitalgesellschaften, ZHR 2006, S. 297 – 335.

EPSTEIN, BARRY J. / NACH, RALPH / BRAGG, STEVEN M.: Wiley GAAP 2010, Interpretation and Application of Generally Accepted Accounting Principles, Hoboken, 2009.

ERCHINGER, HOLGER / MELCHER, WINFRIED: IFRS-Konzernrechnungslegung – Neuerungen nach IFRS 10, DB 2011, S. 1229 – 1238.

ERNST, CHRISTOPH / SEIDLER, HOLGER: Gesetz zur Modernisierung des Bilanzrechts nach Verabschiedung durch den Bundestag, BB 2009, S. 766 – 771.

EWERT, RALF: Rechnungslegung, Gläubigerschutz und Agency-Probleme, Dissertation, Wiesbaden, 1986.

EWERT, RALF / WAGENHOFER, ALFRED: Aspekte ökonomischer Forschung in der Rechnungslegung und Anwendung auf Ausschüttungsbemessung und Unabhängigkeit des Prüfers, BFuP 2003, S. 603 – 622.

FESTSCHRIFT KROPFF – FORSTER, KARL-HEINZ / GRUNEWALD, BARBARA / LUTTER, MARCUS U.A. (HRSG.): Festschrift für Bruno Kropff, Fehlentwicklungen im Rechnungslegungsrecht, Düsseldorf, 1997.

FESTSCHRIFT SCHAUMBURG – SPINDLER, WOLFGANG / TIPKE, KLAUS / RÖDDER, THOMAS (HRSG.): Festschrift für Harald Schaumburg zum 65. Geburtstag, Steuerzentrierte Rechtsberatung, Köln, 2009.

FESTSCHRIFT SEICHT – HAESELER, HERBERT / HÖRMANN, FRANZ (HRSG.): Rechnungslegung und Unternehmensführung in turbulenten Zeiten, Wien, 2009.

FINK, CHRISTIAN: Bilanzpolitisches Potential bei der Rückstellungsbildung und -bewertung nach neuem Handelsrecht, DB 2010, S. 2345 – 2352.

FINK, CHRISTIAN / SCHULTZE, WOLFGANG / WINKELJOHANN, NORBERT: Bilanzpolitik und Bilanzanalyse nach neuem Handelsrecht, Stuttgart, 2010.

FISCHER, DANIEL: IFRS 13 – Fair Value Measurement, PiR 2011, S. 235 – 238.

FISCHER, THOMAS M. / KLÖPFER, ELISABETH: Bilanzpolitik nach IFRS: Sind die IFRS objektiver als das HGB? KoR 2006, S. 709 – 719.

FISCHER, THOMAS M. / KLÖPFER, ELISABETH: Bilanzpolitisches Gestaltungspotential bei der Umstellung der Rechnungslegung von HGB auf IFRS – Empirische Untersuchung deutscher börsennotierter Unternehmen, ZfB 2008, S. 623 – 649.

FREIBERG, JENS: Pro & Contra, Senkung der Kapitalkosten durch IFRS? PiR 2011, S. 172.

FREIDANK, CARL-CHRISTIAN: Erfolgsrealisierung bei langfristigen Fertigungsprozessen, DB 1989, S. 1197 – 1204.

FRIEDMAN, MILTON / SCHWARTZ, ANNA JACOBSON: A Monetary History of the United States 1867 – 1960, National Bureau of Economic Research, Studies in Business Cycles, Princeton, 1963.

FROTSCHER, GERRIT: ESTG, Kommentar zum Einkommentsteuergesetz, Haufe Praxis Kommentar, Freiburg, Stand: Juli 2012.

FUCHS, MARKUS / STIBI, BERND: Reform des Gläubigerschutzes durch Kapitalerhaltung? Problembereiche eines Systemwandels der Ausschüttungsbemessung, BB 2007, S. 93 – 98.

FUCHS, MARKUS / STIBI, BERND: Solventest als Grundlage der Ausschüttungsbemessung – Anforderungen und betriebswirtschaftliche Gestaltungsmöglichkeiten, BB 2007, BB-Special 5, S. 19 – 24.

FÜLBIER, UWE / GASSEN, JOACHIM: Das Bilanzrechtsmodernisierungsgesetz (BilMoG): Handelsrechtliche GoB vor der Neuinterpretation, DB 2007, S. 2605 – 2612.

GASSEN, JOACHIM / FÜLBIER, ROLF UWE: Wird aus der Finanzkrise eine Bilanzkrise? FAZ v. 18.05.2009, Nr. 114, S. 12.

GASSEN, JOACHIM / PIERK, JOCHEN / WEIL, MATTHIAS: Pensionsrückstellungen nach dem BilMoG – Erste empirische Evidenz, DB 2011, S. 1061 – 1067.

GELHAUSEN, HANS FRIEDRICH / ALTHOFF, FRANK: Die Bilanzierung ausschüttungs- und abführungsgesperrter Beträge im handelsrechtlichen Jahresabschluss nach dem BilMoG (Teil 1), WPg 2009, S. 584 – 592.

GELHAUSEN, HANS FRIEDRICH / ALTHOFF, FRANK: Die Bilanzierung ausschüttungs- und abführungsgesperrter Beträge im handelsrechtlichen Jahresabschluss nach dem BilMoG (Teil 2), WPg 2009, S. 629 – 635.

GELHAUSEN, HANS FRIEDRICH / DEUBERT, MICHAEL / KLÖCKER, ANDRÉ: Zweckgesellschaften nach BilMoG: Mehrheit der Risiken und Chancen als Zurechnungskriterium, DB 2010, S. 2005 – 2011.

GELHAUSEN, HANS FRIEDRICH / FEY, GERD / KÄMPFER, GEORG: Rechnungslegung und Prüfung nach dem Bilanzrechtsmodernisierungsgesetz, Kommentar, Düsseldorf, 2009.

GEßLER, ERNST: Rücklagenbildung im Konzern, AG 1985, S. 257 – 263.

GEßLER, ERNST / HEFERMEHL, WOLFGANG / ECKARDT, ULRICH / KROPFF, BRUNO (HRSG.): Aktiengesetz, Band III, §§ 148 – 178, München, 1974.

GLADEN, WERNER: Performance Measurement, Controlling mit Kennzahlen, 4. Auflage, Wiesbaden, 2008.

GLANDER, SVEN / BLECHER, CHRISTIAN: Die adäquate Abbildung von Zweckgesellschaften im Konzernabschluss. Eine kritische Analyse der Einbeziehungskonzeption nach IFRS und HGB unter Berücksichtigung der ungenutzten Potentiale des Konzepts der einheitlichen Leistung, KoR 2011, S. 467 – 475.

GOLDSCHMIDT, PETER / MEYDING-METZGER, ANGELIKA / WEIGEL, WOLFGANG: Änderungen in der Rechnungslgeung von Kreditinstituten nach dem Bilanzrechtsmodernisierungsgesetz, Teil II: Kreditvorsorge, Währungsumrechnung und latente Steuern, IRZ 2010, S. 63 – 66.

GOLLNICK, AXEL: Gewinnverwendung im Konzern, Abhandlungen zum deutschen und europäischen Handels- und Wirtschaftsrecht, Dissertation, Köln, 1991.

GOLLNOW, GEORG / HIMMEL, HOLGER: Anwendungsprobleme des IAS 36 – Value-in-Use-Konzept und Sensitivity Disclosures, IRZ 2011, S. 185 – 191.

GÖTHE, JOHANN-WOLFGANG VON: Faust, der Tragödie erster und zweiter Teil.

GOTTWALD, PETER: Insolvenzrechts-Handbuch, 4. Auflage, München, 2010.

GRABITZ, EBERHARD / HILF, MEINHARD: Das Recht der EU, Band I und II, EUV/EGV, 40. Ergänzungslieferung, München, Stand: 2009.

GRIBBOHM, GÜNTER: Strafrechtliche Untreue zum Nachteil der GmbH durch den GmbH-Geschäftsführer und die zivilrechtlichen Folgen, DStR 1991, S. 248 – 251.

GROOVE, DANIEL: Anforderungen an die Fortentwicklung der internationalen Rechnungslegung und nationale Reflexe – Bericht über die Paneldiskussion, WPg Sonderheft 2008, S. 97 – 101.

GROS, MARIUS: Bilanzrechtsmodernisierungsgesetz und Annäherung an die IFRS: Auswirkungen auf Publizität, Ausschüttungsbemessung und steuerliche Gewinnermittlung, DK 2008, S. 466 – 477.

GROS, MARIUS: Rechnungslegung in Deutschland und den USA, Implikationen für eine zweckadäquate Fortentwicklung der deutschen Rechnungslegungskonzeption, Dissertation, Wiesbaden, 2010.

GROS, MARIUS / WALLEK, CHRISTOPH: Informationeller Gläubigerschutz nach BilMoG, DK 2009, S. 541 – 547.

GROẞE, JAN-VELTEN: IFRS 13: „Fair Value Measurement“ – Was sich (nicht) ändert, KoR 2011, S. 286 – 296.

GROẞFELD, BERNHARD: Der Fall Lehman Brothers und das Bilanzrecht, RIW 2010, S. 504 – 510.

GROẞFELD, BERNHARD / LUTTERMANN, CLAUS: Bilanzrecht, die Rechnungslegung in Jahresabschluß und Konzernabschluß nach Handelsrecht und Steuerrecht, Europarecht und IAS/IFRS, 4. Auflage, Heidelberg, 2005.

GROTTKE, MARKUS: Der Solvenztest: (k)eine sinnvolle Alternative zur Kapitalerhaltung? Eine kritische Analyse, KoR 2009, S. 353 – 362.

GROTTKE, MARKUS: Kritik an der Kapitalerhaltung und synoptische Darstellung des aktuellen Stands der Reformvorschläge, KoR 2009, S. 261 – 266.

GUTENBERG, ERICH: Bilanztheorie und Bilanzrecht, ZfB 1965, S. 13 – 20.

HAAG, MAXIMILIAN: Chancen und Grenzen einer Vereinheitlichung der Rechnungslegung für nicht-kapitalmarktorientierte Unternehmen in der EU, DStR 2010, S. 2320 – 2325.

HAAKER, ANDREAS: Ein kritischer Blick auf den Entwurf eines DSR-Thesenpapiers zur Zukunft des europäischen Gläubigerschutzes, ZGR 2010, S. 1055 – 1094.

HAAKER, ANDREAS: Einfache Solvenztests statt aufwendige Ausschüttungssperren zur Gewährleistung eines hinreichenden Gläubigerschutzniveaus? DStR 2010, S. 663 – 668.

HAAKER, ANDREAS: Pro & Contra, Senkung der Kapitalkosten durch IFRS? PiR 2011, S. 171.

HAEGER, BERND: Der Grundsatz der umgekehrten Maßgeblichkeit in der Praxis, Bilanzierungsprobleme unter besonderer Berücksichtigung des Sonderpostens mit Rücklageanteil, Dissertation, Stuttgart, 1989.

HAFTUNG VON UNTERNEHMENSORGANEN, PATZINA, RHEINHARD / BANK, STEFAN / SCHIMMER, DIETER / SIMON-WIDMANN, MICHAELE (HRSG.): Haftung von Unternehmensorganen, Vorstände, Aufsichtsräte, Geschäftsführer, München, 2010.

HAHN, HEINER / WILKENS, KLAUS: Buchhaltung und Bilanz, Teil B, Bilanzierung, 2. Auflage, 2000.

HANDBUCH DER RECHNUNGSLEGUNG – KÜTING, KARLHEINZ / PFITZER, NORBERT / WEBER, CLAUS-PETER (HRSG.): Handbuch der Rechnungslegung, Einzelabschluss, Kommentar zur Bilanzierung und Prüfung, 5. Auflage, Stuttgart, Stand: November 2012.

HANDWÖRTERBUCH DER RECHNUNGSLEGUNG UND PRÜFUNG – BALLWIESER, WOLFGANG / COENENBERG, ADOLF G. / WYSOCKI, KLAUS V. (HRSG.): Handwörterbuch der Rechnungslegung und Prüfung, 3. überarbeitete und erweiterte Auflage, Stuttgart 2002.

HARTMANN, ALFRED / BÖTTCHER, CONRAD / NISSEN, KARL-HEINZ: EStG, Kommentar, 119. Nachtragslieferung, Stand: Mai 1991.

HAUFE IFRS KOMMENTAR – LÜDENBACH, NORBERT / HOFFMANN, WOLF-DIETER (HRSG.): IFRS Kommentar, das Standardwerk, 8. Auflage, Freiburg, 2010.

HAUFE HGB KOMMENTAR – BERTRAM, KLAUS / BRINKMANN, RALPH / KESSLER, HARALD U.A. (HRSG.): Haufe HGB Kommentar, 2. Auflage, Freiburg, 2010.

HAVERMANN, HANS: Entwicklungstendenzen in Rechnungslegung und Prüfung in nationaler und internationaler Sicht, WPg 1981, S. 564 – 575.

HAX, KARL: Die Substanzerhaltung der Betriebe, Köln / Opladen, 1957.

HAYN, SVEN / WALDERSEE, GEORG GRAF: IFRS / HGB / HGB-BilMoG im Vergleich, synoptische Darstellung mit Bilanzrechtsmodernisierungsgesetz, 7. Auflage, Stuttgart, 2008.

HECKER, RENATE / KLEIN-WIELE, CHRISTIAN: Echte und vermeintliche Wirkungen der Nacht-und-Nebel-Aktion des IASB – Eine empirische Bestandsaufnahme bei deutschen Banken, WPg 2011, S. 151 – 166.

HEIDEL, THOMAS / SCHALL, ALEXANDER (HRSG.): Nomos Kommentar HGB, Handkommentar, 1. Auflage, Baden-Baden, 2011.

HEIN, MARCUS: Fünf Jahre Enforcement bei der BaFin – Eine Bestandsaufnahme, DB 2010, S. 2265 – 2270.

HEINEN, EDMUND: Einführung in die Betriebswirtschaftslehre, 9. verb. Auflage, Wiesbaden 1985.

HELKE, IRIS / WIECHENS, GERO / KLAUS, ANDREAS: Zur Umsetzung der HGB-Modernisierung durch das BilMoG: Die Bilanzierung von Finanzinstrumenten, DB 2009, S. 30 – 37.
HEMMERDE, WILHELM: Insolvenzrisiko und Gläubigerschutz, Eine ökonomische Analyse gesetzlicher Normen zur Kapitalaufbringung und Kapitalerhaltung, Thun, 1985.
HENDRIKSEN, ELDON S. / VAN BREDA, MICHAEL F.: Accounting Theory, 5. edition, Chicago, 1992.
HENNRICHS, JOACHIM: Ausbau der Konzernrechnungslegung im Lichte internationaler Entwicklungen, ZGR 2000, S. 627 – 650.
HENNRICHS, JOACHIM: Bilanzgestützte Kapitalerhaltung, HGB-Jahresabschluss und Maßgeblichkeitsprinzip – Dinosaurier der Rechtsgeschichte? StuW 2005, S. 256 – 264.
HENNRICHS, JOACHIM: BilMoG – Verhältnis zu IFRS und Gläubigerschut, S:R 2009, S. 127 – 130.
HENNRICHS, JOACHIM: GoB im Spannungsfeld von BilMoG und IFRS, WPg 2011, S. 861 – 871.
HENNRICHS, JOACHIM: IFRS – Eignung für Auschüttungszwecke? BFuP 2008, S. 415 – 432.
HENNRICHS, JOACHIM: IFRS und Mittelstand – Auswirkungen der GmbH-Reform und Zukunft der Kapitalerhaltung, ZGR 2008, S. 361 – 380.
HENNRICHS, JOACHIM: Immaterielle Vermögensgegenstände nach dem Entwurf des Bilanzrechtsmodernisierungsgesetzes (BilMoG), DB 2008, S. 537 – 542.
HENNRICHS, JOACHIM: Maßgeblichkeitsgrundsatz oder eigenständige Prinzipien für die Steuerbilanz, DStJG Band 24, Hrsg.: Iris Ebling, Besteuerung von Einkommen, S. 301 – 328.
HENNRICHS, JOACHIM: Neue Herausforderungen für den Mittelstand im BilMoG, GmbHR 2010, S. 17 – 23.
HENNRICHS, JOACHIM: Prinzipien vs. Regeln – Quo vadis BilMoG? S:R 2008, S. 64 – 65.
HENNRICHS, JOACHIM: Pro und Contra IFRS vs. BilMoG für den Mittelstand, DK 2008, S. 478 – 485.
HENNRICHS, JOACHIM: Prognosen im Bilanzrecht, AG 2006, S. 698 – 706.
HENNRICHS, JOACHIM: Stand und Perspektiven des europäischen Bilanzrechts, GmbHR 2011, S. 1065 – 1072.
HENNRICHS, JOACHIM: Stand und Perspektiven des europäischen Bilanzrechts, Schrift Nr. 184 des ZEW der Universität Bonn, 13.12.2010.
HENNRICHS, JOACHIM: Unternehmensfinanzierung und IFRS im deutschen Mittelstand, ZHR 2006, S. 498 – 521.

HENNRICHS, JOACHIM: Wahlrechte im Bilanzrecht der Kapitalgesellschaften unter besonderer Berücksichtigung der EG-Bilanz-Richtlinie, Habilitation, Köln, 1999.

HENNRICHS, JOACHIM: Zur normativen Reichweite der IFRS, NZG 2005, S. 783 – 787.

HENNRICHS, JOACHIM: Zur Zukunft der Kapitalerhaltung: Bilanztest – Solvenztest – oder beides? DK 2008, S. 42 – 50.

HENNRICHS, JOACHIM / PÖSCHKE, MORITZ: Die Bedeutung der IFRS für die Auslegung und Anwendung des (Konzern-)Bilanzrechts nach dem BilMoG, DK 2009, S. 532 – 540.

HENZE, HARTWIG / HOFFMANN-BECKING, MICHAEL (HRSG.): Gesellschaftsrecht 2003, Tagungsband zum RWS-Forum am 8. Und 9. Mai 2003, Köln, 2003.

HERMMANN, CARL / HEUER, GERHARD / RAUPACH, ARNDT: EStG Kommentar, Köln, Stand: Oktober 2012.

HERRMANN, UWE / POTTHAST, CORNEL: Über Zweckgesellschaften sowie zum Verhältnis von IAS/IFRS und deren Interpretationen, DStR 2011, S. 685 – 689.

HERZIG, NORBERT / BRIESEMEISTER, SIMONE: Das Ende der Einheitsbilanz, DB 2009, S. 1 – 11.

HERZIG, NORBERT / BRIESEMEISTER, SIMONE: Unterschiede zwischen Handels- und Steuerbilanz nach BilMoG, WPg 2010, S. 63 – 77.

HEUN, WERNER: Der Staat und die Finanzkrise, JZ 2010 v. 22.01.2010, S. 53-62.

HEUSER, PAUL J. / THEILE, CARSTEN: IFRS Handbuch, Einzel- und Konzernabschluss, 5. Auflage, Köln, 2012.

HEYMANN, ERNST: Handelsgesetzbuch, 2. Auflage, Band 1, Einleitung, §§ 1 – 104, 1995.

HICKS, JOHN RICHARD: Value and Capital, an inquiry into some fundamental principles of economic theory, second edition, Oxford, 1957.

HIGH LEVEL GROUP – WINTER, JAAP / GARRIDO GARCIA, JOSÉ MARIA / HOPT, KLAUS J. U.A. (HRSG.): A Modern Regulatory Framework for Company Law in Europe, Brussels, 4. November 2002.

HINZ, MICHAEL: Konzernabschluss und Ausschüttungsregelung im Konzern, ein Beitrag zur Frage der Eignung des Konzernabschlusses als Ausschüttungsbemessungsinstrument, Diskussionsbeiträge Nr. 330, Fernuniversität Hagen, Hagen, 2002.

HIRSCH, GÜNTER: „Die europäische Gemeinschaft hat ein Demokratiedefizit" – Die Rechtsprechung des EuGH ist „natürlich" eher integrationsfreundlich, ZRP 2007, S. 69 – 70.

HIRTE, HERIBERT: Reform des gesellschaftsrechtlichen Gläubigerschutzes, Verhandlungen des 66. DJT 2006, S. P 11 – P 44.

HITZ, JÖRG-MARKUS / ZACHOW, JANNIS: Vereinheitlichung des Wertmaßstabs „beizulegender Zeitwert" durch IFRS 13 „Fair Value Measurement", WPg 2011, S. 964 – 972.

HOEREN, THOMAS / SIEBER, WLRICH / HOLZNAGEL, BERND (HRSG.): Handbuch Mutlimedia-Recht, Rechtsfragen des elektronischen Geschäftsverkehrs, 32. Ergänzungslieferung, München, 2012.

HOFFMANN, WOLF-DIETER: Nutzungsdauer von Anlagevermögen bei Dreifachbilanzierung, PiR 2011, S. 148.

HOFFMANN, WOLF-DIETER: Wie viele Bilanzen verträgt die Wirtschaft? StuB 2010, S. 209 – 210.

HOFFMANN, WOLF-DIETER / LÜDENBACH, NORBERT: Die bilanzielle Abbildung der Hypothekenkrise und die Zukunft des Bilanzrechts, DB 2007, S. 2213 – 2219.

HOFFMANN, WOLF-DIETER / LÜDENBACH, NORBERT: Enron und die Umkehrung der Kausalität bei der Rechnungslegung, DB 2002, S. 1169 – 1175.

HOMMEL, MICHAEL / RÖßLER, BETTINA: Komponentenansatz des IDW RH HFA 1.1016 – eine GoB-konforme Konkretisierung der planmäßigen Abschreibungen? BB 2009, S. 2526 – 2530.

HOOGERVORST, HANS: Zur künftigen Ausrichtung der IFRS, WPg 2011, Ausgabe 18, S. I.

HÖPNER, MARTIN / KREMPEL, LOTHAR: Ein Netzwerk in Auflösung: Wie die Deutschland AG zerfällt, Max-Planck-Institut für Gesellschaftsforschung v. 05. Juli 2006, S. 1 – 7.

HORN, NORBERT: Das Finanzmarktstabilisierungsgesetz und das Risikomanagement zur globalen Finanzkrise, BKR 2008, S. 452 – 459.

HÜFFER, UWE (HRSG.): Aktiengesetz, 10. Auflage, München, 2012.

INSTITUT DER WIRTSCHAFTSPRÜFER, RS HFA 2: Einzelfragen zur Anwendung von IFRS v. 18.10.2005, WPg 2005, S. 1402 – 1415.

INSTITUT DER WIRTSCHAFTSPRÜFER (HRSG.): IDW Prüfungsstandards, IDW Stellungsnahmen zur Rechnungslegung, einschließlich der zugehörigen Entwürfe und Hinweise, Stand: Februar 2013.

INSTITUT DER WIRTSCHAFTSPRÜFER (HRSG.): WP Handbuch 2012, Wirtschaftsprüfung, Rechnungslegung, Beratung, Band I, 14. Auflage, Düsseldorf, 2012.

INTERNATIONAL MONETARY FUND: World Economic Outlook: a survey by the staff of the International Monetary Fund, Washington, DC, October 2008.

JESSEN, ULF / HAAKER, ANDREAS: Zur Fair Value-Bewertung im „modernisierten" Handelsbilanzrecht – Ein Plädoyer für einen hinreichenden Gläubigerschutz, DStR 2009, S. 499 – 505.

JUGELI, GEORGE: Kapitalschutz im georgischen Kapitalgesellschaftsrecht, WiRO 2009, S. 75 – 78.

JUNGMANN, CARSTEN: Solvenztest- versus Kapitalschutzregeln, ZGR 2006, S. 638 – 682.

KAHLE, HOLGER: Maßgeblichkeitsgrundsatz auf Basis der IAS? WPg 2002, S. 178 – 188.

KAHLE, HOLGER: Zur Zukunft der Rechnungslegung in Deutschland – IAS im Einzel- und Konzernabschluss? WPg 2003, S. 262 – 275.

KEITZ, ISABEL VON / WENK, MARC OLIVER: Eine quantitative und qualitative Analyse der von der DPR festgestellten Fehler bei der IFRS-Anwendung, DB 2010, S. 513 – 521.

KEITZ, ISABEL VON / WENK, MARC OLIVER / JAGOSCH, CHRISTIAN: HGB-Bilanzierungspraxis nach BilMoG (Teil 1), DB 2011, S. 2445 – 2450.

KESSLER, HARALD: Abschlussanalyse nach IFRS und HGB, PiR 2010, S. 33 – 41.

KESSLER, HARALD / LEINEN, MARKUS / PAULUS, BENJAMIN: Das BilMoG und die latenten Steuern – Teil 2, KoR 2010, S. 46 – 49.

KEßLER, MARCO: Pensionsverpflichtungen nach neuem HGB und IFRS, Bilanzpolitische Möglichkeiten und Grenzen der Abbildung von Pensionsverpflichtungen nach HGB und den IFRS, Dissertation, Berlin, 2010.

KIEFER, KERSTIN / SCHORN, PHILIPP: Auswirkungen der IFRS-Umstellung auf die Risikoprämie von Unternehmensanleihen – Eine empirische Studie für Deutschland, Österreich und die Schweiz, ZfB 2009, S. 335 – 366.

KIRCHHOF, FERDINAND: Private Rechtsetzung, Habilitation, Berlin, 1987.

KIRCHHOF, PAUL: Gesetzgebung und private Regelsetzung als Geltungsgrund für Rechnungslegungspflichten? ZGR 2000, S. 681 – 692.

KIRCHHOF, PAUL / BECKERATH, HANS JOCHEM VON / GOSCH, DIETMAR U.A.: Einkommensteuergesetz, Kommentar, 9. Auflage, Köln, 2010.

KIRCHHOF, PAUL / SÖHN, HARTMUT / MELLINGHOFF, RUDOLF: Einkommensteuergesetz Kommentar, Heidelberg, 1986, Stand: Oktober 2012.

KIRSCH, HANNO: Bilanzpolitik des Jahresabschlusses nach den Vorschriften des Bilanzrechtsmodernisierungsgesetzes, BC 2008, S. 1 – 4.

KLEIBOLD, THORSTEN: Modernisierung des Bilanzrechts in Deutschland – Nationale Rechnungslegung unter Druck, ST 2008, S. 39 – 44.

KLEINDIEK, DETLEF: Neue Goodwill-Bilanzierung nach US-GAAP und europäisches Bilanzrecht – Stellungnahme zum E-DRS 1 a, BB 2001, S. 2572 – 2577.

KLEINDIEK, DETLEF: Perspektiven des Kapitalschutzes – Themen und Meinungen in der nationalen Diskussion, BB 2007, BB-Special 5, S. 2 – 7.

KLEINDIEK, DETLEF: Reform des gesellschaftsrechtlichen Gläubigerschutzes, Verhandlungen des 66. DJT 2006, S. P 45 – P 74.

KOCH, HELMUT: Der Begriff des ökonomischen Gewinns – Zur Frage des Optimalitätskriteriums in der Wirtschaftlichkeitsrechnung, zfbf, S. 389 – 441.

KOHL, STEFFEN: Gewinnrealisierung bei langfristigen Aufträgen, eine kritische Analyse zur Anwendung des Realisationsprinzips in Handels- und Steuerbilanz, Dissertation, Düsseldorf, 1994.

KÖHLER, ANNETTE G. / MARTEN, KAI-UWE / SCHLERETH, DIETER: Gläubigerschutz durch bilanzielle Kapitalerhaltung, DB 2007, S. 2729 – 2732.

KÖHLER, ANNETTE / STRAUCH, BRITTA: Behandlung von Special Purpose Entities im Konzernabschluss – aktuelle Entwicklungen, WPg 2008, S. 189 – 195.

KÖLNER KOMMENTAR ZUM AKTIENGESETZ – DAUNER-LIEB, BARBARA / DRYGALA, TIM / LUTTER, MARCUS U.A. (HRSG.): Kölner Kommentar zum Aktiengesetz, Band 1, §§ 1 – 14; 23 – 75, 3. Auflage, 2010.

KÖLNER KOMMENTAR ZUM AKTIENGESETZ – KOPPENSTEINER, HANS-GEORG (HRSG.): Kölner Kommentar zum Aktiengesetz, Band 6, §§ 15 – 22; 291 – 328, 3. Auflage, 2004.

KÖNIGSGRUBER, ROLAND: IASB und FASB zwischen Autonomie und Eingebunden-Sein, IRZ 2008, S. 245 – 249.

KOSIOL, ERICH: Bilanzreform und Einheitsbilanz, Grundlegende Studien zu den Möglichtkeiten einer Rationalisierung der periodischen Erfolgsrechnung, 2. Auflage, Berlin, 1949.

KOSIOL, ERICH: Pagatorische Bilanz, die Bewegungsbilanz als Grundlage einer integrativ verbundenen Erfolgs-, Bestands- und Finanzrechnung, Berlin, 1976.

KÖSTER, OLIVER: Niederstwerttest und Bewertungseinheiten beim Anlagevermögen im Entwurf des BilMoG, BB 2007, S. 2791 – 2795.

KRANZ, STEFFEN: Aspekte der Immobilienbilanzierung, IFRS vs. HGB und Steuerrecht, Hamburg, 2012.

KRAWITZ, NORBERT: Die bilanzielle Behandlung der langfristigen Auftragsfertigung und Reformüberlegungen unter Berücksichtigung internationaler Entwicklungen, DStR 1997, S. 886 – 894.

KROPP, MATTHIAS: Bilanzierung finanzieller Verbindlichkeiten nach IFRS 9 (2010), zugleich ein Update zum Beitrag aus KoR 2010, S. 540 ff., KoR 2011, S. 225 – 229.

KÜBLER, FRIEDRICH: Institutioneller Gläubigerschutz oder Kapitalmarkttransparenz? ZHR 159 (1995), S. 550 – 566.

KUHN, STEFFEN: Neuregelung der Bilanzierung von Finanzinstrumenten: Welche Neuerungen ergeben sich aus IFRS 9? IRZ 2010, S. 103 – 111.

KUHNER, CHRISTOPH: Zur Zukunft der Kapitalerhaltung durch bilanzielle Ausschüttungssperren im Gesellschaftsrecht der Staaten Europas, ZGR 2005, S. 753 – 787.

KÜMPEL, THOMAS: Die Bilanzierung des Goodwill nach SFAS No. 142, DBW 2002, Heft Nr. 2, S. 15 – 23.

KÜMPEL, THOMAS: Vorratsbewertung nach IAS 2, DStR 2005, S. 1153 – 1158.

KÜMPEL, THOMAS / PIEL, KARIN: Die Konsolidierung von Zweckgesellschaften vor dem Hintergrund der Subprimekrise – was ändert sich im Rahmen des BilMoG, DStR 2009, S. 1222 – 1226.

KÜTING, KARLHEINZ: Auf der Suche nach dem richtigen Gewinn, DB 2006, S. 1441 – 1450.

KÜTING, KARLHEINZ: Der Geschäfts- oder Firmenwert in der deutschen Konsolidierungspraxis 2007, DStR 2008, S. 1795 – 1802.

KÜTING, KARLHEINZ: Der Geschäfts- oder Firmenwert in der deutschen Konsolidierungspraxis 2008, DStR 2009, S. 1863 – 1870.

KÜTING, KARLHEINZ: Der Geschäfts- oder Firmenwert in der deutschen Konsolidierungspraxis 2009, DStR 2010, S. 1855 – 1862.

KÜTING, KARLHEINZ: Die Komplexität des HGB- und IFRS-Regelwerks – Vergleich der beiden Systeme, PiR 2011, S. 131 – 135.

KÜTING, KARLHEINZ: Die mehrdimensionale Problemausweitung der IFRS-Bilanzierung, ST 2007, S. 220 – 239.

KÜTING, KARLHEINZ: Europäisches Bilanzrecht und Internationalisierung der Rechnungslegung, BB 1993, S. 30 – 38.

KÜTING, KARLHEINZ / BAUER, THOMAS / HESS, GERHARD / REUTER, MICHAEL: Erhaltene Anzahlungen und Fertigungsaufträge sowie ihre bilanzielle und bilanzanalytische Einordnung, DStR 2008, Beihefter zu DStR 47, S. 81 – 92.

KÜTING, KARLHEINZ / CASSEL, JOCHEN: Anschaffungs- und Herstellungskosten nach HGB und IFRS, StuB 2011, S. 283 – 289.

KÜTING, KARLHEINZ / EICHENLAUB, RAPHAEL: Einzelbewertungsgrundsatz im HGB- und IFRS-System, BB 2011, S. 1195 – 1200.

KÜTING, KARLHEINZ / ELLEMANN, DAVID: Die Herstellungskosten von selbst geschaffenen immateriellen Vermögensgegenständen des Anlagevermögens, DStR 2010, S. 1300 – 1306.

KÜTING, KARLHEINZ / GRAU, PHILIPP / SEEL, CHRISTOPH: Grundlagen der Konzernrechnungslegung, eine Einführungsvorlesung, DStR 2010, Beihefter zu DStR 22, S. 35 – 51.

KÜTING, KARLHEINZ / HARTH, HANS-JÖRG: Herstellungskosten von Inventories und Self-Constructed Assets nach IAS und US-GAAP (Teil I), Vergleich zu den Vorschriften des HGB, BB 1999, S. 2343 – 2347.

KÜTING, KARLHEINZ / KOCH, CHRISTIAN: Der Goodwill in der deutschen Bilanzierungspraxis, StuB 2003, S. 49 – 54.

KÜTING, KARLHEINZ / LAM, SIU / MOJADADR, MANA: Entwicklungstendenzen der Bilanzanalyse, DB 2010, S. 2289 – 2297.

KÜTING, KARLHEINZ / LAUER, PETER: Der Fair Value in der Krise, BFuP 2008, S. 547 – 568.

KÜTING, KARLHEINZ / LAUER, PETER: Die Jahresabschlusszwecke nach HGB und IFRS – Polarität oder Konvergenz, DB 2011, S. 1985 – 1991.

KÜTING, KARLHEINZ / LORSON, PETER / EICHENLAUB, RAPHAEL / TOEBE, MARC: Die Ausschüttungssperre im neuen deutschen Bilanzrecht nach § 268 Abs. VIII HGB, GmbHR 2011, S. 1 – 10.

KÜTING, KARLHEINT / PFITZER, NORBERT / WEBER, CLAUS-PETER (HRSG.): Das neue deutsche Bilanzrecht, Handbuch zur Anwendung des Bilanzrechtsmodernisierungsgesetzes (BilMoG), 2. Auflage, Stuttgart, 2009.

KÜTING, KARLHEINZ / REUTER, MICHAEL: Werden stille Reserven in Zukunft (noch) stiller? – Machen die IFRS die Bilanzanalyse überflüssig oder weitgehend unmöglich? BB 2005, S. 706 – 713.

KÜTING, KARLHEINZ / SEEL, CHRISTOPH: Die Ungereimtheiten der Regelungen zu latenten Steuern im neuen Bilanzrecht, DB 2009, S. 922 – 931.

KÜTING, KARLHEINZ / ULRICH, ANDREAS: Abbildung und Steuerung immaterieller Vermögensgegenstände (Teil II), DStR 2001, S. 1000 – 1004.

KÜTING, KARLHEINZ / WEBER, CLAUS-PETER: Der Konzernabschluss, Praxis der Rechnungslegung nach HGB und IFRS, 13. Auflage, Stuttgart, 2012.

KÜTING, KARLHEINZ / WEBER, CLAUS-PETER: Die Bilanzanalyse, Beurteilung von Abschlüssen nach HGB und IFRS, 10. Auflage, Stuttgart, 2012.

KÜTING, KARLHEINZ / WIRTH, JOHANNES: Latente Steuern und Kapitalkonsolidierung nach IAS/IFRS, BB 2003, S. 623 – 629.

KÜTING, KARLHEINZ / WIRTH, JOHANNES / DÜRR, ULRIKE: Standardkonforme Anwendung von IAS 32 (rev. 2003) im Kontext der konzernbilanziellen Rechnungslegung von Personenhandelsgesellschaften, WPg 2006, S. 345 – 355.

KÜTING, KARLHEINZ / ZWIRNER, CHRISTIAN / REUTER, MICHAEL: Zur Bedeutung der Fair Value-Bewertung in der deutschen Bilanzierungspraxis, Empirische Analyse von IFRS-Konzernabschlüssen, DStR 2007, S. 500 – 506.

KÜTING, PETER: Ein Plädoyer für die Passivierung latenter Steuern auf den Geschäfts- oder Firmenwert nach HGB und IFRS, DB 2009, S. 2053 – 2061.

LAAGE, GUDRUN VON DER / REUSCH, SUSEN: Deutsches Bilanzrecht und IFRS: Gewinnermittlung, Gewinnverwendung im Sinne von Ausschüttungsbemessung und Besteuerung, NZG 2009, S. 245 – 250.

LAAGE, GUDRUN VON DER: Die Ausschüttungssperre des § 268 Abs. 8 HGB nach dem Bilanzrechtsmodernisierungsgesetz, WM 2012, S. 1322 – 1329.

LACHNIT, LAURENZ: Bilanzanalyse, Grundlagen – Einzel- und Konzernabschlüsse – Internationale Abschlüsse – Unternehmensbeispiele, Wiesbaden, 2004.

LADEMANN, FRITZ: Einkommensteuergesetz, Kommentar, 4. Auflage, Stuttgart, 1997, Stand: Oktober 1998.

LANFERMANN, GEORG / RICHARD, MARC: Ausschüttungen auf Basis von IFRS: Bleibt die deutsche Bundesregierung zu zögerliche? DB 2008, S. 1925 – 1932.

LANFERMANN, GEORG / RICHARD, MARC: Machbarkeit eines alternativen Kapitalerhaltungssystems in Europa, AR 2008, S. 39 – 41.

LANFERMANN, GEORG / RÖHRICHT, VICTORIA: § 268 Abs. 8 HGB als neue Generalnorm für außerbilanzielle Ausschüttungssperren, DStR 2009, S. 1216 – 1222.

LANFERMANN, GEORG / RÖHRICHT, VICTORIA: Stand der europäischen Diskussion zur Kapitalerhaltung, BB 2007, BB-Special 5, S. 8 – 13.

LEUZ, CHRISTIAN: Rechnungslegung und Kreditfinanzierung, Zum Zusammenhang von Ausschüttungsbegrenzung, bilanzieller Gewinnermittlung und vorsichtiger Rechnungslegung, Dissertation, Frankfurt am Main, 1996.

LEUZ, CHRISTIAN / VERRECCHIA, ROBERT E.: The Economic Consequences of Increased Disclosure, JAR 2000, S. 91 – 124.

LIEBSCHER, THOMAS / OTT, NICOLAS: Die Regulierung der Finanzmärkte – Reformbedarf und Regelungsansätze des deutschen Gesetzgebers im Überblick, NZG 2010, S. 841 – 846.

LIENAU, ACHIM: Gläubigerschutz durch Sovency Tests auf der Basis eines IFRS-Abschlusses, KoR 2008, S. 79 – 88.

LINDER, THOMAS A.: Großreparaturen i.S. des § 249 Abs. 2 HGB a.F. – doch ein Anwedungsfall des Komponentenansatzes nach IDW RH HFA 1.016? DStR 2011, S. 1238 – 1243.

LIPPROSS, OTTO-GERD: Steuerrecht, Basiskommentar, AO, BewG, EigZulG, ErbStG, EStG, FGO, FördG, GewStG, KStG, SolZG, UStG, Köln, Stand: November 2012.

LITTMANN, EBERHARD / BITZ, HORST / MEINCKE, JENS PETER: Das Einkommensteuerrecht, Kommentar zum Einkommensteuergesetz, 15. Auflage, Stuttgart, Stand: August 2012.

LOITLSBERGER, ERICH / EGGER, ANTON / LECHNER, EDUARD: Rechnungslegung und Gewinnermittlung, Gedenkschrift für Karl Lechner, Wien, 1987.

LOITZ, RÜDIGER: DRS 18 – Bilanzierung latenter Steuern nach dem Bilanzrechtsmodernisierungsgesetz, DB 2010, S. 2177 – 2185.

LOITZ, RÜDIGER: Latente Steuern nach dem Bilanzrechtsmodernisierungsgesetz (BilMoG) – ein Wahlrecht als Mogelpackung? DB 2009, S. 913 – 921.

LOPATTA, KERSTIN: Goodwillbilanzierung und Informationsvermittlung nach internationalen Rechnungslegungsstandards, Business Combinations (IFRS, US-GAAP), Kaufpreisallokation, Impairment Test, Konvergenzbestrebungen, Dissertation, Wiesbaden, 2006.

LÜDENBACH, NORBERT: IFRS, Der Ratgeber zur erfolgreichen Anwendung von IFRS, 6. überarbeitete und erweiterte Auflage, Freiburg, 2010.

LÜDENBACH, NORBERT / FREIBERG, JENS: Wie die Finanzkrise den fair value vom Helden zum Schurken macht, PiR 2008, S. 370 – 375.

LÜDENBACH, NORBERT / HOFFMANN, WOLF-DIETER: „Der Ball bleibt rund" – Der Profifußball als Anwednungsfeld der IFRS-Rechnungslegung, DB 2004, S. 1442 – 1447.

LÜDENBACH, NORBERT / HOFFMANN, WOLF-DIETER: Die langen Schatten der IFRS über der HGB-Rechnungslegung, DStR 2007, Beihefter zu DStR 26, S. 3 – 19.

LÜDENBACH, NORBERT / HOFFMANN, WOLF-DIETER: Die wichtigsten Änderungen der HGB-Rechnungslegung durch das BilMoG, StuB 2009, S. 287 – 316.

LÜDENBACH, NORBERT / HOFFMANN, WOLF-DIETER: Imparitätische Wahrscheinlichkeit – Zukunftswerte im IAS-Regelwerk, KoR 2003, S. 5 – 14.

LUTTERMANN, CLAUS: Bilanzregeln und Finanzkrise: Die Besteuerung nach Leistungsfähigkeit und Bilanzwahrheit als Beweismaß, StuW 2010, S. 346 – 355.

LUTTERMANN, CLAUS: Bilanzrecht in den USA und internationale Konzernrechnungslegung, Habilitation, Tübingen, 1999.

LUTTERMANN, CLAUS: Die Erosion der Freiheit, FAZ v. 23.06.2008, Nr. 144, S. 22.

LUTTERMANN, CLAUS: Juristische Analyse von Öknonomie, Staat und Gesellschaft, ZRP 2010, S. 1 – 4.

LUTTERMANN, CLAUS: Rechnungslegung ist ein Rechtsakt, kein Marketing, FAZ v. 26.02.2007, Nr. 48, S. 20.

MACEY, JONATHAN R. / ENRIQUES, LUCA: Creditors Versus Capital Formation: The Case Against the European Legal Capital, Cornell Law Review 86, 2000 – 2001, S. 1165 – 1204.

MADAUS, STEPHAN: Das Insolvenzverfahren der Lehman Brothers Holdings Inc. – ein in jeder Hinsicht besonderes Reogranisationsverfahren, NZI 2008, S. 715 – 719.

MARETTEK, ALEXANDER: Ermessensspielräume bei der Bestimmung wichtiger aktienrechtlicher Wertansätze, WiSt 1976, S. 515 – 520.

MÄRKER, KLAUS / HILLESHEIM, RAINER: Brennpunkt Finanzkrise: Anlegerschutz in Deutschland, ZRP 2009, S. 65 – 69.

MATTHEUS, DANIELA: Die gewandelte Rolle des Wirtschaftsprüfers als Partner des Aufsichtsrats nach dem KonTraG, ZGR 1999, S. 682 – 714.

MAUL, SILJA / LANFERMANN, GEORG / RICHARD, MARC: Zur Leistungsfähigkeit der Ausschüttungsmodelle in Europa und Drittstaaten, AG 2010, S. 279 – 291.

MAUL, SILJA / RICHARD, MARC: Die EU-Studie zur Kapitalerhaltung, gibt es Alternativen zum europäischen Kapitalsystem? – Welche Folgen hat die Nutzung der IFRS für Gewinnausschüttungen, S:R 2008, S. 169 – 170.

MAYER, STEFAN: Die Fortentwicklung des Jahresabschlusses in Deutschland nach dem BilMoG, DStR 2009, S. 129 – 134.

MAYER-WEGELIN, EBERHARD: Zur Anwendung der IFRS in der Praxis: Erfahrungen aus dem Enforcement, BB 2010, S. 2811 – 2816.

MEIER, SVEN: Die Implementierung der IFRS als steuerliche Bemessungsgrundlage, eine kritische Analyse vor dem Hintergrund anerkannter Bewertungsprinzipien, Dissertation, Hamburg, 2010.

MERKERT, HUBERT / KOTHS, DANIEL: Rückstellungen – keine Spielwiese für „kreative" Steuerpolitik! DB 1998, S. 1937 – 1939.

MERKT, HANNO: Der Kapitalschutz in Europa – ein rocher de bronze? ZGR 2004, S. 305 – 323.

MERSCHMEYER, MARC: Die Kapitalschutzfunktion des Jahresabschlusses und Übernahme der IAS/IFRS für die Einzelbilanz, Dissertation, Frankfurt am Main, 2005.

MEYER, CLAUS / MEISENBACHER, MICHAELA: Bilanzpolitik auf der Basis von IAS/IFRS, insbesondere in Zeiten der Krise, DStR 2004, S. 567 – 572.

MEYER, CONRAD / BISCHOFF, OLIVIA: Langfristige Aufträge nach Swiss GAAP FER, ST 2009, S. 110 – 117.

MEYER, HERBERT: Aktuelle Entwicklungen des Enforcement in Deutschland, IRZ 2010, S. 153 – 158.

MICHALSKI, LUTZ (HRSG.): Kommentar zum Gesetz betreffend die Gesellschaften mit beschränkter Haftung (GmbHG), Band 2, §§ 35 – 85 GmbHG, §§ 1 – 4 EGGmbHG, 2., neu bearbeitete Auflage, München, 2010.

MICHELER, EVA: Gläubigerschutz im englischen Gesellschaftsrecht, Reformvorschläge und Implikationen für Europa, ZGR 2004, S. 324 – 347.

MOXTER, ADOLF: Bilanzlehre, Band I, Einführung in die Bilanzlehre, 3. Auflage, Wiesbaden, 1984.

MOXTER, ADOLF: Die Zukunft der Rechnungslegung? DB 2001, S. 605 – 607.

MOXTER, ADOLF: IFRS als Auslegungshilfe für handelsrechtliche GoB? WPg 2009, S. 7 – 12.

MOXTER, ADOLF: Neue Ansatzkriterien für Verbindlichkeitsrückstellungen? (Teil I), DStR 2004, S. 1057 – 1060.

MOXTER, ADOLF: Rückstellungskriterien im Streit, zfbf 1995, S. 311 – 326.

MUGLER, JÖRG / ZWIRNER, CHRISTIAN: Werthaltigkeitsprüfung des Goodwill nach IAS 36 – Anmerkungen zur Zinssatzermittlung, IRZ 2011, S. 373 – 375.

MUJKANOVIC, ROBIN / RAATZ, PASCAL: Der Component Approach nach IAS 16 im HGB-Abschluss? KoR 2008, S. 245 – 250.

MÜNCHENER KOMMENTAR ZUM AKTIENGESETZ – GOETTE, WULF / HABERSACK, MATHIAS (HRSG.): Münchener Kommentar Aktiengesetz, Band 1, §§ 1 – 75, 3. Auflage, München, 2007.

MÜNCHENER KOMMENTAR ZUM AKTIENGESETZ – GOETTE, WULF / HABERSACK, MATHIAS (HRSG.): Münchener Kommentar Aktiengesetz, Band 5, §§ 278 – 328, 3. Auflage, München, 2009.

MÜNCHENER KOMMENTAR ZUM AKTIENGESETZ – GOETTE, WULF / HABERSACK, MATHIAS / KALSS, SUSANNE (HRSG.): Münchener Kommentar Aktiengesetz, Band 2, §§ 76 – 117, 3. Auflage, München, 2008.

MÜNCHENER KOMMENTAR ZUM AKTIENGESETZ – KROPFF, BRUNO / SEMLER, JOHANNES (HRSG.): Münchener Kommentar Aktiengesetz, Band 5/1, §§ 148 – 151, 161 – 178 AktG, §§ 238 – 264c HGB, 2. Auflage, München, 2003.

MÜNCHENER KOMMENTAR ZUM BILANZRECHT – HENNRICHS, JOACHIM / KLEINDIEK, DETLEF / WATRIN, CHRISTOPH: Münchener Kommentar Bilanzrecht, Band 1, IFRS, München, Stand: Juli 2012.

MÜNCHENER KOMMENTAR ZUM BÜRGERLICHEN GESETZBUCH – SÄCKER, FRANZ JÜRGEN: Münchener Kommentar zum Bürgerlichen Gesetzbuch, Band 1, Allgemeiner Teil, §§ 1 – 240, ProstG, AGG, 6. Auflage, München, 2012.

MÜNCHENER KOMMENTAR ZUM BÜRGERLICHEN GESETZBUCH – RIXECKER, ROLAND / SÄCKER, FRANZ JÜRGEN: Münchener Kommentar zum Bürgerlichen Gesetzbuch, Internationales Privatrecht, Internationales Wirtschaftsrecht, Art. 25 – 248 EGHGB, Band 11, 5. Auflage, München, 2010.

MÜNCHENER KOMMENTAR ZUM GMBHG – FLEISCHER, HOLGER / GOETTE, WULF (HRSG.): Münchener Kommentar GmbHG, Band 1, §§ 1 – 34, 1. Auflage, 2010, München, 2010.

MÜNCHENER KOMMENTAR ZUM HANDELSGESETZBUCH – SCHMIDT, KARSTEN (HRSG.): Münchener Kommentar Handelsgesetzbuch, Band 4, §§ 238 – 342e, 2. Auflage, München, 2008.

MÜLBERT, PETER O. / BIRKE, MAX: Legal Capital – Is There a Case against the European Legal Capital Rules? EBOR 3 (2002), S. 695 – 732.

NAUMANN, KLAUS-PETER: Fortentwicklung der handelsrechtlichen Rechnungslegung und Konsequenzen für die Kapitalerhaltung, DK 2007, S. 422 – 427.

NIEMANN, WALTER: Internationale Rechnungslegungsstandards für börsenunabhängige Unternehmen? – Tagungsbericht, DStR 2007, S. 1883 – 1887.

NIEMANN, WALTER: Rechtliches Entstehen und wirtschaftliche Verursachung als Voraussetzung der Rückstellungsbilanzierung – Zugleich eine Untersuchung zur Ansammlung von Rückstellungen, WPg 1991, S. 529 – 536.

NGUYEN, TRISTAN / GROSCHE, SASCHA: Einfluss der IFRS-Bilanzierung von Versicherungsverträgen auf die Solvabilitätsanforderungen nach Solvency II, IRZ 2011, S. 525 – 530.

NGUYEN, TRISTAN / ROHLF, KARSTEN: Zeitwertbilanzierung von Finanzinstrumenten bei Kredit- und Finanzdienstleistungsinstituten, ZfgK 2011, S. 94 – 100.

OBERBRINKMANN, FRANK: Statische und dynamische Interpretation der Handelsbilanz, Dissertation, Düsseldorf, 1990.

OCHSNER, PETER: Fair Values, zu Recht in der Kritik? IRZ 2009, S. 413 – 416.

ORDELHEIDE, DIETER / KPMG: Transnational Accounting, Transacc, second edition, Basingstoke, Hampshire, 2000.

PAULSON, HENRY M.: Over the Brink: Inside the Race to Stop the Collapse of the Global Financial System, February 2010.

PELKA, JÜRGEN / NIEMANN, WALTER (HRSG.): Jahres- und Konzernabschluss nach Handels- und Steuerrecht, München, 2010.

PELLENS, BERNHARD / BRANDT, EVA / RICHARD, MARC: Kapitalschutz in Kalifornien – Vorbild für die europäische Gesellschaftsrechtsreform? DB 2006, S. 2021 – 2027.

PELLENS, BERNHARD / CRASSELT, NILS / SELLHORN, THORSTEN: Solvenztest zur Ausschüttungsbemessung – Berücksichtigung unsicherer Zukunftserwartungen, zfbf 2007, S. 264 – 283.

PELLENS, BERNHARD / FÜLBIER, ROLF UWE: Differenzierung der Rechnungslegungsregulierung nach Börsenzulassung, ZGR 2000, S. 572 – 593.

PELLENS, BERNHARD / FÜLBIER, ROLF UWE / GASSEN, JOACHIM / SELLHORN, THORSTEN: Internationale Rechnungslegung, IFRS 1 bis 9, IAS 1 bis 41, IFRIC-Interpretationen, Standardentwürfe; mit Beispielen, Aufgaben und Fallstudie, 8. Auflage, Stuttgart, 2011.

PELLENS, BERNHARD / GASSEN, JOACHIM / RICHARD, MARC: Ausschüttungspolitik; Corporate Governance; Dividendepolitik; Gewinnverwendungsregulierung; IFRS/IAS-Rechnungslegung; Mindest- und Höchstausschüttung, DBW 2003, S. 309 – 332.

PELLENS, BERNHARD / JÖDICKE, DIRK / RICHARD, MARC: Solvenztests als Alternative zur bilanziellen Kapitalerhaltung, DB 2005, S. 1393 – 1401.

PELLENS, BERNHARD / JÖDICKE, DIRK / SCHMIDT, ANDRÉ: Reformbestrebungen zum Gläubigerschutz, DK 2007, S. 427 – 435.

PELLENS, BERNHARD / KEMPER, THOMAS / SCHMIDT, ANDRÉ: Geplant Reformen im Recht der GmbH: Konsequenzen für den Gläubigerschutz, ZGR 2008, S. 381 – 430.

PELLENS, BERNHARD / SELLHORN, THORSTEN: Zukunft des bilanziellen Kapitalschutzes, ZGR 2006, Sonderheft 17, S. 451 – 487.

PETERSEN, KARL / ZWIRNER, CHRISTIAN (HRSG.): Bilanzrechtsmodernisierungsgesetz, BilMoG, Gesetze, Materialien, Erläuterungen, 1. Auflage, München, 2009.

PETERSEN, KARL / ZWIRNER, CHRISTIAN: Neuerungen in der Konzernrechnungslegung nach HGB – Geplante Veränderung gemäß dem Regierungsentwurf zum BilMoG, DB 2008, S. 2093 – 2099.

PETERSEN, KARL / ZWIRNER, CHRISTIAN: Rechnungslegung und Prüfung im Umbruch: Überblick über das neue deutsche Bilanzrecht, KoR 2009, Beihefter 1 zu KoR 5, S. 1 – 45.

PETERSEN, KARL / ZWIRNER, CHRISTIAN / FROSCHHAMMER, MATTHIAS: Ausschüttungssperre nach § 268 Abs. 8 HGB – Fallbeispiel zu einer Mehrperiodenbetrachtung, KoR 2011, S. 437 – 441.

PETERSEN, KARL / ZWIRNER, CHRISTIAN / FROSCHHAMMER, MATTHIAS: Funktionsweise und Problembereiche der im Rahmen des BilMoG neu eingeführten außerbilanziellen Ausschüttungssperre des 268 Abs. 8 HGB, KoR 2010, S. 334 – 341.

PEZZOTTA, DAVIDE / PASSARDI, MARCO: Besteuerung aufgrund von IFRS-Abschlüssen – Utopie oder Wirklichkeit? IRZ 2010, S. 179 – 185.

PICKERT, GISELA: Gewinnermittlung durch Einnahmen-Überschussrechnung oder durch Betriebsvermögensvergleich, DB 1994, S. 1581 – 1587.

PILHOFER, JOCHEN: Rückstellungen im internationalen Vergleich, Bilanzierung und Bewertung nach HGB, US-GAAP und IAS, Dissertation, Wiesbaden, 1997.

POTTGIEßER, GABY / VELTE, PATRICK / WEBER, STEFAN: Die langfristige Auftragsfertigung nach IAS 11, KoR 2005, S. 310 – 318.

PRYSTAWIK, OLIVER: Latente Steuern nach BilMoG und IFRS – Besonderheiten bei Pensionsrückstellungen und Investmentfonds als Planvermögen, DB 2010, S. 345 – 353.

PUSECKER, DAGMAR / SCHRUFF, LOTHAR: Anschaffungswertprinzip und „negativer Geschäftswert“, BB 1996, S. 735 – 742.

RADWAN, ALEXANDER: Bericht über die Internationalen Rechnungslegungsstandards und die Leitung des International Accounting Standards Board, Europäisches Parlament, A6-0032/2008 v. 05.02.2008.

RADWAN, ALEXANDER: Das Thema IFRS aus Sicht des Europäischen Parlaments, BFuP 2008, S. 409 – 414.

RAMMERT, STEFAN: Lohnt die Erhaltung der Kapitalerhaltung, BFuP 2004, S. 578 – 595.

RECHNUNGSLEGUNG NACH IFRS – BAETGE, JÖRG / WOLLMERT, PETER / KIRSCH, HANS-JÜRGEN U.A. (HRSG.): Rechnungslegung nach IFRS, Kommentar auf der Grundlage des deutschen Bilanzrechts, 2. Auflage, Stuttgart, Stand: Oktober 2012.

REINHART, ALEXANDER: Bilanzierung langfristiger Fertigungsaufträge nach IAS und HGB, RIW 1999, S. 417 – 421.

RIAHI-BELKAOUI, AHMED: Accounting theory, 5. edition, London, 2004.

RICKFORD, JONATHAN / INTERDISCIPLINARY GROUP ON CAPITAL MAINTENANCE: Reforming Capital, April 2004, EBLR 2004, S. 919 – 1027.

RIEMENSCHNEIDER, SEBASTIAN / SOHLMANN, HENNING: Ausgewählte Fragen der internationalen Bilanzierung und aktuelle Entwicklungen beim IASB, KoR 2011, S. 102 – 107.

RÖMERMANN, VOLKER (HRSG.): Münchener Anwaltshandbuch GmbH-Recht, 2., überarbeitete und erweiterte Auflage, München, 2009.

ROSSMANITH, JONAS / FUNK, WILFRIED / EHA, CARMEN: Vergleichende Analyse ausgewählter Bilanzierungssachverhalte nach IFRS for SMEs, IFRS und HGB n. F., KoR 2010, S. 307 – 317.

ROST, PETER: Der internationale Harmonisierungsprozess der Rechnungslegung, Theorie, Praxis, Perspektiven, Frankfurt am Main, 1991.

RÜHL, JUDITH / ALTHOFF, FRANK: Faktische Beherrschung durch Präsenzmehrheit im Konzernabschluss nach HGB und IFRS, KoR, S. 553 – 562.

RUHNKE, KLAUS: Rechnungslegung nach IFRS und HGB, Lehrbuch zur Theorie und Praxis der Unternehmenspublizität mit Beispielen und Übungen, 2. Auflage, Stuttgart, 2008.

SAENGER, INGO / INHESTER, MICHAEL: GmbHG, Nomos Handkommentar, 1. Auflage, Baden-Baden, 2011.

SALAMON, HELENA: Die neuen Ausschüttungssperren nach BilMoG und die Kapitalerhaltung AG und GmbH, S:R 2009, S. 248 – 249.

SCHÄFER, HEIKO / SUERMANN, HENDRIK: Ansatz aktiver latenter Steuern nach IAS 12, DB 2010, S. 2742 – 2750.

SCHÄFER, HENRY / KUHNLE, OLIVER: Die bilanzielle Behandlung von Zweckgesellschaften und ihre Bedeutung im Rahmen der Corporate Governance, edition der Hans-Böckler-Stiftung 177, Düsseldorf 2006.

SCHATTKA, FRIEDERIKE: Die Europäisierung der Abschlussprüferhaftung, Tübingen, 2012.

SCHAUMBERG, HARALD: Gewinnermittlung im Wandel, Stbg 2004, S. 545 – 550.

SCHAWEL, CHRISTIAN / BILLING, FABIAN: Top 100 Management Tools, das wichtigste Buch eines Managers, 4. Auflage, Wiesbaden, 2012.

SCHEFFLER, EBERHARD: Auslegungs- und Ermessensfragen beim Enforcement, BB 2006, BB-Special 4 zu Heft 17, S. 2 – 8.

SCHEFFLER, EBERHARD: Konzernmanagement, betriebswirtschaftliche und rechtliche Grundlagen der Konzernführungspraxis, 2. überarbeitete und erweiterte Auflage, München, 2005.

SCHIERENBECK, HENNER: Grundzüge der Betriebswirtschaftslehre, 17. völlig überarbeitete und aktualisierte Auflage, München, 2008.

SCHILDBACH, THOMAS: Der handelsrechtliche Jahresabschluss, 9. Auflage, Herne, 2009.

SCHILDBACH, THOMAS: Der Konzernabschluss als Ausschüttungsbemessungsgrundlage (Teil I), WPg 1993, S. 53 – 63.

SCHILDBACH, THOMAS: Der Konzernabschluss als Ausschüttungsbemessungsgrundlage (Teil II), WPg 1993, S. 94 – 98.

SCHILDBACH, THOMAS: Dunkle Seiten der Vorsicht bei Lichte besehen, BFuP 2008, S. 449 – 463.

SCHILDBACH, THOMAS: Fair Value – Leitstern für Wege ins Abseits, DStR 2010, S. 69 – 76.

SCHILDBACH, THOMAS: Fair value-Statik und Information des Kapitalmarktes, BFuP 2009, S. 581 – 599.

SCHILDBACH, THOMAS: Informationen des Kapitalmarkts mithilfe der fair value-Statik: „fair is foul and foul is fair“, IRZ 2011, S. 71 – 77.

SCHILDBACH, THOMAS: Was bringt die Lockerung der IFRS für Finanzinstrumente? DStR 2008, S. 2381 – 2385.

SCHIMANSKI, HERBERT / BUNTE, HERMANN-JOSEF / LWOWSKI, HANS-JÜRGEN (HRSG.): Bankrechts-Handbuch, Band I – II, 4. Auflage, München, 2011.

SCHLOTTER, CARSTEN: „Angeschaffte“ Verbindlichkeiten nach dem Urteil des BFH vom 14.12.2011 – I R 72/10, BB 2012, S. 951 – 955.

SCHMALENBACH, EUGEN: Dynamische Bilanz, 13. Auflage, Köln, 1962.

SCHMIDT, FRITZ: Die organische Tageswertbilanz, 3. Auflage, Leipzig, 1929.

SCHMIDT, LUDWIG: Einkommensteuergesetz, Kommentar, 30. Auflage, München, 2011.

SCHMIDT, KARSTEN / LUTTER, MARCUS (HRSG.): Aktiengesetz, Kommentar, I. Band, §§ 1 – 149, 2. Auflage, Köln, 2010.

SCHMITZ, FRANK: Ist die Finanzmarktkrise eine Bilanzkrise? CFO 2008, S. 233 – 237.

SCHNEIDER, DIETER: Allgemeine Betriebswirtschaftslehre, Oldenbourgs Lehr- und Handbücher der Wirtschafts- und Sozialwissenschaften, 3. Auflage, München, 1987.

SCHNEIDER, DIETER: Betriebswirtschaftslehre, Band 2: Rechnungswesen, 2. Auflage, München, 1996.

SCHOLZ, ALEXANDRA: Kapitalerhaltung durch Solvenztests, eine ökonomische und experimentelle Analyse, Dissertation, Wiesbaden, 2008.

SCHÖN, WOLFGANG: Die Zukunft der Kapitalaufbringung / -erhaltung, DK 2004, S. 162 – 170.

SCHÖN, WOLFGANG: Gesellschafter-, Gläubiger- und Anlegerschutz im Europäischen Bilanzrecht, ZGR 2000, S. 706 – 742.

SCHÖN, WOLFGANG: Zur Verfassungsmäßigkeit der rückwirkenden Wertaufholung von Teilwertabschreibungen, BB 1997, S. 1333 – 1344.

SCHREIBER, ULRICH: Internationale Gewinnverlagerungen, Bestandsaufnahme und Perspektiven, DBW 2009, S. 535 – 550.

SCHRUFF, WIENAND: Die IFRS-Rechnungslegung im Spannungsfeld zwischen Cashflow-Prognose und Rechenschaft, WPg 2011, S. 855 – 860.

SCHUBERT, DANIELA: Der Ansatz von gewissen und ungewissen Verbindlichkeiten in der HGB-Bilanz, Dissertation, Düsseldorf, 2007. THILO: Zur Aktivierbarkeit selbstgeschaffener immaterieller Vermögensgegenstände, DStR 2010, S. 992 – 998.

SCHULZ, SEBASTIAN: Die Leasingbilanzierung nach IFRS aus Sicht des asset-liability-approach, IRZ 2008, S. 179 – 185.

SCHULZE-OSTERLOH, JOACHIM: Internationalisierung der Rechnungslegung und ihre Auswirkungen auf die Grundprinzipien des deutschen Rechts, DK 2004, S. 173 – 177.

SEIDEL, BJÖRN / GRIEGER, STEPHANIE / MUSKE, ROLAND: Bilanzierung von Entwicklungskosten nach dem BilMoG, BB 2009, S. 1286 – 1290.

SEISCHAB, HANS / SCHWANTAG, KARL (HRSG.): Handwörterbuch der Betriebswirtschaft, erster Band, 3. Auflage, Stuttgart, 1956.

SELCHERT, FRIEDRICH W. / GREINERT, MARKUS: Einführung in die Betriebswirtschaftslehre, Übersichtsdarstellungen, 8. Auflage, München, 2002.

SELLHORN, THORSTEN: Der Fall Lehman Bros. – Bilanzkosmetik mit Repo 105/108-Transaktionen, DB 2010, S. 2117 – 2124.

SIEGEL, DANIEL: Die Bilanzierung latenter Steuern im handelsrechtlichen Jahresabschluss nach § 274 HGB, Dissertation, Lohmar, 2011.

SIEGEL, THEODOR: Das Realisationsprinzip als allgemeines Periodisierungsprinzip? BFuP 1994, S. 1 – 24.

SIEGEL, THEODOR / BAREIS, PETER: Der „negative Geschäftswert" – eine Schimäre als Steuersparmodell? BB 1993, S. 1477 – 1485.

SIEGEL, THEODOR / BAREIS, PETER / RÜCKLE, DIETER U.A.: Stille Reserven und aktienrechtliche Informationspflichten, ZIP 1999, S. 2077 – 2085.

SIMON, HERMAN: Die Bilanzen der Aktiengesellschaften und der Kommanditgesellschaften auf Aktien, 4. Auflage, Berlin 1910.

SIMON, STEFAN: Ausschüttungs- und Abführungssperre als gläubigerschützendes Institut in der reformierten HGB-Bilanzierung – Zur Regelung des § 268 Abs. VIII n.F., NZG 2009, S. 1081 – 1086.

SLAHOR, LUDOMIR / WEBER, TILL: Gestaltungsmöglichkeiten in IFRS Abschlüssen, Herausforderung für das Insolvenzgericht und die Verwalter, ZInsO 2009, S. 2313 – 2319.

SMITH, ADAM: Der Wohlstand der Nationen, eine Untersuchung seiner Natur und seiner Ursachen, München, übersetzt von Recktenwald, Horst Claus aus dem Englischen An Inquiry into the Nature and Causes of the Walth of Nations, 5. Auflage, London, 1789.

SPINDLER, GERALD: Finanzmarktkrise und Wirtschaftsrecht, AG 2010, S. 601 – 617.

SPINDLER, GERALD / STILZ, EBERHARD (HRSG.): Aktiengesetz, Kommentar, Band 1, §§ 1 – 149 AktG, 2. Auflage, München, 2010.

SPENGEL, CHRISTOPH: IFRS als Ausgangspunkt der steuerlichen Gewinnermittlung in der Europäischen Union – Steuerbelastungskonsequenzen im Länder- und Branchenvergleich, DB 2006, S. 681 – 687.

SPENGEL, CHRISTOPH / ERNST, CHRISTOF / FINKE, KATHARINA: Harmonisierung der steuerlichen Gewinnermittlung in der EU und effektive Steuerbelastung von Unternehmen in den 27 EU-Mitgliedstaaten, DBW 2010, S. 283 – 299.

STAUB, HERMANN: Handelsgesetzbuch, Großkommentar, 4. Auflage, Dritter Band, 1. Teilband: §§ 238 – 289, Berlin, 2002.

STAUB, HERMANN: Handelsgesetzbuch, Großkommentar, 4. neubearbeitete Auflage, Dritter Band, 2. Teilband: §§ 290 – 342a, Berlin, 2002.

STAUDINGER, HABERMANN, NORBERT / HEINRICH, HONSELL / WEICK, GÜNTER: J. von Staudingers Kommentar zum Bürgerlichen Gesetzbuch mit Einführungsgesetz und Nebengesetzen, Einleitung zum Bürgerlichen Gesetzbuch, Buch 1, Allgemeiner Teil, §§ 1 – 14, Neubearbeitung 2004, Berlin, 2004.

STAUDINGER, HABERMANN, NORBERT / HEINRICH, HONSELL / WEICK, GÜNTER: J. von Staudingers Kommentar zum Bürgerlichen Gesetzbuch mit Einführungsgesetz und Nebengesetzen, Einleitung zum Bürgerlichen Gesetzbuch, Buch 2, Recht der Schuldverhältnisse, Berlin, 2011.

STEINBRÜCK, PEER: „Ja, ich hatte richtig Angst". FAS Ausgabe v. 13.09. 2009, Nummer 37, S. 48-49.

STIBI, BERND / FUCHS, MARKUS: Die handelsrechtliche Konzernrechnungslegung nach dem Referentenentwurf des BilMoG, KoR 2008, S. 97 – 104.

STIBI, BERND / FUCHS, MARKUS: Zum Referentenentwurf des Bilanzrechtsmodernisierungsgesetzes (BilMoG): Erste Würdigung ausgewählter konzeptioneller Fragen, DB 2008, S. 6 – 13.

STROHN, LUTZ: Organhaftung im Vorfeld der Insolvenz, NZG 2011, S. 1161 – 1170.

SYLVESTER, MICHAEL: Konsequenzen einer IFRS-Umstellung auf die Informationssysteme – am Beispiel SAP, ZfCM 2004, S. 89 – 97.

TANSKI, JOACHIM S.: Bilanzpolitik und Bilanzanalyse nach IFRS, Instrumentarium, Spielräume, Gestaltung, München, 2006.

TANSKI, JOACHIM S.: Rückstellungen nach BilMoG – eine Annäherung an die IFRS? IRZ 2009, S. 367 – 371.

TEMIN, PETER: Lessons from the Great Depression, Cambridge, 1989.

THEILE, CARSTEN: Bilanzrechtsmodernisierungsgesetz, konsolidierte Textfassung; Kommentierung des Jahresabschlusses; Kommentierung des Konzernabschlusses, 2. Auflage, Herne, 2009.

THEILE, CARSTEN: Wie aus der Finanzmarktkrise (auch) eine Krise der Rechnungslegung wurde. Fair Value oder Renaissance des Anschaffungskostenmodells, BBK 2009, S. 21 – 24.

THEILE, CARSTEN / HARTMANN, ANGELIKA: BilMoG: Zur Unmaßgeblichkeit der Handels- für die Steuerbilanz, DStR 2008, S. 2031 – 2035.

THEISEN, MANUEL RENÉ: Der Konzern, betriebswirtschaftliche und rechtliche Grundlagen der Konzernunternehmung, 2. Auflage, Stuttgart, 2000.

THOMAS, JÜRGEN: Rücklagenbildung im Konzern, ZGR 1985, S. 365 – 385.

TIEDCHEN, SUSANNE: Der Vermögensgegenstand im Handelsbilanzrecht, Dissertation, Köln, 1991.

TIPKE, KLAUS / LANG, JOACHIM: Steuerrecht, 20. völlig überarbeitete Auflage, Köln 2010.

TSCHAKERT, NORBERT: Still Lasten im Jahresabschluss nach IAS/IFRS, Management, Rechnungslegung und Unternehmensbesteuerung, Dissertation, Berlin, 2004.

ULMER, PETER: Gläubigerschutz bei Auslandsscheingesellschaften, NJW 2004, S. 1201 – 1210.

VATER, HENDRIK: Financial Covenants im IFRS-Abschluss, PiR 2010, S. 128 – 133.

VELTE, PATRICK / KÖSTER, MAX: Gläubigerschutz nach BilMoG – was bewirkt die Ausschüttungssperre nach § 268 Abs. 8 HGB? BBK 2009, S. 959 – 964.

VELTE, PATRICK / SEPETAUZ, KARSTEN: BilMoG: Ansatzwahlrecht für selbst geschaffene immaterielle Anlagegüter, BC 2010, S. 349 – 352.

VETTER, JOCHEN: Reform des gesellschaftsrechtlichen Gläubigerschutzes, Verhandlungen des 66. DJT 2006, S. P 75 – P 139.

WAGENHOFER, ALFRED: Internationale Rechnungslegungsstandards IAS/IFRS, Grundkonzepte, Bilanzierung, Bewertung, Angaben, Umstellung und Analyse, 6. Auflage, München, 2009.

WAGENHOFER, ALFRED / EWERT, RALF: Externe Unternehmensrechnung, 2. überarbeitete und erweiterte Auflage, Berlin, 2007.

WASCHBUSCH, GERD: Fair Value – ein geeigneter Wertmaßstab in der Rechnungslegung von Versicherungsunternhmen? Magazin Forschung 2005, Heft 1, S. 18 – 27.

WATRIN, CHRISTOPH / SCHOLZ, ALEXANDRA: Bilanzrecht und Kapitalschutz: Experimentelle Befunde zur Wirksamkeit des Solvenztests, StuW 2008, S. 348 – 358.

WATRIN, CHRISTOPH: Sieben Thesen zur künftigen Regulierung der Rechnungslegung, DB 2001, S. 933 – 938.

WEBER-GRELLET, HEINRICH: Grundfragen und Zukunft der Gewinnermittlung, DB 2010, S. 2298 – 2304.

WEGMANN, WOLFGANG: Der ökonomische Gewinn, Ein Beitrag zur neueren bilanztheoretischen Diskussion, Dissertation, Köln, 1968.

WEINAND, MARTIN / OLDEWURTEL, CHRISTOPH / WOLZ, MATTHIAS: Rückstellungen nach BilMoG / Das Ende der Bilanzpolitik oder Bilanzpolitik ohne Ende? KoR 2011, S. 161 – 166.

WEISS, MICHAEL: Erfahrungen mit dem solvency test in Neuseeland, DK 2007, S. 109 – 118.

WENDHOLT, WOLFGANG / WESEMANN, MICHAEL: Zur Umsetzung der HGB-Modernisierung durch das BilMoG: Bilanzierung von latenten Steuern im Einzel- und Konzernabschluss, DB 2009, Beilage 5 zu Heft 23, S. 64 – 76.

WENK, MARC OLIVER: IFRS 9 – Verbesserung des „true and fair view" durch den neuen Standard für Finanzinstrumente? IRZ 2010, S. 205 – 206.

WIESE, ROLAND / SPINDLER, MICHAEL: IFRS 9 Financial Instruments: Neuregelung zur Umklassifizierung finanzieller Vermögenswerte, PiR 2010, S. 341 – 347.

WILEY HANDBUCH IFRS – BALLWIESER, WOLFGANG / BEINE, FRANK / HAYN, SVEN U.A. (HRSG.): Wiley Handbuch zur internationalen Rechnungslegung nach IFRS 2011, Wiley interpretation and application of International Financial Reporting Standards 2011, 7. Auflage, Weinheim, 2011.

WINKELJOHANN, NORBERT: „Eine Dreifachbilanzierung kann sich der Mittelstand nicht leisten", S:R 2007, S. 128.

WINNEFELD, ROBERT: Bilanz-Handbuch, Handels- und Steuerbilanz, rechtsformspezifisches Bilanzrecht, bilanzielle Sonderfragen, Sonderbilanzen, IAS/US-GAAP, 4. Auflage, München, 2006.

WITTMANN, WALDEMAR / KERN, WERNER / KÖHLER, RICHARD U. A.: Handwörterbuch der Betriebswirtschaft, Teilband 1 A-H, 5. Auflage, Stuttgart, 1993.

WÖHE, GÜNTER / DÖRING, ULRICH: Einführung in die allgemeine Betriebswirtschaftslehre, 23. vollständig neu bearbeitete Auflage, München, 2008.

WOHLGEMUTH, FRANK: IFRS: Bilanzpolitik und Bilanzanalyse, Gestaltung und Vergleichbarkeit von Jahresabschlüssen, Dissertation, Berlin, 2007.

WOLZ, CHRISTIAN: Latente Steuern nach dem BilMoG: Analyse der konzeptionellen Neuregelung im Einzel- und Konzernabschluss, DB 2010, S. 2625 – 2633.

WÖRNER, GEORG: Handels- und Steuerbilanz nach neuem Recht, mit IAS, IFRS und US-GAAP, 8. Auflage, München, 2003.

WULF, INGE: Auswirkungen des BilMoG auf die Bilanzpolitik und Beurteilung aus Sicht der Abschlussanalyse, StuB 2010, S. 563 – 569.

WULF, INGE / JÄSCHKE, CHRISTINA / SACKBROOK, JÜRGEN LARS: Nutzung der bilanzpolitischen Möglichkeiten beim goodwill impairment, PiR 2011, S. 96 – 103.

WÜSTEMANN, JENS / BISCHOF, JANIS: Der Vorschlag des IASB zur Neuregelung der Bilanzierung von Sicherungsbeziehungen nach IFRS 9, WPg 2011, S. 403 – 407.

WÜSTEMANN, JENS / BISCHOF, JANIS / KIERZEK, SONJA: Internationale Gläubigerschutzkonzeptionen, BB 2007, BB-Special 5, S. 13 – 18.

WYSOCKI, KLAUS V. / SCHULZE-OSTERLOH, JOACHIM / HENNRICHS, JOACHIM U.A.: Handbuch des Jahresabschlusses in Einzeldarstellungen, Rechnungslegung nach HGB und internationalen Standards, Köln, Stand: Mai 2012.

ZIMMERMANN, MARC: IAS 39 versus IFRS 9 – Ein empirischer Überblick zur Bedeutung der Held to Maturity-Kategorie in der europäischen Finanzindustrie, KoR 2011, S. 297 – 303.

ZÜLCH, HENNING / GÜTH, SIMON: Die neue Satzung der IASCF (IASCF-Constitution Review) – Implikationen für den Standardsetzungsprozess und die künftige Ausrichtung der IFRS, KoR 2010, S. 177 – 182.

ZÜLCH, HENNING / GÜTH, SIMON / STAMM, ANDREAS: Einzelabschluss nach dem IFRS for SMEs und bilanzielle Ausschüttungsbemessung in Deutschland, WPg 2011, S. 709 – 721.

ZÜLCH, HENNING / HOFFMANN, SEBASTIAN: Probleme und mögliche Lösungsansätze der „neuen" Ausschüttungssperre nach § 268 Abs. 8 HGB, DB 2010, S. 909 – 912.

ZWIRNER, CHRISTIAN: Fair Value in der Krise, AR 2008, S. 177.

ZWIRNER, CHRISTIAN: IFRS-Bilanzierungspraxis, Umsetzungs- und Bewertungsunterschiede in der Rechnungslegung, Dissertation, Berlin, 2007.

ZWIRNER, CHRISTIAN / BUSCH, JULIA: Zweckgesellschaften – Definition und Behandlung im Konzernabschluss, IRZ 2011, S. 7 – 9.

ZWIRNER, CHRISTIAN / KÜNKELE: Die Bedeutung der Neuregelung des BilMoG im Kontext der zunehmenden Anwendung der IFRS: Annäherung statt Übernahme, KoR 2009, S. 639 – 648.

Quellenverzeichnis

ASIAN DEVELOPMENT BANK, written by Loser, Claudio M.: Global Financial Turmoil and Emerging Market Economies: Major contagion and a shocking loss of wealth? Abrufbar unter: http://www.adb.org/Media/Articles/2009/12818-global-financial-crisis/Major-Contagion-and-a-shocking-loss-of-wealth.pdf.

BDI: Die drößten Familienunternehmen in Deutschland, Daten, Fakten, Potentiale, 3. Kennzahlen-Update, einehbar unter: http://www.familienunternehmen.emnid.de/pdf/kennzahlen-update_fruehjahr_2013_de.pdf

BDI / DRSC: IFRS for SMEs, Ergebnisse einer Befragung von nicht kapitalmarktorientierten Unternehmen in Deutschland, Berlin 2010, einsehbar unter: http://www.bdi.eu/download_content/BDI_DRSC_IFRS_for_SMEs_nkoU.pdf.

DELOITTE: A-IFRS vs IFRS, Differences between Australian equivalents to International Financial Reporting Standards (A-IFRS) and International Financial Reporting Standards (IFRS), Sydney, September 2005, einsehbar unter: http://www.iasplus.com/au/0509differences.pdf.

DELOITTE, Audit and Assurance: NZ IFRS and NZ GAAP, a Comparison, Auckland u.a., April 2005, einsehbar unter: http://www.deloitte.com/assets/Dcom-NewZealand/Local Assets/Documents/IFRS-comparison-doc(2).pdf.

EFRAG: EU endorsement status report v. 24.10.2011, einsehbar unter: http://www.efrag.org/files/Endorsement status report/EFRAG_Endorsement_Status_Report_24_October_2011.pdf.

ERNST & YOUNG: Entwicklung der Dax-30-Unternehmen 2009, 2010, Eine Analyse wichtiger Kennzahlen, einsehbar unter: http://www.ey.com/Publication/vwLUAssets/Entwicklung_der_Dax-30-Unternehmen_2009-10/$FILE/Dax-30%20Praesentation%202011.pdf.

ERNST & YOUNG: How fair is fair value? IFRS Stakeholder Series, London, May 2005, einsehbar unter: http://www2.eycom.ch/publications/items/ifrs/single/200506_fair_value/en.pdf.

EUROPEAN COMMISSION: Implementation of the IAS Regulation (1606/2002) v. 01.07.2010, einsehbar unter: http://www.ec.europa.eu/internal_market/accounting/docs/ias/ias-use-of-options2010_en.pdf.

FRANKFURTER ALLGEMEINE ZEITUNG: IWF sieht Weltwirtschaft am Rand des Abgrunds, FAZ Ausgabe v. 09.10.2008, Nummer 236, S. 12. einsehbar unter: http://www.faz.net/s/Rub58241E4DF1B149538ABC24D0E82A6266/Doc~EB837104E6537409685EA34125C347068~ATpl~Ecommon~Scontent.html.

G20, *Leaders Statement*: The Global Plan for Recovery and Reform – London, 2 April 2009, abrufbar unter: http://www.g20.org/pub_communiques.aspx.

GORTON, GARY: The Panic of 2007, Yale School of Management and NBER, 04.08.2008, auch einsehbar unter: http://www.kc.frb.org/publicat/sympos/2008/Gorton.08.04.08.pdf.

IASB: Discussion Paper, Fair Value Measurements, November 2006, einsehbar unter: http://www.ifrs.org/NR/rdonlyres/6C8AF291-EB14-4034-84F1-54305F72024D/0/DDFairValue.pdf.

IASB: Exposure Draft, An improved Conceptual Framework for Financial Reporting, Chapter 1: The Objective of Financial Reporting Chapter 2: Qualitative Characteristics and Constraints of Decision-useful Financial Reporting Information, einsehbar unter: http://www.ifrs.org/NR/rdonlyres/464C50D6-00FD-4BE7-A6FF-1BEAD353CD97/0/conceptual_framework_exposure_draft.pdf.

IASB: Exposure Draft, Fair Value Measurement, ED/2009/5, May 2009, einsehbar unter: http://www.ifrs.org/NR/rdonlyres/C4096A25-F830-401D-8E2E-9286B194798E/0/EDFairValueMeasurement_website.pdf.

IASB: Exposure Draft, Leases, ED/2010/9, August 2010, einsehbar unter: http://www.ifrs.org/NR/rdonlyres/C03C9E95-822E-4716-81ED-04B9CC4943BE/0/EDLeasesStandard0810.pdf.

IASB: Exposure Draft, Measurement of Liabilities in IAS 37, ED/2010/1, January 2010, einsehbar unter: http://www.ifrs.org/NR/rdonlyres/6FF9E7E5-2129-451B-B591-5A8911AF8BB5/0/EDIAS37Liabilities0110.pdf.

IASB: Press Release: IASB provides update on applying fair value in inactive markets, 14. Oktober 2008, einsehbar unter: http://www.ifrs.org/NR/rdonlyres/2F9525FD-4671-439D-B08E-27C18C81C238/0/PR_FairValue102008.pdf.

IASB: Project Summary, IFRS 13 Fair Value Measurement, Mai 2011, einsehbar unter: http://www.ifrs.org/NR/rdonlyres/04E9F096-B1F8-410A-B1E9-2E61003BADFA/0/FairValueMeasurementFeedbackstatement_May2011.pdf.

IASB: Reclassification of Financial Assets, Amendments to IAS 39 Financial Instruments: Recognition and Measurement and IFRS 7 Financial Instruments: Disclosures, London, October 2008, einsehbar unter: http://www.ifrs.org/NR/rdonlyres/BE8B72FB-B7B8-49D9-95A3-CE2BDCFB915F/0/AmdmentsIAS39andIFRS7.pdf.

IASB: Staff Paper: Accounting for repurchase agreements and similar transactions, October 2009, einsehbar unter: http://www.iasb.org/NR/rdonlyres/E8BD5E60-4559-432C-BE22-F7BD158591D1/0/Derec1009b11Bobs.pdf.

IASC: Aus der internationalen Facharbeit, Internationaler Rechnungslegungsgradsatz des IASC IAS 11, WPg 1979, S. 446 – 452.

IASCF: Staff Summary, 15.02.2010, einsehbar unter: http://www.ifrs.org/NR/rdonlyres/ED564719-4A20-405A-999E-702CD5369C7F/0/StaffSummaryofAnnotatedConstitution.pdf.

ICAS/ICAEW: Technical Release 01/09, Guidance on the Determination of Realised Profits and Losses in the Context of Distributions under the Companies Act 2006, einsehbar unter: http://www.icaew.com/en/about-icaew/what-we-do/~/media/Files/Technical/technical-releases/tech-releases-2000-to-2010/TECH-01-09-Guidance-Realised-and-Distributed-Profits-under-the-Companies-Act-2006.ashx.

IFRS FOUNDATION: Constitution, 01.03.2010, einsehbar unter: http://www.iasb.org/NR/rdonlyres/B611DD9A-F4FB-4A0D-AEC9-0036F6895BEF/0/Constitution2010.pdf.

JENKINS, EDMUND L.: Testimony, FASB, Before the Subcommittee of Commerce, Trade and Consumer Protection of the Commitee on Energy and Commerce, June 26, 2002, einsehbar unter: http://www.fasb.org/testimony/6-26-02_attachments.pdf.

JOINT LETTER OF CENTER FOR AUDIT QUALITY, CONSUMER FEDERATION OF AMERICA, COUNCIL OF INSTITUTIONAL INVESTORS AND CFA INSTITUTE: an den Chairman der SEC v. 15.10.2008, einsehbar unter: http://www.thecaq.org/newsroom/pdfs/SECJointLetter2008-10-15.pdf.

KPMG: Feasibility Study on Capital Maintenance – Main Report, Contract ETD/2006/IM/F2/71, Berlin, 2008, einsehbar unter: http://ec.europa.eu/internal_market/company/docs/capital/feasbility/study_en.pdf.

KPMG: Patente, Marken, Verträge, Kundenbeziehungen – Werttreiber des 21. Jahrhunderts, Köln u.a., 2007, einsehbar unter: http://www.kpmg.de/Themen/5495.htm.

MILLA, ASLAN / VOGEL, RAOUL / DAM-RATZESBERGER, SABINE: PWC, IFRS direkt, Bewertung zum beizulegenden Zeitwert (IFRS 13), Mai 2011, einsehbar unter: http://www.pwc.com/at/de/newsletter/ifrs/2011/bewertung-zum-beizulegenden-zeitwert-ifrs-13-ifrs-direkt-mai-2011.pdf.

NISSIM, DORON / PENMAN, STEPHEN: Principles for the Application of Fair Value Accounting, White Paper Number 2, Center of Excellence in Accounting and Security Analysis, Columbia Business School, July 2008, auch einsehbar unter: http://www.gsb.columbia.edu/whoswho/getpub.cfm?pub=3029.

POSITION OF DG INTERNAL MARKET AND SERVICES: Results of the external study on the feasibility of an alternative to the Capital Maintenance Regime of the Second Company Law Directive and the impact of the adoption of IFRS on profit distribution, einsehbar unter: http://ec.europa.eu/internal_market/company/docs/capital/feasbility/markt-position_en.pdf.

PWC: AIFRS, NZ IFRS, IFRS – Similar but not the same, March 2006, einsehbar unter http://www.pwc.com/en_NZ/nz/ifrs/pwcanzifrs1.pdf.

PWC: Directors' Responsibilities 2003, a working guide for New Zealand, einsehbar unter: pwc.com/images/nz/eng/ins-sol/publ/pwc_dr_2003.pdf.

PWC: Klassifizierung und Bewertung finanzieller Vermögenswerte, März 2010, einsehbar unter: http://www.pwc.de/de/accounting-of-the-future/assets/Aktionsplan-IFRS-9.pdf.

SORKIN, ANDREW ROSS: Lehman Files for Bankruptcy; Merrill is Sold in NYT v. 14.09.2008, NYT v. September 15, 2008, A1, auch einsehbar unter: http://www.nytimes.com/2008/09/15/business/15lehman.html?_r=2.

STARK, JÜRGEN: Die globale Finanzkrise: Herausforderungen für die europäische Zentralbank jetzt und in Zukunft, Rede anlässlich der

Erich Schneider Gedächtnisvorlesung, Frankfurt am Main, 26. Januar 2011, einsehbar unter: http://www.ecb.int/press/key/date/2011/html/sp 110126.de.html.

WILCHINS, DAN / GOLDSTEIN, MATTHEW: On Wall Street, massaging the balance sheet is a time-honored practice, Reuters v. 12.03.2010, einsehbar unter http://www.reuters.com/article/2010/03/13/us-lehman-id USTRE62C01320100313.

VALUKAS, ANTON R.: Lehman Brothers Holdings Inc. Chapter 11 Proceedings Examiner's Report, March 11, 2010, auch einsehbar unter: http://lehmanreport.jenner.com.

Schriften zum Gesellschafts-, Bilanz- und Unternehmensteuerrecht

Herausgegeben von Joachim Hennrichs

Band 1 Moritz Pöschke: Eigenkapital mittelständischer Gesellschaften nach IAS/IFRS. 2009.

Band 2 Ulrike Lehmann: Gesellschaftsrechtliche Gestaltungen im Erbschaft- und Schenkungsteuerrecht. Eine Untersuchung der Erbschaft- und Schenkungsteuersubjektivität der Personengesellschaft sowie der mittelbaren Anteilsschenkung. 2009.

Band 3 Christian Graw: Das Konzept der Anteilseignerbesteuerung nach § 22 UmwStG 2006 – insbesondere im Vergleich zu § 21 UmwStG 1995. 2009.

Band 4 Christopher M. Picot: Die Rechte der Aktionäre beim Delisting börsennotierter Gesellschaften. 2009.

Band 5 Pascal Alexander Salomon: Regelungsaufträge in der Societas Privata Europea. Einführung in eine neue Rechtsform unter besonderer Berücksichtigung des Gesetzgebungsinstruments des Regelungsauftrages. 2010.

Band 6 Anna Sabrina Cryns: Gesellschafterfremdfinanzierung in Frankreich und Zinsschranke – ein Rechtsvergleich. 2011.

Band 7 Björn Karst: Das Marktmanipulationsverbot gem. § 20a WpHG. Unter besonderer Berücksichtigung der „Safe-Harbor"-Regelung. 2011.

Band 8 Ulrike Petig: Verdeckte Sacheinlagen im GmbH- und Aktienrecht. Die Veränderungen durch MoMiG und ARUG. 2012.

Band 9 Jochen Möller: Vorteilsanrechnung bei nützlichen Pflichtverletzungen im Kapitalgesellschafts- und Kartellrecht. 2012.

Band 10 Alexander Kersten: Zinsschranke und IFRS. Rechtssystematische Einordnung einer punktuellen Maßgeblichkeit der IFSR im Steuerrecht am Beispiel der Zinsschranke. 2012.

Band 11 Tobias Strohmeier: Special Purpose Acquisition Companies. SPACs im Spannungsfeld von deutschem Aktien- und Kapitalmarktrecht. 2012.

Band 12 Ruth Winter: Die steuerliche Behandlung von Scheinauslandsgesellschaften. Eine Untersuchung zur doppelansässigen Kapitalgesellschaft. 2013.

Band 13 Daniel Krey: IFRS und Ausschüttungsbemessung. 2013.

www.peterlang.com